GLOBAL FINANCE

글로벌 금융론

이종철 · 차철호

傅 英 社

서 문

이 책은 저자에게 국제금융론을 배우는 학생들에 대한 책임감에서 비롯되었다. 저자의 천학비재로 새로운 충전에 대한 필요성이 절실히 요구되던 때에 어느 날 우연히 Robert Browning의 "되고자 하는 사람이 되기에 늦은 때는 없다"라는 구절을 읽으며 깨달은 바가 있었다. 두드리면 열린다고 2005년 가을학기부터 1년간 미국 하버드대에서 연구할 수 있는 기회를 가지게 되었다. 그 기간 동안 Gita Gopinath 교수와 Kenneth Rogoff 교수가 공동으로 강의하는 국제금융론을 수강할 기회를 가지게 되었다. 1년간의 재충전을 끝내고 돌아온 후 이 책의 집필을 시작하였으나 저자의 미욱함과 게으름으로 그 결과물이 오늘에야 완성되었다.

저자가 이 책을 쓰면서 염두에 둔 것은 세 가지이다. 하나는 글로벌 경제변수로서 가장 중요한 것이 환율이므로 학생들로 하여금 환율에 대한 체계적인 지식을 가질 수 있도록 해야 한다는 것이다. 두 번째는 2007/2008년의 미국발 글로벌 금융위기를 이해할 수 있도록 해야겠다는 생각이었다. 세 번째는 현행 글로벌 경제의 양 축은 미국과 중국이므로 글로벌 경제를 이해하기 위해서는 국제금융의 차원에서 이들에 대한 깊이 있는 지식이 필요하다는 것이다.

1970년대 초반 닉슨(Richard Nixon)의 금태환정지를 계기로 브레튼우즈(Bretton Woods) 체제가 붕괴된 이후 세계경제에 대한 충격파는 주로 미국을 제외한 주변국의 통화에 대한 투기적 공격에 따른 환율의 급변에서 유발되었다. 따라서 환율의 의미와 변동요인을 제대로 이해하는 것은 글로벌 경제를 살아가는 지식인으로서 반드시 필요한 소양이다. 환율에 대한 체계적인 이해를 위해 환율에 대한 기초지식에서 시작하여 IMF가 분류한 현행 환율체계, 각 환율제도의 장단점, 환율결정에 대한 이론, 경제정책의 환율에 대한 영향 등을 자세히 살펴보았다.

2007/2008년 미국에서 시작되어 세계로 전염된 글로벌 금융위기(global financial crises)는 기축통화(vehicle currency)를 발행하여 세계에 공급하는 미국을 그 진원지로 하고 있다는 점에서 기존의 금융위기와 구분된다. 글로벌 금융위기는 기존의 금융위기와는 위기의 발원지, 원인, 전염경로 등의 측면에서 다르다. 글로벌 통화인

달러화의 유일한 발행국인 미국에서 시작된 글로벌 금융위기를 어떻게 제대로 이해하고 책에 반영할 것인가 하는 고민은 2009년 7월 말 한국경제학회 주최의 프린스턴대 신현송 교수의 특강을 들으며 자연스럽게 해결되었다. 신 교수의 글로벌 금융위기에 대한 특강은 이 책에서 글로벌 금융위기를 설명하는 데 큰 도움이 되었다. 또한 글로벌 금융위기를 이해하는 데는 파생금융상품에 대한 지식이 선행되어야 한다는 생각에 첫 장의 부록에서 파생금융상품에 대해 전반적으로 기술하였다.

이 책에서는 글로벌 경제의 중심축으로 부상하고 있는 중국경제에 대한 이해의 폭을 높일 수 있도록 가급적 중국경제의 사례를 활용하고자 하였다. 오늘날 중·미 관계는 차이메리카(Chimerica)로 표현될 정도로 상호의존이 심화되어 있다. 미국의 대규모 수입과 소비를 가능케 하는 것은 중국의 막대한 수출과 저축이다. 글로벌 경제의 핵심적인 화두인 글로벌 불균형(global imbalances)현상은 미국의 막대한 경상수지적자와 중국의 막대한 경상수지흑자가 근저를 이루고 있다. 아울러 글로벌 경제의 또 다른 축으로서 유럽의 중요성을 반영하여 유로존의 탄생과정과 유로존의 미래에 대해서도 논의하였다.

이 책을 출간하기까지는 많은 분들의 도움을 받았다. 저자에게 국제금융론을 들을 수 있도록 흔쾌히 허락해 준 하버드대의 Gopinath 교수와 Rogoff 교수, 그리고 글로벌 금융위기에 대한 이해의 폭과 깊이를 더해 준 신현송 교수에게 새삼 감사드린다. Paul Krugman과 Maurice Obsfeld의 *International Economics: Theory and Policy*는 이 책의 전체흐름을 엮는 길잡이 역할을 하였다. 환율의 결정과 관련한 이론부분, 고정환율제도와 변동환율제도하에서의 경제정책의 효과 등 이 책의 많은 부분이 Krugman과 Obsfeld의 저서에 의존하였다. 국내에서 출간된 국제금융론 교재 중에서는 김인준·이영섭 교수의 『국제금융론』(율곡출판사)이 큰 도움이 되었다.

이 책을 이번 여름에는 마무리해야겠다는 강력한 동기를 가지게 해준 것은 차철호 교수님이었다. 원래 이 책의 모태가 된 것은 2000년에 출간된 차 교수님과의 공저 『글로벌 경제하의 국제금융론』으로 차 교수님의 끊임없는 관심과 한결같은 배려에 깊은 감사를 드린다. 책을 출간해 줄 출판사를 걱정하던 저자에게 제대로 잘 쓰기나 하라고 격려해 주신 한국경제학회의 안국신 회장님께는 미욱하고 답답한 제자로서 항상 가슴에 빚을 지고 있다. 이현철 군은 이 책의 그래프를 그려 주었다.

박창현 군, 이성모, 노선영, 김혜정 양 등은 원고정리와 교정을 도와주었다. 책의 표지는 중앙대 산업디자인학과의 정석길 교수님과 홍성희 대학원생이 맡아 주었다. 이분들에게 무엇으로 감사해야 할지 모르겠다. 이 책의 출간을 흔쾌히 허락해 준 박영사의 안종만 회장님과 이구만 이사님께도 다시 한번 감사드린다. 저자를 물심양면으로 항상 도와주는 오랜 벗 이은복 사장에게도 감사의 마음을 전한다. 이 책의 집필에 매달릴 수 있었던 것은 부모님, 집사람, 그리고 아이들의 저자에 대한 간절한 마음과 사랑 때문이었다.

아무쪼록 이 책이 글로벌 경제에 대한 체계적 이해를 돕는 작은 길잡이가 되었으면 하는 마음 간절하다.

2010년 더운 여름
연구실에서
이 종 철

차 례

제 1 편 국제금융의 기초

제 1 장 환율과 외환시장 …… 3

1.1 외환시장의 참가자와 특성 …… 4
1.2 외환시장과 환율 …… 10
1.3 외환포지션과 환리스크 …… 20
1.4 외환거래의 수단 …… 21
부록: 파생금융상품의 종류와 거래규모 …… 34
◇요약 및 복습◇ …… 41

제 2 장 환율체계의 분류와 환율제도의 장단점 …… 45

2.1 IMF의 환율체계 분류 …… 46
2.2 각국의 환율제도 채택 추이와 전망 …… 51
2.3 환율제도의 선택: 고정환율제도 대 변동환율제도 …… 56
2.4 왜 대부분의 개도국은 중간형태의 환율제도를 선택했나 …… 61
◇요약 및 복습◇ …… 64

제 2 편 환율의 결정

제 3 장 환율과 자산가격: 자산접근법 …… 69

3.1 환율과 자산가격 …… 70
3.2 무위험이자율평가조건과 선물환율의 결정 …… 83
3.3 포트폴리오 밸런스모형 …… 88
부록: 포트폴리오 밸런스모형 …… 92
◇요약 및 복습◇ …… 94

제 4 장 환율과 통화량 및 이자율: 단기환율과 오버슈팅 …… 97

4.1 통화량과 이자율 …… 98
4.2 통화량과 환율: 단기분석 …… 103

4.3 통화량과 환율: 장기분석 …… 107
부록: 돈부쉬의 오버슈팅모형 …… 115
◇요약 및 복습◇ …… 116

제 5 장 장기환율과 물가: 구매력평가이론 …… 119

5.1 구매력평가이론 …… 120
5.2 구매력평가이론의 검증과 한계 …… 124
5.3 PPP의 수정과 발라샤-사무엘슨 가설 …… 131
부록: 발라샤-사무엘슨 모형 …… 133
◇요약 및 복습◇ …… 135

제 6 장 장기환율과 통화량: 통화론적 접근법 …… 137

6.1 통화론적 접근법 …… 138
6.2 확장된 통화론적 접근법 …… 146
■사례연구■ …… 153
부록: 통화론적 모형의 수학적 설명 …… 157
◇요약 및 복습◇ …… 159

제 3 편 개방경제와 국제수지 조정

제 7 장 개방경제와 국제수지 …… 163

7.1 국제수지의 기초개념 …… 164
7.2 국제수지와 국민소득계정 …… 174
7.3 국제수지와 통화량 및 환율 …… 178
■사례연구■ …… 181
◇요약 및 복습◇ …… 183

제 8 장 국제수지의 조정 …… 187

8.1 탄력성 접근 …… 188
8.2 국내총지출 접근 …… 195
8.3 통화론적 접근: 통화량과 국제수지 …… 199
◇요약 및 복습◇ …… 203

제 4 편 개방경제와 경제정책의 효과

제 9 장 변동환율과 경제정책효과 …… 207

9.1 *DD-AA* 모형 …… 208
9.2 경제정책의 일시적 변화와 환율 및 총소득 …… 217
9.3 경제정책의 영구적 변화와 환율 및 총소득 …… 224
◇요약 및 복습◇ …… 229

제10장 중앙은행의 외환시장개입과 경제정책효과 …… 231

10.1 중앙은행의 외환시장개입 수단 …… 232
10.2 중앙은행의 외환시장개입과 고정환율 유지 …… 235
10.3 고정환율하의 경제정책의 효과분석 …… 242
◇요약 및 복습◇ …… 248

제11장 자본의 이동성과 경제정책효과 …… 251

11.1 자본이동의 정도와 먼델-플레밍 모형 …… 252
11.2 고정환율제도하의 경제정책의 효과 …… 259
11.3 변동환율제도하의 경제정책의 효과 …… 264
11.4 달성 불가능한 삼원체제 …… 268
11.5 대내·외 균형의 달성과 최적경제정책 수단 …… 269
◇요약 및 복습◇ …… 279

제12장 글로벌 경제의 상호의존과 국제정책협조 …… 281

12.1 상호의존의 세계경제와 2국모형 …… 282
12.2 2국모형과 세계경제의 경험 …… 286
12.3 국제경제정책협조의 중요성과 어려움 …… 291
◇요약 및 복습◇ …… 300

제 5 편 국제통화제도와 금융위기

제13장 국제통화제도의 변천과정과 향후 전망 …… 305

13.1 금본위제도 …… 308
13.2 양차 대전 사이의 과도기 …… 313
13.3 브레튼우즈 체제 …… 318

13.4 국제통화제도의 미래 …… 331
◇요약 및 복습◇ …… 339

제14장 유럽통화통합과 유로존의 미래 …… 341

14.1 유럽통화제도 …… 342
14.2 유럽의 통화통합 …… 346
■사례연구■ …… 352
14.3 유로존과 최적통화지역이론 …… 353
14.4 유로존의 미래 …… 362
◇요약 및 복습◇ …… 366

제15장 글로벌 금융위기와 금융개혁의 방향 …… 369

15.1 글로벌 금융위기의 배경과 원인 …… 370
15.2 글로벌 금융위기와 증권화 …… 375
15.3 글로벌 불균형과 글로벌 금융위기 …… 383
15.4 글로벌 금융위기와 금융개혁의 방향 …… 391
◇요약 및 복습◇ …… 396

한글 찾아보기 …… 401
영문 찾아보기 …… 413

이 책의 구성과 내용

책의 구성

이 책은 다음과 같이 5편 15장으로 구성되어 있다.

제 1 편 국제금융의 기초
제 1 장 환율과 외환시장 제 2 장 환율체계의 분류와 환율제도의 장단점
제 2 편 환율의 결정
제 3 장 환율과 자산가격: 자산접근법 제 4 장 환율과 통화량 및 이자율: 단기환율과 오버슈팅 제 5 장 장기환율과 물가: 구매력평가이론 제 6 장 장기환율과 통화량: 통화론적 접근법
제 3 편 개방경제와 국제수지 조정
제 7 장 개방경제와 국제수지 제 8 장 국제수지의 조정
제 4 편 개방경제와 경제정책의 효과
제 9 장 변동환율과 경제정책효과 제10장 중앙은행의 외환시장개입과 경제정책효과 제11장 자본의 이동성과 경제정책효과 제12장 글로벌 경제의 상호의존과 국제정책협조
제 5 편 국제통화제도와 금융위기
제13장 국제통화제도의 변천과정과 향후 전망 제14장 유럽통화통합과 유로존의 미래 제15장 글로벌 금융위기와 금융개혁의 방향

책의 내용

제1편은 환율과 외환시장, 환율체계의 분류와 환율제도의 장단점 등 2개의 장으로 구성되어 있다. 제1편의 목적은 외환시장의 성격과 환율에 대한 기본개념을 파악하고, 환율과 관련된 파생금융상품거래에 대해 이해하는 것이다. 또한 IMF의 환율분류체계에 따른 각 환율제도의 특성에 대해서도 살펴본다. 각 장별 주요 내용은 다음과 같다.

환율과 외환시장

이 장에서는 외환시장의 참가자와 특성을 살펴보고 환율과 관련된 여러 가지 기본개념을 살펴본다. 아울러 현물환, 선도환, 외환스왑 등 전통적 외환거래수단과 함께 통화선물, 통화옵션, 통화스왑 등 외환파생거래수단에 대해 살펴본다. 파생금융상품의 종류와 거래규모 등에 대한 포괄적인 내용은 부록을 통해 설명한다. 이 장에서는 외환시장의 참가자, 외환시장의 특성, 직접표시법과 간접표시법의 차이, 유럽식 표시법과 미국식 표시법의 차이, 절상 및 절하와 평가절상 및 평가절하의 차이, 명목환율과 실질환율의 차이, 명목실효환율과 실질실효환율의 차이, 외환포지션의 개념, 현물환율과 선물환율의 관계, 선물환거래와 통화선물거래의 차이, 통화선물거래와 통화옵션거래의 차이, 장외거래와 장내거래의 차이 등에 대해 중점적으로 살펴본다.

환율체계의 분류와 환율제도의 장단점

IMF의 환율체계(exchange regimes) 분류에 따르면 현재 IMF 가맹국들은 고정환율제도와 변동환율제도, 그리고 이 두 환율제도의 중간형태 등 다양한 환율제도를 채택하고 있다. 이 장에서는 IMF의 환율체계 분류에 따라 각 환율제도의 특징과 각국이 채택하고 있는 환율제도의 추이를 살펴본다. 또한 고정환율제도와 변동환율제도의 장단점과 각 환율제도의 성과를 인플레이션, 경제성장, 경제성장의 변동성 등의 측면에서 비교한다. 특히 오늘날 선진국은 대부분 고정환율제나 변동환율제와 같은 양 극단을 선택하는 반면 대부분의 개도국은 중간형태의 환율제도를 채택하는 경향에 대해 코너가설(coner hypothesis)과 달성 불가능한 삼원체제(impossible trinity)의 시각에서 살펴본다.

제2편은 자산접근법, 환율과 통화량 및 이자율, 구매력평가이론, 통화론적 접근법 등 균형환율의 결정이론과 관련한 4개의 장으로 구성되어 있다. 제2편에서는 장단기 균형환율의 결정에 대한 다양한 이론을 통해 환율결정의 메커니즘을 파악하는 것이 주된 목적이다. 이를 위해 이자율평가조건, 포트폴리오 밸런스모형, 환율의 단기 오버슈팅현상, 구매력평가이론, 발라샤-사무엘슨 가설, 통화론적 접근의 기본방

정식 등을 설명한다. 각 장별 주요 내용은 다음과 같다.

환율과 자산가격: 자산접근법

이 장에서는 자산가격이 결정되는 메커니즘을 원용하여 통화자산의 가격인 환율이 어떻게 결정되는지 설명한다. 이를 위해 유위험이자율평가조건을 통해 균형환율 결정에 이자율과 환율에 대한 예상이 어떤 역할을 하는지 살펴본다. 또한 무위험이자율평가조건을 통해 균형선물환율이 어떻게 결정되는지 설명하고 선물환율이 현물환율과 같은 비율로 변화하는 것을 보인다. 아울러 선물환율이 현물환율의 불편추정치가 아님을 설명하고 그 원인은 리스크프리미엄에 있음을 설명한다. 리스크프리미엄의 결정요인과 리스크프리미엄이 존재할 때 환율결정방식은 포트폴리오 밸런스 모형을 통해 살펴본다.

환율과 통화량 및 이자율: 단기환율과 오버슈팅

이 장에서는 물가가 경직적인 단기에 통화량이 이자율과 환율에 미치는 영향을 살펴본다. 이를 위해 화폐시장과 외환시장의 상호작용을 통해 통화량의 변화가 환율에 미치는 단기효과를 분석한다. 특히 통화공급이 영구적으로 증가할 경우 물가가 경직적인 단기에는 환율의 오버슈팅현상이 초래되는 것을 설명한다.

장기환율과 물가: 구매력평가이론

이 장에서는 장기환율결정의 기초가 되는 구매력평가이론을 살펴본다. 구매력평가이론은 장기환율결정에 대한 이론이다. 구매력평가이론에 따르면 두 나라의 물가수준이 같아지도록 환율이 결정된다. 이 장에서는 절대 구매력평가와 상대 구매력평가의 개념을 살펴보고, 구매력평가이론의 현실 설명력에 왜 한계가 있는지 설명한다. 발라샤-사무엘슨 가설을 통해 구매력평가이론과 달리 부유한 나라의 물가수준이 가난한 나라의 물가수준보다 상대적으로 높은 현상을 설명한다. 구매력평가이론은 환율결정에 대한 통화론적 접근법의 골간이 된다.

장기환율과 통화량: 통화론적 접근법

이 장에서는 장기의 환율결정이론으로 통화론적 접근법을 배운다. 통화론적 접근의 기본방정식에 따르면 장기환율은 화폐에 대한 수요와 공급에 의해서 결정된다. 나아가 통화론적 접근법을 확장하여 환율이 화폐에 대한 수급뿐 아니라 생산물에 대한 수급에 의해서도 영향을 받는다는 것을 설명한다. 통화론적 접근법이 구매력평가를 전제로 하는 데 비해 확장된 통화론적 접근법은 구매력평가가 성립하지 않는 경우의 환율결정을 설명한다는 점에서 통화론적 접근보다 더 일반적인 접근방식이다.

제3편은 개방경제와 국제수지, 국제수지조정이론 등 2개의 장으로 구성되어 있다. 제3편의 목적은 국제수지의 개념과 더불어 경상수지와 저축 및 투자 사이의 관계를 이해하는 것이다. 이 과정에서 경상수지와 재정적자의 관계에 대해서도 설명한다. 또한 국제수지의 조정이론으로 탄력성 접근법, 국내총지출 접근법, 통화론적 접근법 등에 대해 살펴본다. 각 장별 주요 내용은 다음과 같다.

개방경제와 국제수지

이 장에서는 국제수지의 개념과 함께 경상수지와 저축 및 투자, 경상수지와 자본수지, 경상수지와 해외자산 및 외채, 경상수지와 재정적자 등의 관계를 파악한다. 아울러 국제수지와 통화량 및 환율의 관계도 살펴본다. 이 장을 통해 개방경제에서 경상수지＝총소득－국내총지출, 경상수지＝총저축－국내총투자, 민간저축＝국내총투자＋순해외투자＋재정적자인 이유를 파악하고, 개방경제에서 쌍둥이 적자가 나타날 수 있는 까닭을 이해할 수 있다.

국제수지의 조정

이 장에서는 국제수지의 조정과 관련하여 탄력성 접근, 국내총지출 접근, 통화론적 접근 등을 통해 살펴본다. 국제수지에 대한 탄력성 접근(elasticity approach)은 실질환율의 변동이 경상수지에 어떤 영향을 미치는가에 초점을 맞추어 환율과 국제수지의 관계를 분석한다. 탄력성 접근을 통해 마샬-러너 조건의 역할과 J-커브 효과를 살펴본다. 국내총지출 접근(absorption approach)은 경상수지가 국내총소득과 국내총지출의 차이임을 강조하여 환율변동이 국내총소득과 국내총지출에 미치는 영향을 중심으로 환율변동과 국제수지의 관계를 분석한다. 국제수지에 대한 통화론적 접근(the monetary approach)은 국제수지불균형의 원인을 화폐시장의 불균형에 기인하는 것으로 파악한다.

제4편은 변동환율과 경제정책효과, 중앙은행의 외환시장개입과 경제정책효과, 자본의 이동성과 경제정책효과, 글로벌 경제의 상호의존과 국제정책협조 등 4개의 장으로 구성되어 있다. 제4편은 개방경제에서 경제정책의 효과를 파악하는 것이 주된 목적이다. 개방경제하의 경제정책의 효과는 변동환율제도와 고정환율제도하에서 달리 나타난다. 또한 동일한 환율제도하에서도 자본의 이동성 정도에 따라 경제정책의 효과가 달리 나타날 수 있다. 특히 오늘날과 같은 글로벌 경제하에서는 한 나라의 경제정책이 다른 나라에 영향을 미칠 수 있다. 한 나라의 경제정책이 다른 나라에 미치는 영향은 2국모형을 통해 분석할 수 있다. 각 장별 주요 내용은 다음과 같다.

변동환율과 거시경제정책

이 장에서는 변동환율제도하에서 경제정책이 환율과 총소득에 미치는 영향을 *DD-AA* 모형을 통하여 살펴본다. 이를 통해 재정정책과 통화정책이 일시적으로 변화한 경우 정책효과의 차이, 재정정책과 통화정책이 영구적으로 변화한 경우 정책효과의 차이를 분석할 수 있다. 또한 경제의 교란요인이 생산물시장인 경우 재정정책으로 대응해야 되는 이유, 경제의 교란요인이 자산시장인 경우 통화정책으로 대응해야 하는 이유, 정부지출의 영구적 확대가 일시적 확대보다 더 큰 폭의 환율하락을 유발하는 이유, 통화량의 영구적 확대시 단기에 환율과 총소득에 미치는 효과가 일시적 통화량 확대보다 더 큰 이유 등을 이해할 수 있다.

중앙은행의 외환시장개입과 경제정책효과

이 장에서는 중앙은행이 환율을 일정한 수준으로 유지하려고 외환시장에 개입하는 메커니즘을 이해하기 위해 태화개입과 불태화개입이 어떻게 작동하는지 살펴본다. 다음으로 중앙은행이 환율을 목표수준으로 일정하게 고정시키고자 할 경우 경제정책효과가 변동환율제도하에서와 어떻게 다른지 분석한다. 이를 통해 중앙은행이 환율을 일정수준으로 유지하고자 할 경우 통화정책이 무력한 이유, 재정정책이 변동환율제도하에서보다 고정환율제도하에서 더 효과적인 이유, 평가절하의 효과와 이유 등에 대해 이해할 수 있다.

자본의 이동성과 경제정책효과

개방경제에서 경제정책의 효과는 동일한 환율제도하에서도 자본이동의 정도에 따라 달라진다. 이 장에서는 먼델-플레밍 모형을 이용하여 고정환율과 변동환율제도하에서 국가간 자본이동의 정도에 따라 경제정책의 효과가 어떻게 다르게 나타나는지 살펴본다. 또한 먼델의 정책배합모형과 스완의 종합균형모형을 통해 대·내외 균형을 달성할 수 있는 정책배합에 대해 분석한다.

글로벌 경제의 상호의존과 국제정책협조

오늘날 글로벌 경제하에서는 한 나라의 경제정책이 다른 나라에 긴밀한 영향을 미친다. 이 장에서는 먼델-플레밍 모형을 2국모형으로 확장하여 한 나라의 거시경제정책이 어떻게 다른 나라에 영향을 미치는가를 분석한다. 또한 세계 각국이 정책협조를 통해 모두에게 유리한 결과를 얻을 수 있음에도 불구하고 정책협조가 이루어지기 어려운 이유를 죄수의 딜레마 모형을 통하여 살펴본다.

제5편은 환율과 국제통화제도, 유럽통화통합과 유로존, 글로벌 금융위기와 금융개혁의 방향 등 3개의 장으로 구성되어 있다. 제5편은 2007/2008년의 미국발 글로벌 금융위기를 이해하는 데 그 주된 목적이 있다. 글로벌 금융위기에 대한 이해의 폭을 넓히기 위해서는 국제통화제도의 변천과정을 이해하는 것이 필요하다. 국제통화제도의 변천과정 중 유럽통화제도는 유럽의 통화통합과정을 통해 살펴본다. 이 과정에서 최적통화지역의 시각에서 유로존을 조망하고, 세계경제의 삼자택일 딜레마의 시각으로 유로존의 미래에 대해서도 논의한다. 각 장별 주요 내용은 다음과 같다.

국제통화제도의 변천과정과 향후 전망

오늘날 각국이 채택하고 있는 환율제도는 국제통화제도의 산물이다. 19세기 중반 이후 국제통화제도가 제대로 기능한 것은 금본위제도와 브레튼우즈 체제에서였다. 브레튼우즈 체제가 붕괴된 이후의 국제통화제도에 대해서는 현재의 국제통화제도가 IMF를 중심으로 브레튼우즈 체제의 명맥을 이어가고 있으므로 브레튼우즈Ⅱ 체제라는 시각과, 현재의 국제통화제도는 실질적으로 하나의 체제가 없으므로 혼합 체제(hybrid system)라는 시각, 현재 국제통화제도는 체제 자체가 없다(nonsystem)는 시각 등 다양한 견해가 존재한다. 이 장에서는 국제통화제도의 역사적 변천과정과 향후 국제통화제도의 개편방향을 살펴본다. 이를 통해 금본위제도의 작동 메커니즘과 장단점, 금본위제에서 세계경제가 침체한 이유, 브레튼우즈 체제 및 브레튼우즈Ⅱ 체제의 특징과 붕괴원인과 더불어 현행 국제통화제도의 문제점과 개편방향 등에 대해 가늠해 볼 수 있다.

유럽통화통합과 유로존의 미래

유로화의 등장은 제2차 세계대전 이후 유지되어 온 미달러화 중심의 국제통화질서에 새로운 변수로 작용할 것으로 전망되었다. 특히 2007/2008년 미국발 금융위기로 달러화에 대한 신뢰가 하락하자 유로화가 달러화를 대체하여 세계준비통화로서 기능할 것이라는 전망이 대두되었다. 그러나 2010년 그리스 재정위기로 인한 유럽의 금융위기와 이에 대한 대처를 지켜보면서 유로존의 미래와 단일통화지역의 유용성에 대해 비판적인 시각이 고개를 들게 되었다. 유럽의 미래는 경제통화통합과 정치통합을 병행할 수 있는지의 여부에 달려 있다. 이 장에서는 유럽통화제도가 유럽통화통합으로 발전된 과정을 살펴본다. 또한 최적통화지역이론을 통해 유럽통화통합을 분석한다. 끝으로 유럽통화통합의 미래를 세계경제가 안고 있는 삼자택일의 딜레마의 시각에서 조망한다.

글로벌 금융위기와 금융개혁의 방향

2007/2008년 미국에서 시작되어 세계로 전염된 글로벌 금융위기(global financial crises)로 글로벌 경제는 1930년대의 대공황(the Great Depression) 이래 가장 심각한 경기침체를 경험하였다. 글로벌 금융위기는 기축통화(vehicle currency)를 발행하여 세계에 공급하는 미국을 그 진원지로 하고 있다는 점에서 기존의 금융위기와는 확연히 구분된다. 글로벌 금융위기는 또한 세계에서 가장 고도화된 금융시장을 갖춘 미국이 진원지라는 점에서 그 충격파가 더욱 컸다. 미국 금융위기의 핵심적인 원인은 증권화(securitization)이다. 그 근저에는 글로벌 불균형(global imbalances)이 자리

하고 있다. 이 장에서는 글로벌 금융위기의 핵심인 증권화가 어떻게 미국의 금융위기를 초래한 장본인이 되었는지에 대해 금융부문의 대차대조표(balance sheet)를 통하여 설명한다. 그리고 미국의 금융기관들로 하여금 비금융부문에서의 자금조달을 가능케 한 요인으로 글로벌 불균형현상에 대해 살펴본다. 끝으로 글로벌 금융위기를 계기로 논의된 각종 금융개혁조치들에 대해 살펴본다.

이 과정에서 증권화를 통해 금융부문의 신용공급이 확대되는 경로, 은행들이 신용디폴트스왑(CDS) 매입을 선호한 이유, 금융부문의 증권화된 부채의 증가가 레버리지를 확장시키는 이유, 미국 금융기관의 해외차입을 가능케 한 원인, 중국 등 개도국의 과도한 저축원인, 중국 등 개도국의 과도한 외환보유고의 원인, 개도국의 외환보유고가 민간저축의 담보로 작용하는 이유, 비핵심부채(non-core liabilities)에 대한 규제가 필요한 이유 등에 대해 이해할 수 있다.

제 1 편 국제금융의 기초

제 1 장 환율과 외환시장

제 2 장 환율체계의 분류와 환율제도의 장단점

제1편에서는 외환시장의 성격과 환율의 기본개념에 대해 알아본다. 아울러 환율과 관련된 파생금융상품거래에 대해서도 살펴본다. 또한 IMF의 환율분류체계에 따른 각 환율제도의 특성을 살펴본다. 특히 대부분의 개도국들이 선진국과 달리 왜 변동환율제도나 고정환율제도 대신 중간형태의 환율제도를 채택하고 있는지 살펴본다.

제 1 장

환율과 외환시장

■ 개　요 ■

오늘날 외환시장은 금융활동의 글로벌화로 글로벌 금융환경이 급속히 변하면서 그 중요성이 더욱 커지고 있다. 이 장에서는 외환시장의 참가자와 특성을 살펴보고 환율과 관련된 여러 가지 기본개념을 살펴본다. 아울러 현물환, 선물환, 외환스왑 등 전통적 외환거래수단과 함께 통화선물, 통화옵션, 통화스왑 등 외환파생거래수단에 대해 살펴본다.

■ 중점학습사항 ■

- 외환시장의 참가자는?
- 외환시장의 특성은?
- 직접표시법과 간접표시법의 차이는?
- 유럽식 표시법과 미국식 표시법의 차이는?
- 절상 및 절하와 평가절상 및 평가절하의 차이는?
- 명목환율과 실질환율의 차이는?
- 실효환율이란?
- 외환포지션이란?
- 현물환율과 선물환율의 관계는?
- 선물환거래와 통화선물거래의 차이는?
- 통화선물거래와 통화옵션거래의 차이는?
- 장외거래와 장내거래의 차이는?

1.1 외환시장의 참가자와 특성

외환시장의 중요성

브레튼우즈 체제(Bretton Woods System) 출범 이후 1947년 세계에는 76개국의 독립국(independent countries)과 65개의 통화(currencies)가 존재하였다. 2001년에는 193개의 독립국과 169개의 통화가 존재하였다.[1] 하버드대 로버트 배로(Robert Barro) 등의 연구결과에 따르면 1947년부터 2001년 사이에 국가수에 대한 통화수의 비중은 85%로 거의 일정한 것으로 나타났다.[2] 현재 국제통화기금(IMF) 가맹국은 187개국이다. 이 중 달러, 유로화 등을 자국의 통화로 채택한 나라를 제외하면 약 160개국이 자국통화를 가지고 있다.

세계 각국이 다른 나라와 국제무역과 투자를 할 경우 외환(foreign exchange)이 필요하다. 세계 각국이 160개의 통화로 외환거래를 할 경우 무려 $n\times(n-1)/2=$ 1,270개의 **다른 나라 통화와의 교환비율**(=환율)이 필요하다. 외환이 거래되고 외환의 가격인 환율이 형성되는 곳이 외환시장(Fx market; foreign exchange market)이다. 외환시장은 다양한 통화로 표시된 지불수단(means of payments)의 매매가 이루어지는 시장으로 자금의 대차(lending and borrowing)거래가 일어나는 금융시장과는 성격을 달리한다.

오늘날 외환시장은 국제무역 증가, 자본거래 자유화, 글로벌 경상수지불균형 등으로 인한 외환조달 필요성 증가, 금융활동의 글로벌화 등으로 그 중요성이 더욱 커지고 있다.

1.1.1 외환시장참가자

외환시장에서 외환거래는 ① 일반고객(customers), ② 외화예금 및 대출업무를 수행하고 은행간 거래를 통해 외화자산 및 부채를 조정·관리하는 외국환은행, ③

1) 브레튼우즈 체제에 대한 자세한 설명은 제13장을 참고할 것.
2) Alberto Alesina, Robert Barro, and Silvana Tenreyro, "Optimal Currency Areas," in faculty.haas.berkeley.edu/arose/ABTFinalNBER.pdf.

중개수수료를 받고 은행간 거래나 은행과 고객 사이의 외환거래를 중개해 주는 외환브로커(foreign exchange brokers), ④ 국제기구 및 타 중앙은행들과 거래하고 외환시장의 안정을 위해 외환시장에 개입하는 중앙은행 등의 외환시장참가자(participants)에 의해 이루어진다.[3)]

일반고객

무역업자, 해외투자자, 환투기자, 해외여행을 하는 개인 등 비금융기관(non-financial institutions)과 증권회사, 보험회사, 연기금(pension fund) 등과 같은 비은행금융기관(non-bank financial institutions) 등이 일반고객에 포함된다. 자본자유화의 진전에 따른 자본의 글로벌화로 외환시장에서의 비은행금융기관의 역할과 중요성이 점증하고 있다.

외국환은행

외국환은행은 외환시장에서 중추적인 역할을 한다. 이들은 고객과 외환거래 상대방(counter party)으로서의 역할을 할 뿐만 아니라 대고객 거래결과 발생하는 외환포지션(외화자산－외화부채) 변동을 은행간 시장을 통하여 조정하는 과정에서 적극적으로 외환거래를 하게 된다. 또한 환율전망을 토대로 환차익 획득을 위한 외환거래도 활발하게 수행한다. 이들 은행 중에서 규모가 큰 대형은행(major banks)들은 외환시장에서 시장조성자(market maker)로서의 역할을 한다. 최근에는 대형은행들이 브로커 기능을 동시에 수행하는 경우가 많아 전문 중개회사의 비중은 줄어들고 있는 추세이다.

외환브로커

외환브로커는 중개수수료를 받고 은행간의 외환거래를 중개한다. 외환매매거래를 하는 은행들은 외환을 싸게 매입하여 비싸게 매도함으로써 외환매매이익을 높일 수 있다. 그런데 은행들이 전세계 외환시장에서 시시각각으로 형성되고 있는 최적의 매도 및 매수가격을 파악하는 데는 시간과 비용이 많이 들게 된다. 뿐만 아니라

3) 이하의 논의는 Sam Cross, “The Foreign Exchange Market,” Federal Reserve Bank of New York, 1998; 한국은행, 「우리나라의 외환제도와 외환시장」 등을 주로 참고하였음.

한 은행이 특정 거래상대방과 직접거래를 할 경우 자기 은행의 포지션을 거래 상대방에게 노출하게 된다. 따라서 은행들은 일정금액의 중개수수료를 지불하고 중개회사에서 제공하는 정보를 이용하여 외환매매거래를 하게 된다.

중앙은행

중앙은행은 외환당국으로서 외환시장의 안정을 위해 노력한다. 고정환율제도에서 중앙은행은 외환시장의 주요 참가자로서 환율을 일정한 수준으로 유지하기 위해 외환시장에 개입한다. 오늘날처럼 외환시장의 거래규모가 큰 경우 중앙은행이 외환시장에서 외환매매를 통해 환율에 직접적인 영향을 미치기가 쉽지 않다. 따라서 중앙은행은 외환시장개입을 통해 환율의 방향에 대한 당국의 의지를 표현함으로써 외환시장에 향후 자국통화의 가치에 대한 시그널을 보내기 위해 외환시장에 개입하는 경우도 있다.

국제결제은행(BIS: Bank for International Settlements)의 자료에 따르면 2007년 현재 외환거래의 대부분은 외국환은행간의 거래(전체 거래의 43%) 및 외국환은행과 비은행금융기관 사이의 거래(전체 외환거래의 40%)가 차지하고 있다.[4] 외국환은행과 개인 등 비금융기관과의 거래는 약 17%에 그치고 있다. 우리나라의 경우 2010년 1/4분기 현재 은행간 거래 비중이 전체 외환거래의 86%를 차지하고 있다.[5]

1.1.2 외환시장의 특성

세계에서 가장 큰 시장

외환시장은 세계에서 가장 큰 시장이다. 국제결제은행(BIS)의 자료에 따르면 전 세계 외환시장의 일일 거래규모는 2007년 현재 3조 2,000억 달러에 달한다(표 1.1 참고). 이는 1998년의 일일 거래량 1조 5,000억 달러에 비해 약 2배 증가한 규모이다. 2007년의 일일 외환거래량을 연간 거래액으로 환산하면 800조 달러에 달한다.

현재 연간 세계 총GDP규모는 약 65조 달러이다. 따라서 연간 거래되는 외환거

---

4) 국제결제은행은 3년 주기로 세계 외환시장과 파생상품에 대한 조사를 행하고 있다. 현재 이용 가능한 가장 최근의 자료는 2007년 조사자료이다. BIS, Triennial Central Bank Survey: Foreign exchange and derivatives market activities in 2007, December 2007.

5) 한국은행, "2010년 1/4분기 중 외국환은행의 외환거래 동향," 2010. 5.

표 1.1 글로벌 외환거래규모

(일평균[1], 단위: 10억 달러)

거래종류	1998년	2001년	2004년	2007년
현물환	568	387	631	1,005
선물환	128	131	209	362
외환스왑	734	656	954	1,714
전통적 외환거래 합계[2]	1,490	1,200	1,900	3,210

주: 1) 각 연도 4월 기준의 일일 평균거래량임. 2) 합계는 보고오차 추정치를 포함.
자료: BIS, *Triennial Central Bank Survey*, December 2007.

래량은 1년간 세계 모든 나라가 생산한 총액의 약 12배에 달한다. 또한 현재 우리나라의 연간 GDP규모가 약 1조 달러임을 감안하면 외환시장의 연간 거래규모는 우리나라 연간 총생산액의 약 800배에 이른다.

세계에서 가장 큰 규모의 외환거래가 이루어지는 나라는 영국이다. 2007년 현재 영국의 일일평균 외환거래량은 1조 4,000억 달러 정도로 세계 외환거래의 34%를 차지하고 있다. 미국의 일일 외환거래는 6,640억 달러로 전세계 외환거래의 약 17%로 영국의 절반 정도를 차지하고 있다. 따라서 영국과 미국 두 나라에서 이루어지는 외환거래가 전세계 외환거래의 절반 이상을 차지하고 있다.

현재 자국의 외환거래량이 전세계 외환거래량의 5% 이상을 차지하는 나라는 일본(6%), 싱가포르(5.8%), 스위스(6.1%) 등이다. 우리나라의 일평균 외환거래규모는 2007년 346억 달러, 2010년 1/4분기 현재 391억 달러로 세계 외환거래의 약 1.2% 정도로 세계 18위이다. 싱가포르와 스위스는 국내총생산(GDP)규모는 우리보다 훨씬 작지만 외환시장의 규모는 우리보다 훨씬 큰 것으로 나타나고 있다. 이는 우리나라의 외환시장규모가 경제규모에 비해 작고 따라서 우리나라의 외환시장이 외부충격에 민감하게 반응한다는 것을 의미한다. 우리나라의 외환시장규모가 경제규모에 비해 작은 것은 원화의 국제화 진전이 미흡한 것을 반증한다.[6]

영국의 외환거래규모는 세계에서 가장 중요한 국제금융센터로서의 런던의 위상을 반영하는 것이다. 런던 이외의 세계 주요 국제금융센터로는 유럽의 취리히, 프랑크푸르트, 북미지역의 뉴욕, 시카고 및 동아시아의 동경, 홍콩, 싱가포르, 그리고 중동의 바레인 등이 있다.

6) 김재민, "최근 외환시장의 변동성과 원화 역외결제문제에 대한 소고," 자본시장 Weekly, 2010-22호, 자본시장연구원, 2010.

24시간 시장

외환시장에서는 주요 외환시장들의 개장시간이 서로 부분적으로 중복되어 연속적으로 외환거래가 가능하기 때문에 24시간 내내 외환거래가 행해질 수 있다. 예컨대 동경 외환시장의 개장에 이어 홍콩과 싱가포르 외환시장의 개장이 이어지고 이들 외환시장이 폐장되기 전에 바레인 외환시장이 개장되며, 이어 프랑크푸르트와 취리히 시장이 개장되고, 곧이어 런던 외환시장도 개장됨으로써 24시간 계속 외환거래가 이루어질 수 있다. 특히 동경 외환시장을 비롯한 홍콩, 싱가포르 등 아시아 외환시장은 유럽과 미국을 연결하여 외환시장이 24시간 개장되도록 하는 중요한 역할을 한다.

장외시장

거래소(exchange)거래는 선물거래소와 같은 특정 장소에서 표준화된 거래조건을 통해 거래가 이루어진다. 반면 장외(over-the-counter)거래는 거래소거래와 달리 대부분 은행 및 딜러들의 거래실(dealing room)에서 전화, 팩스, 텔렉스, 컴퓨터 단말기(terminal) 등을 이용하여 거래가 이루어진다. 현재 대부분의 외환거래는 구체적으로 정해진 장소가 아닌 당사자간의 합의를 통해 거래가 이루어지는 장외거래형태를 취한다. 거래소를 통한 거래는 규격화된 기성복에 대한 거래인 반면 장외거래는 맞춤식(tailor-made) 양복에 대한 거래인 셈이다.

2007년의 경우 장외거래를 통한 전세계 일일 외환거래규모는 2조 3,000억 달러 정도로 전세계 일일 외환거래의 70% 이상을 차지하고 있다.

달러화 중심 시장

외환시장에서 가장 많이 거래되는 통화는 달러화이다. 2007년의 경우 일일 외환거래량 중 달러화를 사용한 외환거래가 전체 외환거래의 약 86%를 차지하고 있다(표 1.2 참고). 이는 외환거래의 86%가 달러화를 매개로 이루어졌다는 의미이다. 달러 이외에는 유로화(37%), 엔화(17%), 파운드화(15%) 등으로 이들 네 통화가 전체 외환거래의 대부분을 차지하고 있다.

이처럼 달러화가 외환거래에 가장 많이 사용된 것은 글로벌 통화(global currency)

표 1.2 **외환거래에서 각 통화가 차지하는 비율**

(단위: %)

통 화	1998년	2001년	2004년	2007년
미국 달러화	87	90	89	86
독일 마르크화	30	–	–	–
일본 엔화	20	23	20	17
영국 파운드화	11	13	17	15
프랑스 프랑화	5	–	–	–
스위스 프랑화	7	6	6	7
캐나다 달러화	4	5	4	4
호주 달러화	3	4	6	7
Euro	–	38	37	37
Ecu 및 기타 EMS 통화	17	–	–	–
그 외 통화	16	22	21	
총 합	200	200	200	200

주: 각 연도 4월 기준.
자료: BIS, *Triennial Central Bank Survey*, December 2007.

로서의 달러화의 위상을 반영한 것이다. 현재 달러화는 국제거래의 회계단위, 교환의 매개수단, 가치저장의 수단으로서 기능하고 있다. 이 같은 달러화의 기능을 반영하여 달러화는 각국 중앙은행의 대외준비통화(reserve currency) 및 외환시장개입의 개입통화(intervention currency)로 쓰이고 있다. 또한 세계 각국은 자국통화와 외국통화의 거래시 두 통화를 직접거래하지 않고 제3의 공통통화를 기축통화(vehicle currency)로 하여 거래하는 것이 외환시장의 관행이다. 현재 세계에서 가장 널리 사용되는 기축통화는 달러화이다.

우리나라의 경우 2010년 1/4분기 현재 외환거래의 85% 정도는 원화와 미달러화간의 거래이다. 우리나라 외환시장에서 거래되는 통화 중 엔화와 미달러화간의 거래 등 외국통화간의 거래는 약 15% 정도에 불과하다.

1.2 외환시장과 환율

환율(exchange rate)은 서로 다른 두 통화간의 교환비율로서 한 나라의 통화가격을 다른 나라의 통화로 표시한 것이다.

1.2.1 환율결정에 대한 일반적 논의

일반상품의 가격이 그 상품의 시장수요와 공급에 의해 결정되듯이 환율은 외환시장에서 외환에 대한 수요와 공급에 의해 결정된다. 여기에서는 단순화를 위해 원화와 달러화를 중심으로 환율을 설명한다.

달러화에 대한 수요는 한국이 미국으로부터 재화나 서비스를 수입하거나 미국의 자산(assets)을 취득하고자 할 때 생겨난다. 외환의 공급은 미국이 한국으로부터 재화나 서비스를 수입하거나 한국의 자산을 취득하고자 할 때 생겨난다.[7] 외환의 수요와 공급 중 재화 및 서비스의 거래에 따른 수급은 경상거래에 따른 외환수급이다. 우리나라 사람의 미국자산 취득이나 미국인의 우리나라 자산 취득 등은 자본거래와 관련된 외환수급이다.

그림 1.1 은 외환시장에서 균형환율이 어떻게 결정되는지 보여주고 있다. 균형환율은 달러화에 대한 수요곡선과 공급곡선이 교차하는 E점에서 결정된다. 원/달러 환율 E(U$/원)는 달러화의 가격을 원화로 표시한 것이다.

달러화의 가격이 예컨대 1달러=1,000원에서 1달러=1,200원으로 상승(달러화가 절상)하면 미국의 생산물과 자산이 한국의 생산물과 자산에 비해 상대적으로 비싸지므로 미국의 생산물과 자산에 대한 수요가 줄어든다. 따라서 달러화의 가격이 상승하면 달러화에 대한 수요가 감소한다. 반대로 달러화의 가격이 하락(달러화가 절하)하면 달러화표시 생산물과 자산이 원화표시 생산물과 자산에 비해 상대적으로 싸지므로 달러화표시 생산물과 자산에 대한 수요가 늘어난다. 따라서 달러화의 가격이 하락하면 달러화에 대한 수요가 늘어난다. 결국 달러화의 가격과 달러화에 대한 수

7) 외환수요와 공급은 대외이전(international transfer)과 대외요소소득의 지불 및 수취과정에서도 생겨난다. 여기서는 이것들은 무시한다.

그림 1.1 균형환율과 외환의 수요 · 공급

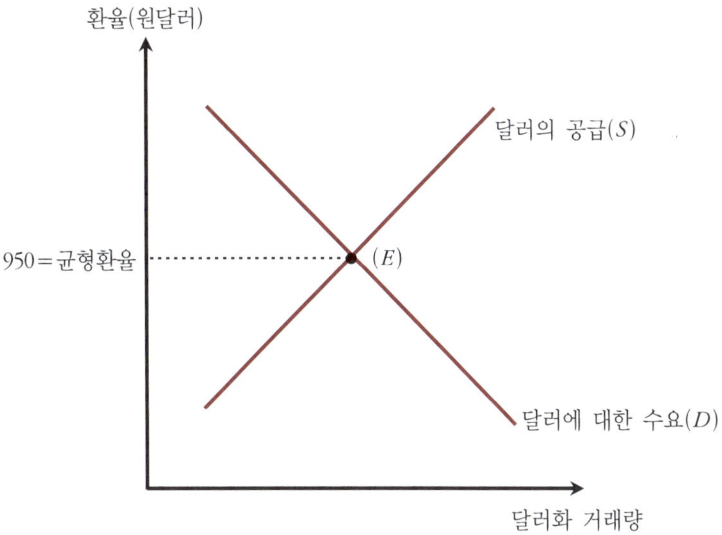

요간에는 역의 관계가 성립하고 달러화의 수요곡선은 우하향한다.

이제 달러화의 공급곡선이 우상향하는 이유를 살펴보자. 달러화의 가격이 상승하면 미국의 생산물과 자산이 상대적으로 비싸지고 한국의 생산물과 자산이 상대적으로 싸진다. 달러화의 가격이 상승하면 상대적으로 저렴해진 한국의 생산물과 자산에 대한 미국의 수요가 증가하므로 달러화의 공급이 증가한다. 따라서 달러화의 가격과 달러화의 공급간에는 정의 관계가 성립하고 달러화의 공급곡선은 우상향한다.

균형환율의 역할

균형 원/달러환율은 외환시장에서 달러화에 대한 수요량과 공급량이 같아질 때의 환율수준이다. 예를 들어 **그림 1.1** 에서처럼 균형환율이 1달러당 1,000원이면 이 환율수준에서 달러화에 대한 수요와 공급이 같아진다.

균형환율의 역할을 숫자 예를 통해 살펴보자. **표 1.3** 의 첫 줄은 미국생산물이나 자산구입을 위한 한국의 달러화에 대한 수요를 나타낸다. 둘째 줄은 한국생산물이나 자산구입을 위한 미국의 달러화 공급을 나타낸다. 표에서 알 수 있듯이 균형

표 1.3 외환시장의 균형과 숫자 예

한국의 달러화 수요 (억 달러)	미국생산물 구입 100	미국자산 취득 100	한국의 달러에 대한 총수요 200
미국의 달러화 공급 (억 달러)	한국생산물 구입 150	한국자산 취득 50	미국의 달러화에 대한 총공급 200
	한국의 경상수지 50	한국의 자본수지 −50	

환율수준에서 한국의 달러화에 대한 수요와 미국의 달러화 공급이 같아진다. 표 1.3 에서 확인할 수 있는 또 하나의 사실은 균형환율수준에서 경상수지와 자본수지의 합이 0이 되어 국제수지가 균형을 이룬다는 것이다.

이제 어떤 이유로 달러화에 대한 수요가 증가한 경우 이것이 외환시장의 균형에 미치는 영향을 살펴보자. 2007년 여름에 발생한 미국의 서브프라임 모기지(sub-prime mortgage)사태의 영향으로 투자자들의 안전자산에 대한 선호가 늘어 미국국채에 대한 투자가 늘어났다고 하자. 안전자산인 미국국채에 대한 투자증가로 달러화에 대한 수요가 증가하면 그림 1.2 에서처럼 달러화에 대한 수요곡선이 우측으로 이동하고 원화표시 달러화가격인 환율이 상승한다. 달러화에 대한 수요증가로 달러화의 가치가 절상되는 것이다.

한국에서 미국으로 자본유출이 일어나면 한국의 자본수지가 감소한다. 그런데

그림 1.2 달러화에 대한 수요증가와 환율상승

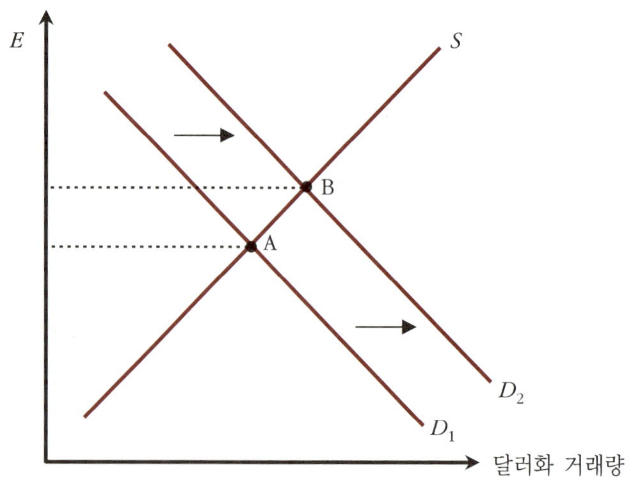

자본유출에 따른 달러화의 절상으로 상대적으로 비싸진 미국생산물에 대한 수요가 감소하고 상대적으로 싸진 한국생산물에 대한 수요가 증가하면 수출이 늘고 수입이 감소하여 한국의 경상수지가 증가한다. 따라서 어떤 이유로 한국의 자본수지가 변화하면 동일한 크기로 반대방향의 경상수지 변화가 초래된다. 환율의 변화를 통해 자본수지의 변화분을 경상수지가 상쇄하도록 작용하는 것이다.

반대로 어떤 이유로 한국자산에 대한 투자가 증가하면 달러에 대한 수요가 감소하고 환율이 하락하여 달러화의 가치가 절하된다. 달러화의 가치절하로 상대적으로 싸진 미국생산물에 대한 수요가 늘고 상대적으로 비싸진 한국생산물에 대한 수요가 감소하여 수출이 감소하고 수입이 증가하여 한국의 경상수지가 감소한다. 미국에서 한국으로의 자본유입증가로 인한 한국의 자본수지증가가 환율하락(=원화의 절상)에 따른 경상수지감소로 상쇄되어 국제수지가 다시 균형을 이루는 것이다.

1.2.2 환율의 표시방법

환율은 한 나라 통화의 가격을 다른 나라 통화로 표시한 것이다. 따라서 어떤 나라 통화를 기준으로 가격을 표시하느냐에 따라 직접표시법 또는 자국통화표시법과 간접표시법 또는 외국통화표시법 등 두 가지 표시방법이 있다.

직접표시법과 간접표시법

직접표시법(direct quotation)은 환율을 외국통화 1단위와 교환되는 자국통화의 단위수로 표현한 것이다. 예를 들어 우리나라 원화와 미국 달러화의 환율을 U$1=1,000₩ 또는 ₩/U$=1,000으로 표시하는 방법이 자국통화표시법이다. 직접표시법은 자국통화표시법(rate in home currency)이라고도 한다.

간접표시법(indirect quotation)은 자국통화 1단위와 교환되는 외국통화의 단위수로 환율을 표현한 것이다. 간접표시법은 직접표시법의 역수이다. 예를 들어 원화의 대미 달러환율이 자국통화표시법으로 U$1=1,000₩일 때 외국통화표시법으로는 ₩1=U$0.001 또는 U$/₩=0.001로 표시된다. 간접표시법은 외국통화표시법(rate in foreign currency)이라고도 한다.

미국식 표시법과 유럽식 표시법

외환시장에서는 여러 나라의 화폐가 거래되므로 환율표시법을 통일시킬 필요가 있다. 예를 들어 우리나라와 미국이 모두 자국통화표시법으로 환율을 나타내면 동일한 원/달러환율이 우리나라에서는 U$1=1,000₩이 되고 미국에서는 ₩1=U$0.001로 표시된다. 따라서 세계 각국은 거의 모든 통화에 대한 환율을 달러화를 기준(base)으로 표시하고 있다. 이처럼 달러화를 기준으로 자국통화의 가치를 표시하는 것을 유럽식 표시법(European terms)이라고 한다. 미달러화가 세계의 기축통화 역할을 담당하면서 국제외환시장에서 대부분의 환율은 유럽식 표시법으로 표시된다.

현재 유럽식 표시법을 따르지 않는 통화는 영국 파운드화, 호주 달러화, 유로화 등에 불과하다. 예를 들어 영국은 파운드화에 대한 달러의 환율을 유럽식 표시법과 달리 ₤1=U$1.7650과 같이 표시한다. 이를 미국식 표시법(American terms)이라고 한다.

이 책에서는 앞으로 유럽식 표시법을 기준으로 한다. 표 1.4는 2010년 5월 20일 런던 외환시장에 고시된 세계 각국의 환율을 유럽식 표시법으로 나타낸 것이다.

표 1.4 환율(런던 외환시장, 2010. 5. 20)

AMERICAS	Per U.S. dollar	EUROPE	Per U.S. dollar
Argentina peso-a	3.9075	**Euro zone** euro	0.8106
Brazil real	1.8863	1-mo. forward	0.8104
Canada dollar	1.0696	3-mos. forward	0.8100
1-mo. forward	1.0696	6-mos. forward	0.8092
3-mos. forward	1.0698	**Czech Rep.** koruna-b	20.955
6-mos. forward	1.0704	**Denmark** krone	6.0327
Chile peso	549.95	**Hungary** forint	229.32
Colombia peso	2019.50	**Norway** krone	6.5576
Ecuador USdollar-f	1	**Poland** zloty	3.3783
Mexico peso-a	13.1531	**Russia** ruble-d	31.479
peru sol	2.8545	**Sweden** krona	7.9608
Uruguay peso-e	19.150	**Switzerland** franc	1.1540
U.S. dollar	1	1-mo. forward	1.1529
Venezuela bolivar	4.29	3-mos. forward	1.1505

ASIA-PACIFIC		6-mos. forward	1.1469
Australia dollar	1.2204	**Turkey** lira	1.5964
China yuan	6.8278	**U.K.** pound	0.6992
Hong Kong dollar	7.8028	1-mo. forward	0.6992
India rupee	46.8250	3-mos. forward	0.6991
Indonesia rupiah	9250	6-mos. forward	0.6990
Japan yen	89.55	**MIDDLE EAST/AFRICA**	
1-mo. forward	89.51	**Bahrain** dinar	0.3770
3-mos. forward	89.42	**Egypt** pound-a	5.6471
6-mos. forward	89.24	**Israel** shekel	3.8420
Malaysia ringgit-c	3.2755	**Jordan** dinar	0.7078
NewZealand dollar	1.5029	**Kuwait** dinar	0.2915
Pakistan rupee	84.350	**Lebanon** pound	1501.00
Philippines peso	46.000	**Soudi** Arabia riyal	3.7503
Singapore dollar	1.4141	**South Africa** rand	7.9997
South Korea won	1194.25	**United Arab** dirham	3.6730
Taiwan dollar	32.115	**SDR**	0.6808
Thailand baht	32.365		

출처: *Wall Street Journal*, May 20, 2010.

■ 참고 ■

절상(절하)과 평가절상(평가절하)

일반적으로 절상(appreciation) 또는 절하(depreciation)는 변동환율제도에서 외환시장의 수급기능에 의해 환율이 하락 또는 상승하였을 경우에 사용된다. 반면 평가절상(revaluation) 또는 평가절하(devaluation)는 고정환율제도에서 정부가 인위적으로 환율을 인하 또는 인상시켰을 경우에 사용된다. 예를 들어 고정환율제를 채택하고 있는 홍콩이 홍콩 달러/미국 달러환율을 1달러당 8홍콩 달러(HK$)에서 10홍콩 달러로 인상하면 홍콩 달러화가 미국 달러화에 대하여 평가절하되었다고 한다. 반면 변동환율제도를 채택하고 있는 우리나라의 경우 원/달러환율이 외환시장의 수급기능에 의해 1달러당 1,200원에서 1,180원으로 하락하였다면 원화가 미달러화에 대해 절상되었다고 한다.

이처럼 자국통화표시환율이 고정환율제도하에서 인상(인하)되어 자국통화가치가 하락하면 평가절하(평가절상)되었다고 한다. 반면 변동환율제도하에서 자국통화표시환율이 상승(하락)하여 자국통화가치가 하락하면 자국통화가 절하(절상)되었다고 한다.

국제외환시장에서는 각국의 정치·경제사정 등에 의해 매일 환율이 수시로 변동하는데 통화가치가 올라가는 통화를 강세통화(strong currency), 통화가치가 떨어지는 통화를 약세통화(weak currency)라고 한다.

매도율과 매입률

외환시장에서 환율은 매도율(offer price; ask price)과 매입률(bid price)의 두 가지(two way) 환율이 동시에 고시된다. 매입률과 매도율은 외환을 사거나 파는 은행의 입장에서 제시하는 환율이다. 표 1.5는 우리나라의 외환은행이 제시하고 있는 매입률과 매도율을 보여주고 있다.

매도율과 매입률의 차이를 스프레드(spread)라고 한다. 스프레드는 은행 입장에서는 매매이익이 되며 고객 입장에서는 거래비용의 성격을 띤다. 스프레드는 ① 해

표 1.5 매입률과 매도율

(외환은행, 2010. 6. 1)

통화명	현 금		송 금		달러당 환율	미화 환산율
	매입률	매도율	매입률	매도율		
미국 USD	1236.77	1194.23	1227.40	1203.60	1215.50	1.0000
일본 JPY 100	1355.66	1309.04	1345.40	1319.30	1332.35	1.0961
유로통화 EUR	1521.84	1462.46	1507.07	1477.23	1492.15	1.2276
영국 GBP	1800.89	1730.63	1783.41	1748.11	1765.76	1.4527
스위스 CHF	1075.18	1033.24	1064.75	1043.67	1054.21	0.8673
캐나다 CAD	1186.99	1140.67	1175.46	1152.20	1163.83	0.9575
호주 AUD	1039.97	999.39	1029.87	1009.49	1019.68	0.8389
뉴질랜드 NZD	840.50	807.72	832.35	815.87	824.11	0.6780
홍콩 HKD	159.19	152.99	157.65	154.53	156.09	0.1284
스웨덴 SEK	159.37	151.61	157.04	153.94	155.49	0.1279
덴마크 DKK	205.69	195.67	202.68	198.68	200.68	0.1651
노르웨이 NOK	192.64	183.26	189.82	186.08	187.95	0.1546
사우디 SAR	337.07	298.19	327.35	320.87	324.11	0.2666
태국 THB	39.64	35.16	37.77	37.03	37.40	0.0308
싱가포르 SGD	888.20	844.88	875.20	857.88	866.54	0.7129
러시아 RUB	42.07	34.61	39.71	38.93	39.32	0.0323
인도 INR	28.16	24.52	0.00	0.00	26.08	0.0215
필리핀 PHP	28.99	25.31	0.00	0.00	26.36	0.0217
중국 CNY	190.49	169.13	185.15	174.47	178.03	0.1465
멕시코 MXN	97.74	82.72	94.92	93.06	93.99	0.0773
브라질 BRL	694.55	587.70	675.85	659.83	667.84	0.5494

자료: 외환은행, http://www.keb.co.kr/

당 통화의 유동성, ② 환율안정성, ③ 거래의 빈도와 규모 등에 의해 결정된다. 일반적으로 유동성이 높고, 환율이 안정적이어서 환율 전망에 대한 불확실성이 작고, 거래빈도가 많고 규모가 클수록 스프레드는 작게 나타난다.

교차환율

교차환율(cross rate)이란 기축통화인 미달러화를 제외한 다른 통화간의 환율을 말한다. 외환시장에서 거의 모든 통화에 대한 환율은 기축통화인 미달러화를 기준으로 표시되고 있다. 따라서 미달러화에 대한 A국과 B국 통화의 환율이 고시되어 있을 때 A국 통화에 대한 B국 통화의 교차환율은 미달러화에 대한 A국과 B국 통화의 환율을 이용하여 간접적으로 산정할 수 있다.

예를 들어 **표 1.6** 에서와 같이 원/달러환율이 1달러=1,194.24원이고 중국 위안(yuan)화의 달러화에 대한 환율이 1달러=6.828위안일 때 위안화에 대한 원화의 교차환율은

$$원/위안 = \frac{원/달러}{위안/달러}$$
$$= 1194.24/6.828$$
$$= 174.91$$

이다. 즉, 1위안=174.91원이 된다.

표 1.6 **교차환율**

(cross rates, 런던 외환시장, 2010. 5. 20)

구 분	US$	£	YUAN	EURO	YEN	WON
U.S.		0.699	6.828	0.811	89.545	1194.24
Britain	1.430		9.766	1.159	128.076	1708.13
China	0.1465	0.102		0.119	13.115	174.91
Euro	1.234	0.863	8.423		110.467	1473.28
Japan	0.011	0.008	0.076	0.009		13.34
South Korea	0.0008	0.0006	0.0057	0.0007	0.0750	

출처: *Wall Street Journal*, May 20, 2010.

1.2.3 명목환율과 실질환율

일반적으로 환율이라고 하면 통상 명목환율(nominal exchange rate)을 뜻한다. 실질환율(real exchange rate)은 명목환율이 실질구매력을 나타내도록 두 나라의 물가를 반영하여 조정한 환율이다.

실질환율은

$$\text{실질환율}(q) = \text{명목환율}(E) \times \frac{\text{다른 나라의 물가수준}(P^*)}{\text{우리나라의 물가수준}(P)}$$

$$q = \frac{EP^*}{P}$$

로 정의된다. 다른 나라의 물가수준을 외국통화로 표시된 외국상품 1단위의 평균가격으로 본다면 EP^*는 외국상품 1단위의 원화표시 가격이 된다. 이를 우리나라 상품의 평균가격(P)으로 나누면 우리나라의 상품수량으로 표시된다. 따라서 실질환율은 우리나라 상품수량으로 나타낸 외국상품 1단위의 상대가격이다.[8)]

예를 들어 실질환율이 2이면, 이는 외국상품 1단위와 우리나라 상품 2단위와 교환될 수 있다는 것이다. 실질환율이 상승하면 자국재화가 상대적으로 싸져서 수출이 증가하고 수입이 감소한다. 반면 실질환율이 하락하면 자국재화가 상대적으로 비싸져서 수출이 감소하고 수입이 증가한다.[9)]

1.2.4 명목실효환율과 실질실효환율

명목환율이나 실질환율은 자국통화와 특정 외국통화 사이의 통화교환비율 또는 상품교환비율을 나타낸다. 그런데 교역상대국이 여러 나라인 경우 특정국 통화에 대한 자국통화의 환율만으로는 자국통화의 대외가치를 종합적으로 파악하기 어렵다. 따라서 여러 교역상대국에 대한 자국통화의 종합적인 구매력을 반영할 수 있는 지표로 실효환율이 사용된다. 일반적으로 실효환율은 지수형태로 나타내며 명목실효환

---

8) 경제학 문헌에서 '실질'변수들은 모두 상품수량으로 표시된다. 예를 들어 실질총생산·소득, 실질임금, 실질통화량, 실질소비·저축·투자, 실질수출·수입 등 실질변수들은 모두 상품수량으로 표시된다.

9) 실질환율에 대해서는 제6장에서 보다 자세히 다룬다.

율과 실질실효환율로 구분된다.

명목실효환율(NEER: nominal effective exchange rate)은 교역상대국들과의 (명목) 환율을 교역량을 가중치로 기하평균하여 다음과 같이 산출된다.[10)]

$$\text{NEERI} = \prod_{i=1}^{n}(E_i)^{w_i}, \quad \prod_{i=1}^{n}(E_i)^{w_i} = (E_1)^{w_1}(E_2)^{w_2}...(E_n)^{w_n}$$

여기서, NEERI＝명목실효환율지수, $E_i = i$국 통화와의 환율, $w_i = i$국과의 교역 가중치임.

실질실효환율(REER: real effective exchange rate)은 교역상대국들과의 실질환율을 교역량을 가중치로 기하평균하여 다음과 같이 산출된다.

$$\text{REERI} = \prod_{i=1}^{n}\left(\frac{E_i P_i^*}{P_0}\right)^{w_i}, \quad \prod_{i=1}^{n}\left(\frac{E_i P_i^*}{P_0}\right)^{w_i} = \left(\frac{E_1 P_1^*}{P_0}\right)^{w_1}\left(\frac{E_2 P_2^*}{P_0}\right)^{w_2}...\left(\frac{E_n P_n^*}{P_0}\right)^{w_n}$$

여기서, REERI＝실질실효환율지수, P_0＝자국의 물가수준, $P_i^* = i$국의 물가수준임.

명목실효환율과 실질실효환율은 모두 지수형태로 표시된다. 명목실효환율지수나 실질실효환율지수가 기준연도에 비해 상승하면 교역상대국에 대한 자국통화의 명목가치나 실질가치가 상승하였음을 나타낸다. 명목실효환율지수나 실질실효환율지수가 기준연도에 비해 하락하면 교역상대국에 대한 자국통화의 명목가치나 실질가치가 하락하였음을 나타낸다.

국제결제은행은 27개 교역대상국과 58개 교역대상국에 대한 세계 각국의 실질실효환율과 명목실효환율을 산출하여 웹사이트(www.bis.org)에서 이용이 가능하도록 하고 있다. 그림 1.3은 2000년 이후 우리나라 27개 교역대상국에 대한 원화의 실질실효환율과 명목실효환율 추세를 나타내고 있다. 그림에서 볼 수 있듯이 우리나라 원화의 실질 및 명목실효가치는 2007년의 미국발 글로벌 금융위기 직후 크게 절하되었음을 알 수 있다.

10) 실효환율에 대한 계산식은 김인준·이영섭, 『국제금융론』, 율곡, 2008, p. 51 참조.

그림 1.3 우리나라의 실효환율(2005=100)

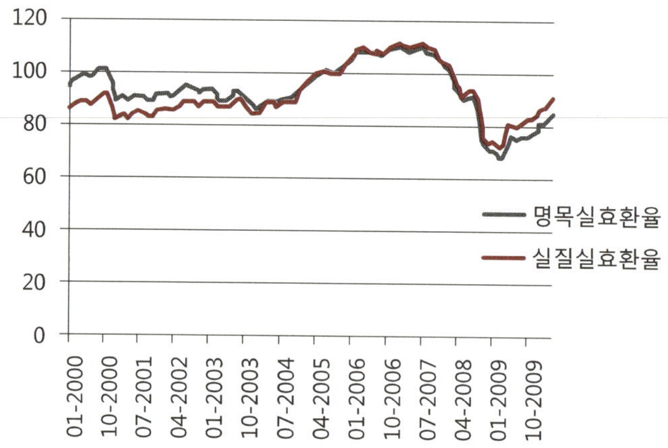

자료: www.bis.org

1.3 외환포지션과 환리스크

외환포지션

외환포지션(exchange position)은 일정시점에 은행, 기업 등이 보유하고 있는 외화표시 자산과 부채의 차액을 말한다. 외환포지션은 형태에 따라 매입초과포지션(overbought position)과 매도초과포지션(oversold position) 및 스퀘어포지션(square position)으로 나누어진다.

매입초과포지션은 외환매입액이 외환매도액을 초과하여 외화표시 자산이 부채를 초과하는 경우로 롱포지션(long position)이라고도 한다. 매도초과포지션은 외환매도액이 외환매입액을 초과하여 외화표시 부채가 자산을 초과하는 경우로 숏포지션(short position)이라고도 한다. 스퀘어포지션은 외환의 매입액과 매도액이 서로 일치하여 외화자산과 외화부채가 균형을 이룬 상태를 말한다. 스퀘어포지션은 플랫포지션(flat position)이라고도 한다. 매입초과포지션과 매도초과포지션은 외화자산과 부채가 일치하지 않아 예상치 못한 환율변동에 따른 환리스크(exchange risk)에 노출되어 있기 때문에 오픈포지션(open position)이라고도 한다.

외환포지션은 환거래의 종류에 따라 현금(외환)포지션(cash position), 현물환포지션(spot position), 선물환포지션(forward position), 종합포지션(overall position) 등으로 구분된다. 현물환포지션은 현물환의 매매차액을 현금포지션에 합한 것이다. 선물환포지션은 선물환의 매매차액으로 장래의 외화채권과 채무상태를 나타낸다. 종합포지션은 현물환포지션과 선물환포지션을 합한 외환포지션이다.[11)]

외환포지션과 환리스크

환리스크(exchange risk)는 환율변동으로 인한 위험을 말한다. 환리스크는 매입초과포지션이나 매도초과포지션과 같이 외화자산과 부채가 일치하지 않는 오픈포지션하에서 발생하게 된다. 일반적으로 매입초과포지션하에서 환율이 상승하면 환차익을 얻고, 환율이 하락하면 환차손이 생긴다.

예를 들어 우리나라의 현대자동차가 100만 달러의 매입초과포지션을 보유하고 있다고 하자. 이때 미달러화에 대한 원화의 환율이 1달러=1,200원에서 1달러=1,200.50원으로 상승하면 50만 원의 환차익을 얻게 된다. 이와 달리 매도초과포지션하에서 환율이 상승하면 환차손이 발생하고, 환율이 하락하면 환차익이 발생한다.

1.4 외환거래의 수단

외환시장의 거래수단은 전통적 외환거래수단(traditional foreign exchange instruments)과 외환파생(foreign exchange related derivatives)거래수단으로 구분된다. 전통적 외환거래수단에는 현물환(spot) · 선물환(forwards)[12)] · 외환스왑(FX swaps) 등이

11) 정부는 2010년 10월부터 단기외채 증가를 억제하기 위해 선물환포지션 한도를 신설해 시행하기로 하였다. 선물환포지션은 선물환, 외환 및 통화스왑, 차액결제선물환(NDF) 등을 모두 포함한다. 국내은행과 증권사, 종합금융회사는 선물환포지션이 전달 말 자기자본의 50%, 외국은행 국내지점(외은지점)은 250%를 상회할 수 없다. 2010년 4월 말 기준으로 국내은행들의 선물환포지션은 16%, 외은지점들은 301%였다. 따라서 선물환포지션 규제로 외은지점이 받는 영향이 더 클 것으로 보인다. 정부가 선물환거래규모를 제한한 것은 선물환거래가 단기외채 증가의 가장 큰 원인이라고 판단했기 때문이다. 우리나라의 경우 단기 외화유동성의 주된 공급원은 은행부문으로 은행부문을 통해 단기 외화유동성의 약 80%가 공급된다. 은행 단기외채에서 외은지점의 단기외채가 차지하는 비중은 1990년대 중반부터 30-50%를 유지하다 2006년 이후로 60%를 상회하고 있다.

12) 이 책에서는 forwards는 선물환(先物換), futures는 선물(先物)로 번역한다. forwards는 장외에서 이루어지는 거래이고 futures는 장내거래를 통해 계약이 이루어진다는 점을 제외하고 실질

있다. 외환파생거래수단에는 통화선물(currency futures) · 통화옵션(currency option) · 통화스왑(currency swap) 등이 있다.[13)]

현물환 · 선물환 · 외환스왑은 1970년대 이전에도 외환거래수단으로 활용되었으며 현재도 외환거래의 대부분을 차지한다. 통화선물 · 통화옵션 · 통화스왑 등은 1970년대 이후에 생겨난 외환거래수단이다. 선물환, 외환스왑, 통화스왑 등은 장외(over-the-counter)거래에 활용되는 수단이다. 통화선물은 거래소(exchange)거래에 활용되는 수단이다. 통화옵션은 장외거래와 거래소거래에서 모두 활용된다.

1.4.1 현물환거래

현물환거래(spot transaction)는 결제일이 계약일로부터 2영업일 이내인 외환거래이다. 현물환거래는 외환시장에서 가장 일반적인 거래수단으로 모든 거래의 기본이 된다.

현물환거래는 시차(time zone differences) 등을 감안하여 통상 계약일로부터 2영업일 이내에 현물의 수도(인수 및 인도) · 결제가 이루어진다.[14)] 계약일(transaction date)은 거래당사자간 거래금액, 만기, 계약통화 등 거래조건이 결정되는 일자이다. 결제일(value date 또는 settlement date)은 거래계약 후 실제로 외환의 수도 · 결제가 일어나는 일자를 의미한다.

현물환거래에 적용되는 환율을 현물환율(spot rate)이라고 한다. 현물환율은 외환시장의 현재가격으로 선물환율과 스왑레이트(swap rate) 등의 산출시 기준(bench-mark)이 된다. 현물환거래는 주로 실수요 매매, 투기적(speculative) 목적, 또는 환리스크관리(hedging) 목적 등에 의해 이루어진다.

적으로 두 거래는 동일한 거래이다. forwards는 선도, futures는 선물로 구분하는 경우도 있지만 선도 대신 선물이라는 용어가 언론, 일반인 등에서 훨씬 많이 쓰이는 점을 감안하여 이 책에서도 forwards 거래를 선물환거래로 통칭한다.

13) 국제결제은행(BIS)은 전통적 외환거래수단에 선물환과 외환스왑을 포함시키면서 외환관련 파생상품의 거래수단에 통화선물, 통화옵션, 통화스왑 등과 함께 선물환과 외환스왑도 포함시키고 있다. 우리나라의 「외국환거래법시행령」에서도 외환파생거래에 통화선물, 통화옵션, 통화스왑뿐만 아니라 선물환과 외환스왑도 포함시키고 있다. 파생금융상품에 대한 보다 자세한 설명은 이 장의 부록을 참고할 것.

14) 미달러화와 캐나다 달러화 사이의 현물환거래는 두 지역이 동일한 시간대를 가지고 있기 때문에 통상 2영업일이 아닌 1영업일 이내에 수도 · 결제가 이루어진다. 거래 당일에 거래되는 현물환거래는 당일물(value today), 거래 다음 영업일에 결제되는 현물환은 익일물(value tomorrow), 거래 후 2영업일에 결제되는 현물환은 익익일물(value spot)이라고 한다.

1.4.2 선물환거래

선물환거래(forwards transaction)는 사전에 합의된 특정일에 외환을 수도·결제할 것을 미리 약정한 거래이다. 선물환거래시 일반적으로 주요 통화의 만기는 1개월, 2개월, 3개월, 6개월, 12개월 등으로 표준화되어 있다. 표준화된 결제일(even date 혹은 straight date) 대신 매매당사자의 합의에 의해 계약 만기일이 정해지는 경우 비표준결제일(odd date 혹은 broken date)이라고 한다. 선물환거래에 적용되는 환율을 선물환율(forward exchange rate)이라고 한다. 선물환율은 거래계약시점에서 정해진다.

선물환율의 표시방법

선물환율을 표시하는 방법으로는 아웃라이트호가(outright quotation), 포인트호가(point quotation), 스왑률호가(swap rate quotation) 등이 있다.

아웃라이트호가는 현물환율표시방법과 마찬가지로 선물환율을 표시하는 것이다. 앞의 **표 1.4** 에서처럼 엔화에 대한 달러화의 현물환율은 1달러=89.55엔, 1개월물 선물환율은 1달러=89.51엔으로 표시하는 것이다. 아웃라이트호가는 대고객거래에 주로 사용된다.

포인트호가는 선물환율과 현물환율의 차이를 포인트로 표시하는 방법이다. 엔/달러 현물환율은 1달러=89.55엔, 1개월물 선물환율은 1달러=89.51엔인 경우 스왑포인트는

$$\text{선물환율} - \text{현물환율} = 89.51 - 89.55 = -0.04 = (-)4(\text{포인트})$$

가 된다. 스왑포인트가 (−)4라는 의미는 달러화가 엔화에 대해 4포인트 할인(discount)되어 거래되고 있다는 의미이다. 달러화가 엔화에 대해 4포인트 할인되어 거래된다는 것은 엔화는 4포인트 프리미엄(premium)이 붙어 거래되고 있다는 것을 뜻한다. 스왑포인트호가는 주로 전문딜러(dealer)들과 브로커(broker)들간의 거래에 이용된다.

스왑률호가는 선물환율과 현물환율의 차이를 연율(%)로 표시한 것이다.

$$\text{스왑률} = \frac{F_T - E}{E} \times \frac{12}{\text{선물환 만기월수}} \times 100$$

여기서 F_T는 선물환율이다. $_T$는 선물환거래의 만기를 나타낸다. E는 현물환율을 나타낸다. 스왑률이 플러스이면 선물환프리미엄(forward premium)이라고 한다. 스왑률이 마이너스이면 선물환디스카운트(forward discount)라고 한다.

앞에서 예로 든 엔화에 대한 달러화의 1개월물 스왑률은

$$\text{스왑률} = \frac{89.51 - 89.55}{89.55} \times \frac{12}{1} \times 100$$

$$= -0.54(\%)$$

가 된다. 따라서 달러화가 엔화에 대해 0.54% 선물환디스카운트 상태에 있다. 미 달러화가 엔화에 대해 선물환디스카운트가 있다는 것은 엔화는 달러화에 대해 선물환프리미엄이 있다는 것을 의미한다. 두 통화간의 선물환거래에서 한 나라의 통화가 선물환프리미엄이 있으면 상대방 통화는 선물환디스카운트 상태가 된다.

■ 참고 ■

스왑률과 자금사정과의 관계

스왑률은 금융기관의 자금사정을 나타내는 대용지표(proxy)로도 활용된다. 예를 들어 국내금융기관의 외화자금사정이 악화되면 금융기관은 외화조달의 방안으로 현물환매입/선물환매도스왑을 이용한다. 이 경우 현물환매입 증가로 현물환율은 상승하고, 선물환매도 증가로 선물환율은 하락하게 되어 스왑률이 낮아진다. 반대로 금융기관의 원화자금사정이 악화되면 원화차입을 위한 현물환매도/선물환매입스왑 증가로 스왑률이 올라간다. 스왑률이 내외금리차를 상회하면 외화(원화)자금사정의 호전(악화)을 나타낸다. 스왑률이 내외금리차를 하회하면 원화(외화)자금사정의 호전(악화)을 의미하는 것으로 볼 수 있다.

현물환율과 선물환율의 관계

선물환율은 현물환율과 현물환율에 사용된 양국 통화간의 이자율차이의 함수이다. 무위험이자율평가(covered interest rate parity)조건에 따르면 현물환율과 선물환율 사이에는 다음과 같은 관계가 있다.[15)]

$$\frac{\text{선물환율} - \text{현물환율}}{\text{현물환율}} = \text{자국통화 이자율} - \text{달러화 이자율}$$

따라서 이론적으로 스왑률은 양국 통화의 금리차이와 일치하게 된다. 위의 식을 고쳐 쓰면 다음과 같다.

15) 무위험이자율평가조건에 대한 자세한 논의는 제3장을 참고할 것.

선물환율 = 현물환율 × (1 + 자국통화 이자율 − 달러화 이자율)

따라서 원화에 대한 이자율이 달러화의 이자율과 같은 경우 선물환율과 현물환율은 동일해진다. 원화에 대한 이자율이 달러화의 이자율보다 높으면 선물환율(=미래 특정 시점의 달러화가격)이 현물환율(=현재의 달러화가격)보다 높아야 한다.

이 예에서는 기준통화(base currency)가 미달러화이고 표시통화(terms currency 혹은 counter currency)가 원화이다. 따라서 기준통화의 이자율이 표시통화보다 낮으면 선물환율이 현물환율보다 높고 기준통화가 선물환프리미엄으로 거래된다. 반대로 기준통화의 이자율이 표시통화보다 높으면 선물환율이 현물환율보다 낮아지고 기준통화가 선물환디스카운트로 거래된다.

선물환거래가 이루어지는 동기는 환리스크관리 목적, 투기적 목적, 금리차익(arbitrage)획득 목적 등이 있다. 금리차익거래는 스왑률과 양국의 금리차이가 괴리될 때 이루어진다.

■ 참고 ■

차액결제 선물환거래

차액결제 선물환(NDF: Non-Deliverable Forward) 거래는 만기시 계약금액 전체를 결제하는 일반적인 선물환거래와 달리 계약시 선물환율과 만기시 현물환율과의 차이에 의해 계산된 차액만을 계약당사자간에 수수하는 거래를 말한다. 일반적으로 차액의 수수는 미달러화로 이루어진다.

NDF 거래는 선물환계약에 비해 결제위험(settlement risk)이 상대적으로 작고 해당 통화의 국제화가 미흡한 상황에서도 역외시장에서 거래형성이 가능하다. NDF 거래의 결제를 미달러화로 할 경우 해당 통화가 필요 없으므로 역외에서도 시장형성이 가능하다.

NDF 시장은 홍콩, 싱가포르 등에서 대부분의 거래가 이루어지고 있다. 최근에는 런던, 뉴욕 등 주요 국제금융센터에서도 거래가 증가하고 있다. NDF 시장에서는 영국과 일본의 합작회사인 Prebon Yamane사를 비롯한 ICAP, BGC, Cantor Fitzgerald, Tradition 등의 역외 중개회사가 우리나라 원화, 태국 바트화, 대만 달러화, 인도네시아 루피화, 필리핀 페소화, 중국 위안화 등 아시아지역 통화에 대한 NDF 거래를 중개하고 있다.

원화와 미달러화간 NDF는 1996년 중반 홍콩, 싱가포르 등 역외시장에서 Prebon Yamane사를 비롯한 일부 중개회사를 중심으로 비거주자간에 거래가 시작되었다. 1999년 4월 외환자유화 조치로 국내 외국환은행과 비거주자간 NDF 거래가 허용된 이후 역외 NDF 거래규모가 크게 늘어나고 있다. 현재 NDF 거래는 국내 외국환은행과 비거주자간에 주로 이루어지고 있는데 환차익을 획득하기 위한 투기적 목적의 거래가 많이 일어나는 것으로 알려지고 있다. 또한 국내주식 등 원화자산에 투자하고 있는 외국인투자자들은 NDF 거래를 통해 국내투자자금에 대한 환리스크를 헤지하고 있다.

NDF의 거래주체로는 외국은행 국내지점의 거래 비중이 높은 편이나 최근 들어서는 국내은행의 거래 비중도 점차 확대되고 있다. 비거주자로는 Goldman Sachs, Morgan Stanley, Merrill Lynch 등 대형 투자회사와 Citi, JP Morgan Chase, Standard Chartered, Deutsche, HSBC, BOA 등

글로벌 은행들이 있다.

2009년 중 비거주자의 역외 NDF 거래는 일평균 49억 달러 정도로 추정된다. 참고로 현물환의 일평균 거래규모는 2009년 약 58억 달러이다.

자료: 한국은행, 「우리나라의 외환제도와 외환시장」; 한국은행, 「우리나라의 외환거래제도」; 김재민, "최근 외환시장의 변동성과 원화 역외결제문제에 대한 소고," 자본시장 Weekly, 2010-22호, 자본시장연구원, 2010.

1.4.3 외환스왑거래

외환스왑(FX swap)거래는 현재의 계약환율로 일정기간 동안 한 통화와 다른 통화를 교환(swap)한 후 일정기간 후 최초 계약시점에서 정한 선물환율로 원금을 다시 교환하는 거래이다. 외환스왑거래는 동일한 거래상대방과 현물환과 선물환(spot-forward swap) 또는 만기가 상이한 선물환과 선물환(forward-forward swap), 현물환과 현물환(spot-spot swap: backward swap)을 서로 반대방향으로 동시에 매매하는 거래이다. 스왑거래에 주로 이용되는 것은 현물환과 선물환거래가 결합된 형태이다.

스왑거래는 매입과 동시에 매도하거나 매도와 동시에 매입이 이루어지기 때문에 두 개의 결제일을 갖는다. 두 개의 결제일 중 먼저 도래하는 결제일을 근일(near date)이라고 한다. 나중에 도래하는 결제일을 원일(far date)이라고 한다. 외환스왑거래에 있어 매입·매도는 원일물(far date)거래를 기준으로 구분된다. 예를 들면 외환스왑매입은 근일물을 매도하고 원일물을 매입하는 거래를 말한다. 외환스왑매도는 근일물을 매입하고 원일물을 매도하는 거래이다.

외환스왑거래는 거래의 형태에 있어서는 외환매매의 형식을 취하고 있으나 실제로는 보유 중인 여유통화를 담보로 필요통화를 차입하는 것으로 단기금융시장(money market)의 자금대차거래와 유사하다. 예를 들어 A은행이 B은행과 현물환율 1,000원, 1개월 선물환율 1,002원에 1백만 달러를 현물환매도, 선물환매입하는 외환스왑거래를 체결하였다고 하자. 거래시점에 A은행은 B은행에 1백만 달러를 지급하는 대가로 10억 원(1,000원×1,000,000달러)을 수취하게 된다. 이후 만기시점에 A은행은 B은행으로부터 1백만 달러를 돌려받고 원화 10억 200만 원(1,002×1,000,000달러)을 상환함으로써 거래가 종결된다. 외환스왑거래를 통해 A은행은 단기적으로 부족한 원화 유동성을, B은행은 외화유동성을 확보할 수 있게 된다.

외환스왑거래의 가격표시는 선물환거래와 마찬가지로 스왑포인트(선물환율－현물환율)호가방식을 사용한다. 스왑거래가 체결되면 직전 체결된 현물환율을 기준으로 선물환율을 산출한다. 예를 들어 직전 환율이 1,000원으로 체결되어 있는 상황에서 한 딜러가 브로커에게 "FX one month 300/320"이라고 주문을 냈다면 이는 1,000원에 3.00원을 가산한 1,003.0원에 외환스왑을 매입하고, 1,000원에 3.2원을 가산한 1,003.2원에 외환스왑을 매도하겠다는 것을 의미한다.

외환스왑의 거래동기는 자금조달 목적, 환리스크관리 목적, 금리차익획득 목적 등이 있다. 외환스왑거래는 ① 단기금융거래에 소요되는 대출관련 부대경비를 절감할 수 있고, ② 보유통화를 담보로 함에 따라 채무불이행 위험을 줄일 수 있으며, ③ 신용만으로도 거래가 성립되는 단기금융거래와 달리 반드시 한쪽 통화에 여유자금이 있어야 되는 특징을 갖고 있다.

1.4.4 통화선물

통화선물거래는 선물거래소에 상장되어 있는 특정 통화에 대하여 시장참가자간 공개호가(open outcry)방식에 의해 결정되는 선물환율로 일정기간 후에 수도·결제할 것을 약정하는 거래를 말한다. 통화선물거래는 계약시에 약정된 가격으로 미래의 일정시점에 특정 통화를 매입·매도한다는 점에서 선물환(forward)거래와 유사하다. 그러나 다음과 같은 몇 가지 측면에서 선물환거래와 구분된다.

거래장소: 장외거래 대 장내거래

선물환거래는 장외(over-the-counter)에서 거래되는 반면 통화선물거래는 거래소(exchange)를 통해 장내에서 거래가 이루어진다. 거래소거래는 규제기관의 규제를 받는 반면 장외거래는 특정 규제기관의 규제를 받지 않는다. 우리나라의 경우 거래소거래는 증권선물위원회의 규제를 받는다. 미국의 경우에는 상품선물거래위원회(Commodity Futures Trading Commission)의 규제를 받는다.

거래조건: 비표준화 대 표준화

선물환거래는 당사자간의 합의를 통해 계약조건을 자유롭게 정할 수 있는 반면 통화선물거래는 선물거래소(futures exchange)를 통해 거래된다. 따라서 거래단위,

거래금액, 만기일 등 거래조건이 표준화되어 있다. 선물환율의 만기는 주로 당사자 간의 계약에 의해 1개월, 2개월, 3개월, 6개월 물 등으로 결정된다. 반면 통화선물의 만기는 계약시기와 관계없이 거래소에 의해 보통 3, 6, 9, 12월의 셋째 주 수요일로 정해져 있다. 통화선물의 계약기간은 1년을 넘을 수 없다.

신용위험: 유위험 대 무위험

일반적으로 신용에 의해 거래가 체결되는 선물환거래는 만기에 계약불이행에 따른 위험(default risk)이 존재한다. 반면 통화선물거래는 별도의 청산소(clearing house)가 설립되어 매일매일 거래대상 통화의 가격변동(marking to market)에 따라 손익을 정산하는 일일정산제도, 계약불이행 위험에 대비하기 위한 이행보증금 성격의 증거금예치제도 등을 통해 계약의 이행을 보증한다.[16)]

결제방법: 만기결제 대 반대매매

선물환거래는 만기일에 실물의 인수 및 인도가 이루어진다. 반면 통화선물거래는 대부분 최종결제일 이전에 반대거래를 통하여 포지션을 청산한다. 선물환거래시 적용되는 선물환율(forward exchange rate)은 미달러화를 기준으로 자국통화의 가치를 나타내는 유럽식 표시법(예: 1달러=1,000원)으로 고시된다. 반면 통화선물거래에 적용되는 선물환율은 자국통화를 기준으로 미달러화의 가치를 나타내는 미국식 표시법(예: 1원=0.001달러)으로 고시된다. 통화선물거래는 계약금액에 해당하는 자금의 준비가 필요 없이 소액의 증거금만으로도 거래가 가능하므로 레버리지(leverage) 효과가 높아 환위험헤지 외에 환율예상에 의한 환차익을 노린 투기적 거래에 주로 이용되고 있다.

통화선물은 1972년 5월 시카고상품거래소(CME: Chicago Mercantile Exchange) 부설 국제통화시장(IMM: International Monetary Market)에서 최초로 거래가 시작되었

---

16) 선물거래증거금은 납입주체에 따라 선물거래소가 중개회사(선물회사 등)로부터 징수하는 매매증거금(clearing margin)과 중개회사가 고객에게 부과하는 위탁증거금(customer margin)으로 구분된다. 또한 증거금은 납입시점에 따라 처음 선물거래를 할 때 납부해야 하는 개시증거금(initial margin), 일일 가격변동제한폭 정도의 손실을 보전할 수 있는 최저수준의 유지증거금(maintenance margin), 손실액이 일정수준을 초과하여 증거금 잔액이 유지증거금에 미달할 때 추가로 보충해야 하는 추가증거금(additional margin), 이익이 발생하여 증거금 잔액이 개시증거금을 초과할 경우 인출이 가능한 초과증거금(excess margin) 등으로 구분된다(한국은행, 「우리나라의 외환제도와 외환시장」, p. 182).

다. 이후 영국(1982년 9월), 호주(1983년 10월), 캐나다(1984년 6월), 싱가포르(1984년 9월), 일본(1989년 6월)에 통화선물시장이 개설되었다. 우리나라는 1999년 4월 23일 한국선물거래소(KRX: Korea Exchange)에 미달러화 선물이 처음 상장되었다.

1.4.5 통화옵션

통화옵션(currency option)거래는 미래의 특정 시점 또는 특정 기간 동안 특정 통화를 미리 약정한 행사가격(exercise price 혹은 strike price)으로 매입(call)하거나 매각(put)할 수 있는 권리를 매매하는 거래이다.

콜옵션매입자 대 풋옵션매입자

통화옵션거래는 권리내용에 따라 매입할 권리인 콜옵션(call options)과 매도할 권리인 풋옵션(put options)으로 구분된다. 콜옵션(call option)매입자는 특정 통화를 만기일(maturity date)(이내)에 행사가격으로 살 수 있는 권리를 가진다. 풋옵션(put option)매입자는 특정 통화를 만기일(이내)에 행사가격으로 팔 수 있는 권리를 가진다.

통화옵션은 선물환이나 통화선물 등 다른 통화관련 파생상품과 달리 보험적 성격의 권리를 매매하는 것으로 옵션매입자(option buyer 혹은 option holder)는 옵션매도자(option seller 또는 option writer)에게 보험료에 해당하는 옵션프리미엄(option premium)을 지불하는 대신 대상통화의 행사가격과 현물환율을 비교하여 자신에게 유리한 경우에만 권리를 행사하고 불리할 경우에는 권리를 포기할 수 있다. 반면 옵션매도자는 옵션매입자가 권리를 행사할 경우 이를 이행해야 하는 의무가 주어진다.

예를 들어 콜옵션매입자는 행사가격이 현물환율을 하회하면 권리를 행사하고, 상회할 경우에는 지불한 프리미엄만 손실을 보고 권리를 포기한다. 이와 달리 풋옵션매입자는 행사가격이 현물환율을 상회하면 권리를 행사하고, 하회할 경우에는 권리를 포기함으로써 지불한 프리미엄에 대한 손실만 부담하게 된다.

통화옵션거래는 선물환거래와 달리 시장환율이 옵션매입자에게 유리한 경우에만 옵션을 선택적으로 행사할 수 있다. 따라서 옵션매입자의 손실은 프리미엄에 국한된다. 반면 옵션매입자의 이익은 환율변동에 따라 무제한적인 비대칭적인 손익구조를 가지고 있다.

미국식 대 유럽식 옵션

통화옵션거래는 옵션행사 기간에 따라 미국식 옵션(American option)과 유럽식 옵션(European option)으로 나누어진다. 미국식 옵션은 만기일 이전에 언제라도 권리행사가 가능하다. 반면 유럽식 옵션은 만기일에만 권리행사가 가능하다. 시카고 상품거래소에 상장된 모든 통화옵션은 미국식이다. 한국선물거래소에 상장되어 있는 미달러화 옵션은 유럽식을 채택하고 있다.

통화옵션가격

특정 통화의 옵션가격은 ① 현물환율, ② 기준통화의 이자율, ③ 표시통화의 이자율, ④ 행사가격, ⑤ 만기까지의 기간, ⑥ 현물환율 변동성(volatility) 등에 의해 결정된다.[17] 특정 통화의 옵션가격에 영향을 미치는 요인들 중 가장 중요한 변수는 현물환율의 변동성이다. 현물환율의 변동성은 사전에 알 수 없는 반면 다른 변수들은 모두 사전에 알려져 있다. 환율의 예상변동성이 클수록 옵션이 행사될 가능성이 높아지고 옵션의 가치도 높아진다.

통화옵션거래는 통화선물거래와 유사하나 통화옵션거래는 일일정산제도가 없다. 옵션매입자는 옵션매수대금인 프리미엄을 납부하는 반면 옵션매도자는 거래이행의 담보로 향후 손실위험을 감안한 수준의 증거금을 선물거래소에 납부한다.

옵션거래는 선물환거래와 더불어 가장 기본적인 금융거래수단 중의 하나이다. 옵션은 장외거래와 거래소를 통한 장내거래가 모두 가능하다. 거래소를 통한 옵션거래는 1982년 미국 필라델피아증권거래소(PHLX: Philadelphia Stock Exchange)의 현물환옵션이 효시이다. 이후 시카고상품거래소(CME: Chicago Mercantile Exchange)에서 본격적인 옵션거래가 이루어졌다. 우리나라의 경우 1999년 한국선물거래소(KRX: Korea Exchange)에 미달러화 옵션이 처음 상장되었으나 거래실적은 미미한 수준이다. 그러나 장외거래는 거래소거래에 비해 상대적으로 활발하게 이루어지고 있다.

---

17) 옵션가격 결정에 대한 혁신적인 이론적 진전은 1973년 피셔 블랙(Fisher Black)과 마이런 숄즈(Myron Sholes) 두 교수가 "The pricing of options and corporate liabilities"라는 제목의 논문을 *Journal of Political Economy*, Vol. 81, No. 3, 1973, pp. 637-654에 발표함으로써 이루어졌다.

표 1.7 통화옵션거래와 통화선물거래

구 분	통화옵션거래	통화선물거래
거래내용	대상통화를 매도 또는 매입할 수 있는 권리에 대한 거래	대상통화의 인수 및 인도를 위한 거래
거래책임	매입자는 대상통화를 매도 또는 매입할 수 있는 권리를 가지며 매도자는 매입자의 권리행사에 대한 의무 부담	매입자와 매도자 모두 거래이행책임 부담
손실위험	매입자의 위험은 주문시 지불한 프리미엄에 한정되고 매도자의 위험은 무한정	매입자와 매도자 모두 위험 무한정
거래증거금	매도자에게만 거래증거금 부과	매입자와 매도자 모두 거래증거금 부과
결제방법	반대매매에 의한 결제 또는 권리행사에 따른 실물 인수 및 인도	반대매매에 의한 결제 또는 최종결제일에 대상통화 인수 및 인도

출처: 한국은행, 「우리나라의 외환제도와 외환시장」, p. 191.

통화옵션거래와 통화선물거래를 비교하면 **표 1.7** 과 같다.

1.4.6 통화스왑

통화스왑(currency swap)거래는 외환스왑거래와 마찬가지로 당사자간 서로 다른 통화를 교환하고 일정기간 후 원금을 재교환하기로 약정하는 거래를 말한다. 통화스왑과 외환스왑은 환매조건부 성격의 매매거래라는 점에서 비슷하나 스왑 기간과 이자지급방식에서 차이가 있다.

스왑 기간과 이자지급방식

외환스왑은 1년 이하의 단기자금 조달 및 환리스크헤지 수단으로 이용된다. 반면 통화스왑은 1년 이상의 중장기 환리스크 및 금리리스크헤지 수단으로 이용된다. 이자지급방법에 있어서도 외환스왑은 스왑 기간 중 해당 통화에 대해 이자를 교환하지 않고 만기시점에 원금만을 재교환한다. 반면 통화스왑은 계약기간 동안 이자(매 6개월 또는 매 3개월)를 교환한다. 우리나라의 경우 통화스왑의 거래기간은 1-10년물이 가능하나 주로 1-5년물이 거래되고 있으며 이자는 매 6개월(연 2회)마다 교환한다.

통화스왑거래 사례

① 국내 보험회사가 해외채권에 투자하기 위해 외국환은행과 원화를 지급(원화금리 수취)하고 미달러화를 받는(외화금리 지급) 통화스왑거래를 실시하였다.

* 명목원금: 1억 달러
* 계약기간: 5년(2010. 2. 26-2015. 2. 26)
* 금리지급방법: 원화고정금리 4% 수취, 외화고정금리 2% 지급

② 보험회사는 통화스왑으로 조달한 외화자금을 만기가 동일한 해외채권(수익률 2%)에 투자하였다. 통화스왑거래 결과 수취이자와 지급이자의 차이가 4%로 국내 국고채 수익률(3%)보다 높은 수익을 실현하였다.

* 수취이자: 6%=해외채권 수익률 2%+원화 스왑금리 4%
* 지급이자: 미달러화 스왑금리 2%

③ 만기일(2015. 2. 26)에 해외채권 투자자금을 회수하여 외국환은행에 미달러화를 지급하고 원화를 상환받음으로써 통화스왑거래는 종료된다.

일반적으로 통화스왑은 채권(bond)발행과 연계되어 거래되는 경우가 많다. 통화스왑거래는 다른 파생상품에 비해 복잡하거나 난해함이 적어 운용위험이 낮고 가격변동에 따른 위험도 비교적 작다. 또한 계약기간 동안 수취이자 또는 지급이자에 대해서도 계약조건에 따라 교환함으로써 이자변동에 따른 위험도 회피할 수 있다.

그러나 통화스왑거래는 장외거래로 이루어지기 때문에 거래상대방에 대한 신용위험이 높다. 계약기간도 장기(5-10년 정도의 계약도 활용됨)로 운용되는 경우가 많아 위험노출 정도가 다른 금융상품에 비해 높을 수 있다.

우리나라는 1999년 9월 국내 중개회사에서 원/달러 통화스왑거래를 처음으로 중개하기 시작하였다. 중개회사를 통해 거래되는 우리나라 원화와 미달러화간의 통화스왑은 원화 고정금리와 미달러화 변동금리(6개월 Libor)가 교환되는 방식으로 거래되고 있다. 원/달러 통화스왑가격(swap rate)은 지급 또는 수취할 원화 고정금리로 표시된다.

지금까지 논의한 외환파생거래수단 중 선물환거래, 외환스왑거래, 통화스왑거래 등은 장외에서 거래된다. 통화선물은 거래소를 통해 장내에서 거래된다. 통화옵션은 장외와 장내 모두에서 거래된다. 장내거래와 장외거래의 차이점을 비교하면 다음

표 1.8 장외거래와 장내거래

구 분	장외(OTC: over-the counter)거래	장내거래(exchange trading)
거래수단	선물환, 외환스왑, 통화옵션, 통화스왑	통화선물, 통화옵션
거래장소	당사자간 직접거래	거래소〔KRX(한국), EUREX(독일), CME, CBOE (미국) 등〕
거래조건	당사자간 합의	거래소의 표준화된 조건
거래방법	다수 거래당사자간의 공개경쟁입찰	거래당사자간 직접계약
증거금	계약금	개시증거금, 유지증거금
신용위험	거래당사자간 위험 상존	위험 없음
결 제	만기결제	대부분 만기 전 반대거래 통해 포지션 청산
규 제	자율규제	거래소규약 및 정부기관에 의해 규제(미국: 상품선물거래위원회/한국: 증권선물위원회)

표 1.8과 같다.

■참고■

미 연준과 중앙은행과의 통화스왑

미 연준은 서브프라임 모기지 사태로 글로벌 자금시장이 경색되자 2007년 12월부터 2008년 10월까지 우리나라의 한국은행을 포함한 유럽중앙은행, 일본은행, 스위스국립은행, 영란은행, 캐나다은행 등 주요국 중앙은행들과 미달러화 공급을 위한 통화스왑협정을 체결하였다. 2008년 글로벌 금융위기의 정점시 각국 중앙은행들이 연준과의 통화스왑을 통해 인출한 달러자금은 무려 5,000억 달러에 달했다.

연준 통화스왑협정의 작동 메커니즘은 다음과 같다.

① 연준은 각국 중앙은행에 1일-3개월 만기의 달러자금을 공급하고 각국 통화를 담보로 수취한다.

② 각국 중앙은행은 시장금리보다 약 1%포인트 높은 금리로 자국 은행들에게 달러자금을 공급한다.

③ 각국 중앙은행은 차입 당시와 동일한 환율로 달러자금을 미 연준에 상환하고 시장금리보다 약 1%포인트 높은 수준의 이자비용을 지급한다.

2010년 그리스의 국가부채위기로 유로지역의 금융위기가능성이 커지자 미 연준은 유럽중앙은행, 일본은행, 스위스국립은행, 영란은행, 캐나다은행 등 주요국 중앙은행들과 통화스왑협정을 다시 체결하기로 하였다.

출처: 금융연구원, "미 연준의 주요국 중앙은행들과의 통화스왑 재개," 주간금융브리프, 제19권 제21호, 2010. 5.

부록: 파생금융상품의 종류와 거래규모

파생상품(derivatives)거래는 원래 농산물가격의 변동에 따른 손실을 회피하기 위한 수단으로 농부들에 의해 주로 사용되었다. 역사적으로는 17세기에 네덜란드 암스테르담에서 튤립옵션(tulip option)거래가 이루어졌으며 일본 오사카에서는 쌀의 선물(futures)거래가 이루어졌다. 조직화된 거래소(organized exchange)를 통해 처음으로 파생상품(derivatives)이 거래된 것은 1848년 농산물거래소인 시카고거래소(CBOT: Chicago Board of Trade)가 설립되어 곡물의 선물계약이 이루어지면서부터이다. 이후 1899년 시카고상품거래소(CME: Chicago Mercantile Exchange)가 탄생되어 버터, 달걀 등의 선물거래가 이루어졌다.

파생금융상품의 탄생과 급증

금융자산과 관련한 파생상품거래는 1971년 8월 리처드 닉슨(Richard Nixon) 미국 대통령이 달러화의 금태환(dollar's convertivility into gold)을 정지함으로써 국제금융제도가 브레튼우즈 체제하의 고정환율체제에서 변동환율체제로 이행된 것을 계기로 본격화되었다. 고정환율제도가 붕괴되고 변동환율제도로 이행됨으로써 환율변동에 따른 위험에 대비하기 위한 수단으로 외환거래와 관련된 파생금융상품이 등장하게 되었다. 이후 1970년대 초반과 후반 두 차례에 걸쳐 석유파동을 겪으면서 세계경제는 극심한 인플레이션과 이로 인한 금리변동을 경험하였고, 금리변동에 따른 위험 회피수단으로 금리관련 파생상품이 등장하게 되었다.

1972년 CME 부설 국제통화시장(IMM: International Monetary Market)이 개설됨으로써 통화선물거래가 처음으로 시작되었다.[18] 이후 1973년 시카고옵션거래소(CBOE: Chicago Board Options Exchange)에서 주식관련 옵션거래가 이루어졌다.

1973년 4월에 옵션거래가 도입되자 그해 5월 블랙-숄즈 모형에 의해 옵션가격설정에 대한 이론적 규명이 이루어짐으로써 파생상품거래는 더욱 활기를 띠게 되었다.[19] 블랙-숄즈 모형은 이미 알려진 주식가격, 채권가격 등을 이용하여 어떻게 옵

18) 금융선물의 창시자는 CME의 회장으로 최초의 금융선물시장인 IMM을 개설한 레오 멜러메드(Leo Melamed)이다. 폴란드에서 태어난 멜러메드는 파생상품거래에 대한 감독기관인 상품선물거래위원회(CFTC: Commodity Futures Trading Commission)의 고문을 역임하였다.

19) 블랙-숄즈 모형에 대해서는 주 17) 참고.

션가격을 계산할 수 있는지를 설명한 것이다. 블랙-숄즈의 옵션가격산정공식은 마치 야채샐러드의 구성요소인 사과와 오렌지의 가격을 이용하여 야채샐러드의 가격을 알아내듯이 주식·채권 등 특정 파생상품의 기초자산을 활용하여 파생상품의 가격을 알아내고자 한 것이었다. 사전에 알 수 없는 파생상품의 가격이 이미 알려진 기초자산의 가격과 상관관계가 있다는 확신을 가지게 되자 파생상품거래는 더욱 활기를 띠게 되었다. MIT의 교수였던 피셔 블랙은 1983년에 당시 골드만삭스에서 일하던 로버트 루빈(Robert Roubin)(미 재무부 장관 역임)에 의해 골드만삭스로 전직하였다.

블랙-숄즈 모형과 함께 옵션시장의 발전을 가져온 또 다른 계기는 1972년 최초의 포켓용 계산기의 등장으로 인한 계산능력의 진보와 함께 새로운 거래소들이 세계 도처에 등장한 것이다. 블랙-숄즈 모형이 등장한 이후 1975년 CBOT에서 금리선물거래가 처음 이루어진 것을 필두로 1976년 일반상품(commodities)에 대한 옵션거래가 허용되었다. 이후 1982년 런던 국제금융선물거래소(LIFFE: London International Financial Futures Exchanges), 1984년 싱가포르 국제통화거래소(SIMEX: Singapore International Monetary Exchanges), 1989년 동경 국제금융선물거래소(TIFFE: Tokyo International Financial Futures Exchange)가 등장하면서 파생금융상품의 거래는 글로벌화되었다. 우리나라는 아시아 외환금융위기 이후 1999년에 부산에 한국선물거래소(KRX: Korea Exchange)가 설립되어 처음으로 파생금융상품거래가 시작되었다.

파생금융상품의 거래수단으로 옵션거래 다음으로 등장한 것은 스왑거래이다. 통화스왑(currency swap)을 필두로 금리스왑(interest rate swap)이 등장하였고 이후 미국발 글로벌 금융위기로 일반인들 사이에도 본격적으로 회자된 신용디폴트스왑(CDS: Credit Default Swap)이 2000년 이후 등장하였다. CDS는 투자자로 하여금 금리변동에 따른 위험과 채무자의 채무불이행(default)에 따른 위험을 분리할 수 있도록 한 파생금융상품이다. 건강악화에 대비해 건강보험을 들듯이 채무불이행에 대비해 보험료를 지불하고 CDS라는 보험을 사는 것이다. CDS는 불과 몇 년 전만 해도 거래가 거의 없었으나 2004년경부터 거래가 본격화되었다.

파생금융상품의 분류

파생금융상품은 외환·채권·주식 등 기초금융자산(underlying financial assets)으로부터 파생되는 계약을 말한다. 파생금융상품은 계약형태(또는 거래수단), 기초자산의 종류, 거래장소 등에 따라 다음과 같이 분류된다.[20]

(1) 계약형태에 따른 분류

선물환거래와 선물거래

선물환(forwards)거래와 선물(futures)거래는 모두 매매계약은 현재 체결하나 약정가격에 의한 현물의 인수도는 장래의 특정 시점(maturity 혹은 delivery date)에 특정 가격으로 하기로 미리 약정하는 계약이라는 점에서 거래의 기본성격은 동일하다. 다만 선물환거래는 장외(over-the-counter)에서 거래가 이루어지는 반면 선물거래는 거래소(exchange)를 통하여 이루어진다는 점에서 차이가 있다.

옵션거래

옵션(options)은 보험의 일종이다. 옵션거래는 기초자산을 미래 특정 시점 또는 특정 기간 동안 특정 행사가격으로 매입하거나 매각할 수 있는 권리 자체를 사고파는 계약이다. 옵션의 매입자는 권리를 행사하지 않을 수도 있다. 기초자산을 살 수 있는 권리를 콜옵션, 팔 수 있는 권리를 풋옵션이라고 한다. 유럽식 옵션은 만기일에만 행사될 수 있고 미국식 옵션은 만기일 이전에도 행사될 수 있다.

스왑거래

스왑(swap)거래는 외화부채 또는 자산의 보유로 인해 발생될 미래의 현금흐름(원금과 이자)을 쌍방간에 교환하기로 하는 계약이다.

통화스왑(currency swap)은 상이한 통화로 차입한 두 차입자가 각자의 차입금에 대한 원리금 상환을 서로 교환하여 이행하기로 하는 계약이다. 이자율스왑(interest rate swap)은 두 차입자가 각자의 변동금리부 채무와 고정금리부 채무의 이자지급조건을 일정기간 동안 서로 교환하여 이행하기로 하는 계약이다.

선물·옵션·스왑거래 등은 모두 최초의 소규모 포지션으로 출발하여 대규모 위험에 노출될 수 있다는 공통점이 있다. 파생금융상품거래가 갖는 위험에도 불구하고 금융당국은 파생금융상품을 위험분산수단으로 인식하여 거래를 장려하는 입장이었다. 1987년부터 2006년까지 미 연준 의장을 역임한 앨런 그린스펀(Alan Greenspan)

---

20) 이하의 내용은 한국은행, 「우리나라의 외환거래제도」 참고.

도 CDS와 같은 파생금융상품에 대해 글로벌 시대의 금융환경에 맞는 위험이전의 시장매체(market vehicle)로 아주 중요하다고 언급하였다.

파생금융상품은 위험을 원하지 않는 투자자로부터 위험을 원하는 투자자로 위험을 이전시킬 수 있는 효율적인 수단이다. 위험이 보다 안전한 투자자의 손으로 이전될 수 있으면 파생금융상품거래로 인해 금융시장의 위험성과 변동성도 감소될 것이다. 그러나 위험분산수단으로서 파생금융상품이 갖는 긍정적인 측면은 글로벌 금융위기를 계기로 반전되어 글로벌 금융시스템을 위협할 수 있는 존재로 부각되었다.

(2) 기초자산의 종류에 따른 분류

통화관련 파생상품

통화관련 파생상품은 환율변동에 따른 위험을 회피하기 위한 파생금융상품이다. 통화관련 파생상품에는 통화선물(currency futures), 통화옵션(currency options), 통화선물옵션(options on currency futures), 통화스왑(currency swaps) 등이 있다.

이자율관련 상품

이자율관련 파생상품은 각종 채권(T-Bond, T-Bill 등) 등과 같은 금융자산의 보유에 따른 금리변동에 따른 위험을 회피할 목적으로 생겨났다. 이자율관련 파생상품에는 이자율선물(interest rate futures), 이자율옵션(interest rate options), 이자율선물옵션(options on interest rate futures), 이자율스왑(interest rate swaps), 선도금리계약(FRA: Forward Rate Agreements) 등이 있다.

이자율관련 파생상품거래는 은행들이 대출 등의 자산과 예금 등과 같은 부채 사이의 불일치(mismaches)를 관리하기 위한 수단으로 이용하였다. 예를 들어 은행의 자산은 일반적으로 고정금리로 운영되는 반면 부채는 변동금리로 지불하고 있다면 자산과 부채 운용의 불일치를 해결하기 위한 수단으로 금리스왑이 활용된다.

주식관련 파생상품

주식관련 파생상품은 주가변동으로 발생하는 위험을 회피하기 위해서 생겨났다. 주식관련 파생상품은 개개의 주식가격 또는 다수의 주가를 가중평균하여 산출한 특정 주가지수(예: S&P 500, NIKKEI 225, KOSPI 200 등)에 일정금액(단위 계약금액)을 곱하여 금융상품화한 후 이를 매매하는 거래이다. 주식관련 파생상품에는 주가지수 선물, 주식 및 주가지수옵션, 주가지수선물옵션 등이 있다.

신용관련 파생상품

신용관련 파생상품은 금융기관이 보유하고 있는 대출금, 유가증권 등 기초자산의 신용위험(credit risk)을 회피하기 위하여 개발된 파생금융상품이다. 신용관련 파생상품은 기초자산으로부터 신용위험을 분리하여 제3의 기관에 매각한 후 일정한 수수료를 지급하는 대신 채무자의 원리금 상환불능이나 신용도 저하에 따른 채권가격하락으로 손실이 발생한 경우 손실을 보상받기로 하는 계약이다. 신용관련 파생상품으로는 신용디폴트스왑(CDS: credit default swap)이 대표적이다.

(3) 시장형태에 따른 분류

장외거래

장외거래는 가격을 비롯한 모든 거래요소들이 표준화되어 있지 않은 상품을 시장참가자들이 장외(OTC: over-the-counter)에서 당사자간 합의에 의해 직접 거래하는 형태이다.

장내거래

장내거래는 가격 이외의 모든 거래요소가 표준화되어 있는 상품을 거래소(exchange)를 통하여 거래하는 형태로 거래소거래라고 한다. 주요 선물거래소로는 CME(Chicago Mercantile Exchange), LIFFE(London International Financial Futures Exchange), EUREX(Europe Exchange) 등이 있다.

장내거래와 장외거래의 가장 큰 차이는 장내거래는 거래조건이 표준화되어 있는 반면 장외거래는 당사자간의 합의를 통해 거래조건이 형성된다는 것이다. 또한 장내거래는 청산소(clearing house)를 통해 계약이 이루어지고 거래소가 계약이행을 보증함으로써 신용위험이 제거되는 반면, 장외거래는 거래당사자 중 한쪽이 약속을 이행하지 않을 수 있는 위험을 안고 있다.

이상의 파생금융상품에 대한 설명을 정리하면 다음 **부표 1**과 같다.

부표 1 파생금융상품의 구분

거래유형 \ 기초자산	통화관련 상품	금리(채권)관련 상품	주식관련 상품	신용관련 상품
장 외	선물환 통화스왑	선도금리계약 금리스왑	주식스왑	CDS
	통화옵션	금리옵션	주식옵션	신용옵션
장 내	통화선물	금리선물	주가지수선물	
	통화옵션 통화선물옵션	금리옵션 금리선물옵션	주식옵션 주가지수옵션 주가지수선물옵션	신용옵션

파생금융상품의 거래규모

장외거래

전세계 파생금융상품의 거래규모를 장외거래와 장내거래로 나누어 살펴보면 **부표 2** 및 **부표 3**과 같다. 2009년 현재 장외파생상품의 총거래규모는 615조 달러

부표 2 글로벌 파생금융상품의 장외거래규모

(단위: 10억 원)

구 분	1998년	2001년	2004년	2007년	2009년
장외거래(A)	80,309	111,177	258,627	595,738	614,673
통화계약	18,011	16,747	29,288	56,238	49,196
선물환 및 외환스왑	12,063	10,335	14,951	29,143	23,129
통화스왑	2,253	3,941	8,222	14,346	16,509
통화옵션	3,694	2,470	6,115	12,747	9,558
금리계약	50,014	77,567	190,501	393,138	449,792
선도금리계약	5,755	7,737	12,788	26,598	51,749
금리스왑	36,261	58,897	150,631	309,588	349,235
금리옵션	7,997	10,933	27,081	56,951	48,807
주식계약	1,488	1,880	4,384	8,469	6,591
선도 및 스왑	146	319	755	2,233	1,829
옵션	1,341	1,561	3,629	6,236	4,761
CDS	–	–	6,395	58,243	32,692
기타 파생상품계약(B)	10,795	14,981	28,056	79,649	76,400
장외파생금융거래(A-B)	69,513	96,196	23,0571	516,089	538,273

자료: BIS, *Quarterly Review*, March 2010.

주: 기타 파생상품계약은 금 등의 실물파생상품과 위의 분류에 포함되지 않은 기타 파생금융상품과 관련한 계약을 포함함.

부표 3 글로벌 파생금융상품의 거래소거래규모

(단위: 10억 원)

구 분	1998년	2001년	2004년	2007년	2009년
거래소거래	13,975	23,748	46,511	79,066	73,137
통화계약	80	93	164	291	310
통화선물	31	65	103	158	163
통화옵션	49	27	60	132	146
금리계약	12,654	21,762	427,69	71,051	67,057
금리선물	8,031	9,269	18,164	26,769	20,622
금리옵션	4,623	12,492	24,604	44,281	46,434
주가지수계약	1,239	1,892	3,578	7,724	5,769
주가지수선물	291	332	623	1,100	962
주가지수옵션	947	1,560	2,954	6,624	4,806

자료: BIS, *Quarterly Review*, March 2010.

에 달하고 있다. 이 가운데 통화, 금리, 주식 및 신용관련 파생금융상품의 장외거래 규모는 2009년 538조 달러로 1998년의 69조 달러에 비해 약 8배 정도 증가한 것으로 나타나고 있다.

2009년에 거래된 파생금융상품 중 통화관련 계약은 약 49조 달러, 금리관련 계약은 약 450조 달러에 달한다. 따라서 금리관련 거래가 장외파생금융거래의 2/3를 차지하고 있다. 장외파생금융상품거래 중 규모가 가장 큰 금리관련 상품은 대부분 금리스왑형태로 거래된다. 2009년 금리스왑거래는 349조 달러로 금리관련 거래의 약 80%를 차지하고 있다.

한편 국제결제은행에 의해 2004년부터 자료가 제공되고 있는 신용디폴트스왑(CDS)의 경우 2004년 거래액이 6조 달러에 불과했으나 이후 거래가 급증하여 글로벌 금융위기가 시작된 2007년 58조 달러로 정점을 이룬 이후 2009년 32조 달러로 거래가 감소하였다. CDS 거래규모는 주식과 연계된 거래규모 7조 달러를 훨씬 상회하고 있다.

거래소거래

거래소를 통해 거래되는 파생금융거래는 2009년 73조 달러로 장외거래의 14% 정도에 불과한 것으로 나타나고 있다. 거래소를 통해 장내에서 거래된 금융상품의 대부분은 금리관련 형태의 계약이다. 금리관련 계약은 2009년 67조 달러로 전체 장내거래의 92%를 차지하고 있다. 금리관련 계약은 금리선물보다는 대부분 금리옵션 형태로 거래가 이루어져 금리옵션이 금리관련 거래의 2/3를 차지하고 있다.

◇ 요약 및 복습 ◇

1. 외환시장에서 외환거래는 ① 일반고객(customers), ② 외화예금 및 대출업무를 수행하고 은행간 거래를 통해 외화자산 및 부채를 조정·관리하는 외국환은행, ③ 중개수수료를 받고 은행간 거래나 은행과 고객 사이의 외환거래를 중개해 주는 외환브로커(foreign exchange brokers), ④ 국제기구 및 타 중앙은행들과 거래하고 외환시장의 안정을 위해 외환시장에 개입하는 중앙은행 등의 외환시장참가자(participants)에 의해 이루어진다. 외환시장은 세계에서 가장 큰 시장, 24시간 시장, 장외시장, 달러화 중심 시장으로서의 특성을 갖는다.

2. 환율은 한 나라의 통화가치를 다른 나라의 통화로 표시한 것이다. 환율은 한 나라의 통화와 다른 나라 통화의 교환비율이므로 어떤 나라의 통화를 기준으로 하느냐에 따라 직접표시법과 간접표시법이 있다. 직접표시법은 외국화폐 1단위의 가치를 자국통화로 나타낸 것이다. 직접표시법을 자국통화표시법이라고 한다. 간접표시법은 자국통화 1단위의 가치를 외국통화로 표시한 것이다. 간접표시법은 외국통화표시법이라고 한다.

3. 달러화를 기준(base)으로 자국통화의 가치를 표시하는 것을 유럽식 표시법(European terms)이라고 한다. 미달러화가 세계의 기축통화 역할을 담당하면서 외환시장에서 대부분의 환율은 유럽식 표시법으로 표시된다. 현재 유럽식 표시법을 따르지 않는 통화는 영국 파운드화, 호주 달러화, 유로화 등에 불과하다. 예를 들어 영국 파운드화에 대한 달러의 환율은 유럽식 표시법과 달리 £1=U$1.7650과 같이 표시된다. 이를 미국식 표시법(American terms)이라고 한다.

4. 일반적으로 환율이라고 하면 통상 명목환율(nominal exchange rate)을 뜻한다. 실질환율(real exchange rate)은 명목환율이 실질구매력을 나타내도록 두 나라의 물가를 반영하여 조정한 환율이다. 교차환율(cross rate)이란 기축통화인 미달러화 이외의 통화 사이의 환율을 말한다. 실효환율이란 여러 교역상대국에 대한 원화의 종합적인 구매력을 반영할 수 있는 지표이다. 일반적으로 실효환율은 지수형태로 나타내며 명목실효환율과 실질실효환율로 구분된다.

5. 자국통화표시환율이 고정환율제도하에서 인상(인하)되어 자국통화가치가 하락하면 평가절하(평가절상)되었다고 한다. 반면 변동환율제도하에서 자국통화표시환율이 상승(하락)하여 자국통화가치가 하락하면 자국통화가 절하(절상)되었다고 한다.

6. 외환포지션(exchange position)은 일정시점에 은행, 기업 등이 보유하고 있는 외화표시 자산과 부채의 차액을 말한다. 외환포지션은 형태에 따라 매입초과포지션(overbought position)과 매도초과포지션(oversold position) 및 스퀘어포지션(square position) 등으로 나누어진다.

7. 외환시장의 거래수단은 전통적 외환거래수단(traditional foreign exchange instruments)과 외환파생(foreign exchange related derivatives)거래수단으로 구분할 수 있다. 전통적 외환거래수단에는 현물환(spot)·선물환(forwards)·외환스왑(FX swaps) 등이 있다. 외환파생거래수단에는 통화선물(currency futures)·통화옵션(currency option)·통화스왑(currency swap) 등이 있다.

8. 현물환거래(spot transaction)는 결제일이 계약일로부터 2영업일 이내인 외환거래이다. 현물환거래는 외환시장에서 가장 일반적인 거래수단으로 모든 거래의 기본이 된다. 선물환거래는 일정기간(통상 2영업일) 이후 사전에 합의된 특정일에 외환을 수도·결제할 것을 약정한 거래이다. 외환스왑(FX swap)거래는 현재의 계약환율로 일정기간 동안 한 통화와 다른 통화를 교환(swap)한 후 일정기간 후 최초 계약시점에서 정한 선물환율로 원금을 다시 교환하는 거래이다.

9. 통화선물거래는 선물거래소에 상장되어 있는 특정 통화에 대하여 시장참가자간 공개호가(open outcry)방식에 의해 결정되는 선물환율로 일정기간 후에 수도·결제할 것을 약정하는 거래를 말한다. 통화옵션(currency option)거래는 미래의 특정 시점 또는 특정 기간 동안 특정 통화를 미리 약정한 행사가격(exercise price 혹은 strike price)으로 매입(call)하거나 매각(put)할 수 있는 권리를 매매하는 거래이다. 통화스왑(currency swap)거래는 외환스왑거래와 마찬가지로 당사자간 서로 다른 통화를 교환하고 일정기간 후 원금을 재교환하기로 약정하는 거래를 말한다. 통화스왑과 외환스왑은 환매조건부 성격의 매매거래라는 점에서 비슷하나 스왑 기간과 이자지급방식에서 차이가 있다.

≪주요 용어 및 개념≫

- 외환시장참가자
- 환율(exchange rate)
- 실질환율(real exchange rate)
- 명목실효환율(nominal effective exchange rate)
- 실질실효환율(real effective exchange rate)
- 교차환율(cross rate)
- 직접표시법(direct quotation)
- 간접표시법(indirect quotation)
- 유럽식 표시법(European Quotation)
- 미국식 표시법(American Quotation)
- 현물환율(spot exchange rate)
- 스프레드(spread)
- 선물환율(forward exchange rate)
- 스왑포인트(swap point)
- 스왑률(swap rate)
- 선물환프리미엄(forward premium)
- 선물환디스카운트(forward discount)
- 매도초과포지션(oversold position)
- 매입초과포지션(overbought position)
- 오픈포지션(open position)
- 스퀘어포지션(square position)
- 현물환(spot)거래
- 선물환(foward)거래
- 외환스왑(FX swap)
- 통화선물(currency futures)
- 통화옵션(currency option)
- 통화스왑(currency swap)
- 차액결제선물환(NDF)
- 콜옵션(call option)
- 풋옵션(put option)
- 미국식 옵션(American option)
- 유럽식 옵션(European option)
- 행사가격(strike price)
- 장외(over-the-counter)거래
- 거래소(exchange)거래

제 2 장
환율체계의 분류와 환율제도의 장단점

■ 개 요 ■

IMF의 환율체계(exchange regimes) 분류에 따르면 현재 IMF 가맹국들은 고정환율제도와 변동환율제도, 그리고 이 두 환율제도의 중간형태 등 다양한 환율제도를 채택하고 있다. 이 장에서는 IMF의 환율체계 분류에 따라 각 환율제도의 특징과 각국이 채택하고 있는 환율제도의 추이를 살펴본다. 또한 고정환율제도와 변동환율제도의 장단점과 각 환율제도의 성과를 비교한다. 특히 오늘날 선진국은 대부분 고정환율제나 변동환율제와 같은 양 극단을 선택하는 반면 대부분의 개도국은 중간형태의 환율제도를 채택하는 경향에 대해 달성 불가능한 삼원체제(impossible trinity)의 시각에서 살펴본다.

■ 중점학습사항 ■

- 현행 국제환율체계의 분류와 특성은?
- 고정환율제도의 장단점은?
- 대부분의 개도국이 중간형태의 환율제도를 채택하고 있는 이유는?

2.1 IMF의 환율체계 분류

IMF의 환율체계 분류(de facto classification of exchange rate regimes)는 가맹국이 발표한 환율제도가 아닌 실제로(de facto) 운영하고 있는 환율제도를 기준으로 하고 있다. 이 분류에 따르면 현행 환율체계는 개별국 법적 통화가 없는 제도, 통화위원회제도, 전통적 고정페그제도, 목표환율대제도, 크롤링페그제도, 크롤링밴드제도, 관리변동환율제도, 독자적 변동환율제도 등 8가지로 분류된다.

개별국 법적 통화가 없는(no separate legal tender) 제도

개별국 법적 통화가 없는 제도는 자국의 통화 대신 다른 나라의 통화를 자국의 법적 통화로 채택하는 제도이다. 현재 이 제도하에서는 달러화를 법적 통화로 채택하거나(dollarization), 유로화(euro)를 법적 통화로 채택하고 있다. 자국통화 대신 달러화나 유로화를 법적 통화로 채택한 경우 각국은 국내통화정책에 대한 통화당국의 재량권을 완전히 포기하게 된다.

현재 에콰도르, 파나마 등 8개국이 달러화를, 몬테네그로, 산마리노 등 2개국이 유로화를 법적 통화로 채택하여 개별국 법적 통화가 없는 제도를 채택한 나라는 모두 10개국이다. 2006년 IMF의 환율분류체계에서는 당시 유로존(euro zone) 12개국을 개별국 법적 통화가 없는 제도로 분류하였으나 2008년의 분류에서는 현재의 유로존 16개국을 독자적 변동환율제도로 분류하고 있다.

통화위원회(currency board)제도

통화위원회제도는 통화당국이 특정국의 통화와 자국통화를 고정된 환율로 교환하기로 법적으로 명백히 천명한 제도이다. 통화위원회제도에서는 자국의 본원통화 발행량이 환율을 고정시키기로 한 상대국 통화의 보유량에 연동된다. 홍콩의 경우 자국통화의 가치를 달러화에 1$=8.7HK$로 고정시키기로 법적으로 천명하고 있다. 따라서 홍콩 통화당국(monetary authority)이 발행하는 홍콩 달러의 본원통화량은 홍콩 통화당국이 보유하는 달러화 보유량에 연동된다.

통화위원회제도는 금본위제(Gold Standard System)에서 자국통화의 금태환(gold

convertibility)을 보장하기 위해서 자국의 통화량이 금보유량과 연동되는 것과 동일한 원리이다. 통화위원회제도에서는 금본위제에서와 같이 독자적인 통화정책을 통하여 인플레이션, 실업 등과 같은 대내불균형문제에 대처할 수 없다.

통화위원회제도를 채택하고 있는 홍콩의 경우 홍콩 달러와 미달러화와의 교환을 보장해야 하기 때문에 독자적 통화정책 구사능력을 상실하게 된다. 통화위원회제도에서는 통화당국에게 최종대부자나 발권력과 같은 전통적 중앙은행의 기능은 없고 통화당국은 달러화 준비자산이 늘어나면 그에 상응하여 통화공급량을 늘리는 현금인출기와 같은 기능을 한다.

통화위원회제도에서는 금본위제에서 물가-정화 플로 메커니즘을 통해 국제수지불균형이 자동적으로 조정되었듯이 국제수지불균형 자동조정 메커니즘이 작동한다. 달러화에 고정시킨 통화위원회제도에서 국제수지가 흑자(적자)인 경우 통화당국은 자국통화의 절상(절하)을 막기 위해 외환시장에 개입하여 달러화를 매입(매각)하고 자국통화를 매각(매입)하여야 한다. 통화당국의 외환시장개입과정에서 자국통화의 공급량이 증가(감소)하면 국내지출이 증가(감소)하고 그 결과 수입이 증가(감소)하여 국제수지균형이 이루어진다.

홍콩과 같이 달러화를 앵커로 한 통화위원회제도는 일종의 달러본위제(Dollar Standard System)이다. 달러화를 앵커로 한 통화위원회제도에서 자국의 통화정책은 미국의 통화정책에 종속되고 미국의 인플레이션율과 이자율을 그대로 수용하게 된다. 따라서 통화위원회제도를 채택하는 나라는 통화정책의 평판이 좋은 나라의 통화정책을 따름으로써 물가안정과 자국통화가치 안정에 대한 자국의 의지를 천명하는 효과를 가진다.

현재 통화위원회제도를 채택하고 있는 나라는 홍콩 이외에 도미니카, 그레나다 등 9개국으로 대부분 동카리브 통화동맹(East Carrebean Currency Union) 참가국들이다. 이들은 달러화를 앵커로 통화위원회제도를 운영하고 있다. 유로화를 앵커로 통화위원회제도를 채택하고 있는 나라는 에스토니아, 불가리아 등 4개국이다. 현재 통화위원회제도 채택국은 모두 13개국이다. 이들 나라들은 개별국 법적 통화제도가 없는 나라들과 마찬가지로 소규모 국가이다.

고정페그(fixed pegs)제도

고정페그제는 자국통화를 특정국 통화나 통화바스켓(currency basket)에 페그(peg)하고 환율변동폭을 중심환율 기준으로 상하 1% 이내로 제한하는 제도이다.

이 제도를 채택한 국가의 통화당국은 외환시장에 직접 개입하거나 비간접적 개입(이자율정책, 외환거래규제 등)을 통하여 고정환율을 유지한다. 통화당국은 제한적이기는 하지만 환율수준을 조정할 수 있고 통화정책을 구사할 수 있는 유연성도 법적 통화가 없는 경우나 통화위원회제도보다 크다.

현재 각국은 주로 자국통화를 미달러화나 유로화에 페그하고 있다. 현재 미달러화에 페그하고 있는 국가는 바레인, 오만, 카타르, 사우디아라비아, 아랍에미리트 등 중동 산유국들과 아르헨티나, 아일랜드 등 24개국이 있다. 유로화에 페그하고 있는 국가는 코트디부아르, 세네갈, 토고 등 서아프리카 통화동맹(West Africa Economic and Monetary Union) 참가국, 그리고 중앙아프리카 통화동맹(Central Africa Economic and Monetary Union) 참가국인 가봉, 콩고 등 14개국이 있다. 한편 러시아, 리비아, 튀니지 등 8개국은 자국통화를 통화바스켓에 페그시키고 있다. 현재 고정페그제를 채택하고 있는 나라는 모두 68개국으로 현행 환율제도에서 가장 선호되고 있다.

목표환율대(fixed pegs within horizontal bands)제도

목표환율대제도는 고정페그제도에서와 마찬가지로 자국통화를 단일통화나 통화바스켓에 페그시킨 후 기준환율을 중심으로 1% 이상 상하 일정한 한도 내에서만 통화가치가 변동하도록 하는 제도이다. 이 제도에서는 통화당국이 제한적이지만 밴드의 폭에 따라 어느 정도 재량적 통화정책을 구사할 수 있다. 현재 이 제도를 채택하고 있는 나라는 슬로바키아, 통가, 시리아 등 3개국에 불과하다.

크롤링페그(crawling pegs)제도

크롤링페그제는 고정된 기준환율이 주요 교역대상국과의 인플레이션 차이 등을 반영하여 간헐적으로 조금씩 조정될 수 있는 제도이다. 크롤링페그를 유지하기 위해서는 고정페그제도와 비슷하게 통화정책에 대한 재량권이 제약된다.

현재 크롤링페그제도는 중국, 이라크, 에티오피아 등 8개국이 사용하고 있다. 중국의 경우 IMF의 2005년 분류에서는 고정페그제도를 채택하는 나라로 분류하였으나 2008년 분류에서는 크롤링페그제 국가로 분류하고 있다.

크롤링밴드(crawling pegs with bands)제도

크롤링밴드제는 목표환율대가 간헐적으로 조금씩 조정될 수 있는 제도로 환율의 유연성 정도는 조정할 수 있는 밴드의 폭(band width)에 좌우된다. 환율이 밴드 내에서 움직이도록 약속한 제도이기 때문에 통화정책의 독립성 정도도 밴드 폭이 커질수록 커진다.

크롤링밴드제는 BBC(band/basket/crawl)로 대변되는 세 가지 특징을 가진다.[1] 첫째, 큰 폭의 밴드(band)가 있다(+/−5%, 10%, 혹은 그 이상). 밴드 폭이 상대적으로 크기 때문에 통화당국이 경제안정화를 위해 재량적 통화정책을 구사할 수 있는 여지가 있다. 또한 통화가치가 시장의 수급상황을 반영할 수 있는 여지도 존재한다. 둘째, 단일통화보다는 교역구조가 반영된 통화바스켓(currency basket)을 통해 기준환율을 설정한다. 셋째, 밴드의 간헐적 조정(crawl)이 가능하다.

현재 이 제도는 코스타리카와 아제르바이잔 등 2개국만이 채택하고 있다.

관리변동(managed floating)환율제도

관리변동환율제도는 환율이 외환시장의 수급상황에 따라 자유롭게 변동하도록 하되 국제수지 포지션이나 대외준비자산 관리 등과 관련하여 필요한 경우 정책당국이 외환시장에 개입하여 환율에 영향을 미칠 수 있는 제도이다.[2]

현재 관리변동환율제도를 시행하고 있는 나라는 미얀마, 싱가포르, 케냐, 하이티, 자메이카, 우루과이, 도미니카공화국 등 44개국으로 고정페그제 다음으로 많은 나라가 채택하고 있다.

---

1) John Williamson, "Future Exchange Regimes for Developing East Asia: Exploring the Policy Options," Speeches, Testimony, Papers, Peterson Institute for International Economics, June 21-22, 1999.

2) 관리변동환율제도하에서는 통화당국이 어떤 의도를 가지고 환율을 관리할 수 있으므로 관리변동환율을 더티플로팅(dirty floating)이라고 한다. 반면 자유변동환율은 클린플로팅(clean floating)이라고 한다.

자유변동환율제도(independently floating exchange rate system)

자유변동환율제는 환율이 외환시장의 수급조건에 따라 자유롭게 변동하는 제도이다. 다만 정책당국은 환율변동속도를 조절하거나 불필요한 환율변동을 피하기 위하여 공식적으로 외환시장에 개입할 수 있다. 현재 한국, 미국, 일본, 캐나다 등과 유로존 16개국을 포함하여 모두 40개국이 이 제도를 채택하고 있는 것으로 분류되고 있다.

버클리대의 아이켄그린(Barry Eichengreen) 교수는 환율체계를 엄중고정(hard fixed)환율제도, 중간단계(intermediate)환율제도, 변동(floating)환율제도 등 세 범주로 나누고 있다.[3] 이에 따르면 개별국의 법적 통화가 없는 경우, 통화위원회제도, 통화동맹 등은 엄중한 고정환율제도에 포함된다. 중간단계의 환율제도에는 고정페그제, 목표환율대(=밴드가 있는 고정페그), 크롤링페그제, 크롤링밴드제 등이 포함된다. 변동환율제는 관리변동환율제와 자유변동환율제를 포함한다(표 2.1 참조).

노벨경제학상 수상자인 컬럼비아대의 먼델(Robert Mundell)은 고정(fixed)환율제와 중간형태인 페그(pegged)제의 차이를 다음과 같이 설명하고 있다. 고정환율제에서는 고정환율을 유지하기 위한 통화당국의 외환시장개입이 태화개입(nonsteriliza-

표 2.1 **환율체계의 분류**

엄중고정(hard fixed)환율제도	개별국 법적 통화가 없는 경우(no separate legal tender) 달러화 사용 유로화 사용
	통화위원회(currency board)
	통화동맹(currency union)
중간형태(intermediate)환율제도	고정페그(fixed pegs)제 통화페그(peg to currencies) 통화바스켓페그(peg to currency basket)
	목표환율대(fixed pegs within horizontal bands)
	크롤링페그(crawling pegs)
	크롤링밴드(crawling pegs with band)
변동(floating)환율제도	관리변동(managed floating)
	독자변동(independently floating)

3) Barry Eichengreen and Raul Razo-Garcia, "The International Monetary System in the last and next 20 years," *Economic Policy*, July 2006, pp. 395-442.

tion)형태를 취한다. 따라서 통화당국의 고정환율 유지를 위한 외환시장개입으로 자국의 통화량증감이 수반된다. 반면 페그제에서는 통화당국인 중앙은행의 외환시장개입이 불태화개입(sterilization)형태를 취한다. 따라서 페그제에서 중앙은행은 외환시장개입으로 인한 통화량의 증가(감소)를 국내자산(국채 등)의 매각(매입)을 통해 상쇄한다. 페그제에서는 중앙은행이 다른 목적을 위해 통화정책을 사용할 수 있는 여지를 갖는 것이다.[4)]

2.2 각국의 환율제도 채택 추이와 전망

현재 각국의 환율제도 채택현황을 살펴보면 표 2.2와 같다. IMF 가맹국 188개국 중에서 14%인 26개국이 고정환율제를 채택하고 있다. 36%인 68개국은 변동환율제를 채택하고 있다. 그 결과 중간형태의 환율제도를 채택하고 있는 국가는 94개국으로 전체의 50%에 이르는 것으로 나타났다.

표 2.3은 각국이 채택한 환율제도가 어떻게 변천되어 왔는지 나타내고 있다. IMF 가맹국 전체의 경우 1990년대에는 중간형태의 환율제도를 채택한 나라가 약 70%였으나 향후 중간형태가 약 42% 정도로 감소하고 고정환율제와 변동환율제가 약 30%씩 차지할 것으로 전망되고 있다.

선진국의 경우 고정환율제의 비중이 급속히 늘어나 향후 64%의 국가가 고정환율제를 채택할 것으로 전망되고 있다. 또한 변동환율제 도입 국가의 비중이 30%에 달할 것으로 예측되어 선진국의 경우 고정환율제와 변동환율제로 양분될 것으로 보인다. 선진국의 고정환율제 채택 비중이 급속히 증가한 것은 1999년 출범한 유로존의 등장에 기인하는 바가 크다.

신흥개도국(emerging country)과 개도국(developing country)의 경우 중간형태의 환율제도를 채택하는 국가가 가장 많은 것으로 나타나고 있다. 특히 IMF 가맹국의 대부분을 차지하는 개도국의 경우 향후 절반 이상이 중간형태의 환율제도를 유지할

4) Robert Mundell, "Currency Areas, Exchange Rate Systems and International Monetary Reform," paper delivered in Universidad del CEMA, Buenos Aires, Argentina, April 17, 2000. 먼델은 최적통화지역이론(the theory of optimal currency area)의 창시자이며 1999년 노벨경제학상을 수상했다.

표 2.2 **각국의 환율제도**

(2008년 4월 현재)

환율제도	통화정책의 명목 기준지표			
	환 율			기 타[1]
	미달러화	유로화	통화바스켓	
개별국 법적 통화가 없는 제도 및 통화동맹(10+16)	에콰도르, 파나마 등 7개국	몬테네그로, 산마리노 등 2개국 및 유로존 16개국		키리바시
통화위원회(13)	홍콩 및 동카리브 통화동맹 참가국 등 9개국	에스토니아, 불가리아 등 4개국		
전통적 고정환율제(68)	바레인, 오만, 카타르, 사우디아라비아, 아랍에미리트 등 중동 산유국들과 아르헨티나, 아일랜드 등 38개국	코트디부아르, 세네갈, 토고 등 서아프리카 경제통화동맹 참가국 및 중앙아프리카 경제통화동맹 참가국인 가봉, 콩고 등 22개국	러시아, 리비아, 튀니지 등 8개국	
목표환율대(3)		슬로바키아	통가, 시리아	
크롤링페그(8)	중국, 이라크, 에티오피아 등 6개국		보츠와나, 이란	
크롤링밴드(2)	코스타리카		아제르바이잔	
관리변동환율(44)	캄보디아, 미얀마, 라이베리아, 우크라이나 등 8개국		싱가포르 등 3개국	우간다, 수단, 탄자니아, 인도 등 33개국
자유변동환율(24)				한국, 캐나다, 미국, 일본, 영국, 스위스, 호주, 멕시코 등 24개국
총 188개국	69개국	45개국	16개국	58개국

주: 1) 환율 대신 통화량증가율이나 인플레이션율을 통화정책의 명목기준지표(nominal anchor)로 삼는 경우. 기타에는 인도, 일본, 미국 등과 같이 통화당국에 의해 명백하게 천명된 통화정책의 명목기준지표가 없는 경우도 포함되어 있음.

자료: IMF, De factor classification of exchange rate regimes and monetary policy frame work; www.imf.org/external/np/mfd/er/2008/eng/0408.htm

것으로 전망되고 있다. 결국 선진국의 경우 중간형태의 환율제도보다는 고정환율제도 아니면 변동환율제도를 선택하는 반면 세계의 대부분을 차지하는 신흥개도국과 개도국의 경우 중간형태의 환율제도가 지배적일 것으로 전망되고 있다.

하버드대의 제프리 프랭클(Jeffrey Frankel) 교수도 향후 고정환율제나 변동환율제

표 2.3 **각국 환율제도의 채택 추이**

구 분	1990년	1997년	2004년	2025년
모든 나라				
고정환율	15.8	18.5	25.6	27.9
중간형태	68.9	52.7	45.5	41.6
변동환율	15.1	28.8	28.8	28.4
합 계	100.0	100.0	100.0	100.0
국가수	158	184	187	
선진국				
고정환율	0.0	4.1	54.1	64.4
중간형태	73.9	58.33	4.1	5.6
변동환율	26.0	37.5	41.2	30.0
합 계	100.0	100.0	100.0	100.0
국가수	23	24	24	
신흥개도국(emerging markets)				
고정환율	6.7	12.5	12.5	22.0
중간형태	76.6	56.2	40.6	44.4
변동환율	16.6	31.3	46.8	33.6
합 계	100.0	100.0	100.0	100.0
국가수	30	32	32	
개도국(developing country)				
고정환율	21.9	22.6	23.6	20.1
중간형태	65.7	50.8	54.2	52.5
변동환율	12.3	26.5	22.1	27.5
합 계	100.0	100.0	100.0	100.0
국가수	105	128	131	

자료: Barry Eichengreen and Raul Razo-Garcia, "The International Monetary System in the last and next 20 years," *Economic Policy*, July 2006, pp. 401-402의 표 1 및 표 2를 이용하여 작성.

와 같은 양극단의 환율채택보다 중간형태의 환율제도가 지배적인 형태가 될 것이라고 전망하고 있다.[5] 환율제도에 대한 코너가설(coner hypothesis)에 따르면 각국은 엄격한 고정환율제를 선택하거나 자유변동환율제를 선택해야 한다. 유럽 각국이 브레튼우즈(Bretton Woods) 체제 붕괴 이후 채택한 환율조정 메커니즘(ERM: Exchange Rate Mechanism)[6]에서 발생한 통화위기와 그 이후의 통화동맹에서의 성과를 볼 때 목표환율대와 같은 중간형태의 환율제도보다 통화동맹과 같은 고정환율제도가 우월함이 입증되었다. 또한 1990년대 말의 아시아 통화위기 이후 미래에 발생할 수 있는 통화위기의 빈도와 심각성을 극소화하기 위해서는 환율을 완전히 고정시키거

5) Jeffrey Frankel, "What is IN and OUT in Global Money," *Finance and Development*, September 2009, pp. 13-17.
6) ERM에 대해서는 제14장을 참고할 것.

나 변동시켜야 된다는 주장이 더욱 힘을 받게 되었다. 그러나 코너가설은 이론적·실증적으로 입증된 바 없으며, 현실적으로 달러화에 고정된 통화위원회제도를 채택했던 아르헨티나의 고정환율제도가 붕괴된 2001년 코너가설도 힘을 잃게 되었다. IMF의 분류체계상 현재 50% 정도가 중간형태의 환율제도를 채택하고 있지만 향후 실질적으로 이보다 많은 국가들이 중간형태의 환율제도를 채택할 것으로 전망되고 있다.[7)]

■ 참고 ■

우리나라의 환율제도 변천

우리나라의 환율제도는 1945년 10월 고정환율제도 실시 이후 여러 단계를 거쳐 1997년 12월에 자유변동환율제도로 이행되었다. 우리나라의 환율제도 변천과정과 특징, 문제점 등을 살펴본다.[8)]

1. 고정환율제도: 1945. 10-1964. 5

1945년 8월 15일 해방과 더불어 미군정이 시작되었다. 미군정하에서 미국의 원조와 미군정청의 대민간 채무지급 및 대출자금에 적용할 미달러화에 대한 우리나라 통화의 공정환율이 필요하게 되었다. 따라서 우리나라의 환율제도는 미군정하에서 1945년 10월 1일 1달러당 0.015원(당시 화폐단위인 '원'으로 환산하면 15'원')의 공정환율(고정환율)제도로부터 시작된다.

1949년 6월에는 정부보유 외환에 적용되는 공정환율(달러당 450'원')과 외환 환전에 적용되는 일반환율(달러당 900'원')을 구분함으로써 복수환율제도를 채택하였다. 이후 1953년 2월 통화개혁(100 : 1의 평가절하)으로 화폐단위는 '원'에서 환으로 변경되었다. 1962년 6월에 제2차 통화개혁(10 : 1의 평가절하)으로 화폐단위는 '환'에서 현재의 원으로 변경되었다. 대미달러화 환율은 1945년 10월 달러당 0.015원에서 1963년 초 달러당 130원까지 상승하였다.

2. 단일변동환율제도: 1964. 5-1980. 1

1964년 5월 3일부터 달러당 130원의 고정환율을 폐지하고 단일변동환율제도를 채택하였다. 당시의 기준환율은 달러당 255원이었다. 이 제도의 목적은 외환시장의 수급상황을 반영하여 기준환율을 조정함으로써 기준환율이 시장의 외환수급상황을 어느 정도 반영할 수 있도록 하는 것이었다. 그러나 단일변동환율제에서도 한국은행이 외환시장개입을 통해 환율을 미달러화에 사실상 고정시켰기 때문에 원화환율이 시장상황을 반영되도록 한다는 당초의 목적은 달성되지 못하였다.

이후 1974년 12월에 기준환율을 달러당 480원으로 인상하고 1979년 말까지 달러당 484원의 환율을 유지하였다. IMF에서 분류한 현행 환율제도를 기준으로 할 때 당시의 환율제도는 원화를 달러화에 페그시킨 크롤링페그(crawling peg)제도라고 할 수 있다.

3. 통화바스켓 페그제도: 1980. 2-1990. 3

1980년 2월부터 통화바스켓 페그제(basket currency pegged system)가 실시되었다. 이 제도는 원화의 대외가치를 미달러화뿐만 아니라 주요 교역상대국 통화의 가치에 연동시킴으로써 특정국 통화의 가치변동이 원화가치 변동에 미치는 직

7) 후세인·모디·로고프 등도 신흥시장을 포함하는 개도국에서 중간형태의 환율제도가 2020년 70% 이상 될 것으로 예측하고 있다. Aasim Husain, Ashoka Mody, and Kenneth Rogoff, "Exchange Rate Regime Durability and Performance in Developing Versus Advanced Economies," *Journal of Monetary Economics*, Vol. 52: 1, 2005, pp. 35-64.

8) 한국은행, 「알기 쉬운 경제지표 해설」, 1996; 김인철, 『개도국 환율제도의 모형과 한국의 환율운용방향』, 한국개발연구원, 1985; 김종만, 『환율제도와 외환위험관리』, 대외경제정책연구원, 1990.

접적인 영향을 최소화하고 주요 교역국 통화의 가치변동을 종합적으로 반영하기 위한 환율제도이다.

통화바스켓 페그제도에서 미달러화에 대한 원화환율은 SDR 바스켓과 독자바스켓의 기준에 따라 각각 환율을 산출한 후 이를 다시 가중평균하여 얻은 환율에 외환의 실세반영장치를 감안하여 결정되었다. 당시 SDR 바스켓은 미국, 서독, 일본, 영국, 프랑스 등 5개국 통화로 구성되어 있었다.[9] SDR 바스켓 구성통화가 우리와 주요 교역상대국간의 무역 비중을 정확하게 반영하지 못한다는 점에서 우리나라의 무역구조를 반영할 수 있는 독자바스켓을 채택하였다.[10]

통화바스켓 페그제도에서 미달러화에 대한 원화환율은 다음과 같이 도출되었다.

$$\text{₩}/\$ = \beta \cdot \text{SDR 바스켓 환율} + (1-\beta) \cdot \text{독자바스켓 환율} + \alpha$$

β: SDR 바스켓의 가중치

$1-\beta$: 우리나라의 독자바스켓 가중치

α: 외환의 실세(외환보유고, 국제수지, 국내외 인플레이션율의 차이 등)반영을 위한 정책조정장치

당시 IMF는 우리나라 통화당국이 α를 통하여 외환시장에 개입할 수 있고 환율의 점진적인 변동을 허용한다는 점에서 우리나라 환율제도를 관리변동환율제도로 분류하였다. 또한 대미달러화 환율결정에 정책변수 α를 포함시키고 있다는 점과 SDR 바스켓과 독자바스켓의 가중치가 대외비로 되어 있다는 점에서 우리나라를 환율조작국으로 지정하고 환율결정 메커니즘에서 α의 역할을 시정해야 한다는 압력이 가해지기도 했다.

4. 시장평균환율제도(1990. 3)에서 자유변동환율제도(1997. 12-)로

1990년 3월 2일부터 시장평균환율제도가 실시되었다. 시장평균환율이란 국내외환시장에서 거래된 원화와 달러화의 거래환율을 거래량으로 가중평균한 것으로서 다음날 외환거래의 기준가격이 된다. 예를 들어 A은행이 B은행으로부터 1만 달러를 달러당 600원에 사고, C은행이 D은행에게 1만 달러를 달러당 650원에 팔며, E은행이 F은행으로부터 2만 달러를 700원에 샀다고 가정하자. 이때 총원화거래량 2,650만 원을 총외환거래량 4만 달러로 나눈 달러당 662.50원이 다음날 외환거래의 기준가격인 시장평균환율이 된다. 외환취급은행들은 매일 오전 9시에 고시되는 시장평균환율에 일일 상하 0.4% 범위 내에서 자율적으로 대고객 전신환 매매환율을 결정하였다. 토요일에는 외환시장이 열리지 않으므로 금요일의 시장평균환율이 월요일의 기준가격이 되었다.

결국 시장평균환율제도는 은행간의 외환수급상황을 반영하도록 함으로써 환율변동이 시장상황을 반영할 수 있도록 한 것이다. 시장평균환율제도는 환율이 일정한 범위 내에서 시장의 수급원리에 따라 결정되도록 하면서 필요한 경우 통화당국이 외환시장에 개입함으로써 관리변동환율제도의 성격을 가지고 있다.

시장평균환율제도가 출범한 1990년 3월 환율변동폭은 매매기준율의 상하 0.4% 범위 내로 제한되었으나 그 후 점차 확대되었다. 1991년 9월에 상하 −0.6%로 확대된 이후 1992년 7월에는 0.8%, 1993년 10월에는 1.0%, 1994년 11월에는 1.5%로 확대되었다.

1997년 11월 외환·금융위기를 계기로 은행간 매매율이 기준환율의 상하 10%까지 확대되었으나 당시 외환보유고 고갈에 직면하여 환율폭등이 유발됨으로써 환율의 일일 변동제한폭을 폐지하고 1997년 12월에 자유변동환율제도로 이행하게 되었다. 현재 우리나라는 인플레이션 타기팅을 통화정책의 룰로 삼고 있다.

9) 당시 SDR 바스켓의 가중치는 미국 달러화 42%, 독일 마르크화 19%, 일본 엔화, 영국 파운드화 및 프랑스 프랑화 각각 13% 등이었다.

10) 당시 우리나라의 주요 교역상대국의 교역가중치는 미국 46.8%, 일본 35.3%, 서독 5.5%, 캐나다 4.7%, 영국 3.7%, 네덜란드 1.6% 등이었다.

2.3 환율제도의 선택: 고정환율제도 대 변동환율제도

왜 중간형태의 환율제도를 채택한 나라가 다수이고 이것이 향후에도 지속될 것으로 전망되고 있을까? 이 문제에 답하기 위해서는 고정환율제도의 장단점을 이해해야 한다. 19세기 후반 금본위제에서 출발한 국제통화제도가 브레튼우즈 체제하에서 1971년 닉슨의 금태환정지 선언으로 종언을 고했지만 100년 가까운 세월을 지켜온 것은 고정환율제도였다.

따라서 고정환율제도의 좋은 점과 나쁜 점은 무엇이고 왜 세계 대부분의 나라가 고정환율제를 버리고 중간형태의 환율제도를 선택하였는지 살펴보는 것은 현행 환율체계를 이해하기 위해 중요한 과제이다. 고정환율제도의 장점과 단점은 변동환율제도의 단점과 장점이다. 중간형태의 환율제도에서는 고정환율제도와 변동환율제도의 단점은 버리고 장점을 택하고자 했을 것이다.

2.3.1 고정환율제도의 장점

환율의 불확실성 감소

고정환율제도의 장점은 장단기 환율의 변동성으로 인해 초래되는 불확실성으로 인한 무역위축, 투자감소 등을 최소화할 수 있다는 것이다. 환율의 불확실성 감소로 인한 무역과 투자이득은 단일통화를 채택한 유로존을 통해서 잘 알 수 있다. 또한 미국이 단일통화를 사용하는 고정환율지역이 아니었을 경우 발생했을 환율변동으로 인한 거래비용과 환율 불확실성에 따른 교역과 투자의 위축을 생각해 보면 고정환율제가 갖는 교역과 투자거래상의 이점을 이해할 수 있다.[11] 유럽이 유로존을 창설하여 단일통화를 도입한 것도 거래비용을 줄이고 교역과 투자 활성화를 통한 경제번영을 이루기 위해서였다.

---

11) 고정환율제도의 장단점과 고정환율제도가 유지되기 어려운 이유 등에 대해서는 Maurice Obsfeld and Kenneth Rogoff, "The Mirage of Fixed Exchange Rates," *Journal of Economic Perspectives*, Vol. 9, No. 4, pp. 73-96. 고정환율제도에 대한 상대적인 옹호는 Guillermo Calvo and Carmen Reinhart, "Fear of Floating," *Quarterly Journal of Economics* 117(2), 2002, pp. 379-408 참고.

통화정책 규율(monetary policy discipline)

고정환율제도의 두 번째 장점은 자국통화를 통화정책에 대한 평판이 좋은 저인플레이션 국가의 통화에 고정시킴으로써 자국의 통화정책을 규율하는 효과를 가질 수 있다는 것이다. 저인플레이션 국가에 대한 자국통화의 고정을 통해 향후 자국의 통화정책이 저인플레이션 국가의 통화정책에 의해 규율될 것임을 천명함으로써 자의적인 확대통화정책에 대한 유혹을 뿌리칠 수 있다.

자국의 통화정책을 환율을 고정시킨 외국의 통화정책에 종속시킨 경우 외국이 저인플레이션을 고수하지 않는 경우 외국의 인플레이션을 수입해야 하므로 오히려 국내물가 불안정이 초래될 수 있다. 브레튼우즈 체제에서 달러화의 가치안정을 위해 저인플레이션정책을 고수할 것이라는 믿음을 저버리고 미국이 방만한 재정·통화정책의 운용으로 인플레이션율이 높아지자 세계 각국도 미국의 인플레이션을 수입하게 되었다. 브레튼우즈 체제에서 미국이 자국의 통화정책을 규율하지 못하고 인플레이션을 수출함으로써 체제의 위기와 붕괴로 연결되었듯이 2007/2008년의 글로벌 경제위기도 미국의 방만한 통화정책운영이 원인 중의 하나로 지적되고 있다.

2.3.2 고정환율제도의 단점

통화정책의 무력성

고정환율제도와 관련한 가장 근본적인 단점은 고정환율제에서는 통화당국이 국내경제의 안정화를 위한 목적으로 독자적 통화정책을 구사할 수 없다는 것이다. 예를 들어 세계경기 침체로 자국에 대한 수출수요가 감소했다고 하자. 수출수요감소로 총수요가 감소하여 생산과 고용이 위축될 경우 통화정책을 통해 이자율을 하락시킴으로써 수출수요감소로 인한 경기위축에 대응할 수 있다.

그러나 환율이 고정되어 있고 자본이동이 자유로운 상황이면 통화정책을 통해 문제를 해결할 수 없다. 환율이 고정되어 있고 자본이동이 자유로우면 국내이자율과 해외이자율이 같아야 한다. 따라서 자국의 이자율은 해외 통화당국의 통화정책에 의해 결정된다. 이런 상황에서 국내 통화당국이 국내채권을 매입하여 통화량을 증가시키면 자국통화에 대한 절하압력이 생기고 통화당국은 이를 제거하기 위해 외환을 매각하고 자국통화를 매입해야 한다. 고정환율제에서는 통화당국의 국내자산 매입을 통한 통화공급증가가 대외준비자산감소로 상쇄되어 통화공급증가 노력은 효과를 가지지 못한다.

해외 인플레이션의 차단능력 결여

변동환율제에서는 외국의 인플레이션율이 상승할 경우 환율변화를 통해 국내 인플레이션율이 상승하는 것을 차단할 수 있다. 반면 고정환율제에서는 외국의 인플레이션으로 인해 국내물가수준이 상승하는 것을 차단하기 어렵다.

구매력평가조건이 성립하면 환율변화율=국내 인플레이션율−외국 인플레이션율의 관계가 성립한다.[12] 고정환율제에서는 환율변화율이 0이다. 따라서 구매력평가조건이 성립하면 고정환율제에서는 장기적으로 양국의 인플레이션율이 같아진다.

반면 변동환율제에서는 두 나라의 인플레이션율의 차이를 반영하여 환율이 변동하므로 국내 인플레이션율이 외국의 인플레이션율에 의해 영향을 받지 않는다. 예를 들어 미국 햄버거 가격이 2달러에서 4달러로 두 배 상승할 경우 원화의 대미 환율이 1달러당 1,000원에서 500원으로 두 배 하락(원화가치의 두 배 절상)하면 미국의 물가상승으로 인한 국내물가상승을 상쇄할 수 있다.

현실적으로 구매력평가조건이 완전히 성립하는 것은 아니다. 따라서 변동환율이 해외 인플레이션을 완전히 차단시켜 주지는 못할 것이다. 또한 해외의 통화공급증가로 해외통화가치가 절하되고 본국통화가치는 절상되면 본국의 경제가 영향을 받는다.[13] 따라서 오늘날과 같은 글로벌 경제에서 변동환율제를 통해 해외의 확대통화정책과 이로 인한 인플레이션 효과를 완전히 차단할 수 있는 가능성은 없다.

실물부문 충격흡수능력 결여

경제에 실물부문 충격이 발생할 경우 고정환율제에서는 실물부문 충격으로 인한 경기위축이 더욱 악화될 수 있다. 예를 들어 어떤 이유로 수출수요가 감소하였다고 하자. 수출수요의 감소로 총수요가 감소하고 총소득이 감소하면 화폐수요가 감소한다. 화폐수요가 감소하면 그 나라의 이자율이 감소하고 변동환율제에서는 환율이

---

12) 구매력평가조건은 제5장을 참고할 것.
13) 해외통화정책이 본국에 미치는 영향은 제12장의 2국모형을 참고할 것.

상승(통화가치 절하)한다. 그 결과 자국의 대외경쟁력이 향상되어 해외수요감소로 인한 국내총생산감소를 완화시킬 수 있다.

반면 이 나라가 고정환율제를 채택하고 있다면 수출수요감소로 국내경기가 위축되고 자국통화가치가 절하압력을 받는 경우 통화당국이 외환시장에 개입하여 자국통화를 매입하고 외환을 매각하여야 한다. 그 결과 통화공급이 감소하고 국내경기는 더욱 위축된다.

실물부문 충격에 대한 고정환율제의 대처능력 결여에 대해 고정환율제 지지자들은 화폐부문의 교란으로 인한 경제충격은 변동환율제에서 더 흡수하기 어렵다고 주장한다. 예를 들어 어떤 이유로 화폐수요가 증가했다고 하자. 화폐수요가 증가하면 이자율이 상승하고 변동환율제에서는 환율이 하락(통화가치 절상)한다. 그 결과 자국의 대외경쟁력이 하락하고 경기가 위축된다. 반면 고정환율제에서는 화폐수요증가로 인한 이자율상승과 환율하락이 용인되지 않는다. 화폐수요증가로 자국통화의 가치가 절상압력을 받으면 통화당국은 외환시장에 개입하여 자국통화를 매각하고 외환을 매입한다. 이 과정에서 통화공급이 증가하여 화폐수요감소로 인한 경기위축을 상쇄시킬 수 있다.

결국 경제에 대한 충격이 실물부문에서 더 많이 기인하면 변동환율제가 유리하고, 화폐부문에서 더 많이 유발된 경우 고정환율제가 더 유리하다고 할 수 있다. 그러나 현실경제에서 경제충격이 실제로 어느 부문에서 초래되었는지를 정확히 파악하기는 어려운 경우가 많다.

2.3.3 환율제도와 경제성과

고정환율제도와 변동환율제도의 장단점을 인플레이션, 경제성장 및 경제성장의 변동성 등 경제적 성과 측면에서 이론적으로 비교해 보면 표 2.4와 같다.

이론적으로 예측된 환율제도의 경제적 성과가 현실경제에서 어떻게 이루어졌는지를 실증분석 결과를 통해 살펴보면 표 2.5와 같다.

표에서 보듯이 인플레이션율과 관련한 성과는 고정환율제에서 변동환율제보다 더 좋은 것으로 나타났다. 중간형태의 환율제도를 선택한 경우에도 인플레이션율이 고정환율제에서와 비슷하고 변동환율제에서 보다 낮은 것으로 나타났다. 경제성장

표 2.4 **환율제도와 경제성과**

구 분	인플레이션	경제성장	경제성장 변동성
고정환율제도	통화정책의 신뢰성 향상과 저인플레이션 달성가능	거래비용 및 불확실성 감소 통한 투자·교역 활성화 및 경제성장 촉진	실물부문 충격시 변동성 증가
변동환율제도	통화정책의 규율성 결여로 저인플레이션 달성 어려움	환율변화 통한 실물부문 충격 흡수로 고성장가능	화폐부문 충격시 변동성 증가

출처: Kenneth Rogoff, Aasim Husain, Ashoka Mody, Robin Brooks, and Nienke Oomes, "Evolution and Performance of Exchange Rate Regimes," IMF Working Paper, WP/03/243, International Monetary Fund, 2003을 참고하여 본문의 설명에 부합하도록 저자가 작성.

표 2.5 **환율제도와 경제성과: 실증분석 결과(1970-1999년)**

(단위: %)

구 분	연평균 인플레이션율	연평균 경제성장 (1인당 실질GDP 증가율)	연평균 경제성장 변동성
고정환율제도	33.9(7.9)	1.6(1.6)	4.0(2.7)
중간형태환율제도	36.0(10.8)	2.1(2.3)	2.6(1.8)
변동환율제도	138.5(10.8)	0.6(1.7)	3.8(1.9)
총합계	49.7(8.7)	1.5(1.8)	3.7(2.4)

주: 괄호 내의 수치는 중위(median)값임.
자료: Kenneth Rogoff, Aasim Husain, Ashoka Mody, Robin Brooks, and Nienke Oomes, "Evolution and Performance of Exchange Rate Regimes," IMF Working Paper, WP/03/243, International Monetary Fund, 2003.

측면에서도 고정환율제가 변동환율제보다 더 나은 것으로 나타났으나 중간형태의 환율제도에서 가장 좋은 경제성장률 달성이 이루어진 것으로 나타났다. 경제성장의 변동성 측면에서는 고정환율제와 변동환율제의 성과가 비슷한 것으로 나타난 반면 중간형태의 환율제가 경제성장의 변동성이 가장 낮은 것으로 나타났다.

결론적으로 인플레이션율, 경제성장 및 경제성장의 변동성과 관련한 성과 측면에서 고정환율제가 변동환율제보다 다소 우월한 것으로 나타났으나 중간형태의 환율제도가 양극단의 환율제도보다 더 우월한 성과를 낳은 것으로 나타났다. 오늘날 신흥시장국을 포함한 개도국 대부분은 양극단의 환율제도가 가지는 단점을 극복하고 장점을 흡수할 수 있는 중간형태의 환율제도를 채택하고 있다.

■ 참고 ■

통화정책의 룰과 환율제도

미국 컬럼비아대의 로버트 먼델(Robert Mundell) 교수는 오늘날처럼 다양한 환율제도하에서 환율제도의 장단점을 논의하는 것보다는 차라리 어떤 통화정책의 룰이 더 바람직한지 살펴보는 것이 더 적절하다고 주장한다.[14] 고정환율제를 채택하는 경우 고정환율을 유지하기 위해 통화량이 증가하거나 감소해야 하므로 고정환율제도는 결국 통화정책의 룰이라는 것이다.

통화정책의 앵커로 사용될 수 있는 것은 ①특정 통화나 통화바스켓, ② 금과 같은 특정 상품 또는 상품바스켓(인플레이션 타기팅), ③ 통화량(monetary aggregate target) 등이 있을 수 있다. 특정 통화나 통화바스켓을 통화정책의 앵커로 할 경우 각국은 고정환율제도나 중간형태인 페그제를 선택하게 된다. 인플레이션 타기팅은 자국의 인플레이션율 목표를 천명하고 이것을 지킬 수 있도록 통화량을 조정하는 것이다. 통화량 타깃은 자국의 중심통화지표를 설정하고 중심통화지표의 증가율을 목표수준으로 유지하는 것이다. 인플레이션이나 통화량 타기팅을 통화정책의 룰로 선택한 나라들은 대부분 관리변동환율제나 자유변동환율제를 선택한다.[15]

인플레이션과 통화량 타기팅 중 어느 것을 선택하는가는 인플레이션율에 의해 결정된다. 일반적으로 초인플레이션(hyper-inflation)이나 인플레이션율이 아주 높은 경우 통화량조정을 통한 물가안정을 위해 통화량 타기팅을 선택한다. 통화량 타기팅을 통해 일단 인플레이션율이 낮아지면 통화량 타기팅으로 인플레이션율을 미세조정(fine tuning)하기가 어렵기 때문에 인플레이션 타기팅을 선택하게 된다.

인플레이션율이 낮은 나라는 인플레이션 타기팅과 환율 타기팅 중에서 하나를 선택해야 한다. 인플레이션 타기팅을 선택하면 자국의 인플레이션율을 스스로 선택할 수 있다. 유로화나 달러화와 같은 주요 통화에 자국통화의 가치를 고정시키면 자국이 목표로 하는 인플레이션율을 선택할 수 없다. 따라서 어떤 나라가 인플레이션율에 대한 선택권을 가지기 위해서는 환율 타기팅보다 인플레이션 타기팅을 선택해야 한다.

2.4 왜 대부분의 개도국은 중간형태의 환율제도를 선택했나

현실적으로 각국이 국내경제 안정화를 위해 사용할 수 있는 통화정책을 포기하면서 고정환율제를 채택하는 기회비용은 지대하다. 통화정책의 대안으로 재정정책이 있지만 재정정책이 입안되고 실행되기까지의 시간과 정치적 과정을 고려하면 통화정책을 사용하지 못하는 기회비용은 클 수밖에 없다. 이런 상황에서 개도국들은 환율안정을 꾀하면서 통화정책을 사용할 수 있는 환율제도를 모색하게 되었다.

14) Robert Mundell, "Currency Areas, Exchange Rate Systems and International Monetary Reform," paper delivered in Universidad del CEMA, Buenos Aires, Argentina, April 17, 2000.

15) 아르헨티나의 경우 현재 자국통화를 달러화에 페그시키면서 인플레이션 타기팅도 선택하고 있다.

환율안정, 독자적 통화정책, 자본이동자유: 달성 불가능한 삼원체제

환율안정과 독자적 통화정책, 그리고 자본이동의 자유라는 세 가지 목표 중 두 가지만 선택할 수 있다는 것은 제11장에서 달성 불가능한 삼원체제를 통해 다시 설명된다. 그림 2.1 은 첫째, 자본이동의 자유를 허용하면서 환율안정을 목표로 할 경우 통화정책의 독자성은 희생해야 함을 보여준다. 이 경우 홍콩처럼 통화위원회제도를 도입하거나 유로존(euro zone)처럼 단일통화 도입을 통한 고정환율을 선택해야 한다.[16] 둘째, 자본이동의 자유를 허용하면서 독자적 통화정책을 유지하고 싶으면 환율안정을 포기해야 한다. 이 경우 미국처럼 변동환율제도를 선택할 수 있다.

결국 자유로운 자본이동을 허용하는 경우 선택할 수 있는 환율제도의 대안은 고정환율제도 아니면 변동환율제도이다. 표 2.3 에서 살펴본 것처럼 선진국의 경우 중간형태의 환율제도 대신 고정환율제와 변동환율제도로 양분되어 있는 이유는 자본이동이 자유로운 선진국이 선택할 수 있는 대안은 고정환율제와 변동환율제이기 때문이다. 유로존의 경우 단일통화를 통한 완전한 고정환율제도를 채택함으로써 환율에 대한 불확실성을 제거하고 역내교역과 투자활성화를 도모하고 있다.

셋째, 자유로운 자본이동이 이루어지지 않고 있거나 이를 통제할 수 있는 경우 독자적인 통화정책과 환율안정을 이룰 수 있다. 대부분의 개도국들은 자국의 통화

그림 2.1 달성 불가능 삼원체제(impossible trinity)와 환율제도 선택

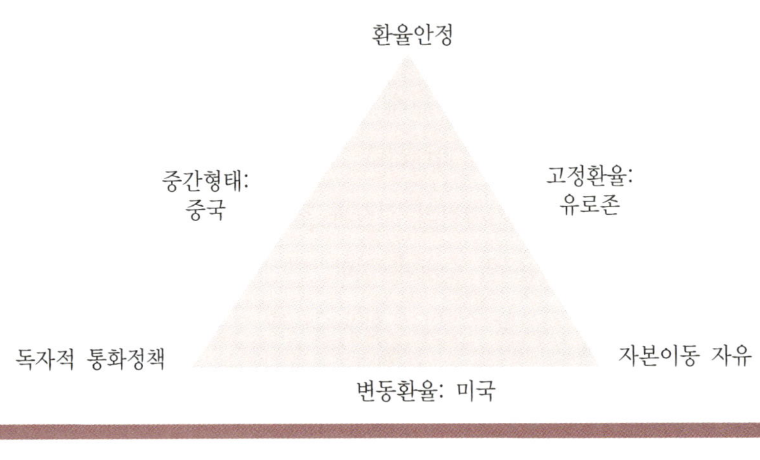

16) 미국 피터슨국제경제연구원의 윌리엄슨은 고정환율제 도입의 전제조건으로 첫째, 자국무역의 상당부분이 자국통화를 고정시키고자 하는 나라와 수행되는 경우, 둘째, 자국의 거시경제정책

정책을 희생하지 않으면서 환율을 안정시킬 수 있는 중간형태의 환율제도를 택했고, 이를 위해 자유로운 자본이동을 허용하지 않고 있다.[17] 세계경제의 중추적 역할을 담당하고 있는 개도국인 중국은 자본통제와 달러화페그 크롤제를 통해 환율안정을 꾀하면서 경제안정화를 위해 통화정책을 사용하고 있다.

개도국의 자본시장 발달 정도, 금융제도나 감독체계상의 취약성 등을 고려할 때 가까운 장래에 개도국에서 자본이동의 자유화가 이루어져 개도국의 환율제도가 변동환율제도나 고정환율제도로 이행되기는 어려워 보인다. 대다수 개도국들은 과거 브레튼우즈 체제를 대체할 새로운 국제통화질서가 창설되어 전면적인 고정환율제로의 회귀가 이루어지지 않는 이상 상당 기간 중간형태의 환율제도를 선택할 것이다.

이 자국통화를 고정시키고자 하는 나라의 인플레이션율에 상응하는 결과를 가져오도록 추구되기를 바라는 경우, 셋째, 고정환율에 대한 약속이행이 담보될 수 있도록 중앙은행을 통화위원회로 대체하거나, 유럽통화제도(EMS) 같은 통화협약에 가입함으로써 제도적 조정을 수반하는 경우 등을 제시하고 있다(John Williamson, "Exchange Rate Economics," Working Paper 08-3, Peterson Institute for International Economics, February 2008).

17) 실증분석 결과 선진국의 경우 자본자유화를 허용하면서 고정환율제도와 변동환율제도를 채택한 비율이 가장 높고, 개도국의 경우 자본이동을 통제하면서 중간형태의 환율제도를 채택한 나라의 비중이 가장 높은 것으로 나타났다(Barry Eichengreen and Raul Razo-Garcia, "The International Monetary System in the last and next 20 years," *Economic Policy*, July 2006, pp. 395-442).

개도국이 상대적으로 환율안정을 이룰 수 있는 환율제도를 선호하는 또 다른 이유는 채무의 달러화(liability dollarization) 때문이다. 개방 정도가 낮은 개도국일수록 소득은 주로 자국통화로 발생하고 대외채무는 달러화로 표시된다. 자국통화가치의 급락은 달러표시 채무부담을 가중시킬 수 있다. 따라서 개도국들은 가급적 환율이 일정수준으로 안정되기를 바란다(Guillermo Calvo and Frederic Mishkin, "The Mirage of Exchange Regimes for Emerging Market Countries," Working Paper, No. 9808, NBER, June 2003). 알레시나(Alberto Alesina) 등의 실증분석 결과 실제로 외환표시 채무의 비중이 높은 나라일수록 경직적인 환율제도를 선택하는 것으로 나타났다(Alberto Alesina and Alexander Wagner, "Choosing Exchange Rate Regimes," Discussion Paper, No. 2008, Harvard Institute of Economic Research, June 2003).

◇ 요약 및 복습 ◇

1. IMF의 환율체계 분류에 따르면 현행 환율제도는 다음과 같이 분류할 수 있다.

엄중고정(hard fixed) 환율제도	개별국 법적 통화가 없는 경우(no separate legal tender) 달러화 사용 유로화 사용
	통화위원회(currency board)
	통화동맹(currency union)
중간형태(intermediate) 환율제도	고정페그(fixed pegs)제 통화페그(peg to currencies) 통화바스켓페그(peg to currency basket)
	목표환율대(fixed pegs within horizontal bands)
	크롤링페그(crawling pegs)
	크롤링밴드(crawling pegs with band)
변동(floating) 환율제도	관리변동(managed floating)
	독자변동(independently floating)

2. 선진국의 경우 중간형태의 환율제도보다는 고정환율제도 아니면 변동환율제도를 선택하는 반면, 세계의 대부분을 차지하는 신흥개도국과 개도국의 경우 중간형태의 환율제도가 지배적일 것으로 전망되고 있다. 자본이동의 정도를 고려할 경우 선진국은 자유로운 자본이동을 허용하면서 환율안정을 목표로 할 때 고정환율제를 선택하고, 독자적 통화정책을 목표로 할 경우 변동환율제를 채택하였다. 대부분의 개도국들은 자국의 통화정책을 희생하지 않으면서 환율을 안정시킬 수 있는 중간형태의 환율제도를 택했고 이를 위해 자본이동을 통제하고 있다.

3. 고정환율제도의 장단점은 다음과 같다.

장 점	단 점
-환율의 불확실성 감소에 따른 무역 및 투자 활성화 -통화정책 규율	-통화정책의 무력성 -해외 인플레이션의 차단능력 결여 -실물부문 충격흡수능력 결여

인플레이션율, 경제성장 및 경제성장의 변동성과 관련한 성과 측면에서 고정환율제가 변동환율제보다 다소 우월한 것으로 나타났으나 중간형태의 환율제가 양극단의 환율제도보다 더 우월한 성과를 낳은 것으로 나타났다. 오늘날 신흥시장국을 포함한 개도국 대부분은 양극단의 환율제도가 가지는 단점을 극복하고 장점을 흡수할 수 있는 중간형태의 환율제도를 채택하고 있다.

4. 달성 불가능한 삼원체제에 따를 때 첫째, 자본이동의 자유를 허용하면서 환율안정을 목표로 할 경우 통화정책의 독자성은 희생되어야 한다. 이 경우 홍콩처럼 통화위원회제도를 도입하거나 유로존(euro zone)처럼 단일통화 도입을 통한 고정환율을 선택해야 한다. 둘째, 자본이동의 자유를 허용하면서 독자적 통화정책을

유지하고 싶으면 환율안정을 포기해야 한다. 이 경우 미국처럼 변동환율제도를 선택할 수 있다. 결국 자유로운 자본이동을 허용하는 경우 선택할 수 있는 환율제도의 대안은 고정환율제도 아니면 변동환율제도이다. 셋째, 자유로운 자본이동이 이루어지지 않고 있거나 이를 통제할 수 있는 경우 독자적인 통화정책과 환율안정을 이룰 수 있다. 대부분의 개도국들은 자국의 통화정책을 희생하지 않으면서 환율을 안정시킬 수 있는 중간형태의 환율제도를 택했고, 이를 위해 자유로운 자본이동을 허용하지 않고 있다. 세계경제의 중추적 역할을 하고 있는 개도국인 중국은 자본통제와 달러화페그 크롤제를 통해 환율안정을 꾀하면서 경제안정화를 위해 통화정책을 사용하고 있다.

≪주요 용어 및 개념≫

- 법적 통화가 없는 제도(no separate legal tender system)
- 통화위원회(currency board)제도
- 페그(pegged exchange rate)제
- 목표환율대(pegged with horizontal peg)
- 크롤링페그(crawaling peg)제
- 크롤링밴드(crawling band)제
- 관리변동환율(managed floating)제도
- 자유변동환율(independently floating)제도
- 통화량목표(Monetary aggregate target)
- 인플레이션 타기팅(inflation targeting)
- 달성 불가능한 삼원체제(impossible trinity)

제 2 편　환율의 결정

제 3 장　환율과 자산가격: 자산접근법

제 4 장　환율과 통화량 및 이자율: 단기환율과 오버슈팅

제 5 장　장기환율과 물가: 구매력평가이론

제 6 장　장기환율과 통화량: 통화론적 접근법

제2편 환율의 결정

제2편에서는 균형환율이 어떻게 결정되는지에 대해 다각적으로 살펴보는 것이 주된 목적이다. 제3장은 자산가격결정 메커니즘을 원용하여 두 통화간의 상대가격인 환율의 결정방식을 설명한다. 제4장은 화폐시장과 외환시장의 상호작용을 통하여 환율이 결정되는 것을 보인다. 또한 물가가 경직적인 단기에는 환율의 오버슈팅이 일어날 수 있음을 설명한다. 제5장에서는 장기균형환율이 양국의 물가수준에 의해 결정되는 것을 설명한다. 제6장은 제5장의 구매력평가이론을 바탕으로 한 나라의 물가수준은 그 나라의 화폐에 대한 수요와 공급에 의해 결정되므로 장기균형환율은 양국의 화폐에 대한 수요와 공급에 의해 결정되는 것을 살펴본다.

제 3 장

환율과 자산가격: 자산접근법

■ 개　요 ■

이 장에서는 자산가격이 결정되는 메커니즘을 원용하여 달러화라는 통화자산의 원화표시가격인 환율이 어떻게 결정되는지 설명한다. 제1절에서는 유위험이자율평가조건을 통해 균형환율 결정에 이자율과 미래의 환율에 대한 예상이 어떤 역할을 하는지에 대해 살펴본다. 제2절에서는 무위험이자율평가조건을 통해 균형선물환율이 어떻게 결정되는지 설명하고 선물환율이 현물환율과 같은 비율로 변화하는 것을 보인다. 또한 선물환율이 현물환율의 불편추정치가 아님을 설명하고 그 원인은 리스크프리미엄에 있음을 설명한다. 제3절에서는 포트폴리오 밸런스모형을 통해 환율이 리스크프리미엄에 의해 영향을 받는 것을 설명한다.

■ 중점학습사항 ■

- 이자율평가조건에 따르면 환율의 결정요인은?
- 원화예금의 이자율상승이 원화의 가치를 절상시키는 이유는?
- 원화에 대한 예상환율상승이 원화의 가치를 절하시키는 이유는?
- 선물환율이 현물환율과 같은 비율로 움직이는 이유는?
- 리스크프리미엄의 결정요인은?
- 리스크프리미엄 존재시 환율결정방식은?

3.1 환율과 자산가격

자산의 가격은 그 자산에 대한 현재의 수요와 공급뿐만 아니라 미래의 수익률에 대한 예상을 반영하여 결정된다는 특징이 있다. 예를 들어 주식의 가격은 그 주식이 미래에 창출하게 될 배당의 흐름을 전제로 미래 배당의 기대치를 적절한 할인율로 할인한 현재가치의 합으로 나타낼 수 있다.[1] 현재의 주식가격을 P_t라 하고 이 주식으로부터 예상되는 배당의 흐름을 $\{d_{t+i}\}_{i=0}^{\infty}$라고 하자. 이때 주식의 현재가격 P_t는

$$P_t = \sum_{i=0}^{\infty}\left(\frac{1}{1+R}\right)^i E_t(d_{t+i})$$

로 나타낼 수 있다. 여기서 R은 이자율이고 $E_t(d_{t+i})$는 t시점에서 예상한 미래 배당에 대한 기대치이다.

이러한 자산가격의 결정 메커니즘은 부동산 등 여타 자산에도 그대로 적용된다. 부동산의 현재가격은 미래에 이 부동산으로부터 기대되는 임대료흐름의 현재가치의 합으로 나타낼 수 있다. 따라서 자산의 현재가격은 미래의 현금흐름에 대한 기대치가 변하거나 현금흐름의 할인율, 즉 이자율이 변하면 그 가치가 변하게 된다.

원/달러환율은 원화로 표시한 달러화의 가격이다. 따라서 달러화라는 통화자산의 가격도 여타 자산의 가격처럼 달러화의 미래 예상가치를 반영하여 결정된다. 달러화의 미래 예상가치를 결정하는 가장 중요한 요인은 미래의 환율에 대한 예상치와 이자율이다. 이처럼 자산가격 결정 메커니즘을 통해 환율결정을 설명하는 것을 **자산접근법**(asset approach)이라고 부른다.[2]

3.1.1 자산에 대한 수요의 결정요인

투자자들은 투자결정시 투자한 자산에서 얻을 수 있는 기대수익률, 투자자산의 위험성(risk) 등 다양한 요인을 고려한다. 만약 두 나라 금융자산이 완전대체적(perfect

1) 윤창현, 『파생금융상품론』, 서울: 경문사, 2004, 제3장 참고.

2) 이하에서 논의하는 자산접근법에 대한 설명은 Paul Krugman and Maurice Obsfeld, *International Economics: Theory and Policy*, NJ: Prentice Hall, 2009, ch.13 참고.

substitutable)이라고 가정하면 투자자들은 투자결정시 위험성, 유동성 등은 고려할 필요 없이 투자한 금융자산에서 얻을 수 있는 기대수익률만 고려하면 된다. 또한 두 나라의 자본이 자유롭게 이동할 수 있으면 양국 투자자들의 차익거래(arbitrage) 결과 두 나라 금융자산의 기대수익률은 항상 같아질 것이다.

여기서는 자유로운 자본이동이 가능하고 두 나라의 금융자산은 완전대체재라고 가정하고 논의를 전개한다. 두 나라의 금융자산이 불완전대체적인 경우는 제3절의 포트폴리오 밸런스모형에서 살펴본다.

자산에 대한 기대수익률

두 나라의 금융자산이 완전대체적이면 투자자들의 금융자산에 대한 수요는 투자한 금융자산에서 얻을 수 있는 **기대수익률**(expected rate of return)에 의존한다. 일정기간 어떤 자산의 기대수익률은

$$\frac{\text{미래의 예상가격} - \text{현재가격}}{\text{현재가격}} \times 100$$

으로 나타낼 수 있다. 그런데 자산보유의 판단기준이 되는 기대수익률은 명목기대수익률이 아니고 명목기대수익률에서 예상인플레이션율을 차감한 실질기대수익률(expected real rate of return)이 된다. 어떤 주식의 명목기대수익률이 25%인 경우 예상인플레이션율이 20%이면 실질기대수익률은 5%(=25%−20%)에 불과하다. 따라서 실질기대수익률과 명목기대수익률의 구분은 투자자의 자산선택에서 중요한 역할을 하게 된다.

그런데 동일한 화폐단위로 표시할 경우 서로 다른 통화로 표시된 자산간의 명목기대수익률을 이용하여 실질기대수익률을 비교하는 데 사용할 수 있다.

예를 들어 원화예금의 명목기대수익률이 10%이고 원화로 환산한 달러화예금의 명목기대수익률이 5%라고 하자. 이때 한국의 예상인플레이션율은 3%라고 하자. 이 경우 원화예금과 달러화예금의 명목기대수익률의 차이는 5%(=10%−5%)이다. 실질기대수익률의 차이도 5%[=(10%−3%)−(5%−3%)]가 된다. 이처럼 서로 다른 통화로 표시된 자산간의 실질기대수익률의 차이는 동일한 화폐단위로 표시되면 명목기대수익률의 차이와 같다. 따라서 원화와 달러화표시 자산간의 기대수익률이 동일한 화폐단위로 표시되면 명목기대수익률을 비교하거나 실질기대수익률을 비교하거나

동일하다. 이 절의 논의에서는 달러화표시 자산의 명목기대수익률을 원화로 환산하여 원화표시 자산의 명목기대수익률과 비교한다.

기대수익률과 이자율 및 환율

자산선택의 기준이 되는 기대수익률에 영향을 미치는 요인은 무엇인가? 예를 들어 달러화예금이라는 금융자산에 대한 기대수익률을 원화로 환산하여 원화예금의 기대수익률과 비교하기 위해서는 두 가지 정보가 필요하다.

첫째, 달러화예금의 수익률, 즉 이자율에 대한 정보가 필요하다. 둘째, 달러화예금의 기대수익률을 원화로 환산하기 위해 환율변화에 대한 정보가 필요하다.

이자율과 환율의 예상변동률이 어떻게 두 통화간의 기대수익률에 영향을 미치는지 예를 들어 살펴보자. 원화예금의 이자율은 연 10%, 달러화예금의 이자율은 연 5%라고 하자. 또한 현재 환율은 $1=₩1,000, 1년 후의 예상환율은 $1=₩1,100이라고 하자. 이때 100만 원을 원화로 1년간 정기예금하는 경우와 100만 원을 달러화로 바꾸어 예금하는 경우의 기대수익률을 비교해 보자.

① 1단계: 100만 원을 원화로 예금할 경우 1년 후의 원리금은 100만 원×(1+0.10)=110만 원이 된다. 따라서 원화예금의 1년 후 기대수익률은 이자율과 같은 10%($=\frac{110만-100만}{100만}\times 100$)이다.

② 2단계: 100만 원을 달러로 바꾸면 100만 원$\times\frac{1}{1,000}$(달러/원)=1,000달러가 된다. 1,000달러를 정기예금했을 때 1년 후 원리금은 1,000달러×(1+0.05)=1,050달러가 된다.

③ 3단계: 1년 후의 예상환율이 $1=₩1,100이므로 달러화예금의 1년 후 원화표시 원리금은 1,050달러×1,100(원/달러)=115만 5,000원이 된다. 따라서 원화를 달러화로 바꾸어 예금했을 때 원화로 환산한 기대수익률은 15.5%($\frac{115만\ 5,000-100만}{100만}\times 100$)이다.

④ 4단계: 원화로 환산한 달러화예금의 기대수익률과 원화예금의 기대수익률을 비교하여 기대수익률이 더 높은 달러화예금을 보유하기로 결정한다.

원화로 환산한 달러화예금의 기대수익률 15.5%는 달러화예금의 이자율 5%와 달러화에 대한 원화의 예상절하율 10%($=\frac{1,100-1,000}{1,000}\times 100$)를 합한 것과 거의 같다.

따라서 달러화예금의 기대수익률을 원화로 환산하기 위해서는 달러화예금의 이자율에 원화의 예상절하율을 더해 주면 된다. 원화예금의 연이자율(10%)이 달러화예금의 연이자율(5%)보다 높지만 1년 후 달러화에 대한 원화의 예상절하율(10%)을 감안하면 원화로 환산한 달러화예금의 기대수익률은 15%(=달러화예금의 이자율+원화의 예상절하율)가 된다. 다시 말해 원화로 환산한 달러화예금의 기대수익률은 달러화예금의 원리금을 원화로 바꿀 때 생기는 환율변동에 따른 환차익이나 환차손을 감안해야 되는 것이다.

이상의 논의를 단순화하면 다음과 같다. 이제

R=원화예금의 연이자율

R^*=달러화예금의 연이자율

E=현재의 원/달러환율

E^e=1년 후의 예상환율

이라고 하자.

① 1원을 원화예금하면 1년 후 기대수익률은 R원이 된다.

② 1원을 달러화로 바꾸면 $\frac{1}{E}$달러가 된다. $\frac{1}{E}$달러를 달러화예금하면 1년 후 원리금은 $\frac{1}{E}(1+R^*)$달러가 된다.

③ 1년 후 달러화예금의 원리금을 원화로 환산하면 $\frac{E^e}{E}(1+R^*)$원이 된다. 따라서 원화로 환산한 달러화예금의 기대수익률은

$$\frac{\frac{E^e}{E}(1+R^*)-1}{1}=\frac{E^e}{E}(1+R^*)-1$$

이 된다.

④ 원화예금과 달러화예금의 기대수익률이 같으면 다음 식이 성립한다.

$$R=\frac{E^e}{E}(1+R^*)-1$$

$$\Rightarrow \frac{1+R}{1+R^*}=\frac{E^e}{E}$$

여기서 $\frac{1+R}{1+R^*}$은 $1+R-R^*$와 거의 같다. 따라서

$$1+R-R^{*}=\frac{E^{e}}{E}$$

가 된다. 이 식을 다시 쓰면 다음과 같다.

(3-1) $$R=R^{*}+\frac{E^{e}-E}{E}$$

식(3-1)을 **이자율평가(平價)조건**(interest parity condition)이라고 한다.[3] 이자율평가조건은 동일한 화폐단위로 표시한 두 나라 금융자산에 대한 기대수익률이 같을 때 성립한다. 식에서 원화로 측정된 달러화예금의 기대수익률은 ① 달러화예금의 이자율(R^{*}), ② 달러화에 대한 원화의 예상절하율($\frac{E^{e}-E}{E}$)의 합으로 나타남을 알 수 있다.[4] 만약 원화예금의 기대수익률과 달러화예금의 기대수익률이 다르면 두 나라 투자자들의 차익거래로 인해 이자율평가조건이 성립되도록 양국 금융자산의 기대수익률이 조정될 것이다.

식(3-1)을 고쳐 쓰면 다음과 같다.

(3-1)′ $$R-R^{*}=\frac{E^{e}-E}{E}$$

따라서 이자율평가조건에 따르면 양국 통화자산간의 기대수익률이 같아지기 위해서는 양국의 이자율차이만큼 환율이 조정되어야 한다. 예를 들어 한미 양국의 이자율차이가 1%이면 양국 통화자산에 대한 기대수익률이 같아지기 위해서는 1년 후 원화가 1% 절하될 것으로 예상되어야 한다는 것이다.

이제 이자율평가조건이 성립하면 외환시장이 균형을 이루고 균형환율이 결정되는 것을 살펴보자.

3.1.2 균형환율의 결정

이자율평가조건과 외환시장의 균형

이자율평가조건이 성립하면 동일 통화단위로 측정한 두 통화자산의 기대수익률

3) 이자율평가조건은 이자율평형조건, 이자율등가조건, 금리평가조건 등으로도 불린다.

4) $\frac{E^{e}-E}{E}$가 마이너스이면 원화의 예상절상률이 된다.

이 같아진다. 두 통화자산간의 기대수익률이 같으면 외환시장에서 특정 통화에 대한 초과수요나 초과공급이 없어진다. 따라서 이자율평가조건이 성립하면 외환시장의 균형이 이루어진다.

이자율평가조건이 성립할 때 어떻게 외환시장의 균형이 이루어지는지 살펴보자. 달러화예금의 기대수익률이 원화예금의 기대수익률보다 높으면 달러화예금에 대한 수요는 늘고 원화예금에 대한 수요는 줄어 외환시장에서 달러화에 대한 초과수요와 원화의 초과공급이 발생한다. 원화예금의 기대수익률이 달러화예금의 기대수익률보다 더 높으면 원화에 대한 초과수요와 달러화의 초과공급이 발생한다. 원화예금과 달러화예금의 기대수익률이 동일하면 특정 통화에 대한 초과수요나 초과공급이 발생하지 않는다. 따라서 이자율평가조건이 성립하면 외환시장은 균형을 유지하게 된다.

달러화예금의 기대수익률곡선

달러화예금의 기대수익률곡선은 양국의 이자율과 예상환율이 일정하게 주어져 있을 때 현재환율의 변동에 따라 달러화예금의 기대수익률이 어떻게 달라지는가를 나타내는 곡선이다. 달러화예금의 원화표시 기대수익률은

$$R^* + \frac{E^e - E}{E}$$

와 같다. 따라서 달러화예금의 이자율 R^*와 예상환율 E^e가 주어져 있다면 현재환율의 상승은 원화의 예상절하율($\frac{E^e - E}{E}$)을 감소시켜 달러화예금의 기대수익률을 감소시킨다. 따라서 **그림 3.1** 과 같이 우하향하는 달러화예금의 기대수익률곡선을 얻을 수 있다.

균형환율

그림 3.2 는 원화의 이자율(R), 달러화의 이자율(R^*) 및 예상환율(E^e)이 일정하게 주어져 있다는 가정하에 균형환율의 결정과정을 보여준다. 달러화예금의 원화표시 기대수익률곡선은 우하향한다. 원화예금의 기대수익률은 환율수준과 상관없이 주어진 원화예금의 이자율수준에서 수직선으로 표시된다. 따라서 균형환율은 달러화예

그림 3.1 **달러화예금의 기대수익률곡선**

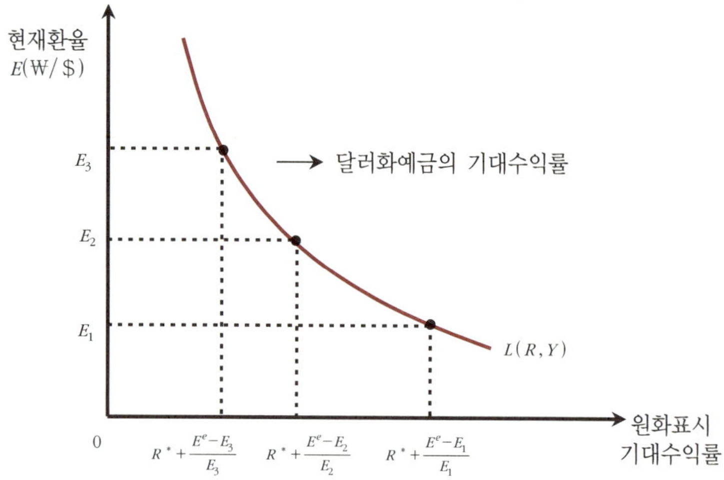

■ 환율상승 → 원화의 예상절하율 감소 → 달러화예금의 원화표시 기대수익률 감소 ■

그림 3.2 **균형환율의 결정**

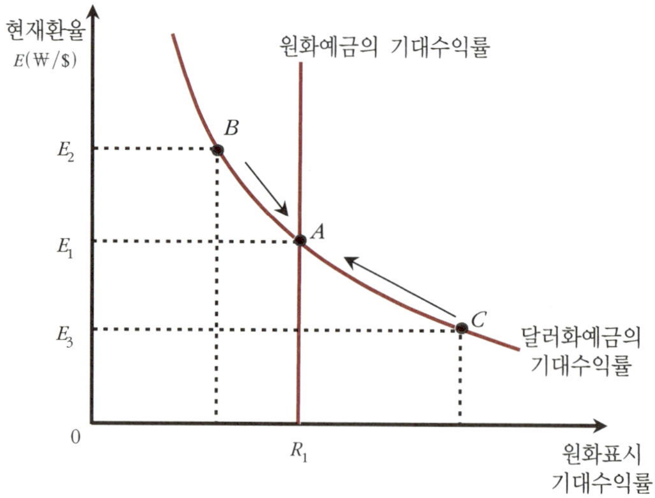

■ 점 A: 달러화예금의 기대수익률 = 원화예금의 기대수익률 → 균형환율 E_1
점 B: 달러화예금의 기대수익률 < 원화예금의 기대수익률 → 달러화에 대한 수요감소 → 환율하락 → 점 A로 수렴
점 C: 달러화예금의 기대수익률 > 원화예금의 기대수익률 → 달러화에 대한 수요증가 → 환율상승 → 점 A로 수렴 ■

금의 기대수익률과 원화예금의 기대수익률이 같아지는 균형점 A의 E_1에서 결정된다. E_1에서 원화예금과 달러화예금의 기대수익률이 같고 이자율평가조건이 성립된다.

환율수준이 E_2일 때 어떻게 E_1의 균형환율수준으로 수렴되는가? 환율수준이 E_2이면 달러화예금의 원화표시 기대수익률이 원화예금의 기대수익률보다 낮다. 따라서 투자자들은 달러화를 매각하고 원화를 구입하고자 할 것이다. 이는 원화에 대한 초과수요와 달러화의 초과공급을 발생시켜 환율하락을 가져온다. 결국 환율이 E_1으로 하락하여 두 통화에 대한 기대수익률이 같아져 이자율평가조건이 성립할 때 달러화의 초과공급과 원화에 대한 초과수요가 해소되어 외환시장은 균형을 유지하게 된다. 환율수준이 E_3일 때 E_1으로 수렴되는 과정은 위에서 설명한 것과 반대되는 논리로 설명할 수 있다.

따라서 균형환율은 이자율평가조건을 나타내는

(3-1) $$R = R^* + \frac{E^e - E}{E}$$

가 성립할 때 결정된다. 이 식은 다음과 같이 고쳐 쓸 수 있다.

(3-2) $$E = \frac{E^e}{1 + R - R^*}$$

식(3-2)는 균형환율이 예상환율과 양국의 연이자율차이에 의해 결정된다는 것을 보여준다. 이는 주식의 현재가격이 미래로부터 예상되는 배당의 기대치를 이자율로 할인하여 결정되는 것과 같은 이치이다. 주식가격은 한 나라 자산의 가격이다. 반면 원/달러환율은 양국 통화의 교환비율이다. 따라서 원화표시 달러화의 가격인 현재환율은 달러화의 미래가치를 나타내는 예상환율 E^e를 양국의 이자율차이로 할인하여 결정된다.

식(3-2)에 따르면 양국의 이자율과 예상환율이 변하면 균형환율이 변한다. 원화예금의 이자율 R이 상승하거나 달러화예금의 이자율 R^*가 하락하여 양국의 금리차이가 커지면 현재의 균형환율이 하락하고 원화가 절상된다. 예상환율 E^e가 상승하면 현재의 균형환율이 상승하고 원화가 절하된다. 이자율이나 예상환율이 변하면 이자율평가조건이 성립하여 외환시장이 균형을 이루도록 환율이 조정되는 것이다.

이제 이자율과 예상환율의 변화에 대해 환율이 어떻게 조정되는지 그림을 통해 살펴보자.

3.1.3 균형환율의 변동

이자율의 변화와 균형환율

그림 3.3 은 원화예금의 이자율상승이 환율에 미치는 영향을 보여준다. 그림에서 최초의 균형점은 A이다. 최초의 균형환율수준 E_1에서 원화예금의 기대수익률과 달러화예금의 기대수익률이 같아 이자율평가조건이 성립한다. 이제 달러화예금의 이자율, 예상환율 등은 변화가 없는데 원화예금의 이자율이 R_1에서 R_2로 상승했다고 하자. 이때 최초의 균형환율 E_1에서는 원화예금의 기대수익률이 달러화예금의 기대수익률보다 크다. 원화예금에 대한 이자율상승으로 원화예금의 기대수익률이 달러화예금의 기대수익률보다 커지면 달러화에 대한 수요가 감소한다. 따라서 균형환율은 E_1에서 E_2로 하락하고 원화가 절상된다. 환율이 하락하면 원화의 예상절하율이 상승한다. 원화의 예상절하율이 상승하면 달러화예금의 기대수익률(=달러화예금 이자

그림 3.3 원화예금의 이자율상승과 균형환율의 변화

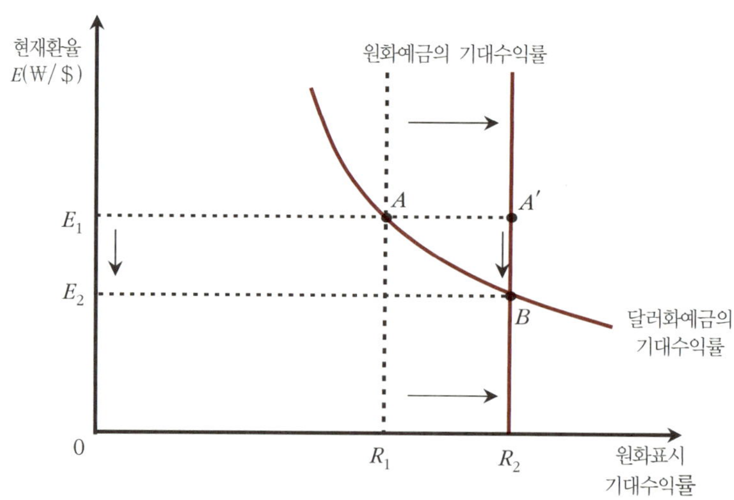

■ 최초 A에서 균형: 원화예금의 이자율상승($R_1 \rightarrow R_2$) → 원화예금의 기대수익률 > 달러화예금의 기대수익률 → 달러화에 대한 수요감소 → 환율하락($E_1 \rightarrow E_2$) → 새 균형점 B에서 이자율평가조건 성립 ■

율+원화의 예상절하율)이 상승한다. 결국 새로운 균형환율 E_2에서 두 통화자산의 기대수익률이 같아져 이자율평가조건이 성립하고 외환시장은 균형상태에 있게 된다. 이를 다시 설명해 보자.

최초의 균형환율 E_1과 원화예금의 이자율 R_1에서

$$R_1 = R^* + \frac{E^e - E_1}{E_1}$$

이 되어 이자율평가조건이 성립한다. 이때 다른 조건은 불변인데 원화예금의 이자율이 R_1에서 R_2로 상승하면

$$R_2 > R^* + \frac{E^e - E_1}{E_1}$$

이 되어 이자율평가조건이 성립하지 않는다. 이자율평가조건이 다시 성립되기 위해서는 원화와 달러화예금의 이자율이 고정되어 있으므로 원화의 예상절하율이 상승하여 달러화예금의 기대수익률이 높아져야 한다. 원화의 예상절하율이 상승하기 위해서는 예상환율은 고정되어 있으므로 환율이 낮아져야 한다. 원화의 예상절하율이 상승한다는 것은 원화의 절하가 예상된다는 것이다. 주어진 장기균형환율수준하에서 향후 원화의 절하가 이루어지기 위해서는 **그림 3.4** 에서처럼 오늘 원화가 절상(환율하락)되어야 한다. 따라서 환율이 E_1에서 E_2로 낮아지면 원화의 예상절하율이 $\frac{E^e - E_1}{E_1}$에서 $\frac{E^e - E_2}{E_2}$로 높아져

$$R_2 = R^* + \frac{E^e - E_2}{E_2}$$

가 되고 이자율평가조건이 다시 성립한다. 결국 다른 조건이 불변일 때 원화예금의 이자율이 상승하면 달러화에 대한 수요감소를 유발하여 환율이 하락하고 원화가치가 절상된다.

그림 3.5 는 달러화예금의 이자율상승이 환율에 미치는 영향을 보여준다. 그림에서 최초의 균형점은 A이다. 최초의 균형환율수준 E_1에서 원화예금의 기대수익률이 달러화예금의 기대수익률과 같아 이자율평가조건이 성립한다. 이때 다른 조건은 불변인데 달러화예금의 이자율이 R_1^*에서 R_2^*로 상승했다고 하자. 달러화예금의 이

그림 3.4 **원화예금의 이자율상승과 환율변화**

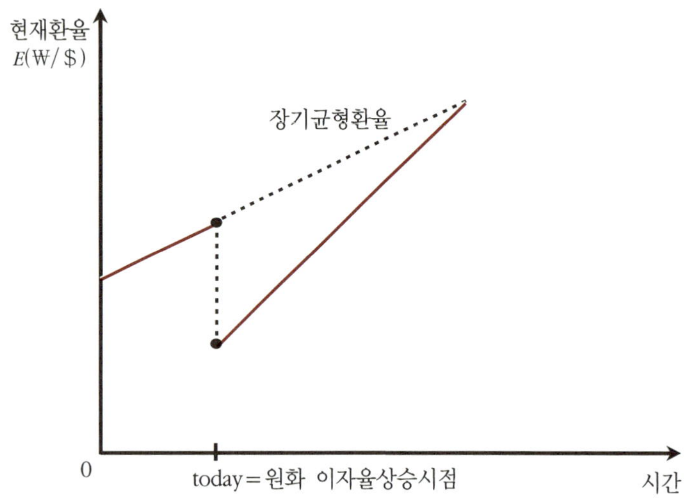

그림 3.5 **달러화예금의 이자율상승과 균형환율변화**

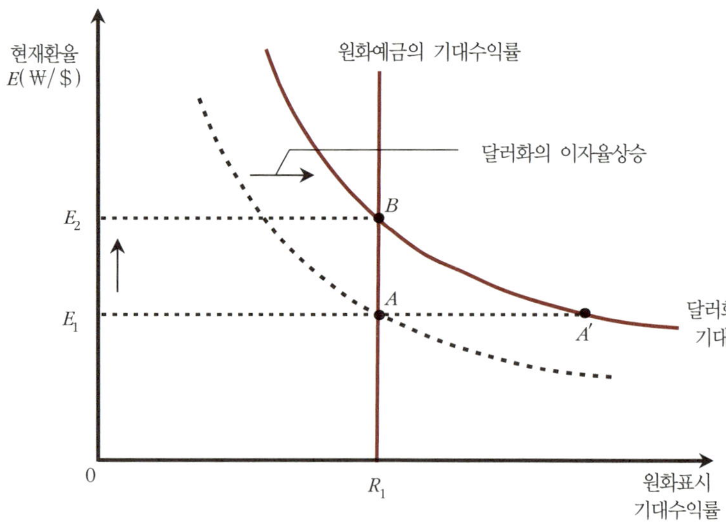

■ 최초 A에서 균형: 달러화예금의 이자율상승($R_1^* \rightarrow R_2^*$) → 달러화예금의 기대수익률 증가 → 원화예금의 기대수익률 < 달러화예금의 기대수익률 → 달러화에 대한 수요증가 → 환율상승($E_1 \rightarrow E_2$) → 새 균형점 B에서 이자율평가조건 성립 ■

자율이 상승하면 달러화예금의 기대수익률(=달러화예금 이자율+원화의 예상절하율)이 주어진 모든 환율수준에서 상승한다. 따라서 달러화예금의 이자율이 상승하면 달러화의 기대수익률곡선이 오른쪽으로 이동한다. 이때 최초의 균형환율 E_1에서는 달러화예금의 기대수익률이 원화예금의 기대수익률보다 높다. 따라서 달러화에 대한 수요가 증가하여 환율이 상승한다. 환율상승은 원화의 예상절하율을 하락시킨다. 원화의 예상절하율이 하락하면 달러화예금의 기대수익률이 감소한다. 결국 새로운 균형환율 E_2에서 두 통화자산의 기대수익률이 같아져 이자율평가조건이 성립한다. 이를 다시 설명해 보자.

최초의 균형환율 E_1에서

$$R = R_1^* + \frac{E^e - E_1}{E_1}$$

으로 이자율평가조건이 성립한다. 이때 다른 조건은 불변인데 달러화예금의 이자율이 R_2^*로 상승하면 달러화예금의 기대수익률이 증가한다. 따라서

$$R < R_2^* + \frac{E^e - E_1}{E_1}$$

이 되어 이자율평가조건이 성립하지 않는다. 이자율평가조건이 다시 성립되기 위해서는 원화와 달러화예금의 이자율은 고정되어 있으므로 원화의 예상절하율이 낮아져 달러화예금의 기대수익률이 낮아져야 한다. 원화의 예상절하율이 낮아지기 위해서는 예상환율이 고정되어 있으므로 환율이 상승해야 한다. 원화의 예상절하율이 낮아진다는 것은 원화의 절상이 예상된다는 것이다. 향후에 원화가 절상되기 위해서는 오늘 원화가 절하(환율상승)되어야 한다. 따라서 환율이 E_1에서 E_2로 상승하면 원화의 예상절하율이 $\frac{E^e - E_1}{E_1}$에서 $\frac{E^e - E_2}{E_2}$로 하락하여

$$R = R_2^* + \frac{E^e - E_2}{E_2}$$

가 되고 이자율평가조건이 성립한다. 결국 다른 조건이 불변인데 달러화의 이자율이 상승하면 달러화에 대한 수요가 증가하여 환율상승과 달러화의 절상으로 이어진다.

다른 조건이 일정할 때 한 나라 통화의 이자율상승(하락)은 그 나라 통화에 대한 수요를 증가(감소)시켜 그 나라의 통화가치를 절상(절하)시킨다.

예상환율의 변화와 균형환율

예상환율의 변화가 균형환율에 미치는 효과도 그림 3.5를 통해 살펴볼 수 있다. 원화에 대한 예상환율이 상승하면 원화의 예상절하율이 증가하여 달러화예금의 원화표시 기대수익률이 증가한다. 따라서 예상환율이 상승하면 달러화예금의 기대수익률곡선이 오른쪽으로 이동한다.

예상환율의 상승으로 달러화예금의 기대수익률이 원화예금의 기대수익률보다 커지면 달러화에 대한 수요가 증가하여 환율이 상승한다. 이를 이자율평가조건으로 다시 설명해 보자. 예를 들어 원화가 10% 절하될 것으로 예상되어 예상환율이 10% 상승한 경우 현재환율도 10% 상승하면 원화의 예상절하율에 변화가 없고 이자율평가조건이 그대로 성립한다. 원화가 장차 절하될 것으로 예상되면 그림 3.6에서처럼 오늘 환율이 상승하여 원화의 절하가 이루어지는 것이다. 따라서 어떤 이유로 원화가치가 떨어질 것이라고 생각하여 예상환율이 상승하면 그 예상이 현재환율에 반영되어 결국 현재 균형환율도 상승하게 된다. 예상환율에 대한 변화가 현재환율

그림 3.6 원화에 대한 예상환율상승과 균형환율변화

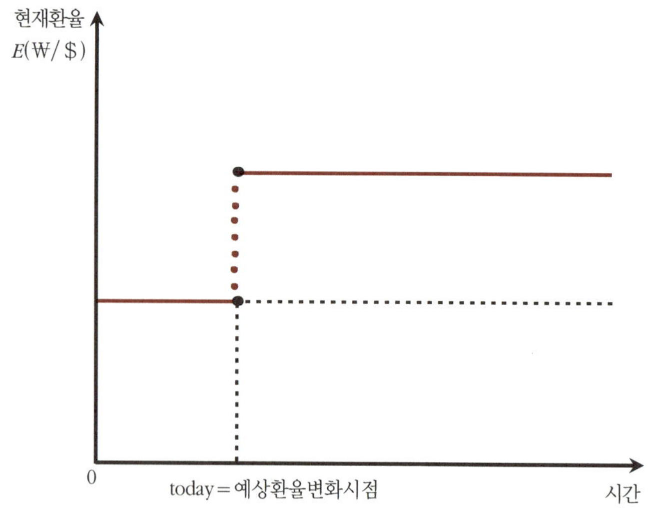

에 반영되어 스스로를 실현(self-fulfilling)시키는 것이다.

3.2 무위험이자율평가조건과 선물환율의 결정

이자율평가조건

(3-1)
$$R = R^* + \frac{E^e - E}{E}$$

에서 어떤 이유로 예상환율(E^e)이 변하면 달러화예금의 기대수익률이 변한다. 따라서 투자자들은 예상환율의 변동에 따른 환위험을 피할 수 없다. 이처럼 예상환율의 불확실성에 따른 환위험(exchange risk)이 수반되므로 식(3-1)을 **유위험이자율평가조건**(UIP: risk uncovered interest parity)이라고 한다.

UIP에 따르면 균형환율이 예상환율 E^e에 의해 영향을 받는다. 따라서 1년 후의 예상환율을 정확히 예상하지 못할 경우 UIP를 이용한 균형환율은 실제 균형환율과 괴리가 생길 수 있다.

무위험이자율평가조건(CIP: risk covered interest parity)은 유위험이자율평가조건에서 예상환율 E^e 대신 선물환율 F를 사용하여 나타낼 수 있다. 무위험이자율평가조건은 다음과 같다.

(3-3)
$$R = R^* + \frac{F - E}{E}$$

무위험이자율평가조건의 도출

무위험이자율평가조건은 유위험이자율평가조건의 도출방법과 똑같은 방법을 사용하여 도출할 수 있다. 유위험이자율평가조건 도출시에는 예상환율이 사용되었지만 무위험이자율평가조건 도출시에는 선물환율이 사용된다. 현재환율을 E(₩/\$), 1년 후 선물환율을 F(₩/\$), 원화예금의 연이자율을 R, 달러화의 연이자율을 R^*라 하자.

① 1원으로 $\frac{1}{E}$달러를 바꾸어 1년만기 정기예금한다. 달러화예금의 1년 후의 원리금은 $\frac{1}{E}\cdot(1+R^*)$달러이다. 1년 후 받게 될 달러화예금의 원리금을 선물환율로 매각하면 1년 후 원화수령액은 $\frac{1}{E}\cdot(1+R^*)\cdot F$원이 된다. 따라서 원화로 환산한 환위험이 커버된 달러화예금의 기대수익률은

$$\frac{\frac{F}{E}(1+R^*)-1}{1}=\frac{F(1+R^*)}{E}-1$$

이 된다.

② 원화예금의 기대수익률과 달러화예금의 원화표시 기대수익률이 같을 때 무위험이자율평가조건이 성립한다. 따라서

$$R=\frac{F(1+R^*)}{E}-1$$

$$\Rightarrow \frac{1+R}{1+R^*}=\frac{F}{E}$$

$$\Rightarrow 1+R-R^*=\frac{F}{E}$$

$$\Rightarrow R=R^*+\frac{F-E}{E}$$

가 된다. 따라서 식(3-3)의 무위험이자율평가조건은 유위험이자율평가조건과 같은 방법으로 도출할 수 있다.

무위험이자율평가조건에서 $\frac{F-E}{E}$는 달러화에 대한 선물환프리미엄(forward premium)을 나타낸다. 달러화에 대한 선물환프리미엄은 원화에 대한 선물환디스카운트(forward discount)가 된다. 따라서 무위험이자율평가조건은 원화예금의 이자율이 달러화예금의 이자율과 달러화에 대한 선물환프리미엄의 합과 같을 때 성립한다.

식(3-3)은 다음과 같이 다시 쓸 수 있다.

(3-3)′ $$R-R^*=\frac{F-E}{E}$$

따라서 원화예금의 이자율이 달러화예금의 이자율보다 높을 때 무위험이자율평가조건이 성립하기 위해서는 양국의 금리차이만큼 달러화에 대한 선물환프리미엄이

존재해야 한다. 원화예금의 이자율이 달러화예금의 이자율보다 낮을 때는 그 차이만큼 달러화에 대한 선물환디스카운트가 존재해야 한다. 또한 양국 통화간에 이자율의 차이가 없을 때는 달러화에 대한 선물환프리미엄이나 선물환디스카운트는 존재하지 않아야 한다.

균형선물환율

무위험이자율평가조건을 나타내는 식(3-3)을 이용하여 균형선물환율이 어떻게 결정되는지 살펴볼 수 있다. 식(3-3)은 다음과 같이 고쳐 쓸 수 있다.

(3-4) $$F = E\left[1 + (R - R^{*})\right]$$

따라서 무위험이자율평가조건이 성립하면 선물환율은 현물환율과 두 나라의 이자율차이를 반영하여 결정된다. 그런데 현물환율이 양국의 이자율차이뿐 아니라 미래의 환율에 대한 예상을 반영하여 결정되므로 선물환율도 미래에 대한 예상이 반영되어 결정된다고 할 수 있다. 예를 들어 한국의 투자환경이 대폭 개선될 것이라는 긍정적인 정보가 외환시장에 알려질 경우 원화가치상승에 대한 기대로 선물환율과 현물환율이 동시에 하락하게 된다.

양국의 금리차이는 단기적으로 거의 일정한 것으로 알려져 있다. 따라서 무위험이자율평가조건이 유지되기 위해서는 선물환율과 현물환율이 거의 같은 비율만큼 변화하여야 한다. 무위험이자율평가조건은 실증적으로도 잘 성립하는 것으로 나타나고 있다.[5)]

유위험이자율평가조건과 리스크프리미엄

만약 선물환율 F와 예상환율 E^{e}가 같다면 유위험이자율평가조건과 무위험이자율평가조건이 동시에 만족된다. 이 경우 선물환율을 통해 현물환율을 예상할 수 있으므로 환율을 예측하는 일이 한결 쉬워질 것이다. 선물환율 F와 예상환율 E^{e}가 같으면 선물환율이 미래 현물환율의 불편추정치(unbiased estimator)임을 나타낸다. 불편추정치란 어떤 추정치가 어떤 다른 추정치보다 **평균적**으로 어떤 변수를 가장

---

5) 무위험이자율평가조건에 대한 실증분석으로는 Kevin Clinton, "Transactions Costs and Covered Interest Arbitrage: Theory and Evidence," *Journal of Political Economy* 96, 1988, pp. 358-370 참고.

잘 추정하는 것을 뜻한다. 선물환율이 미래 현물환율의 불편추정치인 경우 리스크프리미엄이 0이 되고 유위험이자율평가조건이 성립하게 된다. 선물환율이 미래 현물환율의 불편추정치가 아니고 리스크프리미엄이 존재하는 경우 유위험이자율평가조건이 성립하지 않는다.

이제 리스크프리미엄의 의미와 선물환율이 미래 현물환율의 불편추정치인지에 대해 살펴보자. 선물환율 F와 예상환율 E^e가 같다면 원화의 예상절하율과 달러화에 대한 선물환프리미엄=원화에 대한 선물환디스카운트가 같아진다. 즉,

$$F = E^e \Leftrightarrow \frac{F-E}{E} = \frac{E^e - E}{E}$$

원화에 대한 선물환디스카운트와 원화의 예상절하율의 차이는 원화에 대한 (환)리스크프리미엄(exchange risk premium)을 나타낸다. 원화에 대한 리스크프리미엄을 $RP_{₩}$이라고 하면 다음과 같이 정의된다.

(3-5)
$$RP_{₩} = \frac{F-E}{E} - \frac{E^e - E}{E}$$

리스크프리미엄은 투자자가 상대적으로 더 위험하다고 생각하는 금융자산을 보유하는 데 따른 보상으로서 추가로 요구하는 기대수익이다. 만약 원화에 대한 선물환디스카운트가 연간 10%이고 원화의 예상절하율이 연간 3%이면 원화의 기대수익률에 7%의 리스크프리미엄이 더해져야 원화를 보유할 것이다. 원화에 대한 선물환디스카운트와 원화의 예상절하율이 같아지면 리스크프리미엄은 0이 된다.

무위험이자율평가조건이 성립하면

$$R - R^* = \frac{F-E}{E}$$

가 된다. 따라서 원화에 대한 리스크프리미엄은 다음과 같이 나타낼 수 있다.

(3-5)′
$$\begin{aligned} RP_{₩} &= R - R^* - \frac{E^e - E}{E} \\ &= R - \left(R^* + \frac{E^e - E}{E}\right) \end{aligned}$$

원화에 대한 리스크프리미엄은 원화예금의 기대수익률과 달러화예금의 원화표시

기대수익률의 차이와 같다. 리스크프리미엄이 0이면 유위험이자율평가조건이 성립한다. 리스크프리미엄이 양이거나 음이면 유위험이자율평가조건이 성립하지 않는다. 리스크프리미엄은 무위험이자율평가조건은 성립하는데 유위험이자율평가조건이 성립하지 않는 경우에 나타난다. 두 나라의 금융자산이 완전대체적이면 투자결정시 리스크에 대한 고려 없이 기대수익률만 고려하면 된다. 따라서 금융자산간에 완전대체성이 성립하면 리스크프리미엄은 0이 되고 유위험이자율평가조건이 성립한다. 반면 금융자산이 불완전대체적이면 투자결정시 기대수익률뿐만 아니라 리스크도 고려해야 한다. 리스크프리엄이 존재할 경우 유위험이자율평가조건은 성립하지 않는다. 금융자산이 불완전대체적이어서 리스크프리미엄이 존재하는 경우 균형환율의 결정이 어떻게 달라지는지는 다음 절의 포트폴리오 밸런스모형에서 살펴본다.

이제 선물환율을 통해 미래 현물환율을 예측할 수 있는지, 선물환율이 미래 현물환율의 불편추정치인지 살펴보자. 선물환율을 통해 미래 현물환율을 잘 예측할 수 있는지 실증적으로 검증하기 위해 다음과 같은 방정식이 사용된다.

$$\frac{E_{t+1}-E_t}{E_t}=\beta_0+\beta_1\left(\frac{F_t-E_t}{E_t}\right)+u_{t+1}$$

여기서 $\frac{E_{t+1}-E_t}{E_t}=\Delta E_{t+1}$은 t기와 $t+1$기 사이의 원화의 절하율, $\frac{F_t-E_t}{E_t}$는 원화에 대한 선물환디스카운트를 나타낸다. 선물환율이 미래 현물환율의 불편추정치가 되기 위해서는 $\beta_0=0$, $\beta_1=1$이 되어야 한다. 추정결과 선물환율이 미래 현물환율의 불편추정치이면 리스크프리미엄은 0이 된다.

실증분석 결과 선물환율은 미래 현물환율의 불편추정치가 아닌 것으로 나타나고 있다.[6] 대부분의 추정결과에 따르면 $\beta_1=1$이 아니고 1보다 훨씬 작은 것으로 나타나고 있다. 만약 β_0와 β_1이 모두 0이면 미래 현물환율에 대한 가장 좋은 예측은 현재의 현물환율임을 뜻한다. 다시 말해 이 경우에는 임의보행가설(random walk hypothesis)이 환율을 가장 잘 설명한다고 할 수 있다. 선물환율이 미래 현물환율에 대한 불편추정치가 아니라는 실증분석 결과는 선물환율과 미래의 현물환율을 괴리시키는 리스크프리미엄이 존재한다는 증거이다. 리스크프리미엄이 존재한다는 것은

6) 선물환율이 미래 현물환율의 불편추정치인지에 대한 실증분석은 Charles Engel, "The Forward Discount Anomaly and the Risk Premium: A Survey of Recent Evidence," *Journal of Empirical Finance* 3, 1996, pp. 123-191을 참고할 것.

투자자들이 투자결정시 기대수익률뿐만 아니라 투자리스크도 고려하기 때문에 유위험이자율평가조건이 성립하지 않는다는 것을 시사한다.

3.3 포트폴리오 밸런스모형

포트폴리오 밸런스모형(portfolio balance model)에 따르면 환율은 단순히 양국 통화자산의 상대가격을 나타내는 것이 아니고 채권 등 여타 금융자산을 모두 포함하는 국내금융자산과 외국금융자산의 상대가격을 나타낸다.[7] 포트폴리오 밸런스모형에 따르면 투자자들은 금융자산에 대한 기대수익률뿐만 아니라 투자리스크도 고려해서 포트폴리오가 최적이 되도록 국내금융자산과 해외금융자산의 상대적인 비중을 구성한다.

여기서는 금융자산의 수요에 따르는 환리스크(exchange risk)에 초점을 맞추어 투자결정시 환리스크를 고려할 경우 제1절에서 논의한 이자율평가조건에 따른 환율 결정방식이 어떻게 달라지는지 살펴본다.

자산의 불완전대체성과 리스크

두 나라의 금융자산이 완전대체적이면 투자자는 어느 나라의 금융자산을 보유하든지 무차별하다. 따라서 투자자는 두 나라의 금융자산에 대한 위험을 고려할 필요 없이 기대수익률만을 고려하여 투자하면 된다. 이자율평가조건은 개별투자자들이 투자에 따르는 위험을 무시하고 두 국가의 금융자산에 대한 기대수익률에만 의존해서 어떤 금융자산을 수요할지 결정하면 동일한 통화로 표시한 두 나라 금융자산에 대한 기대수익률은 차익거래로 인해 같아진다는 것이다. 그러나 두 나라의 금융자산이 완전대체적이라고 가정하는 것은 비현실적이다. 현실적으로 각국의 금융자산은 불완전대체적이다. 금융자산의 수요에는 위험이 따른다.

만약 두 나라의 금융자산이 불완전대체적(imperfect substitutes)이고 투자자가 위

7) 여기서 설명하는 포트폴리오 밸런스모형은 하버드대 경제학 교수인 Gita Gopinath의 강의노트를 참고하였음. 포트폴리오 밸런스모형과 제4장의 경직가격 통화모형 및 제6장의 비경직가격 통화모형 등 환율결정에 대한 전반적인 논의는 Mark Taylor, “The Economics of Exchange Rates,” *Journal of Economic Literature*, Vol. XXXIII, March 1995, pp. 13-47을 참고할 것.

험회피적(risk averse)이어서 금융자산에 대한 수요를 결정할 때 기대수익률뿐만 아니라 환리스크도 고려한다면 두 나라의 금융자산에 대한 기대수익률은 항상 같아지지 않는다. 따라서 이자율평가조건도 더 이상 성립하지 않는다.

환리스크에 영향을 미치는 요인은 무엇인가? 환리스크에 영향을 미치는 가장 중요한 요인으로는 두 가지가 있다. 첫째, 통화가치의 변동성이 클수록 환위험이 크다. 어떤 나라의 통화정책이 불안정적이어서 물가와 환율이 변동성이 크면 환위험도 크다. 둘째, 보유하고 있는 어떤 금융자산의 양이 많을수록 환위험도 크다. 포트폴리오 다변화원칙에 따르면 투자자들은 포트폴리오를 다변화시킬수록 총자산에 대한 위험을 줄일 수 있다. 한 바구니에 모든 계란을 담아두는 것보다는 가급적 여러 바구니에 계란을 나누어 담아두는 것이 위험을 더 줄일 수 있다. 각 통화의 변동성이 같아도 한 통화만 보유하는 것보다는 여러 통화를 분산보유하는 것이 리스크를 줄일 수 있는 것으로 알려져 있다.

리스크프리미엄과 균형환율의 결정

이제 포트폴리오 밸런스모형에서처럼 투자결정시 기대수익률뿐만 아니라 환리스크도 고려할 경우 환율이 어떻게 결정되는지 살펴보자.

위험회피적 투자자의 경우 위험에 대한 보상으로 상대적으로 높은 기대수익률이 주어지는 경우에만 위험하다고 생각하는 금융자산을 보유하려고 할 것이다. 위험회피적 투자자가 상대적으로 더 위험하다고 생각하는 금융자산을 보유하기 위해 필요한 것이 리스크프리미엄이다. 리스크를 감수하는 대가로 지불받는 것이 리스크프리미엄인 것이다. 주식수익률이 채권수익률보다 높은 것은 채권보유보다 주식보유가 주가변동의 불확실성에 따른 위험이 더 크기 때문에 주식보유에 대해 리스크프리미엄이 더해지기 때문이다.

리스크프리미엄에 영향을 미치는 요인은 무엇인가? 논의를 단순화하기 위해 국내금융자산으로는 원화표시 채권만 있고 해외금융자산으로는 달러화표시 채권만 있다고 하자. 또한 투자자들이 국내금융자산은 무위험금융자산으로 간주하고 해외금융자산은 유위험금융자산으로 간주한다고 하자. 투자자들은 투자결정시 기대수익률뿐만 아니라 수익률 변동에 따른 환위험도 고려한다. 투자자들 입장에서는 가급적 높은 기대수익률과 낮은 수익률 변동성을 선호한다.

국내금융자산(원화표시 채권)은 무위험자산이고 해외금융자산(달러화표시 채권)은 위험자산인 경우 위험자산인 달러화표시 채권을 수요하기 위해서는 달러화표시 채권에 대한 리스크프리미엄을 고려해야 한다. 달러화표시 채권에 대한 리스크프리미엄은 달러화표시 채권의 원화환산 기대수익률과 원화표시 채권의 기대수익률의 차이로 나타낼 수 있다. 달러화표시 채권에 대한 리스크프리미엄을 $RP_{\$}$라고 하면

$$RP_{\$} = R^{*} + \frac{E^{e} - E}{E} - R \tag{3-6}$$

로 나타낼 수 있다. 예상환율에 대한 불확실성이 존재하기 때문에 리스크프리미엄에도 불확실성이 존재한다.

투자자는 달러화표시 채권에 대한 리스크프리미엄이 클수록 달러화표시 채권에 투자하고자 할 것이다. 또한 양국의 이자율은 투자시 이미 결정되어 있으므로 달러화표시 채권에 대한 투자시의 위험은 환율변동에 따른 환위험이다. 환율변동에 따른 위험은 분산으로 측정할 수 있다. 원화의 절하율을

$$\Delta E = \frac{E_{t+1} - E_t}{E_t}$$

라고 하면 환율변동에 따른 위험은 원화의 절하율 ΔE의 분산 $Var(\Delta E)$로 측정할 수 있다. 한편 투자자가 위험회피적일수록 유위험자산에 대한 투자를 줄이고자 할 것이다.

이제 유위험자산인 달러화표시 채권에 대한 포트폴리오 비중을 x라고 하면

$$x = \frac{RP_{\$}}{b\,Var(\Delta E)} \tag{3-7}$$

로 나타낼 수 있다.[8] 여기서 b는 투자자들의 위험회피의 정도를 나타내는 계수이다. b가 클수록 위험회피적임을 나타낸다. 식(3-7)에서 달러화표시 채권에 대한 포트폴리오 비중 x는 달러화표시 채권에 대한 리스크프리미엄이 클수록 커지고, 환율의 변동성이 클수록 작아진다는 것을 알 수 있다. 또한 투자자들이 위험회피적일수록 x는 작아진다. 투자자들이 극단적으로 위험회피적이면 $x=0$이 되어 위험자산인 달러화표시 채권 대신 안전자산인 원화표시 채권만을 보유할 것이다. 만약 $b=0$

8) 식(3-7)의 수학적 도출은 이 장의 부록을 참고.

이어서 투자자들이 위험에 무관심한 위험중립적(risk neutral) 성향을 가지고 있다면 어떻게 될까? $b=0$인 경우 분모가 0이 되므로 달러화표시 채권의 보유비중 x가 무한대가 되어야 한다. 그러나 이 경우 투자자들이 달러화표시 채권을 무한대로 보유한다고 보기보다는 투자자들이 기대수익률에 대해 극단적으로 민감하게 반응한다고 해석하는 것이 무방하다. $b=0$이어서 위험중립적인 경우는 두 통화자산이 완전 대체적이어서 투자자들이 기대수익률에만 관심을 갖는 경우이다.

식(3-7)′는

$$(3\text{-}7)' \qquad RP_{\$}=bVar(\Delta E)x$$

로 고쳐 쓸 수 있다. 따라서 $b=0$이어서 투자자들이 위험중립적이면 투자자들은 위험에는 무관심하고 기대수익률에만 관심을 가지게 되므로 차익거래 결과 양국 채권에 대한 기대수익률이 같아지고 리스크프리미엄이 0이 된다. $b=0$이어서 위험중립적이면 유위험이자율평가조건이 성립한다. 현실적으로 투자자들은 위험중립적이기보다 위험회피적이어서 b는 0보다 크다. 식(3-7)′에서 달러화표시 채권에 대한 리스크프리미엄은 환율변동성이 클수록 커진다는 것을 알 수 있다. 식(3-7)′는 또한 달러화표시 채권에 대한 보유비중이 커질수록 리스크프리미엄도 커진다는 것을 보여주고 있다. 유위험자산인 달러화표시 채권을 많이 보유할수록 위험에 더 크게 노출된다. 투자자들이 유위험자산을 더 많이 보유하도록 하기 위해서는 달러화표시 채권에 대한 리스크프리미엄이 더 높아져야 하는 것이다.

이제 리스크프리미엄을 고려할 경우 균형환율이 어떻게 결정되는지 살펴보자. 식(3-6)을 고쳐 쓰면 다음과 같다.

$$(3\text{-}8) \qquad R-R^{*}+RP_{\$}=\frac{E^{e}-E}{E}$$

식(3-8)은 리스크프리미엄이 존재하면 이자율평가조건이 성립되지 않는다는 것을 보여준다. 리스크프리미엄이 양국 통화자산의 기대수익률이 같아지는 것을 막는 일종의 쐐기(wedge) 역할을 한다. 식(3-8)을 환율에 대해 정리하면

$$(3\text{-}9) \qquad E=\frac{E^{e}}{1+R-R^{*}+RP_{\$}}$$

로 나타낼 수 있다. 따라서 투자결정시 리스크를 고려할 경우 균형환율은 예상환율

및 양국의 이자율차이뿐만 아니라 리스크프리미엄에 의해서도 영향을 받는다.

예를 들어 유위험자산인 달러화표시 채권의 민간보유량이 증가하면 달러화표시 금융자산에 대한 리스크프리미엄이 커지고 환율이 하락한다. 달러화표시 자산에 대한 리스크프리미엄이 상승하면 달러화가 절상(환율상승)되어야 한다. 주어진 장기환율수준하에서 내일의 달러화 절상을 위해서는 오늘의 달러화 절하(환율하락)가 필요하다.

부록: 포트폴리오 밸런스모형[9]

논의를 단순화하기 위해 투자자들이 국내금융자산(원화표시 채권)은 무위험자산으로 간주하고 해외금융자산(달러화표시 채권)은 유위험자산으로 생각한다고 하자. 투자자들은 전체 포트폴리오의 원화환산 기대수익률은 최대화하고 수익률의 변동에 따른 리스크는 최소화하고자 한다.

투자자들의 달러화표시 채권에 대한 포트폴리오 비중을 x, 원화표시 채권에 대한 포트폴리오 비중을 $(1-x)$라고 하면 두 채권에서 얻을 수 있는 1년 후 원화표시 수익률 W_{t+1}은 다음과 같다.

(A3-1) $$W_{t+1} = x(R^{*} + \Delta E) + (1-x)R$$

여기서 $\Delta E = \frac{E_{t+1} - E_t}{E_t}$는 환율의 변화율(=원화의 절하율)을 나타낸다. 따라서 현 시점에서 예상하는 1년 후의 기대수익률은 다음과 같다.

(A3-2) $$W^{e}_{t+1} = x(R^{*} + \Delta E^{e}) + (1-x)R$$

여기서 $\Delta E^{e} = \frac{E^{e}_{t+1} - E_t}{E_t}$는 현재 예상하는 1년 후의 환율의 예상변화율(=원화의 예상절하율)이다.

---

9) 부록의 논의는 Richard Caves, Jeffrey Frankel, and Ronald Jones, *World Trade and Payments*, 10th ed., Boston: Addison-Wesley, 2007의 제28장에 대한 부록(pp. s55-s57)과 하버드대 경제학 교수인 Gita Gopinath의 강의노트를 참고하였음.

투자자들은 기대수익률뿐만 아니라 수익률의 변동에 따른 위험도 고려한다. 위험은 분산(variance)으로 측정할 수 있다. 수익률을 나타내는 식(A3-1)의 분산은 다음과 같다.

(A3-3) $$Var(W_{t+1}) = x^2 Var(\Delta E)$$

양국의 이자율 R과 R^*는 투자결정시 이미 결정되어 있으므로 분산은 0이 된다. 환율의 변화율 ΔE는 투자시점에서 알 수 없다. 따라서 환율변동성을 나타내는 $Var(\Delta E)$는 0이 될 수 없다. 만약 투자자들이 기대수익률에는 무관심하고 투자위험만 생각하는 극단적인 위험회피성향을 가지고 있다면 $x=0$이 된다. $x=0$이 되어야 $Var(W_{t+1})=0$이 되고 투자위험을 모두 피할 수 있기 때문이다. 다시 말해 극단적인 위험회피 투자자는 위험자산인 달러화표시 채권은 전혀 보유하지 않은 채 무위험자산인 원화표시 채권만 보유하려 할 것이다.

투자자들의 후생수준은 포트폴리오의 기대수익률이 커질수록 커지고 수익률의 변동성이 클수록 작아진다. 따라서 투자자들의 후생수준을 다음과 같은 식으로 나타낼 수 있다고 하자.

(A3-4) $$U = W^e_{t+1} - \frac{1}{2} b\, Var(W_{t+1})$$

식에서 b는 위험회피의 정도를 나타내는 계수이다. $b=0$이면 투자자는 위험은 무시하고 기대수익률만 고려하는 경우가 된다. b가 클수록 위험회피의 정도도 커진다.

식(A3-4)에 식(A3-2), 식(A3-3) 및 식(3-6)을 대입하면 다음을 얻을 수 있다.

(A3-5) $$U = R + xRP_{\$} - \frac{1}{2} bx^2 Var(\Delta E)$$

식(A3-5)에서 U를 극대화시키는 x를 구하면 투자자의 달러화표시 채권에 대한 최적 포트폴리오 비중이 된다. x는 다음과 같이 나타낼 수 있다.

(A3-6) $$x = \frac{RP_{\$}}{b\, Var(\Delta E)}$$

◇ 요약 및 복습 ◇

1. 자산가격결정 메커니즘을 통해 환율결정을 설명하는 것을 자산접근법(asset approach)이라고 부른다. 자산접근법에 따르면 균형환율은 이자율평가조건이 성립할 때 결정된다. 이자율평가조건(interest parity condition)은 동일한 화폐단위로 표시한 두 나라 금융자산에 대한 기대수익률이 같을 때 성립한다. 두 나라 금융자산의 기대수익률이 같으면 외환시장에서 특정 통화에 대한 초과수요나 초과공급이 없어진다. 따라서 이자율평가조건이 성립하면 외환시장의 균형이 이루어진다.

2. 이자율평가조건을 환율에 대해 정리하면 다음을 얻을 수 있다.

$$E = \frac{E^e}{1+R-R^*}$$

따라서 균형환율은 예상환율과 양국의 연이자율차이에 의해 결정된다. 이는 주식의 현재가격이 미래로부터 예상되는 배당의 기대치를 이자율로 할인하여 결정되는 것과 같은 이치이다. 주식가격은 한 나라의 자산의 가격인 반면 원/달러환율은 양국 통화의 교환비율이다. 따라서 원화표시 달러화의 가격인 현재환율은 달러화의 미래가치를 나타내는 예상환율을 양국의 이자율차이로 할인하여 결정된다. 이자율평가조건에 따르면 원화예금의 이자율이 상승하거나 달러화예금의 이자율이 하락하여 양국의 금리차이가 커지면 현재의 균형환율이 하락하고 원화가 절상된다. 예상환율이 상승하면 현재의 균형환율이 상승하고 원화가 절하된다.

3. 이자율평가조건은 예상환율의 불확실성에 따른 환위험(exchange risk)이 수반되므로 유위험이자율평가조건(UIP: risk uncovered interest parity)이라고 한다. 무위험이자율평가조건(CIP: risk covered interest parity)은 유위험이자율평가조건에서 예상환율 대신 선물환율을 사용한 것이다. 선물환율은 현물환율과 두 나라의 이자율차이를 반영하여 결정된다. 그런데 현물환율이 양국의 이자율차이뿐 아니라 미래의 환율에 대한 예상을 반영하여 결정되므로 선물환율도 미래에 대한 예상이 반영되어 결정된다. 양국의 금리차이가 일정할 경우 선물환율과 현물환율은 거의 같은 비율로 변화한다. 실증분석 결과 선물환율은 미래 현물환율의 불편추정치는 아닌 것으로 나타나고 있다. 선물환율이 미래 현물환율에 대한 불편추정치가 아니라는 실증분석 결과는 선물환율과 미래의 현물환율을 괴리시키는 리스크프리미엄(risk premium)이 존재한다는 증거이다.

4. 두 나라의 금융자산이 불완전대체적이고 투자자가 위험회피적(risk averse)이어서 금융자산에 대한 수요를 결정할 때 기대수익률뿐만 아니라 환리스크도 고려한다면 두 나라의 금융자산에 대한 기대수익률은 항상 같아지지 않는다. 따라서 이자율평가조건도 더 이상 성립하지 않는다. 환리스크에 따른 리스크프리미엄을 고려할 경우 균형환율은 다음과 같이 결정된다.

$$E = \frac{E^e}{1 + R - R^* + RP_\$}$$

따라서 금융자산에 대한 수요에 리스크가 영향을 미칠 경우 균형환율은 예상환율 및 양국의 이자율차이뿐만 아니라 리스크프리미엄에 의해서도 영향을 받는다. 리스크프리미엄에 영향을 미치는 가장 중요한 요인은 환율의 변동성과 보유 금융자산의 양 등이다. 환율의 변동성이 클수록 리스크프리미엄도 커진다. 어떤 금융자산의 민간보유량이 많아질수록 리스크프리미엄도 커진다.

≪주요 용어 및 개념≫

- 자산접근법(asset approach)
- 이자율평가조건(interest parity condition)
- 유위험이자율평가조건(UIP: risk uncovered interest parity)
- 무위험이자율평가조건(CIP: risk covered interest parity)
- 선물환프리미엄(forward premium)
- 선물환디스카운트(forward discount)
- 불편추정치(unbiased estimator)
- 포트폴리오 밸런스모형(portfolio balance model)
- 리스크프리미엄(risk premium)

제 4 장

환율과 통화량 및 이자율: 단기환율과 오버슈팅

■ 개 요 ■

제3장에서는 균형환율을 변동시키는 요인으로 이자율과 미래의 예상환율에 대하여 살펴보았다. 이자율은 화폐시장에서 화폐의 수급에 의해 결정된다. 미래의 예상환율은 미래의 예상물가수준과 밀접한 관계가 있다. 예상물가수준은 화폐의 수요와 공급량의 변화에 의존한다. 따라서 이자율과 예상환율 변화가 환율에 미치는 메커니즘을 파악하기 위해서는 통화공급과 같은 화폐적 요인의 변동이 어떻게 이자율과 물가수준에 영향을 미치는지 분석해야 한다. 이 장에서는 물가가 경직적인 단기에 통화량이 이자율과 환율에 미치는 영향을 살펴본다. 물가가 신축적인 장기에 통화량이 이자율과 환율에 미치는 영향은 제6장에서 분석한다. 이에 앞서 제5장에서는 환율과 물가의 관계를 살펴본다.

이 장의 제1절에서는 화폐시장에서 균형이자율이 결정되는 과정을 설명한다. 제2절에서는 화폐시장과 외환시장의 결합을 통하여 통화량의 변화가 환율에 미치는 단기효과를 분석한다. 제3절에서는 통화공급이 영구적으로 증가할 경우 물가가 경직적인 단기에 환율의 오버슈팅이 초래되는 것을 설명한다.

■ 중점학습사항 ■

- 화폐시장에서 단기에는 이자율이 결정되고 장기에는 물가수준이 결정되는 이유는?
- 단기에 어떤 나라의 통화량이 증가하면 그 나라의 통화가치가 하락하는 이유는?
- 영구적인 통화공급증가시 단기에 환율이 오버슈팅되는 이유는?
- 영구적인 통화공급증가의 장기효과는?

4.1 통화량과 이자율

화폐시장은 화폐에 대한 수요와 공급이 일치할 때 균형을 이루고 이때 균형이자율이 결정된다.[1] 여기에서는 물가수준과 총생산(=총소득)이 주어져 있다는 가정하에 균형이자율의 결정과정과 통화량증가가 이자율에 미치는 영향을 설명한다.

4.1.1 화폐수요

화폐수요(aggregate money demand)[2]를 결정하는 요인은 세 가지가 있다.

① 이자율: 이자율은 이자를 창출하는 채권을 보유하는 대신 무수익자산인 화폐를 보유하는 데 따른 기회비용이다. 이자율이 상승하면 화폐보유의 기회비용이 커진다. 따라서 이자율이 상승하면 가계와 기업은 화폐보유량을 줄이고자 하므로 이자율이 상승하면 화폐수요는 감소한다.

② 물가수준: 물가가 오르면 화폐가치가 떨어진다. 따라서 물가수준이 상승하면 물가상승 이전에 비해 동일량의 재화와 서비스의 구입을 위해 더 많은 화폐가 지출되어야 하므로 화폐수요는 증가한다.

③ 실질총생산=실질총소득: 실질총소득이 증가하면 재화와 서비스의 소비가 증가하고 거래량이 증가하므로 물가수준이 일정하더라도 화폐수요는 증가한다.

물가수준을 P, 이자율을 R, 실질총소득=실질GDP=Y라고 하자. 이때 명목화폐수요(M^d)는 다음과 같이 표시할 수 있다.

(4-1) $$M^d = PL(R, Y)$$

이자율이 상승(하락)할 때 화폐수요는 감소(증가)하고 실질총소득이 증가(감소)할 때 화폐수요는 증가(감소)한다. 식(4-1)에서 화폐수요는 물가수준에 비례한다. 즉,

1) 영어의 money는 화폐 또는 통화로 번역된다. 그런데 demand for money는 화폐(에 대한)수요, supply of money는 통화공급으로 표현하는 것이 관행처럼 되어 있다. 이 책에서도 이 관행을 따라서 화폐수요, 통화공급 등으로 표현한다.

2) 화폐수요는 엄밀하게 총화폐수요라고 해야 한다. 왜냐하면 화폐수요는 개별가계와 기업 등 한 나라 경제의 모든 경제주체들의 화폐수요를 포함하기 때문이다. 이하의 논의에서는 총화폐수요를 관행대로 화폐수요라고 표현한다.

이자율과 실질총소득이 일정한 경우에 물가수준이 두 배로 상승하면 화폐수요는 두 배로 증가한다.

식(4-1)은 다음과 같이 다시 쓸 수 있다.

(4-2) $$\frac{M^d}{P} = L(R,\ Y)$$

식(4-2)에서 M^d/P는 실질화폐수요량이다. 실질화폐수요량은 상품수량으로 표시된다. 예를 들어 어떤 사람의 화폐수요량이 1만 2,000원이고, 자장면 한 그릇에 3,000원이라면 이 사람의 실질화폐수요량은 자장면 네 그릇이다. 따라서 실질화폐수요량은 상품수량으로 표시된 화폐의 실질구매력을 나타낸다.

식(4-2)에서 실질총소득이 일정불변이면 이자율이 하락할 때 화폐수요는 증가한다. 따라서 이자율과 실질화폐수요의 관계를 나타내는 실질화폐수요곡선은 **그림 4.1**과 같이 우하향한다. 한편 실질총소득이 Y_1에서 Y_2로 증가하면 모든 이자율수준에서 실질화폐수요가 증가하므로 실질화폐수요곡선이 우측으로 이동한다.[3)]

한편 통화공급량은 통화당국인 중앙은행의 통제하에 있다. 따라서 통화공급량은

그림 4.1 실질화폐수요곡선

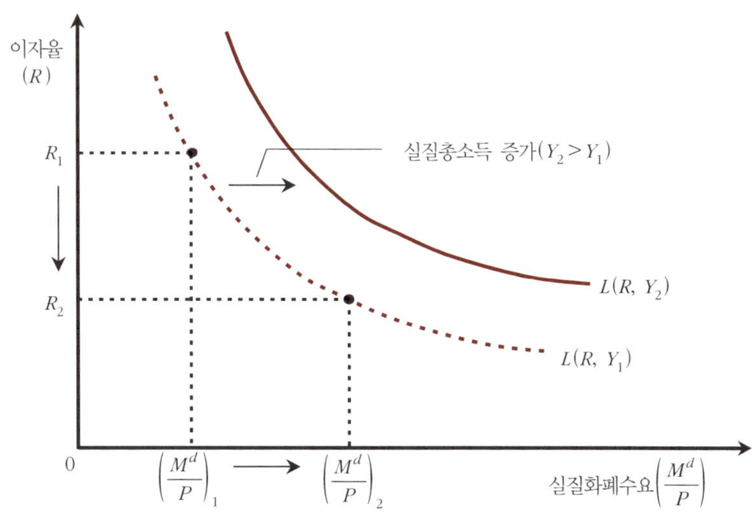

3) 이것은 어떤 재화의 수요곡선이 그 재화의 가격 이외의 다른 요인들(여타 재화의 가격, 소득수준, 소비자기호 등)이 변하면 그 재화의 수요곡선 자체가 이동하는 것과 같다.

정책변수로서 중앙은행에 의해 결정된다.

4.1.2 균형이자율의 결정

여기에서는 물가수준과 총소득이 주어져 있다고 가정하고 화폐시장에서 균형이자율이 어떻게 결정되는지 살펴본다. 통화공급량을 M^s, 화폐수요량을 M^d라고 하자. 그러면 화폐시장의 균형조건은

(4-3) $$M^s = M^d$$

로 표시된다. 식(4-3)의 양변을 물가수준(P)으로 나누고 식(4-2)를 이용하면 화폐시장의 균형조건은 다음과 같이 나타낼 수 있다.

(4-4) $$\frac{M^s}{P} = L(R, Y)$$

물가수준과 실질총소득이 주어진 경우 균형이자율은 실질통화공급량과 실질화폐수요량이 일치할 때 결정된다. 그림 4.2 에서 보는 바와 같이 우하향하는 실질화폐수요곡선과 수직의 실질통화공급곡선의 교차점 A에서 균형이자율 R_1이 결정된다.

그림 4.2 화폐시장의 균형과 균형이자율의 결정

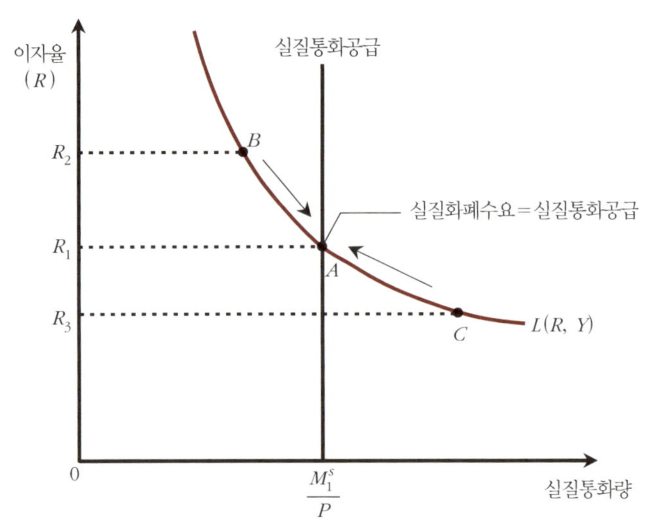

통화공급곡선이 일정수준에서 수직인 것은 물가수준 P는 단기에 일정수준으로 주어져 있고 M^s는 이자율과 상관없이 그 나라의 중앙은행에 의하여 결정되기 때문이다.

R_1이 왜 균형이자율인가? 이자율수준이 R_2인 경우 점 B에서는 화폐수요보다 통화공급이 더 많아 경제 전체적으로 화폐의 초과공급이 존재한다. 화폐에 대한 초과공급이 존재하면 화폐가격인 이자율이 R_2에서 R_1으로 하락한다. R_1의 이자율수준에서는 화폐의 수요와 공급이 일치하므로 R_1이 균형이자율이 된다. 만일 이자율이 R_1보다 낮은 R_3라면 점 C에서는 화폐수요가 통화공급보다 많아 화폐에 대한 초과수요현상이 나타난다. 화폐에 대한 초과수요가 있으면 화폐가격인 이자율이 R_3에서 R_1으로 상승하게 된다. 결국 균형점 A에서 화폐의 수요와 공급이 일치하게 되고 균형이자율 R_1이 결정된다.

4.1.3 통화공급량과 이자율

그림 4.3 은 물가수준과 실질총소득이 주어져 있을 때 통화공급량의 증가가 이자율에 미치는 영향을 보여준다. 그림에서와 같이 최초점 A에서 화폐의 수요와 공

그림 4.3 **통화공급량의 증가와 이자율의 변화**

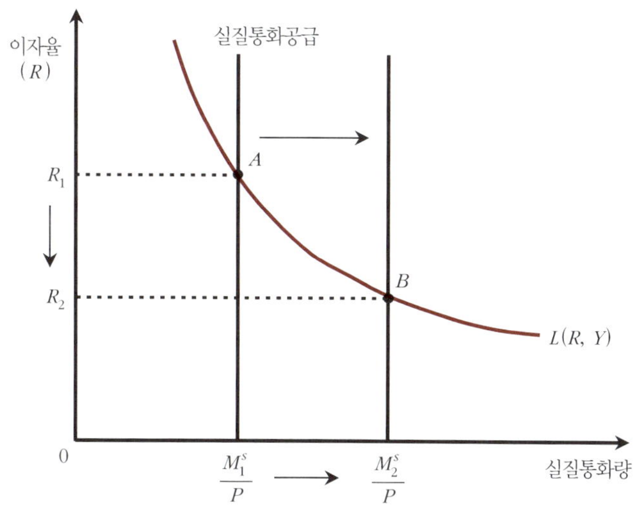

■ 최초균형점: A
통화공급량 증가 → 화폐수요 < 통화공급 → 이자율하락 → 새 균형점 B ■

급이 일치하고 최초의 균형이자율이 R_1이라고 하자.

물가수준이 일정할 때 통화공급량이 M_1^s에서 M_2^s로 증가하면 실질통화공급량이 $\frac{M_1^s}{P}$에서 $\frac{M_2^s}{P}$로 증가하고 새로운 균형점은 B가 된다. 이때 균형이자율은 R_1에서 R_2로 하락한다. 최초의 균형이자율 R_1에서 통화공급량의 증가는 화폐의 초과공급을 발생시킨다. 따라서 $\frac{M^s}{P} > L(R, Y)$가 된다. 이때 화폐시장이 다시 균형을 이루기 위해서는 M^s와 P는 주어져 있으므로 실질화폐수요 $L(R, Y)$가 증가해야 한다. 실질총소득이 주어져 있으므로 실질화폐수요가 증가하기 위해서는 이자율이 하락해야 한다. 결국 이자율은 R_1에서 R_2로 하락하고 R_2에서 초과공급은 해소되어 화폐의 수요와 공급이 일치하게 된다. 반대로 통화공급량이 감소하면 화폐에 대한 초과수요가 나타나고 이자율이 상승한다.

물가수준과 실질총소득이 주어진 단기에 통화공급량의 증가(감소)는 이자율을 하락(상승)시킨다.

실질총소득과 이자율

그림 4.4는 물가수준과 통화공급량이 일정할 때 실질총소득의 증가가 이자율에 미치는 영향을 보여준다. 그림에서와 같이 최초점 A에서 화폐시장은 균형을 이루고 최초의 균형이자율은 R_1이다. 이때 실질총소득이 Y_1에서 Y_2로 증가하면 모든 이자율수준에서 실질화폐수요가 늘어나므로 실질화폐수요곡선이 $L(R, Y_1)$에서 $L(R, Y_2)$로 우측 이동한다. R_1의 이자율수준에서는 화폐에 대한 수요가 공급보다 많다. 따라서 화폐의 초과수요현상이 나타나므로 화폐의 수요와 공급이 일치할 때까지 이자율이 상승하여 R_2에서 새로운 화폐시장의 균형이 이루어진다. 반대로 실질총소득이 감소하면 화폐수요가 감소하고 화폐시장에서 통화의 초과공급이 나타난다. 통화의 초과공급이 해소되고 화폐시장의 균형이 이루어지기 위해서는 이자율이 하락해야 한다. 따라서 실질총소득이 감소하면 균형이자율이 하락한다.

물가수준과 통화공급량이 일정할 때 실질총소득의 증가(감소)는 이자율을 상승(하락)시킨다.

그림 4.4 실질총소득의 증가와 이자율의 변화

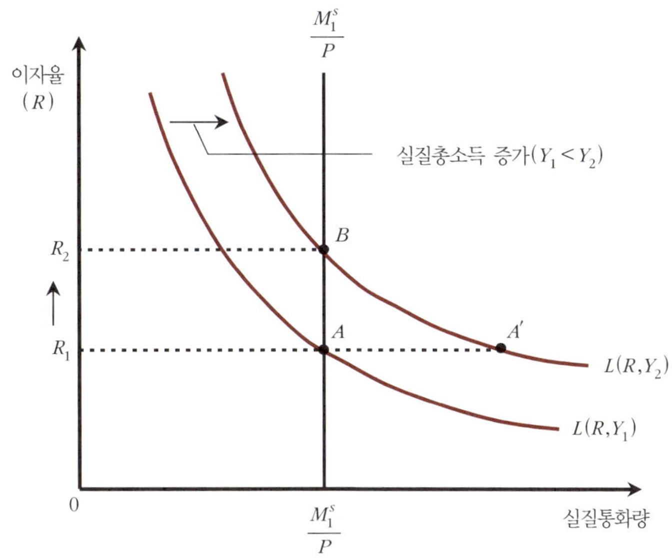

■ 최초균형점: A
실질총소득증가 → 화폐수요 > 통화공급 → 이자율상승 → 새 균형점 B ■

4.2 통화량과 환율: 단기분석[4)]

여기에서는 물가수준과 실질총소득이 주어져 있다는 가정하에 통화(공급)량의 변화가 환율에 미치는 단기효과를 분석한다. 단기에는 물가의 경직성(price rigidity) 때문에 통화량의 증가가 즉각적으로 물가수준의 상승을 유발하지 않으므로 일반적으로 물가수준은 단기에 일정하다고 가정한다. 이처럼 물가수준이 일정하다는 가정하에 분석이 이루어지면 단기분석이라고 한다. 반면 장기적으로는 통화량변화에 반응하여 물가가 완전히 조정되기 때문에 장기분석은 물가의 신축성(price flexibility)을 가정한다. 단기분석에서는 미래환율에 대한 예상도 불변인 것으로 가정한다.

4) 이하의 논의는 Paul Krugman and Maurice Obsfeld, *International Economics: Theory and Policy*, NJ: Prentice Hall, 2009, ch.14 참고.

4.2.1 통화량·이자율·환율의 관계

통화공급량과 환율의 단기관계는 그림 4.5 를 통하여 분석할 수 있다. 그림 4.5(a)는 화폐시장, 그림 4.5(b)는 외환시장을 나타낸다. 화폐시장의 균형은 실질통화공급과 실질화폐수요가 일치하는 그림 4.5(a)의 점 A에서 이루어진다. 이때 균형이자율은 R_1이다. 외환시장의 균형은 원화예금과 달러화예금의 기대수익률이 일치하는 그림 4.5(b)의 점 A'에서 이루어진다. 이때 균형환율은 E_1이다.

그림 4.5 는 화폐시장과 외환시장의 동시균형, 즉 자산시장의 균형을 나타낸다. 화폐시장에서 균형이자율이 결정되면 외환시장에서 균형환율이 결정된다.

그림 4.5 화폐시장과 외환시장의 동시균형: 자산시장의 균형

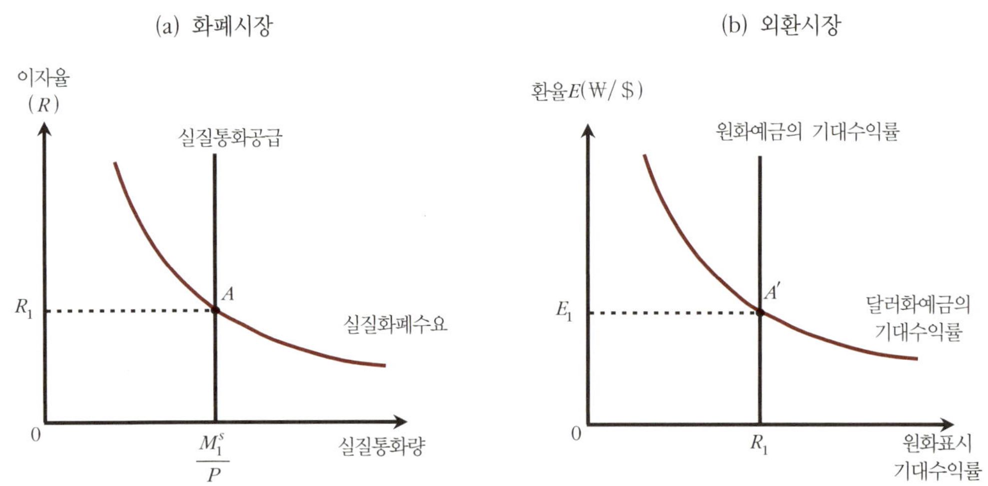

4.2.2 통화량의 변화와 환율

우리나라의 통화공급량 증가가 환율에 미치는 영향을 그림 4.6 을 통해 살펴보자. 최초의 원화공급량이 M_1^s이면 그림 4.6(a)의 균형점 A에서 화폐시장은 최초의 균형을 이루고 원화의 균형이자율은 R_1으로 결정된다. 이때 그림 4.6(b)의 균형점 A'에서 외환시장은 최초의 균형을 이루고 균형환율은 E_1으로 결정된다.

그림 4.6 **원화공급량의 증가와 환율의 변화**

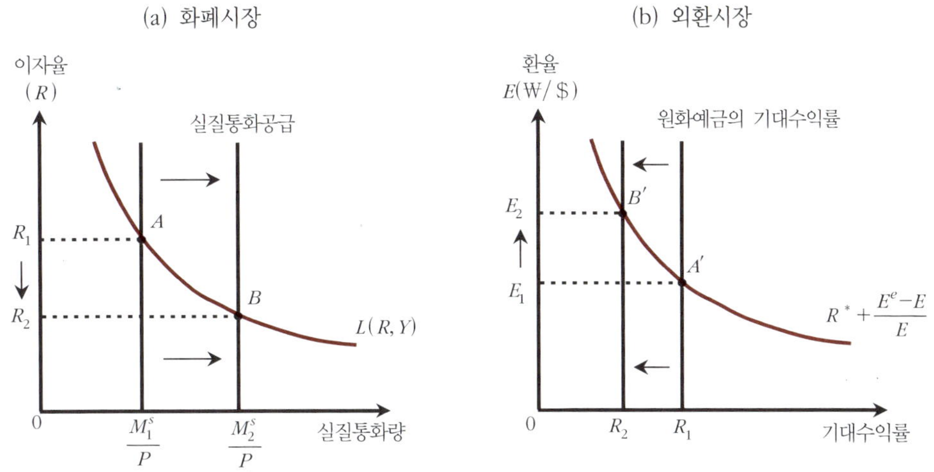

■ 최초균형점: A 및 A'
원화공급증가 → 원화의 이자율하락 → 원화예금의 기대수익률 감소 → 달러화수요증가 → 환율상승 → 새 균형점 B 및 B' ■

이제 한국은행이 통화공급량을 M_1^s에서 M_2^s로 증가시킨다고 하자.

① 실질통화공급곡선이 $\frac{M_1^s}{P}$에서 $\frac{M_2^s}{P}$로 우측 이동하고 화폐시장의 새로운 균형점은 B가 된다. 따라서 원화의 이자율이 R_1에서 R_2로 하락한다. 원화의 이자율하락으로 원화예금의 기대수익률곡선은 그림 4.6(b)에서처럼 좌측으로 이동한다.

② 원화의 이자율하락으로 원화예금의 기대수익률이 R_1에서 R_2로 하락하였기 때문에 최초의 균형환율 E_1에서는 달러화예금의 기대수익률이 원화예금의 기대수익률보다 높다. 따라서 달러화에 대한 수요가 증가한다.

③ 달러화에 대한 수요증가로 환율은 E_1에서 E_2로 상승한다. 환율상승으로 원화예금과 달러화예금의 기대수익률이 다시 같아지고 외환시장은 점 B'에서 새로운 균형을 회복한다.

이처럼 한 나라의 통화공급량이 증가(감소)하면 이자율이 하락(상승)하고 환율이 상승(하락)하여 그 나라의 통화가치가 절하(절상)된다.

이를 이자율평가조건으로 설명해 보자. 원화의 공급량증가로 원화의 이자율이 하락하면

$$\text{원화예금의 기대수익률}(R) < \text{달러화예금의 기대수익률}\left(R^* + \frac{E^e - E}{E}\right)$$

이 된다. 여기서 R^*와 E^e는 고정되어 있다. 따라서 이자율평가조건이 성립하기 위해서는 원화의 이자율하락을 상쇄할 수 있을 정도로 환율이 상승하여 원화의 예상절하율$\left(\frac{E^e - E}{E}\right)$이 감소해야 한다. 원화의 예상절하율이 감소하면 달러화예금의 기대수익률이 감소하여 이자율평가조건이 다시 성립한다.

이제 달러화의 공급량증가가 환율에 미치는 효과를 살펴보자. **그림 4.7** 에서 보는 바와 같이 우리나라의 화폐시장은 점 A에서, 외환시장은 점 A'에서 각각 최초의 균형을 이루고 있다. 최초의 균형이자율은 R_1, 균형환율은 E_1이다. 이때 미국이 통화공급량을 증가시키면 달러화의 이자율(R^*)이 하락한다. 달러화의 이자율이 예컨대 R_1^*에서 R_2^*로 하락하면 달러화예금의 기대수익률이 주어진 모든 환율수준에서 감소하므로 달러화의 기대수익률곡선이 좌측으로 이동한다. 따라서 외환시장의 새로운 균형점은 B'가 되고 균형환율은 E_1에서 E_2로 하락한다.

그림 4.7 달러화공급량의 증가와 환율의 변화

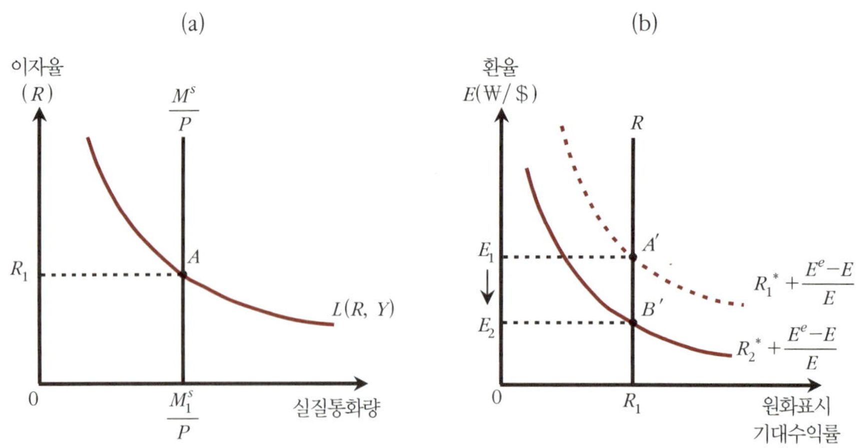

■ 최초균형점: A 및 A'
달러화의 공급증가 → 달러화의 이자율하락 → 달러화의 기대수익률 감소 → 달러화에 대한 수요감소 → 환율하락 → 새 균형점 B' ■

이처럼 미국이 달러화의 공급을 증가시키면 달러화의 이자율이 하락하여 달러화 예금의 기대수익률이 원화의 기대수익률에 비해 낮아진다. 달러화예금의 기대수익률 하락으로 달러화에 대한 수요가 감소하면 환율이 하락한다. 환율하락은 원화의 가치상승과 달러화의 가치하락을 뜻한다.

물가수준이 주어진 단기에 한 나라의 통화공급이 증가(감소)하면 그 나라의 이자율과 통화가치가 하락한다.

4.3 통화량과 환율: 장기분석

지금까지는 물가수준이 주어진 단기에 통화량과 환율의 관계를 설명하였다. 여기서는 물가수준이 신축적으로 조정되는 장기에 통화공급량 변동이 환율에 미치는 영향을 분석한다. 한 경제의 장기균형은 임금, 물가 등이 완전신축적이어서 항상 완전고용이 유지될 때 이루어진다. 통화량의 변화가 경제에 미치는 장기적인 효과를 살펴보기 위해 먼저 통화공급량의 변동이 장기에 물가수준에 미치는 영향을 살펴본다.

4.3.1 통화량과 물가

통화량과 물가의 장기적인 관계를 살펴보기 위해 화폐시장의 균형조건을 나타내는 식(4-4)는 다음과 같이 고쳐 쓸 수 있다.

(4-4) $$\frac{M^s}{P} = L(R,\ Y)$$

(4-4)′ $$P = \frac{M^s}{L(R,\ Y)}$$

식(4-4)′는 물가수준이 통화공급량(M^s)과 실질화폐수요〔$L(R,\ Y)$〕에 의존함을 보여주고 있다. 그런데 만약 통화량의 증가가 장기적으로 이자율(R)과 실질총소득(Y)에 영향을 미치지 않으면 실질화폐수요도 통화량에 영향을 받지 않을 것이다. 따라서 통화량의 증가가 장기의 이자율과 실질총소득에 영향을 미치지 않는다면 통화량의 증가에 비례하여 물가(P)가 상승할 것이다.

통화량의 변화는 장기실질총소득과 이자율에 영향을 미치지 않는다. 왜 그런가? 장기에 한 나라의 실질총소득은 가격변수의 완전신축성에 의해 통화공급량과 무관하게 항상 완전고용수준이 유지된다. 장기의 이자율도 통화량과는 무관하게 완전고용수준의 총소득을 달성할 수 있도록 결정된다. 따라서 통화공급량이 변화해도 장기의 실질총소득과 이자율에는 영향을 미치지 못한다. 장기의 실질총소득과 이자율이 통화량변화에 영향을 받지 않으므로 실질화폐수요도 통화량변화에 영향을 받지 않는다. 따라서 통화량이 증가하면 화폐시장이 균형을 유지하기 위해 물가수준만 비례적으로 상승한다.

통화공급량의 변화가 이자율, 실질총생산, 물가수준 등에 미치는 장기효과는 화폐개혁(currency reform)을 예로 들어 살펴볼 수 있다. 1994년 1월 1일 러시아정부는 구 루블(rouble)화 1,000단위를 신 루블화 1단위와 동일하게 통용케 하는 화폐개혁을 단행하였다. 이는 루블화의 통화량을 1/1,000로 일시에 영구적으로(once and for all) 축소시킨 것이다. 이러한 영구적인 통화량감소는 실질총소득, 이자율, 재화의 상대가격 등 실질변수에는 아무런 영향을 주지 못하고 모든 명목가격만을 1/1,000로 일시에 변화(one-shot change)시킨다. 1Km를 1,000m 단위가 아닌 100m 단위로 1/10만큼 줄여서 측정한다고 해서 1Km라는 실제거리가 종전에 비해 10배 늘어나는 것은 아니다. 변하는 것은 명목적인 거리일 뿐이다.

한 나라의 통화공급량 변화는 장기적으로 화폐개혁의 경우와 같은 효과를 가진다. 예를 들어 우리나라의 통화공급량을 일시에 영구적으로 두 배로 증가시키면 화폐개혁의 경우처럼 종전의 화폐 1단위를 2단위로(즉, 10원짜리는 20원짜리로, 50원짜리는 100원짜리 등으로) 대체시키는 것과 같은 장기효과를 가진다. 이 경우 경제가 최초에 완전고용상태에 있었다면 실질GDP, 이자율, 상대가격 등은 장기수준 또는 완전고용수준에서 유지되고 경제 내의 모든 명목가격만 2배가 될 것이다. 왜 그런가?

이자율은 장기적으로 통화공급증가와 무관하게 변화가 없다. 연이자율이 10%인 경우 화폐개혁 이전에 1원을 예금하면 1년 후 $1\times(1+0.1)=1.1$원의 원리금을 받았다. 이제 화폐개혁으로 1원이 2원이 되었으므로 1년 후 $2\times(1+0.1)=2.2$원의 원리금을 받는다. 따라서 이자율은 연 10%로 변화가 없다. 또한 통화공급량이 2배 증가해도 장기실질총소득수준은 불변이다. 실질총소득은 장기에 통화공급량과 상관없이 완전고용수준으로 결정된다. 따라서 장기실질총소득수준은 통화량과 무관하다. 재화의 상대가격도 변화가 없다. 통화공급수준이 2배가 되었으므로 X재의 가격도 2배, Y재의 가격도 2배가 된다. 따라서 X재와 Y재의 상대가격은 $\frac{2P_X}{2P_Y}=\frac{P_X}{P_Y}$로 불변이다. 다만 모든 재화와 서비스의 화폐가격은 두 배로 인상된다. 장기명목환율도 2배가 된다. 예를 들어 통화공급량이 영구히 두 배로 증가되기 전에 명목환율이 \$1 : ₩1,000이었다면 통화공급량 증가로 명목환율은 \$1 : ₩2,000이 될 것이다.

통화공급수준의 일회적이고 영구적인 변화(one-time and permanent change in the level of money supply)**가 장기의 실질총생산, 이자율 등 실질경제변수에는 영향을 미치지 못하고 물가, 명목환율 등 명목변수만을 비례적으로 변화시키는 것을 화폐의 장기중립성**(long-run neutrality of money)**이라고 한다.**

화폐의 장기중립성이 성립하면 일회적이고 영구적인 통화공급량의 증가가 장기실질총소득과 이자율에는 영향을 미치지 못하고 물가수준만을 비례적으로 상승시킨다. 통화량과 물가수준간의 장기적 관계는 실증적으로도 잘 성립하는 것으로 나타나고 있다. 화폐의 장기중립성은 통화량의 수준이 변했을 때 성립하고 통화량의 증가율이 변하는 경우에는 화폐의 장기중립성이 성립하지 않을 수 있다. 통화량의 증가율이 지속적으로 변하는 경우 예상인플레이션율을 변화시키고 명목이자율을 변화시켜 실질화폐수요에 영향을 미칠 수 있다. 이는 제6장에서 살펴본다.

4.3.2 통화공급량의 영구적 변화와 환율

단기효과: 단기환율의 오버슈팅(overshooting)

영구적인 통화공급량 증가로 인한 단기환율의 오버슈팅현상을 **그림 4.8**을 통해 살펴보자. 우리나라의 물가수준은 최초에 P_1으로 주어져 있다고 가정한다. 최초에 우리나라의 화폐시장과 외환시장은 **그림 4.8(a)**와 **그림 4.8(b)**의 A와 A'에서 균형을 이루고 있다. 이때 최초의 균형이자율은 R_1, 균형환율은 E_1이다. 이제 통화

그림 4.8 **통화공급량의 영구적 증가: 단기환율의 오버슈팅**

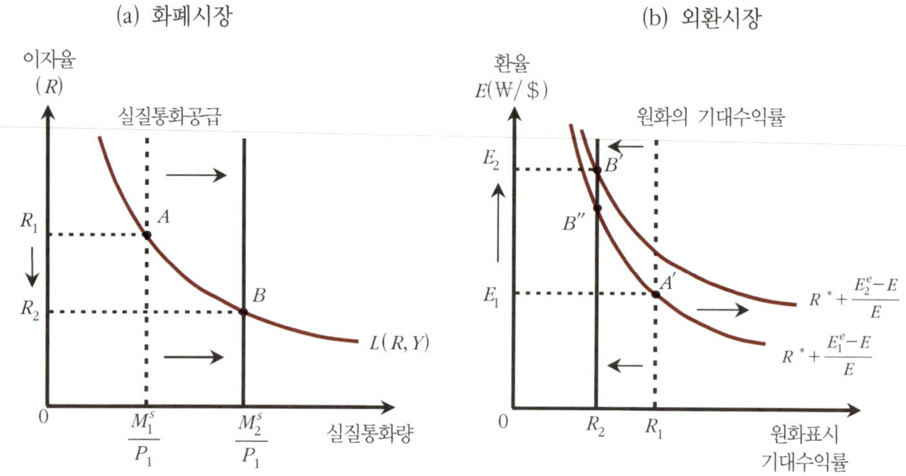

■ 최초균형점: A 및 A'
화폐시장: 원화공급의 영구적 증가 → 단기물가의 경직성으로 실질통화량 증가 → 이자율하락 → B에서 단기균형
외환시장: 원화공급의 영구적 증가로 예상환율 상승 → 달러화의 원화표시 기대수익률 상승 → 달러화의 원화표시 기대수익률곡선 우측 이동 및 원화의 이자율하락으로 원화의 기대수익률 하락 → 원화의 기대수익률곡선 좌측 이동 → B'에서 단기균형 성립; 원화공급이 영구적으로 증가하지 않고 일시적이었으면 이자율만 하락하고 예상환율에는 변화가 없으므로 단기균형점은 B''로 단기환율은 E_2까지 상승하지 않지만 통화공급의 영구적 증가시 예상환율의 증가로 단기환율은 E_2까지 과잉반응 ■

공급량이 M_1^s에서 M_2^s로 영구적으로 증가하였다고 하자. 단기에는 물가가 P_1으로 고정되어 있으므로 실질통화공급량은 $\frac{M_1^s}{P_1}$에서 $\frac{M_2^s}{P_1}$로 증가한다. 따라서 화폐시장의 균형점은 A에서 B로 이동하고 원화의 균형이자율은 R_1에서 R_2로 하락한다. 원화의 이자율이 하락하면 원화예금의 기대수익률곡선이 좌측으로 이동한다. 따라서 외환시장의 균형점은 B''가 된다. 그러나 B''는 최종균형점이 아니다.

왜냐하면 통화공급량의 영구적 증가로 사람들의 예상환율(E^e)이 변하기 때문이다. 통화공급량의 영구적 증가로 사람들은 장기적으로 모든 원화가격이 상승하고 따라서 달러화의 원화표시가격인 환율도 상승할 것이라고 예상한다. 예상환율 E^e가 상승하면 원화의 예상절하율($\frac{E^e-E}{E}$)이 상승한다. 원화의 예상절하율이 높아지면 달러화예금의 원화표시 기대수익률($R^*+\frac{E^e-E}{E}$)이 높아진다. 따라서 달러화예금의 기대수익률곡선이 우측으로 이동하고 외환시장의 단기 최종균형점은 B'가 된다. 영구적인 통화공급증가시 물가가 조정되지 않는 단기에 균형점은 B''가 아닌 B'가 되는 것이다. 따라서 균형환율은 E_1에서 E_2로 상승한다.

통화공급량의 증가가 영구적이 아니고 일시적(temporary)이어서 예상환율이 상승하지 않는다면 외환시장의 균형점은 B''가 될 것이다. 따라서 통화공급의 증가가 일시적이어서 예상환율이 변하지 않는 경우에 비해 영구적 통화공급증가로 예상환율 자체가 상승하는 경우 단기균형환율상승폭이 더 크게 나타난다.

통화량의 영구적 증가는 예상환율을 상승시킨다. 따라서 예상환율에 대한 변화를 유발하지 않는 일시적인 통화량증가에 비해 영구적인 통화량증가는 단기에 더 큰 폭의 환율상승을 유발한다.

장기효과

그림 4.9는 물가수준이 조정되는 장기에 통화공급량의 변동이 환율에 미치는 영향을 보여준다. 예를 들어 우리나라의 통화공급량이 M_1^s에서 M_2^s로 2배 증가하면 장기물가수준도 P_1에서 P_2로 2배 상승한다. 따라서 $\frac{M_2^s}{P_2} = \frac{2M_1^s}{2P_1}$는 최초의 실질통화공급량 $\frac{M_1^s}{P_1}$와 같다. 장기에는 실질통화공급량과 실질총소득수준에 변화가 없으

그림 4.9 통화공급량의 영구적 증가: 장기효과

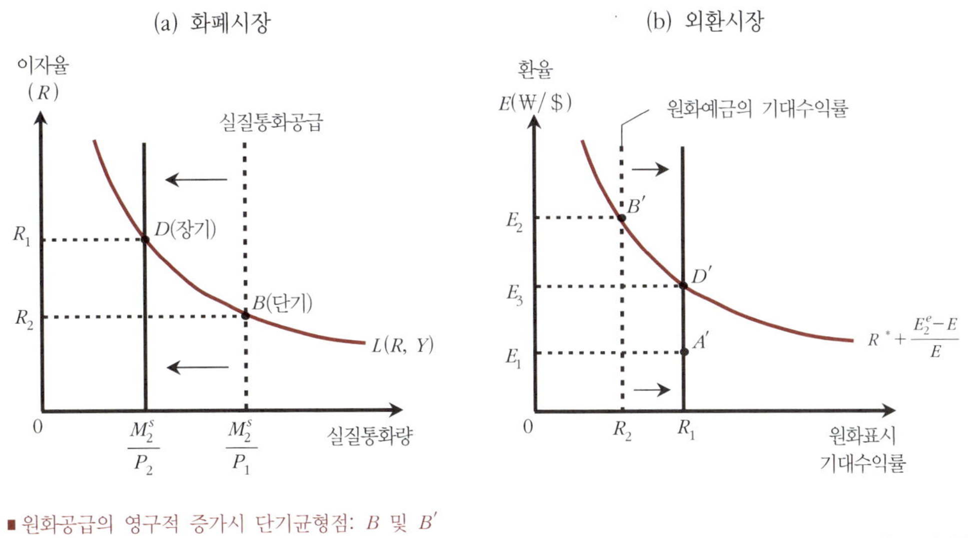

■ 원화공급의 영구적 증가시 단기균형점: B 및 B'
원화공급의 영구적 증가 → 장기에는 통화공급증가에 비례하여 물가가 상승하여 실질통화공급량 불변 → 이자율도 최초의 이자율수준 회복 → D 및 D'에서 장기균형 성립 ■

므로 균형이자율도 다시 최초의 이자율수준 R_1으로 복귀하여야 한다. 따라서 화폐시장의 균형점은 단기에 그림 4.9(a)의 B에서 장기에는 D로 이동한다. 균형이자율은 단기에 R_2 수준으로 하락한 후 장기에는 다시 최초의 이자율수준 R_1으로 상승한다. 물가수준의 상승으로 인한 원화의 이자율상승으로 원화예금의 기대수익률곡선은 우측으로 이동하고 외환시장의 균형점은 그림 4.9(b)의 B'에서 D'로 이동한다. 따라서 장기균형환율은 단기균형환율 E_2보다 낮은 E_3이지만 최초의 균형환율 E_1보다는 높다. 물가수준과 마찬가지로 균형환율도 장기에 통화공급량의 증가에 비례하여 상승한다.

통화공급량의 영구적인 증가는 단기에는 환율을 E_1에서 E_2로, 장기에는 E_1에서 E_3로 상승시킨다. 따라서 단기의 환율상승폭이 장기의 환율상승폭보다 크다. 통화공급의 영구적 증가시 단기에는 물가가 고정되어 있기 때문에 통화량이 증가하면 실질통화공급이 증가하고 이에 따라 이자율이 하락한다. 또한 통화공급의 영구적 증가로 예상환율수준이 상승한다. 따라서 이자율하락과 예상환율수준 상승이라는 두 요인이 작용하여 환율이 E_2까지 큰 폭으로 상승한다. 반면 통화량증가에 비례하여 물가가 조정되는 장기에는 이자율이 최초의 이자율수준에서 불변이다. 장기에는 이자율은 불변이고 예상환율수준만 상승하므로 환율이 E_3까지만 상승한다.

환율의 오버슈팅현상

그림 4.9(b)에서 보듯이 단기의 환율상승폭이 장기의 환율상승폭보다 큰 것을 환율이 오버슈트(overshoot)되었다고 한다. 매일매일의 급격한 환율변동은 단기환율의 오버슈팅을 반영한 것이라고 할 수 있다.

환율의 오버슈팅은 돈부쉬(R. Dornbusch)에 의해 이론적으로 설명되었다.[5] 오버슈팅이론을 이자율평가조건과 환율변화에 대한 회귀적 예상(regressive expectation)을 통하여 설명해 보자. 회귀적 예상은 현재환율이 장기균형환율보다 높으면 앞으로 환율이 장기균형환율수준으로 하락할 것으로 예상하고 반대로 현재환율이 장기

5) 돈부쉬 모형에 대해서는 "오버슈팅 논문(overshooting paper)"으로 불리는 기념비적인 논문 R. Dornbusch, "Expectation & Exchange Rate Dynamics," *Journal of Political Economy*, Vol. 84, 1976, pp. 1161-1176을 참고할 것. 돈부쉬 모형에 대한 회고는 돈부쉬의 제자인 하버드대의 로고프 교수가 쓴 Kenneth Rogoff, "Dornbusch's Overshooting Model After Twenty Years," Second Annual Research Conference, International Monetary Fund, Mundell-Fleming Lecture, November 30, 2001을 참고할 것.

균형환율보다 낮으면 환율이 장기균형환율수준으로 상승할 것으로 예상한다는 것이다. 이자율평가조건

$$R = R^* + \frac{E^e - E}{E} \Leftrightarrow R - R^* = \frac{E^e - E}{E}$$

의 아이디어는 양국의 이자율차이를 반영하여 환율의 예상변화율이 조정되어야 한다는 것이다. 영구적인 원화의 공급증가가 이루어져 물가가 경직적인 단기에 원화의 이자율이 하락할 경우 이자율평가조건이 성립하기 위해서는 양국의 이자율차이만큼 원화의 절상이 예상되어야 한다. 회귀적 예상에 따르면 원화의 절상(환율하락)이 예상되기 위해서는 현재의 균형환율이 장기균형환율수준보다 높아야 한다. 따라서 회귀적 예상에 따르면 단기환율이 E_1에서 E_2까지 대폭 상승하여 장기환율수준(E_3)보다 오버슈팅되어야 사람들이 환율이 하락할 것으로 예상할 수 있을 것이다.

환율의 오버슈팅은 단기의 물가경직성에 그 원인이 있다. 통화공급증가에 반응하여 즉각적으로 단기의 물가수준도 비례적으로 상승한다면 장기는 물론 단기에도 실질통화공급량에 변화가 없을 것이다. 따라서 단기에도 이자율수준이 하락하지 않고 불변일 것이므로 단기에 환율이 오버슈팅될 필요가 없을 것이다. 물가가 완전신축적이면 오버슈팅된 단기균형환율수준을 거칠 필요 없이 즉각 새로운 장기균형환율수준으로 환율이 점프할 수 있기 때문이다. 돈부쉬의 오버슈팅이론은 장기균형환율을 설명하는 데 있어서 제6장에서 다루는 환율결정에 대한 통화론적 접근방식과 동일하다. 따라서 단기환율의 오버슈팅이론을 **경직가격(sticky price) 통화론적 접근**이라고도 부른다.

그림 4.10은 영구적인 통화공급증가시 이자율, 물가수준, 환율 등이 시간이 경과함에 따라 어떻게 변화하는지 보여주고 있다. 그림에서 t_0는 영구적인 통화공급증가가 이루어진 시점을 나타낸다. **그림 4.10(a)**는 t_0시점에서 통화공급량이 M_1^s에서 M_2^s로 영구적으로 증가하였음을 보여준다. 통화공급량이 영구적으로 증가하면 물가가 경직적인 단기에는 이자율이 R_1에서 R_2로 하락한다. 장기에는 통화량증가에 비례하여 물가수준이 P_1에서 P_2로 상승하여 이자율이 다시 최초의 이자율수준 R_1으로 상승한다. 이를 **그림 4.10(b), (c)**를 통해 확인할 수 있다. 한편 **그림 4.10(d)**는 통화공급량의 영구적 증가시 단기에는 환율이 E_1에서 E_2로 오버슈팅되지만 통

그림 4.10 **통화공급의 영구적 증가와 거시경제변수의 조정**

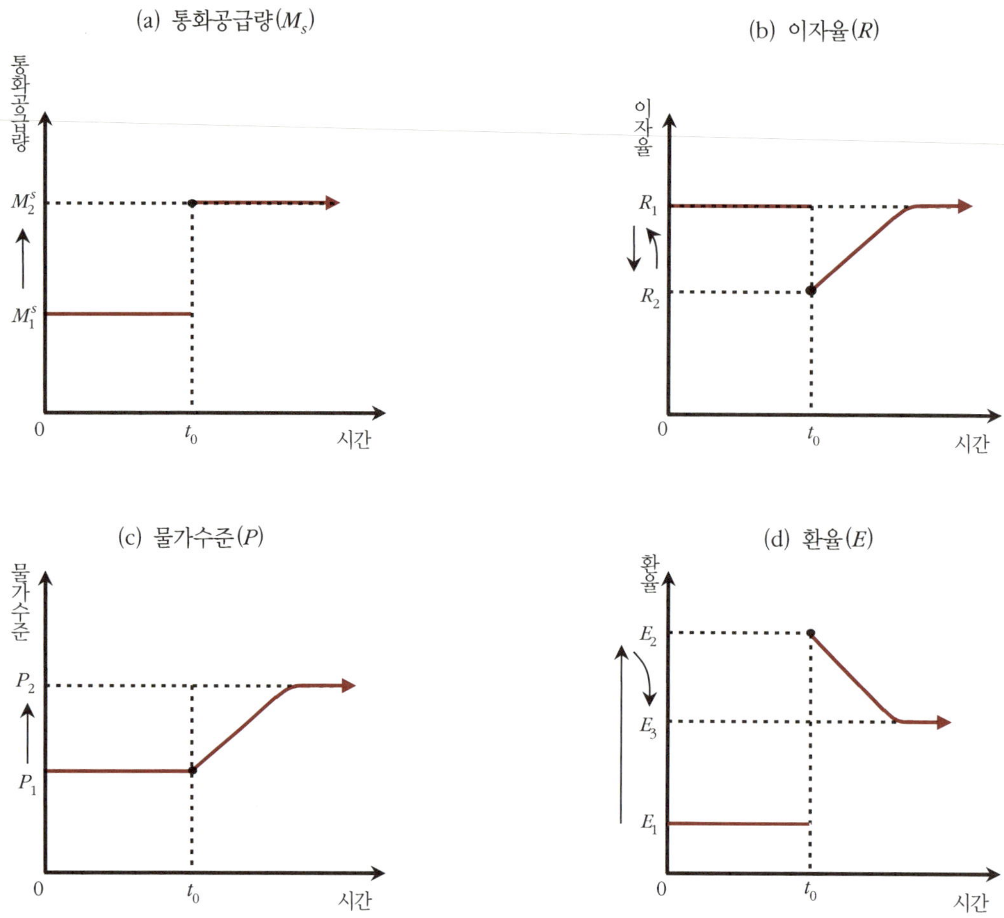

화량증가에 비례하여 물가수준이 P_2로 상승한 장기에는 물가수준에 비례하여 명목 환율도 E_3까지만 상승하는 것을 보여준다. 장기물가수준과 마찬가지로 장기균형환율도 통화량증가에 비례하여 상승하는 것이다.

부록: 돈부쉬의 오버슈팅모형

돈부쉬의 오버슈팅모형[6]은 다음과 같은 4개의 로그(log)선형방정식을 사용하여 설명할 수 있다.

(A4-1) $$m-p=\phi y-\lambda R$$

(A4-2) $$m^{*}-p^{*}=\phi y^{*}-\lambda R^{*}$$

(A4-3) $$R-R^{*}=E_{t+1}^{e}-E_{t}$$

(A4-4) $$E_{t+1}^{e}-E_{t}=-\alpha(E_{t}-\tilde{E}),0<\alpha<1$$

여기서 m은 통화량, p는 물가, R은 이자율, E는 환율을 나타낸다. 상첨자 *표시는 외국(미국)경제의 변수를 의미한다. 변수 위의 ~표시는 변수의 장기수준을 나타낸다. 이자율 R을 제외한 모든 변수는 로그를 취한 값이다. ϕ는 화폐수요의 소득탄력성, λ는 화폐수요의 이자율탄력성으로 우리나라와 외국이 같다고 가정한다.

식(A4-1)과 (A4-2)는 우리나라와 외국의 화폐시장균형식으로 실질통화에 대한 수요는 소득이 증가하면 늘고 이자율이 상승하면 감소한다는 일반적인 관계를 나타낸다. 식(A4-3)은 이자율평가조건이다. 이자율평가조건은 자본의 완전이동성과 자산의 완전대체성을 가정하면 양국의 이자율차이만큼 환율의 예상변화율=원화의 예상절하율이 조정됨을 의미한다. $E_{t+1}^{e}-E_{t}$는 $\frac{E_{t+1}^{e}-E_{t}}{E_{t}}=\frac{E^{e}-E}{E}=\Delta E^{e}$에 로그를 취한 것으로 환율의 예상변화율을 나타낸다. 식(A4-4)는 회귀적 예상을 나타낸다. 회귀적 예상은 현재 환율수준이 장기균형환율보다 낮으면 환율이 장기균형환율수준으로 상승할 것으로 예상하고, 반대이면 환율이 장기균형환율수준으로 하락할 것으로 예상한다는 것이다. 식(A4-4)에서 α는 조정계수로 단기환율이 장기균형환율로 조정되는 정도를 나타낸다.

식(A4-1), (A4-3), (A4-4)로부터 다음 식을 얻을 수 있다.

(A4-5) $$m-p=\phi y-\lambda R^{*}+\lambda\alpha(E_{t}-\tilde{E})$$

장기에 $E=\tilde{E}$이면 식(A4-3)과 (A4-4)로부터 $R=R^{*}$가 된다. 따라서 식(A4-1)

6) 여기서 사용된 모형은 김인준·이영섭, 『국제금융론』, 서울: 율곡출판사, 2008, pp. 302-304 참고.

에서

(A4-6) $$\tilde{p} = m - \phi y + \lambda R^*$$

가 된다. 식(A4-5)와 (A4-6)으로부터 장기균형환율 결정 방정식을 도출할 수 있다.

(A4-7) $$E = \tilde{E} - \frac{1}{\lambda\alpha}(p - \tilde{p})$$

식(A4-7)은 장기환율수준 $\tilde{E}$와 장기물가수준 $\tilde{p}$가 주어져 있다면 현재환율은 물가수준에 의존함을 보여준다. 식(A4-7)에서 단기에 물가가 경직적이어서 단기물가수준이 장기물가수준보다 낮다면 현재환율이 장기균형환율보다 커지는 것을 알 수 있다. 그런데 식(A4-7)의 장·단기 물가수준의 차이($p-\tilde{p}$)는 식(A4-6)과 (A4-1)을 결합하면

(A4-8) $$p - \tilde{p} = \lambda(R - R^*)$$

가 된다. 식(A4-8)을 (A4-7)에 대입하면

(A4-9) $$E = \tilde{E} - \frac{1}{\alpha}(R - R^*)$$

가 된다. 식(A4-9)는 국내·외 이자율차이가 커지면 장·단기 환율의 괴리 정도도 커짐을 보여준다. 영구적 통화공급증가시 물가가 경직적인 단기에는 실질통화량이 증가하여 이자율이 하락하므로 국내·외 이자율이 괴리되고 단기환율이 장기균형환율수준보다 높아지는 환율의 오버슈팅현상이 나타나는 것이다.

◇ 요약 및 복습 ◇

1. 균형이자율은 물가수준과 실질총소득이 주어진 경우 실질통화공급량과 실질화폐수요량이 일치할 때 결정된다. 단기에 통화공급량의 증가(감소)는 이자율을 하락(상승)시킨다. 실질총소득의 증가(감소)는 이자율을 상승(하락)시킨다.

2. 화폐시장에서 균형이자율수준이 결정되면 예상환율이 주어져 있을 때 외환시장에서 이자율평가조건에 따라 균형환율이 결정된다. 한 나라의 통화공급량이 증가(감소)하면 이자율이 하락(상승)하고 그 나라의 통화가치가 절하(절상)된다.

3. 통화공급수준의 일회적이고 영구적인 변화(one-time and permanent change in the level of money supply)가 실질변수에는 영향을 미치지 못하고 명목변수만을 비례적으로 변화시키는 것을 **화폐의 장기중립성(long-run neutrality of money)**이라고 한다.

4. 통화량의 영구적 증가시 단기에는 물가가 경직적이므로 환율의 오버슈팅현상이 유발된다. 단기의 환율상승폭이 장기의 환율상승폭보다 큰 것을 환율이 **오버슈트(overshoot)**되었다고 한다. 환율의 오버슈팅은 돈부쉬에 의해 이론적으로 설명되었다. 돈부쉬의 오버슈팅모형은 이자율평가조건과 환율변화에 대한 **회귀적 예상(regressive expectation)**을 가정하고 있다. 회귀적 예상이란 현재환율이 장기균형환율보다 높으면 사람들이 앞으로 환율이 하락할 것으로 예상하고, 반대로 현재환율이 장기균형환율보다 낮으면 환율이 상승할 것으로 예상한다는 것이다.

5. 영구적 통화공급증가시 단기에는 물가가 경직적이므로 실질통화공급이 늘고 따라서 이자율이 하락한다. 이자율이 하락하면 이자율평가조건에 의해 원화의 절상이 예상되어야 한다. 원화의 절상이 예상되기 위해서는 회귀적 예상에 따라 현재환율이 장기균형환율수준보다 더 높아야 한다. 따라서 단기에 환율의 오버슈팅현상이 일어난다. 통화공급이 영구적으로 증가할 경우 통화량증가에 비례하여 물가가 조정되는 장기에는 환율수준도 물가수준 증가에 비례하여 조정된다.

≪주요 용어 및 개념≫

- 화폐시장의 균형조건
- 자산시장의 균형조건
- 화폐개혁(currency reform)
- 영구적 통화공급량 변화
- 화폐의 장기중립성(long-run neutrality of money)
- 환율에 대한 회귀적 예상(regressive expectation)
- 환율의 오버슈팅(overshooting)현상
- 경직가격(sticky price) 통화론적 접근

제 5 장

장기환율과 물가: 구매력평가이론

■ 개 요 ■

구매력평가이론에 따르면 환율은 두 나라의 물가수준이 같아지도록 결정된다. 이 장에서는 장기환율결정의 기초가 되는 구매력평가이론을 살펴본다. 구매력평가이론은 환율결정에 대한 가장 오래된 이론이다. 이 장에서는 먼저 구매력평가이론의 근간을 이루는 일물일가의 법칙을 살펴보고 절대 구매력평가와 상대 구매력평가의 개념을 설명한다. 다음으로 구매력평가이론이 예측하는 환율수준이 실제 환율수준을 얼마나 잘 설명하는지 살펴보고 구매력평가이론의 현실 설명력에 왜 한계가 있는지 설명한다. 끝으로 구매력평가이론과 달리 부유한 나라의 물가수준이 가난한 나라의 물가수준보다 상대적으로 높은 현상을 발라샤-사무엘슨 가설을 통해 설명한다. 구매력평가이론은 다음 장에서 배우는 환율결정에 대한 통화론적 접근법의 골간이 된다.

■ 중점학습사항 ■

- 상대 PPP와 절대 PPP의 차이는?
- PPP가 잘 성립하지 않는 이유는?
- PPP이론과 달리 부유한 나라의 물가가 가난한 나라의 물가보다 더 높은 이유는?

5.1 구매력평가이론

구매력평가(購買力平價)(PPP: Purchasing Power Parity)는 16세기 스페인의 학자들에 의해 처음으로 제기된 단순한 경험적 명제였다.[1] 기본적인 아이디어도 간단했다. 차익거래(arbitrage)로 인해 국가간에 개별상품들의 가격이 같아지면 물가수준도 비슷해질 것이라는 것이다. 이렇게 단순하게 출발한 PPP는 오늘날 장기명목환율을 설명하는 근간이 되고 있다. PPP의 출발점은 일물일가의 법칙이다.

5.1.1 일물일가의 법칙과 구매력평가

일물일가의 법칙

일물일가(一物一價)의 법칙(law of one price)은 관세, 수송비용 등이 존재하지 않는 완전경쟁시장하에서 동일한 상품은 어디에서나 동일한 가격으로 팔려야 한다는 것이다. 이때 물론 상품가격은 동일한 통화단위로 표시되어야 한다.

일물일가의 법칙은 다음과 같이 단순화시킬 수 있다.

P_i = 국내에서 팔리는 i재의 원화가격

P_i^* = 미국에서 팔리는 i재의 달러화가격

E = 원/달러환율(₩/U$)

이라고 하자. 일물일가의 법칙은 i재가 어디에서 팔리든 동일한 통화단위로 표시한 i재의 가격은 동일하다는 것을 의미한다. 미국 i재의 원화표시가격은 EP_i^*이므로 일물일가의 법칙은 다음과 같이 나타낼 수 있다.

---

1) 현대 PPP의 출발은 제1차 세계대전 직후 스웨덴 경제학자 카셀(Gusttav Cassel)이 세계금융시스템의 재건을 논의하면서 PPP에 기초한 금평가(gold parity)를 제안함으로써 촉발되었다. PPP 이론의 기원에 대한 논의는 Lawrence Officer, *Purchasing Power Parity and Exchange Rates: Theory, Evidence and Relevance*, Greenwich, CT: JAI Press, 1982, ch.3 참조. PPP이론에 대한 전반적인 논의는 Kenneth Rogoff, "The Purchasing Power Parity Puzzle," *Journal of Economic Literature* 34, June 1996, pp. 647-668; Alan M. Taylor and Mark P. Taylor, "The Purchasing Power Parity Debate," *Journal of Economic Perspectives* 18, Fall 2004, pp. 135-158 등 참고. 구매력평가이론에 대한 전반적인 논의는 Krugman and Maurice Obsfeld, *International Economics: Theory and Policy*, NJ: Prentice Hall, 2009, ch.15 참고.

$$P_i = E \times P_i^*$$

따라서 원/달러환율 E는 i재의 원화가격 P_i와 i재의 달러화가격 P_i^*의 비율로 나타낼 수 있다.

(5-1) $$E = \frac{P_i}{P_i^*}$$

구매력평가

특정 상품에 대한 일물일가의 법칙을 여러 재화와 서비스로 구성된 상품바스켓으로 확대시켜 구매력평가를 설명할 수 있다. 동일한 통화단위로 표시한 개별상품의 가격이 두 나라에서 같으면 동일한 통화단위로 표시한 두 나라의 물가수준도 같아야 한다. 두 나라의 물가수준이 동일하면 두 나라의 구매력도 같아진다. 이제

P = 한국에서 판매되는 소비자 상품바스켓의 원화가격

P^* = 미국에서 판매되는 소비자 상품바스켓의 달러화가격

이라고 하자. 소비자 상품바스켓의 가격은 상품바스켓에 포함된 모든 재화와 서비스의 가격을 중요도에 따라 가중치를 달리하여 가중평균한 것으로 그 나라의 물가수준과 같다.

달러로 표시한 미국의 물가수준 P^*를 원화로 표시하면 EP^*가 된다. 따라서 원화로 표시한 양국의 물가수준이 같아지기 위해서는

$$P = EP^*$$

(한국생산물의 원화가격 = 미국생산물의 원화가격)

가 성립해야 한다. PPP이론은 동일한 통화단위로 표시한 물가수준이 모든 나라에서 같아지도록 (장기명목)환율이 결정된다는 것이다. 이 식을 환율 E에 대해 정리하면

(5-2) $$E = \frac{P}{P^*}$$

가 된다. 따라서 명목환율은 국내통화로 표시한 국내물가수준과 외국통화로 표시한 외국물가수준의 비율과 같다. 결국 구매력평가이론의 핵심은 물가수준이 변해 구매력이 변하면 명목환율이 변한다는 것이다. 어떤 나라의 물가수준이 상승하여 구매

력이 하락하면 그 나라 통화가 절하된다. 예를 들어 상품바스켓의 가격이 한국에서 10만 원이고 미국에서는 100달러이면 구매력평가환율은 1달러에 1,000원이 되어야 한다. 만약 한국의 상품바스켓 가격이 20만 원으로 물가수준이 2배 상승하면 구매력평가환율은 1달러에 2,000원으로 두 배 상승하고 원화의 가치가 두 배 절하된다.

PPP와 일물일가의 법칙

PPP는 일물일가의 법칙을 기초로 하고 있다. 따라서 식(5-2)로 표시된 PPP는 식(5-1)로 표시된 일물일가의 법칙과 비슷하게 보인다. 그러나 PPP와 일물일가의 법칙과는 중요한 차이가 있다. 일물일가의 법칙은 개별상품의 가격에 적용된 것인데 비해 PPP는 상품바스켓으로 나타내는 한 나라의 물가수준에 적용된 것이다. 일물일가의 법칙이 모든 상품에 대하여 성립하면 PPP는 자동적으로 성립한다. 그러나 장기환율결정이론으로서 PPP는 일물일가의 법칙이 반드시 성립해야만 유용한 것은 아니다. 일물일가의 법칙이 성립하지 않을 때도 물가수준과 환율의 관계는 PPP가 시사하는 것에서 크게 벗어나지 않는다.

한 나라의 재화나 서비스가 다른 나라보다 일시적으로 비싼 경우 그 나라의 생산물과 통화에 대한 수요를 감소시켜 물가하락과 통화가치의 하락이 유발되므로 PPP가 시사하는 물가수준과 환율의 관계가 다시 성립할 것이다. 반면 국내생산물이 외국생산물보다 상대적으로 싼 경우 국내생산물과 국내통화에 대한 수요를 증가시켜 국내생산물의 가격상승과 국내통화의 절상으로 양국 통화의 구매력은 동일하게 될 것이다. 따라서 PPP는 일물일가의 법칙이 성립하지 않는 경우에도 궁극적으로 동일한 통화단위로 표시한 구매력은 모든 나라에서 같아진다는 것을 시사한다.

5.1.2 절대 PPP와 상대 PPP

식(5-2)에서와 같이 환율은 양국 물가수준의 비율과 같다는 것이 절대 **PPP (absolute PPP)**이다.[2] 절대 PPP는 일물일가의 법칙을 전제로 한다. 일물일가의 법칙은 현실적으로 잘 성립하지 않는다. 또한 절대 PPP와 관련된 현실적 문제는 두 나라의 물가수준이 서로 비교가능해야 한다는 것이다. 예를 들어 한·미 양국의 소

2) 절대 PPP는 strong PPP라고도 부른다.

비자 상품바스켓에 포함되는 재화와 서비스의 종류와 개수가 같다고 해도 개별상품의 가중치가 두 나라에서 서로 다를 경우 두 나라의 절대물가수준을 직접 비교하기 어렵다. 그런데 절대 PPP가 잘 성립하지 않거나 비교가능한 물가수준을 측정하기 어려운 경우에도 상대 PPP를 통해 문제를 극복할 수 있다.[3)]

상대 PPP(relative PPP)는 일정기간 환율변화율은 양국의 인플레이션율의 차이와 같다는 것이다. 따라서 상대 PPP는 환율수준과 물가수준과의 관계인 절대 PPP를 환율변화율과 물가변화율과의 관계로 바꾼 것이다. 상대 PPP는 다음과 같이 나타낼 수 있다.

(5-3) $$\Delta E_t = \pi_t - \pi_t^*$$

여기서 $\Delta E_t = (E_t - E_{t-1})/E_{t_{-1}}$은 환율변화율, $\pi_t = (P_t - P_{t-1})/P_{t-1}$은 연간 국내 인플레이션율, $\pi_t^* = (P_t^* - P_{t-1}^*)/P_{t-1}^*$은 연간 외국 인플레이션율을 나타낸다. 따라서 상대 PPP는

환율변화율(%)=국내 인플레이션율-외국 인플레이션율

로 표현할 수 있다. 예를 들어 국내의 물가수준이 연 3% 상승하고 미국의 물가수준은 연 2% 상승한 경우 상대 PPP에 의하면 원화가 달러화에 대하여 1% 절하된다. 원화의 1% 절하는 한국과 미국의 인플레이션율 차이를 상쇄시킴으로써 두 나라 화폐의 상대적 구매력에는 변함이 없게 된다.

모든 나라가 국제적으로 표준화된 물가지수계산방법을 따르지 않는다면 두 나라의 물가수준을 비교하는 절대 PPP는 의미가 없어진다. 반면 상대 PPP는 물가수준 상승률의 차이를 비교하기 때문에 각국의 물가수준 측정방식이 다를 때도 의미가 있다. 또한 상대 PPP는 절대 PPP가 성립하지 않는 경우에도 성립될 수 있다. 다시 말해 절대 PPP가 성립하지 않도록 하는 요인들이 존재하는 경우에도 물가수준의 변화율과 환율의 변화율은 거의 비슷한 추세를 나타낼 수 있다.

---

3) 상대 PPP는 weak PPP라고도 부른다.

5.2 구매력평가이론의 검증과 한계

5.2.1 일물일가의 법칙과 PPP

일물일가의 법칙에 근거한 PPP이론이 얼마나 현실을 잘 설명하는지 표 5.1 의 2007년 7월 발표된 **빅맥지수(Big Mac index)**를 통해 살펴보자. 빅맥지수는 영국의 시사주간지 이코노미스트(*The Economist*)가 1986년 이후 매년 세계 각국의 빅맥햄버거 가격을 이용하여 작성·발표하고 있다. 표준화된 상품인 빅맥가격을 이용한 빅맥 PPP를 통해 PPP가 얼마나 현실을 잘 반영하는지 가늠해 볼 수 있다.

표의 첫 열은 각국의 통화로 표시한 빅맥가격이다. 두 번째 열은 각국의 통화로 표시한 빅맥가격을 네 번째 열에 나오는 실제환율을 사용하여 달러로 환산한 각국의 빅맥가격이다. 달러로 환산한 각국의 빅맥가격은 나라마다 서로 다르다. 따라서 일물일가의 법칙이 성립하지 않고 있음을 알 수 있다. 빅맥가격은 중국($1.45)에서 가장 싸고 스위스($5.2)에서 가장 비싼 것으로 나타나고 있다. 따라서 스위스 프랑화가 가장 고평가되어 있고 중국 위안(yuan)화가 가장 저평가되어 있을 것이라고 예상할 수 있다.

표의 세 번째 열에 나타난 빅맥 PPP는 빅맥가격에 기초한 구매력평가환율을 보여주고 있다. 예를 들어 우리나라의 빅맥가격 2,900원을 미국 빅맥가격 3.41달러로 나누면 구매력평가환율은 1달러=850원이다. 그런데 실제환율은 1달러당 923원이기 때문에 구매력평가환율보다 원화가 약 8% 정도 저평가되어 있다는 것을 알 수 있다. 이처럼 어떤 나라의 통화가 얼마만큼 고평가(overvalued) 또는 저평가(undervalued) 되어 있는지는 표의 다섯 번째 열에 나타나 있다.

예를 들어 캐나다에서는 달러로 환산한 빅맥가격이 3.68달러로 미국의 3.41달러와 거의 비슷하여 실제환율과 PPP환율이 비슷하게 나타나고 있다. 반면 중국의 위안(yuan)화는 실제환율은 1달러에 7.6위안인 데 비해 구매력평가환율은 1달러에 3.2위안으로 구매력평가환율보다 위안화가 58%나 저평가되어 있는 것으로 나타나고 있다. 따라서 구매력평가환율로는 미국의 주장처럼 위안화가 절상될 필요가 있는 것처럼 보인다. 한편 인도네시아, 태국, 말레이시아 등의 동아시아와 러시아 등

표 5.1 빅맥 PPP

(2007. 7)

구 분	빅맥가격		빅맥 PPP	실제환율	저평가(−)/고평가(+)
국 가	현지가격	달러가격			%
United States	**$ 3.41**	**3.41**	−	−	−
Argentina	Peso 8.25	2.67	2.42	3.09	−22
Australia	A$ 3.45	2.95	1.01	1.17	−14
Brazil	Real 6.90	3.61	2.02	1.91	+6
Britain	£ 1.99	4.01	1.71§	2.01§	+18
Canada	**C$ 3.88**	**3.68**	**1.14**	**1.05**	**+8**
Chile	Peso 1,565	2.97	459	527	−13
China	**Yuan 11.0**	**1.45**	**3.23**	**7.60**	**−58**
Czech republic	Koruna 52.9	2.51	15.5	21.1	−27
Denmark	Dkr 27.75	5.08	8.14	5.46	+49
Egypt	Pound 9.54	1.68	2.80	5.69	−51
Euro area	€ 3.06	4.17	1.12	1.36	+22
Hong Kong	HK$ 12.0	1.54	3.52	7.82	−55
Hungary	Forint 600	3.33	176	180	−2
Indonesia	Rupiah 15,900	1.76	4,663	9,015	−48
Japan	**¥ 280**	**2.29**	**82.1**	**122**	**−33**
Malaysia	Ringgit 5.50	1.60	1.61	3.43	−53
Mexico	Peso 29.0	2.69	8.50	10.8	−21
New Zealand	NZ$ 4.60	3.59	1.35	1.28	+5
Peru	New Sol 9.50	3.00	2.79	3.17	−12
Philippines	Peso 85.0	1.85	24.9	45.9	−46
Poland	Zloty 6.90	2.51	2.02	2.75	−26
Russia	Rouble 52.0	2.03	15.2	25.6	−41
Singapore	S$ 3.95	2.59	1.16	1.52	−24
South Africa	Rand 15.5	2.22	4.55	6.97	−35
S. Korea	**Won 2,900**	**3.14**	**850**	**923**	**−8**
Sweden	SKr 33.0	4.86	9.68	6.79	+42
Switzerland	**SFr 6.30**	**5.20**	**1.85**	**1.21**	**+53**
Taiwan	NT$ 75.0	2.29	22.0	32.8	−33
Thailand	Baht 62.0	1.80	18.2	34.5	−47
Turkey	Lire 4.75	3.66	1.39	1.30	+7
Venezuela	Nolivar 7,400	3.45	2,170	2,147	+1

주: 유로와 파운드는 1유로 및 1파운드당 달러임.
자료: http://www.economist.com

표 5.2 **빅맥 PPP의 장기추세**

(단위: %)

연도 / 국가	1989	1990	1991	1992	1993	1994	1995	1996	1997	1998	1999	2000	2001	2002	2003	2004	2005	2006	2007
Australia	−16	−20	−14	−11	−23	−25	−22	−17	−20	−32	−32	−38	−40	−35	−31	−22	−18	−21	−14
Britain	5	5	32	39	23	15	21	14	22	19	26	20	12	16	16	16	12	18	18
Canada	−11	−14	−10	6	−4	−10	−14	−11	−14	−23	−19	−23	−16	−15	−18	−20	−14	1	8
China	·	·	·	·	·	·	·	·	·	−53	−51	−52	−53	−49	−56	−57	−59	−58	−58
Denmark	68	82	85	97	86	67	112	87	63	32	47	23	15	19	51	54	50	54	49
Euro area	·	·	·	·	·	·	·	·	·	·	·	−5	−11	−5	10	13	17	22	22
Hong Kong	−52	−50	−49	−47	−49	−48	−47	−46	−47	−49	−46	−48	−46	−42	−46	−47	−50	−50	−55
Japan	38	6	25	31	51	64	100	14	−3	−19	0	11	−6	−19	−19	−20	−23	−28	−33
Russia	·	183	155	−79	−50	−29	−30	−18	−21	−22	−44	−45	−52	−50	−51	−54	−52	−43	−41
Singapore	−29	−37	−30	−24	·	−17	−9	−8	−14	−28	−24	−25	−28	−27	−31	−34	−29	−27	−24
S. Korea	78	35	29	35	27	24	29	25	6	−31	1	−47	−11	−5	0	−6	−19	−15	−8
Sweden	62	79	97	96	50	39	53	64	39	17	19	8	8	1	33	36	36	46	42

주: (−)는 달러에 대한 해당 통화의 저평가, (+)는 고평가를 나타냄.
자료: http://www.economist.com

1997년 중반 이후 외환·금융위기에 시달린 나라들의 통화가치는 대부분 현격히 저평가되어 있다.

구매력평가는 장기적으로는 성립하는가? 표 5.2는 1989년부터 2007년 7월까지 19년 동안 빅맥가격을 통한 구매력평가환율과 실제환율을 비교할 때 각국의 통화가 얼마나 고평가 또는 저평가되었는지를 보여주고 있다.

구매력평가에 따른 우리나라 원화가치는 1989년 이후 달러화에 대해 지속적으로 고평가되어 있었으나 1997년 외환위기 이후 저평가 기조가 이어져 2003년 PPP환율이 달성된 이후 다시 저평가 기조가 이어지고 있는 것으로 나타나고 있다. 일본 엔화도 1995년을 정점으로 고평가 기조에서 저평가 기조로 전환되었음을 보여주고 있다. 일본 엔화는 1999년 PPP환율과 거의 같아졌음을 보여주고 있다. 캐나다 달러도 지속적으로 저평가되어 있었으나 2006년 PPP환율과 같아졌음을 보여주고 있다. 캐나다 달러의 실제환율은 2007년 9월 31년 만에 달러화와 1 : 1 등가를 이룬 것으로 나타났다. 홍콩 달러는 1989년 달러화에 대해 52% 저평가되어 있었고 2007년에도 55% 저평가되어 있는 것으로 나타나고 있다. 이는 홍콩이 통화위원회제도를 통해 홍콩 달러를 미국 달러에 대해 1US$=7.8HK$로 고정시키고 있기 때문이다.

한편 중미 무역불균형의 불씨로 지목되고 있는 중국 위안화는 98년 이후 지속적으로 달러화에 대해 50% 이상 저평가되어 있는 것으로 나타나고 있다. 위안화의 지속적인 저평가는 중국정부가 환율을 조작한다는 의구심을 낳아 미국정부로부터 끊임없이 위안화 절상 요구를 받고 있다. 빅맥 PPP 이외에도 다양한 방법으로 위안화의 저평가 정도를 추정한 결과 위안화의 저평가 정도는 0-50%로 다양하게 나타났다.[4)] 이는 한 나라의 균형환율수준을 정확히 추정하는 것이 어렵다는 것을 반증한다.

각국의 통화가치가 일물일가의 법칙과 구매력평가이론의 예측에서 벗어나는 이유로 이코노미스트지는 각종 무역장벽, 조세차이, 임금·임대료와 같은 비교역재의 가격차이, 제품차별화 등을 들고 있다. 실증분석 결과 특히 빅맥가치 중 40-94%는 인건비, 임대료 등 비교역재의 비용과 관련이 있는 것으로 추정되었다.[5)]

5.2.2 구매력평가이론의 한계

실증분석 결과 구매력평가이론은 각국의 실제환율을 제대로 설명하지 못하고 있는 것으로 나타났다.[6)] 각국이 고정환율체제하에 있었던 1945-1970년에 비해 변동환율체제로 이행한 1971년 이후 PPP이론의 현실 설명력은 더욱 낮아진 것으로 나타났다.[7)] 구매력평가이론의 이 같은 한계는 크게 무역장벽과 비교역재의 존재, 상이한 물가수준 측정방법, 독과점적 시장구조 등에 기인한다.

---

4) 중국 위안화의 저평가 정도에 대한 논의는 Dunaway, Steven, Lamin Leigh, and Xiangming Li, 2006, "How Robust Are Estimates of Equilibrium Real Exchange Rates: The Case of China," IMF Working Paper, WP/06/220, International Monetary Fund; Dunaway, Steven and Xiangming Li, 2006, "Estimating China's "Equilibrium Exchange Rate," IMF Working Paper, WP/06/202, International Monetary Fund 등을 참고. 이종철, "세계불균형(global imbalance): 중국의 위안화 대 미국의 재정적자,"『東亞硏究』, 52, 2007, pp. 63-95는 과거 미일의 무역불균형의 경험을 토대로 중미 무역불균형의 원인이 저평가된 위안화 때문이 아니라 미국의 낮은 민간저축률과 높은 재정적자 때문이라고 주장하고 있다.

5) 빅맥가격을 이용한 실증분석으로는 L. Ong, "Burgernomics: the Economics of the Big Mac Standard," *Journal of International Money and Finance,* 16, 1997, pp. 865-878; D.C. Parsley and S. J. Wei, "A Prism into the PPP Puzzles: The Micro-Foundations of Big Mac Real Exchange Rates," NBER Working Paper, No.10074, 2003 등을 참고할 것.

6) PPP이론의 실증분석은 Jacob A. Frenkel, "The Collapse of Purchasing Power Parities during 1970s," *European Economic Review,* 16, 1981, pp. 145-165; Hans Genberg, "Purchasing Power Parity under Fixed and Flexible Exchange Rates," *Journal of International Economics,* 8, May 1978, pp. 247-276; P. Isard, "How Far Can We Push the Law of One Price?" *American Economic Review,* 67, Dec. 1977, pp. 942-948 등을 참고할 것.

7) Paul Krugman, "Purchasing Power Parity and Exchange Rates: Another Look at the Evidence," *Journal of International Economics* 8, 1978, pp. 397-407.

무역장벽과 비교역재

PPP이론의 기초가 되는 일물일가법칙의 가정과 달리 현실에서는 수송비와 관세, 비관세 등의 무역장벽이 존재한다. 따라서 동일한 재화라고 해도 각국의 가격이 다르게 되고 PPP가 성립하지 않게 된다.

국제무역에서 수송비용의 존재는 절대 PPP가 성립되지 못하는 중요한 요인이 된다. 국제운송비는 수송비, 보험료 등을 제외한 세계의 총수출량에서 수송비, 보험료 등을 포함한 세계의 총수입량의 차이로 추정할 수 있다. 추정결과 각국마다 차이는 있지만 운송비는 전체 교역량의 약 10%에 달하는 것으로 나타났다.[8] 수송비의 경우와 마찬가지로 각국이 부과하는 관세도 절대 PPP가 성립하지 않는 요인으로 작용하고 있다.

관세뿐 아니라 비관세장벽의 존재도 PPP의 성립을 어렵게 한다. 예를 들어 어떤 나라가 수입식품에 대하여 엄격히 조사하여 통관시킨다면 식품수출업자들도 오랜 통관기간으로 소요되는 비용을 식품가격에 전가시킬 것이다. 연구결과에 따르면 일본에서 독일산 수입제품의 소매가격이 높은 것은 일본의 비관세장벽 때문에 독일 수출업자들이 가격을 높게 책정했기 때문인 것으로 나타났다.[9] 또한 나라마다 제품의 표준이 다른 경우 이것도 일종의 비관세장벽이라고 할 수 있다. 따라서 수송비나 관세 및 각종 비관세장벽으로 인한 무역장벽 때문에 일물일가의 법칙이 성립하지 않고 결과적으로 동일한 통화단위로 표시한 각국 물가수준이 서로 다르게 나타나게 된다.

PPP가 성립하지 않는 또 다른 이유는 비교역재의 존재이다. 비교역재(nontradables)란 교역재(tradables)에 비하여 수송비가 생산비보다 높아서 교역대상이 될 수 없는 재화를 말한다. 예를 들어 이발서비스의 경우 미국인이 한국인 이발사의 이발서비스를 받고 싶다면 자신이 한국으로 건너오거나 미국으로 한국인 이발사를 불러와야 한다. 이 경우 수송비용이 이발서비스의 가격에 비해 훨씬 크기 때문에 이발서비스의 교역은 이루어지지 않는다. 또한 교역재의 가격에도 비교역재의 가격이

---

8) Jeffrey A. Frankel, Ernesto Stern, and Shang-Jin Wei, "Trading Blocs and the America: The Natural, the Unnatural and the Supernatural," *Journal of Development Economics*, 1995, 47(1), pp. 61-95.

9) Michael M. Knetter, "Why Are Retail Price in Japan so High? Evidence from German Export Prices," NBER Working Paper, No. 4894, 1994.

반영되어 있다. 예를 들어 자동차가격에는 사무실임대료, 근로자의 임금 등이 반영되어 있다.

각국의 물가수준 측정에는 교역재뿐만 아니라 다양한 형태의 비교역재가 포함된다. 비교역재의 가격은 국제시장과 관계없이 국내시장의 수요공급조건에 따라 결정된다. 따라서 각국이 동일한 재화 및 서비스 바스켓을 사용하여 물가수준을 측정하더라도 한 나라의 비교역재가격이 상승하면 그 나라의 물가수준이 다른 나라의 물가수준에 비해 상대적으로 높아지고 PPP가 성립하지 않게 된다.

일반적으로 제조업제품, 원자재, 농산물 등은 교역재로 분류된다. 반면 의료, 교육 등 각종 서비스 및 주택과 같은 건설업 생산물은 비교역재로 구분된다. 그런데 교역재의 경우에도 무역제한조치로 인해 교역이 불가능한 경우도 있다. 또한 서비스와 건설업은 대부분의 선진국에서 GDP의 60% 이상을 차지하고 있다. 우리나라도 서비스와 건설업이 GDP의 약 60%를 차지하고 있다. 따라서 한 나라의 물가수준에서 차지하는 비교역재의 중요성은 막대하다고 할 수 있다. 이처럼 비교역재의 중요성이 크기 때문에 실제환율이 PPP가 예측하는 환율수준에서 크게 벗어날 수 있다.

상이한 물가수준 측정방법

각국의 물가수준 측정방식은 상이하다. 이는 각국의 소비지출구조가 상이한 데 한 원인이 있다. 예를 들어 이탈리아인은 올리브유를, 한국인은 쌀을, 중국인은 돼지고기를 상대적으로 많이 소비한다. 따라서 각국이 동일한 상품 및 서비스 바스켓을 사용하더라도 물가지수를 측정할 때 부여하는 품목별 가중치가 서로 다르기 때문에 물가수준이 달리 나타날 수 있다.

스위스의 글로벌 금융기업인 UBS(Union Bank Switzerland), 미국 펜실베니아대학(University of Pensilvania)의 국제비교센터(The Center for International Comparisons) 등에서 비교가능한 각국의 물가수준을 측정하여 발표하고 있다.[10) 그러나 이 경우에도 어느 국가의 상품바스켓을 기준으로 할 것인가 하는 문제가 있다. UBS의 물가자료처럼 서유럽의 상품바스켓을 기준으로 각국의 물가수준을 조사하는 경우 서유럽인들의 소비선호를 반영하여 가중치가 결정되기 때문에 측정된 물가수준이

10) 스위스 UBS의 물가자료는 www.ubs.com 참조. 미국 펜실베니아대 국제비교센터의 자료는 Penn World Table(PWT)로 불려지며 www.pwt.econ.upenn.edu에서 이용가능.

표 5.3 각국의 서비스물가수준

도 시	가전제품		임대료(월)	
	US$	뉴욕=100	US$	뉴욕=100
Beijing	2,350	111.4	400	16.0
Berlin	2,470	117.1	750	30.0
Copenhagen	2,950	139.8	990	39.6
Hong Kong	2,500	118.5	770	30.8
London	2,970	140.8	2,390	95.6
Moscow	2,710	128.4	1,150	46.0
New York	2,110	100.0	2,500	100.0
Paris	3,000	142.2	1,120	44.8
Seoul	2,650	125.6	620	24.8
Singapore	2,800	132.7	990	39.6
Stockholm	2,710	128.4	890	35.6
Sydney	2,590	122.7	880	35.2
Tokyo	3,250	154.0	1,200	48.0
Toronto	2,510	119.0	1,120	44.8

자료: UBS, Prices and Earnings: A Comparison of Purchasing Power around the Globe, 2006에서 정리.

아시아의 소비선호를 제대로 반영하지 못하는 한계가 있다.

스위스의 UBS는 1976년 이후 매 3년마다 세계 71개 도시 122개의 생산물(상품 95개, 서비스품목 27개) 바스켓에 대한 물가를 조사·발표하고 있다. 가장 최근인 2006년 4월의 조사결과를 토대로 작성된 표 5.3에 따르면 교역재인 가전제품에 비해 비교역재인 임대료는 각국마다 큰 차이를 보이고 있음을 알 수 있다. 가전제품은 가장 비싼 일본 동경에서 가장 싼 중국 북경보다 1.4배 비싼 반면 임대료는 가장 비싼 미국 뉴욕이 가장 싼 중국 북경보다 6배 이상 높은 것으로 나타나고 있다. 일반적으로 서비스가격은 가난한 나라에서보다 부유한 나라에서 더 높은 것으로 나타나고 있다.

불완전경쟁시장구조

무역장벽과 불완전경쟁구조가 동시에 존재하는 경우 각국간의 물가수준은 더욱 더 괴리된다. 시장이 완전경쟁에서 멀어질수록 제품차별화와 시장분할에 따른 상품의 가격차별이 커진다. 동일한 기업이 동일한 생산물을 시장마다 다른 가격으로 파는 것을 **시장별 가격설정(pricing to market)**이라고 한다. 시장별 가격설정은 동일한 제품에 대해 국가마다 수요의 가격탄력성이 다른 경우 가능하다. 예를 들어 한국인의 독일산 맥주에 대한 선호가 강하여 독일산 맥주에 대한 수요가 가격에 대해 비탄력적이라면 한국시장에서 독일산 맥주의 가격이 상대적으로 높을 것이다.

5.3 PPP의 수정과 발라샤-사무엘슨 가설

5.3.1 발라샤-사무엘슨 가설

단기는 물론이고 장기에도 각국의 물가수준이 서로 다른 이유는 무엇인가? 장기에도 PPP가 성립하지 않는 것은 각국의 물가수준을 괴리시키는 노동생산성의 차이와 같은 실질요인(real factor)이 있기 때문이다. 발라샤-사무엘슨(Balassa-Samuelson) 가설을 통해 이를 살펴보자.[11)]

발라샤-사무엘슨 가설은 부유한 나라의 물가수준이 가난한 나라의 물가수준보다 높다는 것이다. 왜 그런가? 발라샤-사무엘슨 가설은 교역재부문의 노동생산성은 고소득국가가 저소득국가보다 높고 비교역재부문의 노동생산성의 국가간 차이는 거의 없다고 가정한다. 교역재산업의 노동생산성이 고소득국가에서 상대적으로 높다는 것은 고소득국의 임금수준이 저소득국가보다 높다는 것을 의미한다. 따라서 교역재부문의 노동생산성이 높은 고소득국은 임금수준이 높아 비교역재의 생산비도 높고 비교역재가격도 높을 것이다. 물가수준은 교역재는 물론 비교역재의 가격도 포함한다. 따라서 교역재의 가격이 모든 나라에서 거의 비슷해도 비교역재의 가격이 높은 고소득국일수록 물가수준도 높을 것이다.

결국 발라샤-사무엘슨(Balassa-Samuelson) 가설은 국가간의 물가수준에 차이를 가져오는 것은 교역재부문의 노동생산성이고, 노동생산성이 높은 부유한 나라일수록 임금수준이 높아 비교역재의 가격도 비싸기 때문에 물가수준도 더 높다는 것이다.

국가간 노동생산성의 차이는 비교역재부문보다 교역재부문에서 더 클 것이라는 가정은 상당히 그럴듯하다. 소득의 고저에 상관없이 비교역재인 이발사의 생산성은 어느 나라에서나 비슷할 수 있지만 교역재인 핸드폰 제조의 생산성은 나라마다 현

11) B. Balassa, "The Purchasing Power Parity Doctrine: A Reappraisal," *Journal of Political Economy*, Dec. 1972, pp. 584-596; P. Samuelson, "Theoretical Notes on Trade Problems," *Review of Economics and Statistics*, May 1962, pp. 145-154.

저히 다를 수 있기 때문이다.

부유한 나라의 물가수준이 높은 이유는 **바그와티-크래비스-립시(Bhagwati-Kravis-Lipsey) 가설**에 의해서도 설명되었다.[12] 이들에 따르면 국가간 물가수준의 차이는 노동생산성의 차이보다는 자본과 노동 등 요소부존도의 차이에 의존한다. 고소득국은 상대적으로 자본이 풍부하고 저소득국은 상대적으로 노동이 풍부하다. 따라서 상대적으로 노동이 희소한 고소득국이 노동의 한계생산성이 높고 따라서 임금수준도 더 높을 것이다. 그런데 비교역재는 대부분 서비스로 구성되어 있어서 교역재에 비해 노동집약적이다. 따라서 상대적으로 임금이 비싼 고소득국의 비교역재 가격이 저소득국보다 비쌀 것이고 비교역재가격이 비싼 고소득국가의 물가수준이 저소득국가의 물가수준보다 상대적으로 높을 것이다.

5.3.2 발라샤-사무엘슨 효과의 실증분석

발라샤-사무엘슨 가설에 대한 실증분석은 대부분의 경우 교역재부문에 대한 노동생산성 대신 1인당 GDP를 이용하여 이루어지고 있다. 표 5.4의 첫 번째 열은 각국의 1인당 소득을 구매력평가환율을 이용하여 달러로 전환한 후 미국을 100으로 했을 때의 지수를 나타낸다. 두 번째, 세 번째, 네 번째 열은 각각 미국의 뉴욕을 100으로 한 각 도시의 임금, 서비스가격, 물가수준 등을 나타낸다. 물가수준은 각국의 물가수준을 2006년의 명목환율을 이용하여 달러화로 전환한 후 미국 뉴욕의 물가수준으로 나누어 지수화한 것이다. 따라서 물가수준을 나타내는 지수가 100에 가까울수록 환율수준이 PPP가 예측하는 구매력평가환율에 근접한다는 것을 의미한다. 예를 들어 중국의 물가수준이 미국의 39.6%라는 것은 중국 위안화가 달러화에 대해 약 60% 저평가되어 있다는 것을 의미한다.

표를 보면 대체로 1인당 소득이 높은 나라의 임금수준이 높고, 서비스가격도 높으며 물가수준도 높은 것으로 나타나고 있다. 따라서 발라샤-사무엘슨 가설이 실증적으로도 꽤 잘 성립한다고 할 수 있다.[13]

---

12) I. Kravis and R. Lipsey, *Toawrd an Explanation of National Price Levels*, Princeton Studies in International Finance 52, Nov. 1983; J. Bhagwati, "Why Are Services Cheaper in the Poor Countries?" *Economic Journal*, June 1984, pp. 279-286.

13) 저자가 IMF의 자료를 이용하여 150개국의 2007년(추정치) 물가수준과 1인당 소득의 관계를 회귀분석한 결과 다음과 같은 결과를 얻었다.

표 5.4 **1인당 소득과 물가수준**

국 가(도시)	1인당 소득 미국=100	임 금 뉴욕=100	서비스가격 뉴욕=100	물가수준 뉴욕=100
미국(뉴욕)	100	100	100	100
캐나다(토론토)	79.9	80.4	88.3	71.4
덴마크(코펜하겐)	78.4	95.7	106.7	86.3
영국(런던)	74.5	96.0	106.7	105.5
프랑스(파리)	72.7	68.8	98.3	78.1
스웨덴(스톡홀름)	72.4	77.0	100.0	75.8
독일(베를린)	71.0	82.1	73.3	64.4
일본(도쿄)	67.4	87.4	115.0	93.4
타이완(타이페이)	54.2	43.3	56.7	57.2
한국(서울)	48.9	48.2	73.3	73.9
아르헨티나(부에노스아이레스)	31.2	18.0	36.7	32.1
멕시코(멕시코시티)	22.5	14.1	65.0	49.2
중국(베이징)	14.6	10.9	38.3	39.6
인도네시아(자카르타)	10.7	8.2	35.0	44.4
필리핀(마닐라)	10.9	7.8	41.7	35.2

주: 1인당 소득은 2004년 미국을 기준으로 한 각국의 상대적 소득 비중을 나타냄. 기타 자료는 2006년 뉴욕을 기준으로 한 각국 도시의 상대적 비중임.

자료: 1인당 소득은 www.pwt.econ.upenn.edu의 PWT 6.2 참고. PWT 6.2의 가장 최근 자료는 2004년임. 기타 자료는 www.ubs.com의 Prices and Earnings 참고.

부록: 발라샤-사무엘슨 모형

실질환율을 q라고 하고 다음과 같이 정의하자.

$$q = \frac{EP^*}{P}$$

여기서 P와 P^*는 각각 국내와 해외의 소비자물가를 나타낸다. 발라샤-사무엘슨 가설에 따르면 1인당 소득이 높은 나라일수록 교역재부문의 생산성이 높고 물가수준도 높다. 따라서 발라샤-사무엘슨 가설에 따르면 부유한 나라 통화의 실질가치가

$$\ln(P_j/P_{us}) = -0.028 + 0.365\ln(y_j/y_{us}) + u_j, \quad \bar{R}^2 = 0.51$$
$$(-0.483) \quad (13.779)$$

여기서 P_j/P_{us}는 미국에 대한 각국의 물가수준을 나타낸다. y_j/y_{us}는 미국에 대한 각국의 1인당 GDP 수준을 나타낸다. ( ) 안의 수치는 t-통계량이다.

높게 나타날 것이다.

교역재와 비교역재만 있고 교역재의 가격은 각국에서 동일하다고 하자. 또한 1단위의 노동으로 A단위를 생산한다고 하자.[14] 국내·외 교역재의 가격을 P_T 및 P_T^*, 국내·외 비교역재의 가격을 P_N 및 P_N^*이라고 하면 다음과 같이 나타낼 수 있다.

(A5-1) $$P_T = \frac{W}{A_T} = \frac{W^*}{A_T^*} = P_T^*$$

(A5-2) $$P_N = \frac{W}{A_N}, \quad P_N^* = \frac{W^*}{A_N^*}$$

여기서 W 및 W^*는 국내·외 임금, A_T 및 A_T^*와 A_N 및 A_N^*은 국내·외 교역재와 비교역재부문의 노동생산성을 나타낸다. 식(A5-1)을 고쳐 쓰면 다음과 같다.

(A5-1)′ $$\frac{W^*}{W} = \frac{A_T^*}{A_T}$$

따라서 교역재부문의 노동생산성이 상대적으로 높은 나라가 임금수준도 높다. 각국의 비교역재부문의 생산성에 큰 차이가 없다면 비교역재의 가격은 임금수준에 의해 결정되고 임금수준이 높은 나라의 비교역재가격이 높을 것이다. 소비자물가지수(CPI)는 교역재와 비교역재의 가중평균이므로 다음과 같이 나타낼 수 있다.

$$\begin{aligned} CPI &= P_T^{\alpha} \cdot P_N^{1-\alpha} \\ &= WA_T^{-\alpha}A_N^{\alpha-1} \end{aligned}$$

여기서 α는 교역재의 비중, $(1-\alpha)$는 비교역재의 비중을 나타낸다. 마찬가지로 해외의 소비자물가지수 CPI^*는 다음과 같이 나타낼 수 있다.

$$\begin{aligned} CPI^* &= P_T^{*\alpha} P_N^{*1-\alpha} \\ &= W^* A_T^{*-\alpha} A_N^{*\alpha-1} \end{aligned}$$

따라서 실질환율 q는 다음과 같이 나타낼 수 있다.

(A5-3) $$q = \frac{CPI^*}{CPI}$$

14) 이하의 논의는 하버드대 경제학 교수인 Gita Gopinath의 강의노트를 참고하였음.

$$= \frac{(A_T^*/A_N^*)^{1-\alpha}}{(A_T/A_N)^{1-\alpha}}$$

식(A5-3)에 따르면 교역재부문의 생산성이 비교역재부문에 비해 상대적으로 클수록 자국통화의 실질가치가 높아진다. 발라샤-사무엘슨 가설에 따르면 비교역재부문의 생산성은 국가간에 비슷하고 교역재부문의 노동생산성은 부유한 나라가 가난한 나라에 비해 상대적으로 높다. 교역재부문의 노동생산성이 높으면 임금수준이 높고 임금수준이 높으면 비교역재의 가격도 상대적으로 높다. 물가지수는 교역재와 비교역재의 가중평균이므로 교역재의 가격이 같아도 비교역재가격이 높은 나라가 물가수준도 높은 것으로 나타날 것이다. 따라서 1인당 소득수준이 높은 부유한 나라가 물가수준도 높고 통화의 실질가치도 높을 것이다.

일본과 미국의 1973-1983년 자료에 따르면 일본의 교역재부문 생산성증가율은 비교역재부문 생산성증가율보다 73.2% 높았다. 반면 미국의 교역재부문은 비교역재부문에 비해 생산성증가율이 13.2% 높았다. 그 결과 1973-1983년 사이에 일본에서는 비교역재의 상대가격이 56.9% 상승한 반면 미국에서는 12.4% 상승한 것으로 나타났고 달러화에 대한 엔화의 실질환율이 약 9% 절상되었다.[15)]

◇ 요약 및 복습 ◇

1. **일물일가(一物一價)의 법칙**(law of one price)은 관세, 수송비용 등이 존재하지 않는 완전경쟁시장하에서 동일한 상품은 어디에서나 동일한 가격으로 팔려야 한다는 것이다. **구매력평가**(PPP: purchasing power parity)는 일물일가의 법칙을 여러 재화와 서비스로 구성된 상품바스켓으로 확대한 것이다. PPP이론은 동일한 통화단위로 표시한 물가수준이 모든 나라에서 같아지도록 (장기명목)환율이 결정된다는 것이다.

2. **절대 PPP**(absolute PPP)는 환율은 양국 물가수준의 비율과 같다는 것이다. **상대 PPP**(relative PPP)는 일정기간 환율변화율은 양국의 인플레이션율의 차이와 같다는 것이다. 따라서 상대 PPP는 환율수준과 물가수준과의 관계인 절대 PPP를 환율변화율과 물가변화율과의 관계로 바꾼 것이다. 절대 PPP가 잘 성립하지 않거나

15) Richard C. Marston, "Real Exchange Rates and Productivity Growth in the United States and Japan," in Sven W. Arndt and David Richardson, eds., *Real?-Financial Linkages among Open Economies*, Cambridge: MA, MIT Press, 1987, pp. 71-96.

비교가능한 물가수준을 측정하기 어려운 경우에도 상대 PPP를 통해 문제를 극복할 수 있다.

3. 실증분석 결과 구매력평가이론은 각국의 실제환율을 제대로 설명하지 못하고 있는 것으로 나타났다. 각국이 고정환율체제하에 있었던 1945-1970년에 비해 변동환율체제로 이행한 1971년 이후 PPP이론의 현실 설명력은 더욱 낮아진 것으로 나타났다. 구매력평가이론의 현실 설명력이 낮은 것은 크게 관세, 비관세장벽 등의 무역장벽과 비교역재의 존재, 상이한 물가수준 측정방법, 독과점적 시장구조 등에 기인한다.

4. **발라샤-사무엘슨(Balassa-Samuelson)** 가설은 국가간의 물가수준에 차이를 가져오는 것은 교역재부문의 노동생산성이고, 노동생산성이 높은 부유한 나라일수록 임금수준이 높아 비교역재의 가격도 비싸기 때문에 물가수준도 더 높다는 것이다. 1인당 소득이 높은 나라의 임금수준이 높고, 서비스가격도 높으며 물가수준도 높은 것으로 나타나고 있어 발라샤-사무엘슨 가설은 실증적으로도 꽤 잘 성립하는 것으로 나타나고 있다.

≪주요 용어 및 개념≫

- 일물일가의 법칙(law of one price)
- 구매력평가(PPP: purchasing power parity)이론
- 상대 PPP(relative PPP)
- 절대 PPP(absolute PPP)
- 시장별 가격설정(pricing to market)
- 발라샤-사무엘슨(Balassa-Samuelson) 가설
- 바그와티-크래비스-립시(Bhagwati-Kravis-Lipsey) 가설

제 6 장
장기환율과 통화량: 통화론적 접근법

■ 개　요 ■

이 장에서는 장기의 환율결정이론으로 통화론적 접근법을 배운다. 환율결정에 대한 통화론적 접근법은 물가가 완전신축적인 장기를 대상으로 한다. 제1절에서는 통화론적 접근의 기본방정식을 통해 환율이 화폐에 대한 수요와 공급에 의해서 결정된다는 것을 설명한다. 특히 통화공급증가율의 변화가 예상인플레이션율, 명목이자율 및 예상환율, 현재환율 등에 미치는 메커니즘을 살펴본다. 제2절에서는 통화론적 접근법을 확장하여 환율이 화폐에 대한 수요 및 공급뿐 아니라 생산물에 대한 수요와 공급에 의해서도 영향을 받는다는 것을 설명한다. 통화론적 접근법이 PPP를 전제로 하는 데 비해 확장된 통화론적 접근법은 PPP가 성립하지 않는 경우의 환율결정을 설명한다는 점에서 통화론적 접근보다 더 일반적인 접근방식이다.

■ 중점학습사항 ■

- 통화론적 접근(monetary approach)에서 한 나라의 통화량, 이자율, 총소득 등이 증가하면 그 나라의 통화가치는 어떻게 변화하는가?
- 상대 PPP와 이자율평가조건을 결합하여 피셔효과를 설명하라.
- 통화론적 접근에서 이자율상승이 환율상승을 유발하는 이유는?
- 실질환율에 영향을 미치는 요인은?
- 확장된 통화론적 접근(augmented monetary approach)의 아이디어는 무엇인가?
- 우리나라의 생산물에 대한 수요증가가 원화가치에 미치는 영향은?
- 우리나라의 생산물의 공급증가가 원화가치에 미치는 영향은?

6.1 통화론적 접근법

구매력평가(PPP)이론의 핵심은 물가수준이 변하면 두 나라의 구매력이 같아지도록 환율이 변한다는 것이다. 그런데 한 나라의 물가수준은 화폐에 대한 수요와 공급에 의해 영향을 받는다. 즉 화폐수요·공급 변화→물가수준 변화→명목환율 변화가 이루어진다. 이처럼 환율결정에서 화폐에 대한 수요와 공급이 미치는 영향을 중시하는 이론을 환율결정에 대한 **통화론적 접근법(the monetary approach)**이라고 한다.[1] 통화론적 접근은 환율결정에 관한 장기이론이다. 다시 말해 통화론적 접근에서는 물가의 완전신축성을 가정한다. 물가가 완전신축적이기 때문에 PPP도 성립하고 완전고용수준의 총소득수준이 항상 유지된다.

6.1.1 통화론적 접근의 기본방정식

환율결정에 대한 통화론적 접근은 PPP이론에 기초하여 화폐에 대한 수요와 공급의 변동이 어떻게 장기균형환율에 영향을 미치는가를 설명한다. 따라서 장기균형환율은 PPP가 성립하도록 결정된다고 가정한다. 즉

(6-1) $$E = \frac{P}{P^*}$$

이제 양국의 물가수준에 영향을 미치는 요인을 살펴보자. 국내·외 화폐시장의 균형조건식은 다음과 같다.

(6-2) $$\frac{M^s}{P} = L(R,\ Y)\text{: 국내화폐시장 균형조건}$$

(6-3) $$\frac{M^{s*}}{P^*} = L(R^*,\ Y^*)\text{: 외국화폐시장 균형조건}$$

따라서 국내의 물가수준 P와 외국의 물가수준 P^*는 다음과 같이 나타낼 수 있다.

1) 이하의 논의는 Paul Krugman and Maurice Obsfeld, *International Economics: Theory and Policy*, NJ: Prentice Hall, 2009, ch. 15 참고.

(6-2)′ $$P = \frac{M^s}{L(R,\ Y)}$$

(6-3)′ $$P^* = \frac{M^{s^*}}{L(R^*,\ Y^*)}$$

따라서 PPP를 나타내는 식(6-1)은 식(6-2)′와 (6-3)′를 사용하여 다음과 같이 나타낼 수 있다.

(6-4) $$\begin{aligned} E &= P/P^* \\ &= \frac{M^s/L(R,\ Y)}{M^{s^*}/L(R^*,\ Y^*)} \\ &= \frac{M^s}{M^{s^*}} \frac{L(R^*,\ Y^*)}{L(R,\ Y)} \end{aligned}$$

식(6-4)는 장기환율결정에 대한 통화론적 접근의 기본방정식이다.

통화론적 접근에 따르면 두 나라 통화의 상대가격인 환율은 장기에 두 나라 통화의 상대적 공급과 두 나라 통화에 대한 상대적 수요에 의해 결정된다. 두 나라의 이자율과 총소득수준의 변화는 화폐수요에 대한 변화를 통해서 환율에 영향을 미친다. 통화론적 접근법에서 통화공급량, 이자율, 총소득수준 등의 변화가 장기명목환율에 미치는 효과를 보다 자세히 살펴보면 다음과 같다.

① **통화공급량의 변화**: 식(6-2)′에서 보는 바와 같이 다른 조건이 일정하다면 우리나라의 통화공급량(M^s)의 영구적 증가는 국내의 물가(P)를 비례적으로 상승시킨다. 국내의 물가가 상승하면 PPP에 따라 환율이 비례적으로 상승한다. 따라서 우리나라의 통화공급량이 증가하면 달러화에 대한 원화의 가치는 비례적으로 장기절하된다. 반대로 미국 통화공급량(M^{s^*})의 영구적 증가는 미국의 물가(P^*)를 비례적으로 상승시켜 달러화에 대한 원화의 비례적 장기절상을 초래한다.

② **이자율의 변화**: 우리나라의 이자율(R)이 상승하면 우리나라의 실질화폐수요가 감소하여 실질통화공급이 실질화폐수요를 초과하게 된다. 따라서 화폐시장에서 화폐의 초과공급이 존재한다. 화폐시장이 다시 균형을 이루기 위해서는 물가가 상승하여 실질통화공급이 감소하여야 한다. 즉 화폐시장의 균형조건

(6-2)′ $$P=\frac{M^{s}}{L(R,\ Y)}$$

에서 이자율 R이 상승하여 실질화폐수요 $L(R,\ Y)$가 감소하면 화폐시장이 균형을 이루기 위해 물가 P가 상승해야 한다. 국내의 물가가 상승하면 PPP에 따라 비례적으로 환율이 상승하고 원화는 절하된다. 결국 국내이자율의 상승은 장기에 물가수준을 높여 환율상승을 유발한다. 같은 논리로 미국의 이자율(P^*)상승은 장기에 환율하락을 유발한다. 물가가 고정된 단기에는 국내의 통화량이 감소하면 이자율이 상승하여 단기환율의 하락과 원화의 절상을 유발했었다.

물가가 경직적인 단기에는 이자율상승이 물가상승으로 연결되지 못하므로 단기환율의 하락을 가져온다. 반면 물가가 신축적인 장기에는 이자율상승이 물가상승을 유발하여 장기환율을 상승시킨다.

③ **총소득수준의 변화:** 우리나라의 총소득(Y)증가는 실질화폐수요를 증가시켜 실질화폐의 초과수요를 유발하므로 우리나라의 물가수준(P)이 하락한다. 우리나라의 물가수준이 하락하면 PPP에 따라 환율이 하락하고 달러화에 대한 원화의 절상을 가져온다. 따라서 우리나라의 생산성이 높아지고 소득수준이 늘면 우리나라의 통화가치가 절상된다. 같은 논리로 미국의 총소득(Y^*)증가는 환율상승과 달러화의 절상을 유발한다.

통화론적 접근은 물가와 환율의 즉각적인 조정을 가정하고 있다. 예를 들어 우리나라의 총소득이 증가하면 실질화폐수요가 증가하는데, 이때 통화론적 접근에 의하면 화폐시장이 균형을 이루도록 물가수준이 즉각적으로 하락한다. 또한 PPP에 따라 물가수준 하락에 수반하여 즉각적으로 환율이 하락하여 외환시장도 균형으로부터 이탈되는 일이 없다

통화론적 접근에 따르면 한 나라의 이자율이 상승하면 그 나라의 물가수준이 상승하고 통화가치가 절하된다. 이는 한 나라의 이자율이 상승하면 그 나라의 통화가 단기에 절상되는 것으로 나타난 제4장의 분석결과와 상반된다. 이와 같은 상반된 결과를 이해하기 위해서는 이자율이 왜 변했는지 그 이유를 정확히 알아야 한다. 이를 위해 우선 장기에 통화정책과 이자율이 어떻게 연관되어 있는지 보다 자세히 살펴본다.

6.1.2 환율과 인플레이션율 및 이자율

인플레이션율과 이자율: PPP이론과 이자율평가조건의 결합

제4장에서 한 나라의 통화공급수준(level)의 영구적 증가는 장기적으로 그 나라의 물가수준, 명목환율 등은 비례적으로 상승시키지만 이자율이나 실질총소득 등의 장기수준에는 영향을 미치지 못한다는 것을 살펴보았다. 헬리콥터에서 돈을 뿌리거나 화폐개혁을 통해 일순간에 영구히 통화량을 변화시키는 일회적이고 영구적(once and for all)인 계단식(stepwise) 통화공급수준의 변화(제4장의 **그림 4.10** 참고)는 통화공급변화의 장기효과를 이해하기 위한 개념적인 실험으로써 유용하다. 그러나 현실적인 통화정책은 화폐개혁처럼 한번에 영구적으로 통화공급량을 변화시키기보다는 통화당국이 연 10% 혹은 15%와 같이 연간 적정 통화공급증가율(growth rate)을 선택한 후 여기에 맞추어 통화공급량을 조금씩 증가시킴으로써 통화공급량이 점차적으로 늘어나도록 한다. 이처럼 통화공급을 연간 증가율 목표하에 조금씩 점차적으로 영구히 증가시킬 때의 장기효과는 일회적인 계단식 통화공급증가의 장기효과와 다르다.

우선 목표로 한 통화공급증가율에 맞추어 통화공급의 증가가 지속적으로 이루어지면 물가수준도 지속적으로 증가하여 지속적인(ongoing) 인플레이션이 유발된다. 기업, 근로자 등 경제주체들이 통화공급이, 예컨대 연간 10%로 지속적으로 증가할 것이라는 것을 인식하면 이들도 지속적인 통화공급증가로 인한 지속적인 인플레이션에 맞추어 물가와 임금 등을 조정한다. 이때 일정한 증가율로 증가하던 통화공급증가율이 어떤 이유로 바뀌어 장기 인플레이션율이 변하더라도 장기 실질총소득수준은 영향을 받지 않는다고 가정한다. 즉 장기에 인플레이션율과 완전고용수준의 실질총소득은 무관하다고 가정한다.

그러나 이자율은 장기의 통화공급증가율에 영향을 받는다. 통화공급수준이 한번에 영구적으로 증가하여 통화공급의 절대수준이 변하더라도 장기이자율은 변하지 않지만 통화공급증가율이 일정한 비율로 지속적으로 증가하면 장기이자율이 영향을 받는다. 통화공급증가율이 매년 일정한 비율로, 예컨대 매년 10%씩 지속적으로 증가하여 지속적인 인플레이션이 유발되면 왜 장기이자율이 변하는지를 이해하기 위해서는 구매력평가이론을 이자율평가조건과 결합하면 된다.

이자율평가조건은 다음과 같다.

(6-5) $$R-R^{*}=\frac{E^{e}-E}{E}$$

한편 PPP이론에 따르면 상대 PPP는 환율의 변화율(=원화의 절하율)과 양국의 인플레이션율의 차이와의 관계를 나타낸다. 상대 PPP를 수식으로 표현하면 다음과 같다.

(6-6) $$\Delta E=\pi_{t}-\pi_{t}^{*}$$

여기서 $\Delta E=\frac{E_{t}-E_{t-1}}{E_{t-1}}$은 $t-1$기와 t기 사이의 원화의 절하율이다. π는 국내 인플레이션율, π^{*}는 외국의 인플레이션율을 나타낸다. 상대 PPP를 환율의 예상변화율(=원화의 예상절하율)과 양국의 예상인플레이션율의 차이로 고쳐 쓰면 다음과 같다.

(6-6)′ $$\Delta E^{e}=\pi^{e}-\pi^{e*}$$

여기서 $\Delta E^{e}=\frac{E_{t+1}^{e}-E_{t}}{E_{t}}=\frac{E^{e}-E}{E}$는 t기에 예측한 $t+1$기의 원화의 예상절하율이다. π^{e}와 π^{e*}는 국내·외 예상인플레이션율을 나타낸다. 따라서 식(6-5)의 이자율평가조건과 상대 PPP를 나타내는 식(6-6)′를 결합하면 다음과 같다.

(6-7) $$R-R^{*}=\pi^{e}-\pi^{e*}$$

식(6-7)에 따르면 두 나라의 사이의 이자율차이는 두 나라의 예상인플레이션율의 차이와 같다. 상대 PPP와 이자율평가조건이 결합된 식(6-7)은 예상인플레이션율과 이자율의 장기적 관계를 나타낸다. 이 식을 통해 이자율이 환율에 미치는 영향에 대한 통화론적 접근방법을 설명할 수 있다. 이 식에 따르면 외국의 이자율과 예상인플레이션율이 일정할 경우 우리나라의 예상인플레이션율이 상승하면 우리나라의 명목이자율이 예상인플레이션율에 비례하여 상승한다. 이와 같은 이자율과 예상인플레이션율의 장기관계를 **피셔효과(Fisher effect)**라고 한다.[2)]

---

2) 피셔효과는 20세기 초 미국의 유명한 경제학자인 피셔(Irving Fisher)의 이름을 따서 붙인 것이다. 명목이자율을 R, 예상인플레이션율을 π^{e}라고 하면 예상실질이자율 r^{e}는

$$r^{e}=R-\pi^{e}$$

와 같다. 여기서 예상인플레이션율이 증가하면 명목이자율이 비례적으로 상승하여 예상실질이

환율과 인플레이션율 및 이자율

피셔효과를 통해 한 나라의 이자율이 다른 나라의 이자율에 비해 상대적으로 상승하면 그 나라 통화가 절하된다는 통화론적 접근법의 결과를 정당화시킬 수 있다. 이제 한국은행이 연 15%에서 연 17%로 2%포인트만큼 통화공급증가율을 상승시킨다고 하자. 통화공급증가율이 2%포인트 증가하면 사람들의 예상인플레이션율도 2%포인트만큼 상승한다. 예상인플레이션율이 상승하면 피셔효과에 의해 명목이자율도 2%포인트만큼 상승한다. 명목이자율 상승으로 실질화폐수요가 감소하면 화폐시장의 균형조건

(6-2)′
$$P = \frac{M^s}{L(R,\ Y)}$$

에서 화폐시장을 균형시키도록 물가가 즉각 상승한다. 한은이 통화공급증가율을 2%포인트 증가시킨 시점(t_0)에서 통화공급량에는 변화가 없다. 통화공급증가율의 증가에 따른 통화공급량의 변화는 t_0시점 이후에 일어난다. 따라서 t_0시점에서는 통화공급량에는 변화가 없지만 이자율상승에 따른 실질화폐수요 감소로 인한 통화의 초과공급이 해소되기 위해서 물가가 즉각 상승한다. 통화공급의 연증가율이 15%에서 17%로 증가한 t_0시점에서 물가가 상승하면 PPP조건

(6-1)
$$E = \frac{P}{P^*}$$

에 따라 E가 상승한다.

통화공급증가율의 증가가 환율에 미치는 영향을 외환시장의 균형조건을 나타내는 **그림 6.1** 을 통해 살펴보자. 통화공급증가율의 상승에 따른 예상인플레이션율의 상승은 피셔효과에 의해 이자율을 비례적으로 상승시킬 뿐만 아니라 원화가치의 절하를 예상케 하여 원화의 예상절하율을 상승시킨다. 예상인플레이션율의 상승에 따른 이자율상승으로 원화예금의 기대수익률이 높아져 원화예금의 기대수익률을 나타내는 직선이 우측으로 이동한다. 예상인플레이션율의 상승으로 예상환율수준이 높아지면 원화의 예상절하율이 상승하여 달러화예금의 기대수익률곡선도 우측으로 이동한다.

자율에는 변화가 없다는 것이 피셔효과이다.

그림 6.1 **환율과 통화공급증가율 및 이자율**

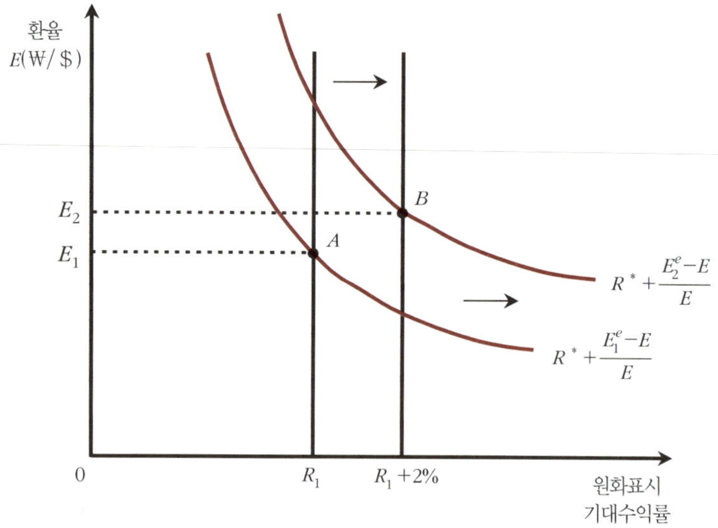

$R^* + \frac{E_2^e - E}{E}$

$R^* + \frac{E_1^e - E}{E}$

■ 최초 A점에서 균형
통화공급증가율 증가 → 예상인플레이션율 상승 → 이자율상승 및 원화의 예상절하율 상승 → 원화예금의 기대수익률 및 달러화예금의 기대수익률곡선 우측 이동 → 새로운 균형점 B ■

원화와 달러화예금의 기대수익률곡선이 동시에 우측으로 이동하면 환율은 상승 또는 하락할 수 있다. 여기서는 원화의 이자율상승으로 인한 원화예금의 기대수익률곡선의 우측 이동폭보다 원화의 절하예상에 따른 원화의 예상절하율 증가로 인한 달러화예금의 기대수익률곡선의 우측 이동폭이 더 크다고 가정한다. 다시 말해 이자율변화효과보다 예상환율변화효과가 더 크다고 가정하면 균형점은 최초에 그림 6.1의 A에서 B로 이동하고 환율은 E_1에서 E_2로 상승한다.

통화론적 접근에서와 같이 물가의 완전신축성을 가정하는 장기에는 통화공급증가율이 증가하면 예상인플레이션율이 상승하고 피셔효과에 의해 이자율이 상승한다. 이때의 이자율상승은 통화공급증가율이 증가한 결과이므로 사람들은 인플레이션율이 높아질 것이라고 예상하고 이에 따라 통화가치도 절하될 것이라고 예상한다. 따라서 이자율상승이 통화가치의 절하로 연결된다.

물가가 경직적인 단기에는 통화공급량 감소가 물가하락으로 이어지지 못하므로 화폐시장의 균형이 유지되기 위해서 이자율상승이 이루어진다. 이때의 이자율상승은 통화공급량이 감소한 결과이기 때문에 이자율상승이 통화가치의 절상으로 연결된다.

그림 6.2 통화공급증가율의 변화와 이자율 및 환율의 조정

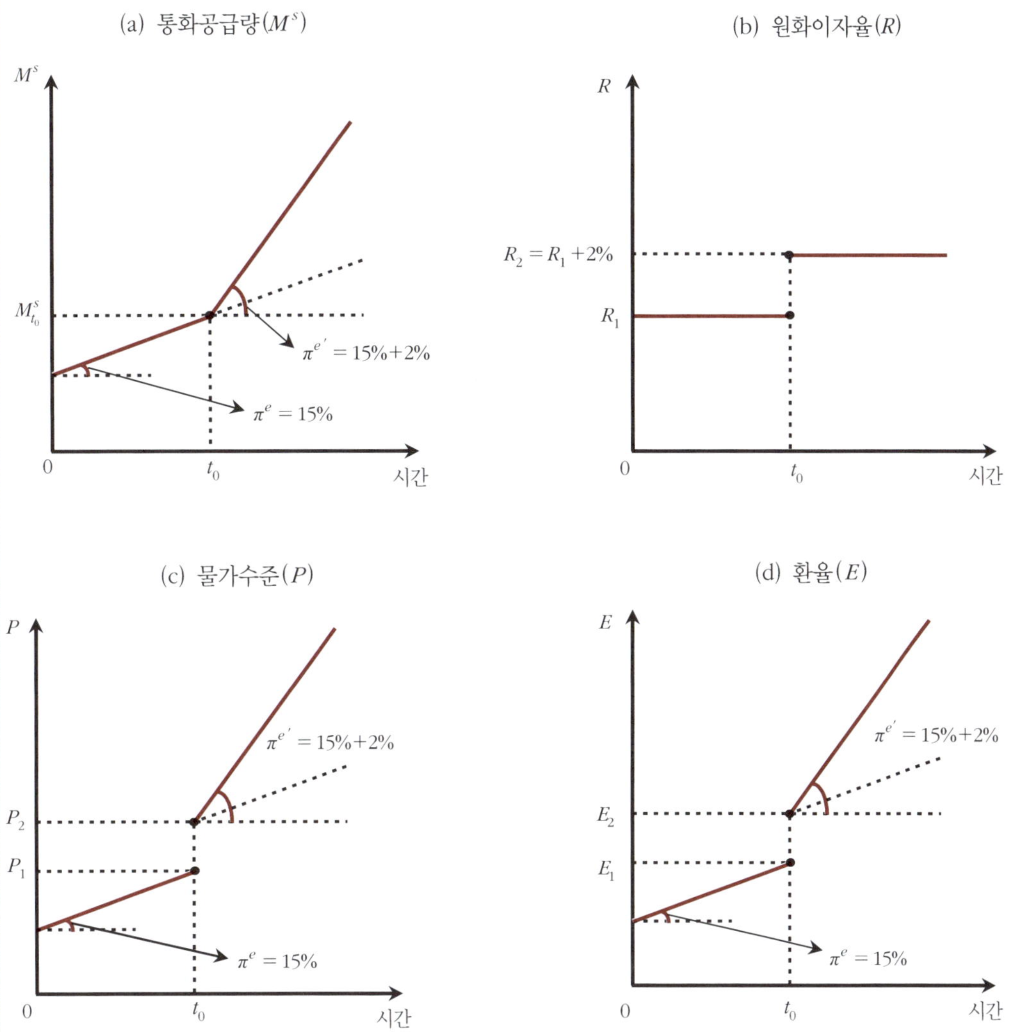

이처럼 이자율변화가 환율에 미치는 상반된 결과를 정확히 이해하기 위해서는 왜 이자율이 상승 또는 하락했는지 그 원인을 명확히 파악해야 한다. 이자율에 영향을 미치는 요인들이 환율에도 영향을 미칠 수 있기 때문이다.

이상에서 논의한 통화공급증가율, 이자율, 물가수준 및 환율의 관계를 **그림 6.2**를 통해 살펴보자. 그림을 쉽게 이해하기 위해 한국은행이 t_0시점에서 앞으로 통화공급증가율을 연 15%에서 17%로 2%포인트 증가시키기로 했다고 가정하자. **그림 6.2**

는 이와 같은 통화공급증가율의 변화가 이자율, 물가수준, 환율 등에 미치는 영향을 보여준다. 그림을 단순화시키기 위해 미국의 인플레이션율은 0%를 계속 유지한다고 가정한다. 그림에서 t_0는 통화당국이 통화공급증가율을 변화하기로 발표한 시점이다.

그림 6.2(a)는 통화공급증가율이 t_0시점까지 매년 15%였으나 t_0시점 이후부터 17%로 상승하여 예상인플레이션율이 영구히 2%포인트 증가하였음을 보여준다.

예상인플레이션율이 2%포인트 증가하면 피셔효과에 따라 그림 6.2(b)에서처럼 원화의 이자율이 최초의 수준 R_1보다 2%포인트 높은 $R_2 = R_1 + 2\%$로 증가한다.

그림 6.2(a)에서 t_0시점에서는 통화공급수준에는 변화가 없는 것을 알 수 있다. 통화공급증가율을 증가시키겠다고 발표한 t_0시점에서 통화공급량은 즉각 증가하지 않지만 예상인플레이션의 상승에 따른 피셔효과로 그림 6.2(b)에서처럼 이자율은 t_0시점에서 즉각 상승한다. 이자율상승으로 실질화폐수요가 감소한다. 따라서 t_0시점에서 실질통화량공급이 실질화폐수요를 초과하여 화폐시장에 초과공급이 존재한다. 즉 t_0시점에서 이자율상승으로

$$\frac{M^s}{P} > L(R,\ Y)$$

가 초래되므로 그림 6.2(c)에서처럼 t_0시점에서 물가수준이 즉각 상승하여 화폐시장의 초과공급이 해소되어야 한다. t_0시점에서 물가수준이 상승하면 PPP에 따라 그림 6.2(d)와 같이 환율수준도 t_0시점에서 물가상승에 비례하여 즉각 상승해야 한다. t_0시점 이후에 환율은 매년 15% 대신 17%씩 상승한다.

6.2 확장된 통화론적 접근법

PPP이론은 통화론적 접근법과 같은 장기균형환율결정모형의 중요한 근간이 되고 있다. 그러나 PPP이론으로 환율의 결정방식을 설명하는 데는 한계가 있다. 따라서 PPP이론에 근거한 통화론적 접근으로는 환율변화를 정확히 예측할 수 없다. 여기에서는 통화론적 접근을 확장하여 장기명목균형환율수준의 결정요인을 분석한다.

확장된 통화론적 접근법(augmented monetary approach)은 장기명목환율에 영향을 미치는 화폐적 요인(화폐시장)뿐 아니라 실물적 요인(생산물시장)까지를 감안한 것이다. 확장된 통화론적 접근법을 통해 통화론적 접근에서 가정하고 있는 PPP이론이 유용한 개념임을 다시 확인할 수 있다. 다시 말해 화폐적 변화가 경기변동의 지배적인 요인일 때는 장기적으로 통화론적 접근을 통한 환율예측이 정확하다는 것을 확인할 수 있다.

이하의 분석에서도 물가가 경직적인 단기는 무시하고 물가가 완전신축적인 장기에만 분석의 초점을 맞춘다.

6.2.1 실질환율

명목환율(nominal exchange rate)은 두 나라 통화의 상대가격이다. 반면 **실질환율(real exchange rate)**은 동일한 상품바스켓으로 표시된 두 나라 생산물의 상대가격을 의미한다.[3] 따라서 명목환율이 통화단위로 표시되는 데 비해 실질환율은 상품수량으로 표시된다.

예를 들어 한·미 두 나라의 상품바스켓에 쌀만 포함되어 있다고 하자. 미국쌀 1가마(80kg)는 200달러, 한국쌀 1가마(80kg)는 10만 원이라고 하자. 그리고 명목환율은 1달러당 1,000원이라고 하자. 그러면 미국쌀의 원화가격은 20만 원〔=200달러×1,000(원/달러)〕이다. 따라서 우리나라 쌀 수량으로 표시한 미국쌀의 상대가격은

$$\frac{\text{미국쌀 1가마 가격}}{\text{한국쌀 1가마 가격}}=\frac{\text{20만 원}}{\text{10만 원}}=2$$

가 된다. 따라서 미국쌀 1가마는 한국쌀 2가마와 가치가 같다. 이처럼 실질환율은 우리나라 상품수량으로 표시한 외국상품의 상대적 가치를 나타낸다.

원/달러 실질환율을 q, 원/달러 명목환율을 E, 국내물가수준을 P, 외국물가수준을 P^*라고 하면 실질환율은 다음과 같이 정의된다.

$$q=\frac{EP^*}{P} \tag{6-8}$$

3) 실질환율을 표시하고자 하는 경우에만 '실질'이라는 말을 쓰고 '환율'이라고 할 때에는 '명목환율'을 나타내는 것으로 한다.

$$= \frac{\text{미국생산물 1단위의 원화가격}}{\text{국내생산물 1단위의 원화가격}}$$

$$= \text{국내생산물로 표시한 미국생산물의 상대가격}$$

실질환율이 상승하면 달러화에 대해 원화가 실질절하(real depreciation)되었다고 한다. 원화가 실질절하되면 우리나라 생산물이 상대적으로 싸지고 미국생산물이 상대적으로 비싸져서 수출이 늘고 수입이 감소한다. 실질환율이 하락하면 달러화에 대해 원화가 실질절상(real appreciation)되었다고 한다. 원화가 실질절상되면 우리나라 생산물이 상대적으로 비싸지게 되므로 수출이 줄고 수입이 증가한다.

식(6-8)이 의미하는 바는 다음과 같다. 첫째, 양국의 물가수준이 변하지 않는 경우 명목절상(절하)은 실질절상(절하)을 뜻한다. 둘째, 절대 PPP가 성립되면

$$E = \frac{P}{P^*}$$

이므로 실질환율 q는 1이 된다. 셋째, 실질환율을 나타내는 식(6-8)을 변화율로 나타내면 다음과 같다.[4)]

(6-8)′
$$\begin{aligned} \Delta q &= \Delta E + \pi^* - \pi \\ &= \Delta E - (\pi - \pi^*) \end{aligned}$$

여기서 $\Delta q = \frac{q_t - q_{t-1}}{q_{t-1}}$과 $\Delta E = \frac{E_t - E_{t-1}}{E_{t-1}}$은 각각 $t-1$기와 t기 사이의 원화의 실질절하율과 명목절하율을 나타낸다. $\pi = \frac{P_t - P_{t-1}}{P_{t-1}}$과 $\pi^* = \frac{P_t^* - P_{t-1}^*}{P_{t-1}^*}$은 $t-1$기와 t기 사이의 국내 및 외국의 인플레이션율을 나타낸다. 식(6-8)′는 실질환율의 변화율은 명목환율의 변화율에서 양국의 인플레이션율의 차이를 빼준 것과 같다는 것을 보여준다. 이때 상대 PPP가 성립하면 식(6-6)에 의해

$$\Delta E = \pi - \pi^*$$

가 된다. 따라서 상대 PPP가 성립하면 실질환율 변화율은 0이 된다. 즉, 상대 PPP

4) $z = xy$라고 할 때 z의 변화율은 $\dot{z} \approx \dot{x} + \dot{y}$와 같다. 여기서 $\dot{z} = \frac{z_t - z_{t-1}}{z_{t-1}}$, $\dot{x} = \frac{x_t - x_{t-1}}{x_{t-1}}$, $\dot{y} = \frac{y_t - y_{t-1}}{y_{t-1}}$이다. 또한 $z = \frac{x}{y}$라고 하면 z의 변화율은 $\dot{z} = \dot{x} - \dot{y}$가 된다. 예를 들어 명목GDP는 물가와 실질GDP의 곱으로 나타낼 수 있다. 따라서 명목GDP 증가율(=명목경제성장률)=물가증가율(=인플레이션율)+실질GDP 증가율과 같다.

가 성립하기 위해서는 실질환율이 1이 될 필요는 없고 일정하면 된다. 현실적으로 실질환율은 1이 아니거나 일정하지 않는 경우가 대부분이다. PPP이론으로는 실질환율이 변하는 현실세계를 설명하는 데 한계가 있다. 따라서 장기실질환율의 변화를 초래하는 원인을 체계적으로 살펴볼 필요가 있다.

6.2.2 장기실질환율의 결정요인

장기실질환율수준은 생산물의 상대가격처럼 생산물의 수요와 공급조건에 의해 영향을 받는다. 생산물시장의 수요·공급의 변화가 어떻게 장기실질환율의 변동에 영향을 미치는지 살펴본다.

생산물에 대한 상대적 수요의 변화

어떤 이유로 우리나라 생산물에 대한 수요가 미국생산물에 대한 수요보다 상대적으로 증가했다고 하자. 우리나라 생산물에 대한 수요가 상대적으로 증가하면 우리나라의 생산물가격이 상승한다. 우리나라의 생산물가격이 상승하면 미국생산물이 상대적으로 싸지고 실질환율이 하락한다. 따라서 우리나라 생산물에 대한 수요가 상대적으로 증가하면 실질환율이 하락하고 원화의 실질절상이 이루어진다. 동일한 논리로 국내생산물에 대한 수요의 상대적 감소는 실질환율을 상승시키고 원화의 실질절하를 가져온다.

생산물공급의 상대적 변화

우리나라 노동과 자본의 생산성이 어떤 이유로 증가했다고 하자. 우리나라의 생산성이 증가하면 우리나라 생산물의 공급이 증가한다. 우리나라 생산물공급이 상대적으로 증가하면 우리나라의 생산물가격이 하락한다. 우리나라의 생산물가격이 하락하면 미국생산물이 상대적으로 비싸지고 실질환율이 상승한다. 따라서 우리나라의 생산물공급이 상대적으로 증가하면 실질환율이 상승하고 원화의 실질절하가 유발된다. 같은 논리로 미국의 생산물공급이 상대적으로 증가하면 실질환율이 하락하고 원화의 실질절상이 초래된다.

이상과 같은 생산물시장의 수급변화가 장기실질환율에 미치는 영향을 종합하면

표 6.1 **장기실질환율(q)의 변화요인과 그 효과**

1. 생산물에 대한 수요변화	장기실질환율에 미치는 효과
국내생산물에 대한 수요증가 미국생산물에 대한 수요증가	실질환율 하락(원화의 실질절상) 실질환율 상승(달러화의 실질절상)
2. 생산물의 공급변화	장기실질환율에 미치는 효과
국내생산물의 공급증가 미국생산물의 공급증가	실질환율 상승(원화의 실질절하) 실질환율 하락(달러화의 실질절하)

표 6.1과 같다.[5)]

6.2.3 확장된 통화론적 접근법과 장기명목환율의 결정요인

확장된 통화론적 접근법

화폐시장뿐 아니라 생산물시장까지 고려할 경우 장기명목환율은 어떻게 결정되는가? 결론적으로 말해 화폐에 대한 수요와 공급의 변화는 PPP이론의 예측대로 명목환율을 비례적으로 변화시킨다. 반면 생산물에 대한 수요와 공급의 변화는 명목환율을 PPP이론의 예측과는 다르게 변화시킨다.

이를 살펴보기 위해 실질환율을 나타내는 식(6-8)

(6-8) $$q = \frac{EP^*}{P}$$

를 고쳐 쓰면 명목환율은 다음과 같이 나타낼 수 있다.

(6-9) $$E = q\frac{P}{P^*}$$

따라서 명목환율(E)은 실질환율(q)에 양국 물가수준의 비율(P/P^*)을 곱한 것과 같다. 식(6-9)는 확장된 통화론적 접근의 아이디어를 나타내는 기본방정식이다. 이 식과 통화론적 접근의 근간을 이루는 PPP를 나타내는 $E = \frac{P}{P^*}$의 차이는 무엇인가?

5) 발라샤-사무엘슨 가설에 따라 교역재부문 생산성의 상대적 변화가 실질환율에 미치는 영향도 고려할 수 있다. 우리나라 교역재부문의 생산성증가율이 미국에 비해 상대적으로 높다고 하자. 발라샤-사무엘슨 가설에 따라 교역재부문의 생산성이 상대적으로 높은 나라의 물가수준이 상대적으로 더 많이 상승하므로 우리나라의 물가수준이 미국보다 상대적으로 많이 상승하고 원화의 실질절상이 이루어질 것이다.

식(6-9)는 PPP를 나타내는 $E=\frac{P}{P^*}$에 장기명목환율의 PPP로부터의 괴리를 고려하기 위해 명목환율의 결정요인으로서 실질환율 q를 추가한 것이다. 따라서 식(6-9)는 PPP를 근간으로 하는 통화론적 접근에 실질환율에 영향을 미치는 실물적 요인들을 추가적으로 고려하여 장기명목환율을 설명하고 있다. 확장된 통화론적 접근법에 따르면

① 주어진 실질환율하에서 화폐에 대한 수요와 공급의 변화는 양국 물가수준의 비율을 변화시킴으로써 통화론적 접근에서와 같이 장기명목환율에 영향을 미친다.

② 생산물에 대한 수요와 공급의 변화를 통한 실질환율의 변화도 장기명목환율에 영향을 미친다.

장기명목환율의 결정요인

확장된 통화론적 접근에 따라 장기명목환율을 변동시키는 요인들을 살펴보면 다음과 같다.

통화공급수준의 변화

우리나라의 통화공급량이 일회적으로 영구히 증가했다고 하자. 이와 같이 통화공급수준이 일회적으로 증가하면 장기의 물가수준과 명목환율 등을 비례적으로 상승시키고 실질총소득, 이자율, 실질환율, 상대가격 등에는 어떤 영향도 미치지 못한다. 따라서 국내통화량이 일회적으로 영구히 증가하면 국내물가수준(P)이 비례적으로 상승하고 식(6-9)에 따라 장기명목환율이 비례적으로 상승한다. 실질환율 q가 변동하지 않았기 때문에 명목환율의 변동은 PPP이론이 예측하는 것과 일치한다. 따라서 통화공급수준이 일회적으로 영구히 변화하는 경우 명목환율은 통화론적 접근법이 시사하는 결과와 동일하다.

통화공급증가율의 변화

국내통화공급증가율의 증가는 예상인플레이션율을 상승시키고 피셔효과를 통하여 명목이자율을 예상인플레이션율 상승폭만큼 상승시킨다. 이자율이 상승하면 화폐

에 대한 수요가 감소하므로 화폐초과공급이 유발되고 화폐시장의 초과공급을 해소하기 위해 국내물가수준이 즉각 상승한다. 명목환율도 물가수준에 비례하여 상승한다. 국내물가 P와 명목환율 E가 비례적으로 상승하였으므로 실질환율 $q = EP^*/P$는 변화가 없다. 즉 통화공급증가율의 변화와 같은 화폐적 요인의 변화는 화폐의 장기중립성에 따라 실질환율에는 어떤 영향도 미치지 못한다. 따라서 통화공급증가율이 증가하면 물가수준이 상승하고 물가수준의 상승에 비례하여 명목환율이 상승한다. 결국 화폐적 요인의 변화에 따른 장기명목환율의 변동은 통화론적 접근이 예측하는 것과 같다.

생산물에 대한 수요변화

경제교란이 생산물시장의 변동에 기인하는 경우 환율은 장기에도 통화론적 접근의 예측에 따라 변동되지 않는다. 국내·외 장기물가수준은 식(6-2)′와 식(6-3)′에서와 같이

(6-2)′ $$P = \frac{M^s}{L(R,\ Y)}$$

(6-3)′ $$P^* = \frac{M^{s*}}{L(R^*,\ Y^*)}$$

에 의해 결정된다. 따라서 화폐수급과 같은 화폐적 요인이 아닌 생산물에 대한 수요의 상대적 변화는 장기물가수준에 영향을 미치지 못한다. 생산물에 대한 수요의 변화는 실질환율에 영향을 미쳐 장기명목환율의 변화를 초래한다.

국내생산물에 대한 수요가 상대적으로 증가하면 국내생산물의 가격이 상승하여 실질환율의 하락을 가져온다. 실질환율의 하락은 식(6-9)에 따라 명목환율의 하락을 초래한다. 이처럼 확장된 통화론적 접근은 명목환율이 화폐적 요인뿐 아니라 비화폐적 요인에 의해서도 영향을 받는다는 것을 보여준다.

생산물의 공급변화

국내생산물의 공급증가는 국내생산물의 가격을 하락시킴으로써 실질환율의 상승을 유발하는 것을 앞에서 설명하였다. 또한 국내생산물의 공급증가는 국내총소득을 증가시켜 실질화폐수요를 증가시킨다. 실질화폐수요가 증가하면 국내의 장기물가수

준이 하락한다. 이처럼 국내생산물의 공급증가는 실질환율 q의 상승과 국내물가수준 P의 하락을 동시에 수반하므로

$$E = q\frac{P}{P^*} \tag{6-9}$$

에서 명목환율 E가 증가할지 감소할지 알 수 없다. 따라서 생산물의 공급증가가 장기명목환율에 미치는 순효과는 불분명하다. 생산물의 공급변화를 통해 교란이 생산물시장에서 시작되었을 때도 환율에 미치는 영향은 화폐시장에 대한 파급효과도 함께 고려해야 함을 알 수 있다.

이상과 같은 장기명목환율의 변동요인과 그 효과를 요약하면 표 6.2와 같다.

표 6.2 장기명목환율의 변동요인과 그 효과

변동요인	장기명목환율
1. **화폐시장**(화폐적 요인)	
① 국내통화공급수준의 증가	비례적 상승(원화의 명목절하)
② 미국통화공급수준의 증가	비례적 하락(달러화의 명목절하)
③ 국내통화증가율의 증가	상승(원화의 명목절하)
④ 미국통화증가율의 증가	하락(달러화의 명목절하)
2. **생산물시장**(실물적 요인)	
① 국내생산물에 대한 수요증가	하락(원화의 명목절상)
② 미국생산물에 대한 수요증가	상승(달러화의 명목절상)
③ 국내생산물의 공급증가	불분명
④ 미국생산물의 공급증가	불분명

■ 사례연구 ■

확장된 통화론적 접근과 엔고현상[6)]

일본 엔화는 1950-1971년의 기간 동안 미국 달러화에 대하여 1달러당 360엔으로 고정되어 있었다. 그러나 1970년대 초반 이래 엔/달러환율이 외환시장의 수급조

6) 엔고현상에 대한 사례연구는 Paul Krugman and Maurice Obsfeld, *International Economics: Theory and Policy*, Addison-Wesley, 5th ed., 2000, pp. 423-425 참고.

건 변동에 따라 신축적으로 움직이면서 달러에 대한 엔의 절상, 즉 엔고현상이 계속되어 1995년 봄에는 1달러당 80엔을 기록하였다. 25년간(1970-1995)에 달러가치가 약 80% 하락한 것이다. 이러한 엔고현상은 PPP이론으로는 설명할 수 없다. 이 기간에 미국의 물가수준이 일본 물가수준에 비해 항상 높지는 않았기 때문이다.

엔고현상은 장기명목환율결정에 대한 확장된 통화론적 접근법으로 설명할 수 있다. 확장된 통화론적 접근법은 식(6-9)에서와 같이

$$E(¥/\$) = q(¥/\$)\frac{P_J}{P_U} \qquad (6\text{-}9)$$

로 나타낼 수 있다. 여기서 $E(¥/\$)$는 달러화에 대한 엔화의 명목환율, $q(¥/\$)$는 달러화에 대한 엔화의 실질환율, P_J는 일본 물가수준, P_U는 미국 물가수준을 나타낸다. 식(6-9)를 변화율로 나타내면 다음과 같다.

명목환율 변화율＝실질환율 변화율＋일본 인플레이션율－미국 인플레이션율

따라서 달러화에 대한 엔화의 명목환율이 하락하여 엔화의 절상이 이루어지기 위해서는 실질환율이 하락하거나 미국의 인플레이션율이 일본의 인플레이션율보다 높아야 한다. 1970년 초반 이후 미국의 인플레이션율이 일본의 인플레이션율보다 항상 높지는 않았기 때문에 엔화의 명목환율이 지속적으로 하락한 것은 실질환율이 지속적으로 하락하여 엔화의 실질절상이 이루어졌기 때문이다.

엔화의 실질절상이 이루어진 이유는 제5장의 발라샤-사무엘슨 가설에서 설명하였듯이 주로 일본과 미국의 교역재부문의 생산성차이에 기인한다. 일본은 미국에 비해 교역재부문의 생산성이 훨씬 높았다. 교역재부문의 높은 생산성은 임금상승을 유발하여 상대적으로 노동집약적인 비교역재부문의 임금상승과 가격상승으로 이어져 경제 전체의 물가상승을 야기하였다. 일본의 높은 물가수준은 엔화의 실질절상을 유발하여 엔화의 명목절상으로 귀결되었다.

6.2.4 피셔효과와 실질환율

상대 PPP와 이자율평가조건을 결합하면 식(6-7)처럼 두 나라의 이자율의 차이

는 두 나라의 예상인플레이션율의 차이와 같아진다.

(6-7) $$R-R^{*}=\pi^{e}-\pi^{e*}$$

그러나 현실적으로 상대 PPP가 성립하지 않는 경우에는 국가간의 이자율차이는 예상인플레이션율의 차이만으로는 설명되지 않을 수도 있다. 따라서 환율변화를 제대로 이해하고 예측할 수 있기 위해서는 국가간의 이자율차이를 초래하는 원인을 보다 정확히 파악해야 한다. 여기서는 피셔효과에 실질환율의 예상변화율을 이용하여 국가간 이자율차이가 예상인플레이션율의 차이뿐만 아니라 실질환율의 예상변화율에도 영향을 받는다는 것을 보여주고 있다.

실질환율 q는 변화율로 나타내면

(6-8)′ $$\begin{aligned}\Delta q &= \Delta E+\pi^{*}-\pi \\ &= \Delta E-(\pi-\pi^{*})\end{aligned}$$

로 나타낼 수 있다. 실질환율의 예상변화율은 다음과 같이 나타낼 수 있다.

(6-8)″ $$\Delta q^{e}=\Delta E^{e}-(\pi^{e}-\pi^{e*})$$

여기서 $\Delta q^{e}=\dfrac{q_{t+1}^{e}-q_{t}}{q_{t}}$는 t기에 예상한 $t+1$기의 실질환율의 예상변화율(원화의 예상실질절하율), $\Delta E^{e}=\dfrac{E_{t+1}^{e}-E_{t}}{E_{t}}$는 t기에 예상한 $t+1$기의 명목환율의 예상변화율(=원화의 예상절하율)을 나타낸다. 식(6-8)″에 이자율평가조건

$$R-R^{*}=\Delta E^{e}$$

를 결합시키면

(6-10) $$R-R^{*}=\Delta q^{e}+\pi^{e}-\pi^{e*}$$

가 된다. 만약 상대 PPP가 성립하면 식(6-6)′에서 $\Delta E^{e}=\pi^{e}-\pi^{e*}$이므로 $\Delta q^{e}=0$이 된다. 따라서 식(6-10)은 피셔효과를 나타내는 식(6-7)과 같아진다. 상대 PPP가 성립하지 않는 경우 국가간 이자율차이는 식(6-10)에서처럼 실질환율의 예상변화율에 예상인플레이션율의 차이를 합한 것과 같다. 다시 말해 국가간 이자율차이는 국가간 예상인플레이션율의 차이에 의해서만 영향을 받는 것이 아니라 실질환율의 예상변화율에 의해서도 영향을 받는다. 예를 들어 한국의 예상인플레이션율이 연 5%이

고 미국은 연 2%인 경우 양국의 장기이자율의 차이는 반드시 PPP이론과 이자율평가조건에 따라 3%포인트가 될 필요는 없다. 이때 원화가 1% 실질절하될 것으로 예상되면 양국의 이자율의 차이는 4%포인트가 될 것이다.

6.2.5 실질환율과 실질이자율평가조건

여기서는 실질이자율평가조건을 통해 실질환율이 어떻게 결정되는지 살펴본다. 명목이자율평가조건은 두 나라의 명목이자율의 차이가 명목환율의 예상변화율과 같다는 것이다. 실질이자율평가조건은 두 나라의 예상실질이자율의 차이가 실질환율의 예상변화율과 같은 것을 말한다.

예상실질이자율은 명목이자율에서 예상인플레이션율을 뺀 것이다. 즉,

$$r^e = R - \pi^e$$

$$r^{e*} = R^* - \pi^{e*}$$

따라서 두 나라의 예상실질이자율의 차이는

(6-11) $$r^e - r^{e*} = (R - \pi^e) - (R^* - \pi^{e*})$$

로 나타낼 수 있다. 그런데 앞의 식(6-10)은

(6-10)′ $$\Delta q^e = (R - \pi^e) - (R^* - \pi^{e*})$$

로 고쳐 쓸 수 있다. 이 식과 식(6-11)을 결합하면 다음과 같은 실질이자율평가조건이 도출된다.

(6-12) $$r^e - r^{e*} = \Delta q^e$$

여기서 $\Delta q^e = \dfrac{q^e_{t+1} - q_t}{q_t} = \dfrac{q^e - q}{q}$는 t기에 예상한 $t+1$기의 실질환율의 예상변화율을 나타낸다. 실질이자율평가조건은 두 나라의 예상실질이자율의 차이는 실질환율의 예상변화율(=원화의 예상실질절하율)로써 설명된다는 것을 나타내고 있다.

상대 PPP가 성립된다면 실질환율의 예상변화율이 0이 되므로 식(6-12)에서 양국의 예상실질이자율이 같아진다. 식(6-12)는 상대 PPP가 성립하지 않으면 두 나라의 예상실질이자율의 차이만큼 예상실질환율이 조정되어야 한다는 것을 보여준다.

예를 들어 중국의 교역재부문의 생산성증가율이 미국보다 상대적으로 높을 것으로 예상된다고 하자. 이때 발라샤-사무엘슨 가설이 성립한다면 중국의 물가수준이 미국보다 빠르게 상승할 것이다. 따라서 달러화에 대한 중국 위안화의 실질절상이 예상될 것이다. 이때 실질이자율평가조건이 성립하기 위해서는 미국의 예상실질이자율이 중국보다 높아야 할 것이다.

이제 실질이자율평가조건을 이용하여 실질환율이 어떻게 결정되는지 살펴보자. 식(6-12)는 다음과 같이 고쳐 쓸 수 있다.

(6-13)
$$q=\frac{q^e}{1+r^e-r^{e*}}=\frac{q^e}{1+R-R^*-(\pi^e-\pi^{e*})}$$

따라서 실질환율은 양국의 예상실질이자율 차이와 예상실질환율에 의존한다. 양국의 예상실질이자율 차이는 양국의 명목이자율 차이에서 양국 예상인플레이션율의 차이를 빼준 것이다. 실질환율은 명목이자율뿐만 아니라 예상인플레이션에도 의존함을 실질이자율평가조건을 통해 확인할 수 있다.

부록: 통화론적 모형의 수학적 설명

통화론적 모형은 로그(log)선형방정식을 사용하여 다음과 같이 나타낼 수 있다.[7)]

(A6-1)
$$m-p=\phi y-\lambda R$$

(A6-2)
$$m^*-p^*=\phi y^*-\lambda R^*$$

(A6-3)
$$E=p-p^*$$

(A6-4)
$$R-R^*=\Delta E^e$$

식(A6-1)은 국내화폐시장의 균형식을 나타낸다. m은 국내통화량, p는 국내물가, y는 국내실질소득으로 로그를 취한 값이다. R은 국내이자율을 나타낸다. 식(A6-2)는 외국화폐시장의 균형식을 나타낸다. m^*, p^*, y^*는 각각 외국의 통화량, 물가, 실질소득에 로그를 취한 값이고 R^*는 외국이자율을 나타낸다. ϕ는 화폐수요의 소득탄

7) 여기서 사용된 모형은 김인준 · 이영섭, 『국제금융론』, 서울: 율곡출판사, 2008, pp. 295-298 참고.

력성, λ는 화폐수요의 이자율탄력성을 나타낸다. 논의를 단순화하기 위해 화폐수요의 소득탄력성과 이자율탄력성은 국내와 외국이 같다고 가정한다. 식(A6-3)은 $E=\frac{P}{P^*}$의 양변에 로그를 취한 것으로 PPP조건을 나타낸다. 식(A6-4)는 이자율평가조건을 나타낸다. $\Delta E^e = E^e_{t+1} - E_t$로 환율의 예상변화율을 나타낸다. E^e_{t+1}와 E_t도 로그를 취한 값이다.

통화론적 접근의 환율결정식은 다음과 같이 나타낼 수 있다.

$$E=(m-m^*)-\phi(y-y^*)+\lambda(R-R^*) \tag{A6-5}$$

식(A6-5)는 식(A6-1)에서 식(A6-2)를 뺀 후 식(A6-3)을 결합한 것이다. 물가의 완전신축성을 가정하면 실질총소득은 항상 완전고용수준으로 주어진다. 따라서 식(A6-5)를 통해 환율은 양국 통화공급의 상대적 규모와 양국의 이자율차이에 의해 결정됨을 알 수 있다. 국내통화공급이 외국통화공급에 비해 상대적으로 증가하면 환율이 비례적으로 상승한다. 국내·외 이자율차이가 커지면 환율도 상승한다. 국내·외 이자율차이에 대한 환율의 반응 정도는 화폐수요의 이자율탄력도 λ에 달려 있다.

식(A6-5)에 이자율평가조건을 나타내는 식(A6-4)를 결합하면 예상환율이 현재환율에 미치는 영향을 알 수 있다.

$$E=(m-m^*)-\phi(y-y^*)+\lambda(\Delta E^e) \tag{A6-6}$$

식(A6-6)은 예상환율이 변하면 현재환율도 변함을 보여준다. 예를 들어 원화가 절하될 것이라고 예상되면 원화보다 달러화에 대한 수요가 늘어나 현재환율이 상승하고 원화가 절하된다. PPP를 나타내는 식(A6-3)은 다음과 같이 고쳐 쓸 수 있다.

$$E_t = p_t - p_t^* \tag{A6-3}$$

$$E^e_{t+1} = p^e_{t+1} - p^{e*}_{t+1} \tag{A6-3$'$}$$

따라서

$$\begin{aligned}\Delta E^e_{t+1} &= E^e_{t+1} - E_t \\ &= p^e_{t+1} - p^{e*}_{t+1} - (p_t - p_t^*) \\ &= p^e_{t+1} - p_t - (p^{e*}_{t+1} - p_t^*)\end{aligned}$$

$$= \pi^{e}_{t+1} - \pi^{e*}_{t+1}$$

즉,

$$\Delta E^{e}_{t+1} = \pi^{e}_{t+1} - \pi^{e*}_{t+1}$$

이 식을 이용하면 이자율평가조건을 나타내는 식(A6-4)는 다음과 같이 고쳐 쓸 수 있다.

(A6-7)
$$R - R^{*} = \Delta E^{e}$$
$$= \pi^{e} - \pi^{e*}$$

식(A6-7)을 이용해 식(A6-6)을 고쳐 쓰면 다음과 같다.

(A6-8)
$$E = (m - m^{*}) - \phi(y - y^{*}) + \lambda(\pi^{e} - \pi^{e*})$$

따라서 국내의 예상인플레이션율이 상승하면 환율이 상승한다. 국내의 예상인플레이션율은 국내의 통화공급증가율이 증가하면 상승한다. 국내의 통화공급증가율이 증가하면 예상인플레이션율이 상승하고 국내통화가치의 절하가 예상되므로 달러화에 대한 수요가 늘고 환율이 상승하여 원화가 절하된다. 국내의 예상인플레이션이 상승하면 이자율은 피셔효과〔식(A6-7)〕에 의해 상승한다.

◇ 요약 및 복습 ◇

1. 화폐수요에 대한 수요와 공급이 환율결정에 미치는 영향을 중시하는 이론을 환율결정에 대한 **통화론적 접근(monetary approach)**이라고 한다. 통화론적 접근은 환율결정에 관한 장기이론이다. 통화론적 접근에서는 물가의 완전신축성을 가정한다. 물가가 완전신축적이기 때문에 PPP가 항상 성립한다.

2. 통화론적 접근에 따르면 양국 통화의 상대가격인 환율은 장기에 양국 통화의 상대적 공급과 상대적 수요에 의해 결정된다. 양국의 이자율과 총소득수준의 변화는 화폐수요에 대한 변화를 통해서 환율에 영향을 미친다.

3. 한 나라의 통화공급의 영구적 증가는 그 나라의 물가를 비례적으로 상승시켜 그 나라의 통화가치를 비례적으로 절하시킨다. 한 나라의 이자율이 상승하면 그 나라의 실질화폐수요가 감소하고 물가수준이 상승하여 그 나라 통화의 비례적 절

하를 초래한다. 한 나라의 총소득이 증가하면 그 나라의 실질화폐수요가 증가하고 물가수준이 하락하여 그 나라 통화의 비례적 절상을 가져온다.

4. 통화론적 접근에서와 같이 물가의 완전신축성을 가정하는 장기에는 통화공급증가율이 증가하면 예상인플레이션율이 증가하고 피셔효과에 의해 이자율도 상승한다. 이자율상승으로 실질화폐수요가 감소하고 물가가 상승하면 PPP가 성립하도록 환율이 상승한다. 이때의 이자율상승은 통화공급증가율이 증가한 결과이므로 이자율상승이 통화가치의 절하로 연결된다. 반면 물가가 경직적인 단기에는 통화공급량이 감소하면 이자율이 상승한다. 이때의 이자율상승은 통화공급량이 감소한 결과이기 때문에 이자율상승이 통화가치의 절상으로 연결된다.

5. 장기균형환율결정에 대한 **확장된 통화론적 접근**은 통화론적 접근이 중시하는 화폐적 요인(화폐시장)뿐 아니라 실질적 요인(생산물시장)까지를 감안한 모형이다. 확장된 통화론적 접근을 통해 화폐적 변화가 경기변동의 지배적인 요인일 때는 통화론적 접근을 통한 환율예측이 정확하지만 실물적 변화가 경기변동의 주요 요인일 때는 통화론적 접근이 시사하는 환율예측에 한계가 있음을 확인할 수 있다.

6. 확장된 통화론적 접근에서 통화공급수준과 통화공급증가율이 변화하는 경우에는 물가수준과 명목환율이 비례적으로 변화하므로 실질환율이 변동하지 않는다. 따라서 통화공급수준과 통화공급증가율이 변화하는 경우 명목환율의 변동은 통화론적 접근법이 시사하는 결과와 동일하다. 그러나 생산물에 대한 수요가 변화하면 생산물의 상대가격이 변화하여 실질환율이 변동하므로 장기물가수준이 변화가 없는 경우에도 장기명목환율의 변화를 초래한다. 생산물의 공급증가도 생산물의 상대가격을 변화시켜 실질환율의 변동을 유발한다. 또한 생산물의 공급증가는 실질화폐수요를 변화시켜 장기물가수준에도 영향을 미친다. 국내생산물의 공급증가는 실질환율과 물가수준의 변화를 동시에 수반하므로 국내생산물의 상대적 공급증가로 인한 장기명목환율의 변동방향은 정확히 예측하기 어렵다.

≪주요 용어 및 개념≫

- 통화론적 접근(monetary approach)
- 통화론적 접근의 기본방정식
- 피셔효과(Fisher effect)
- 확장된 통화론적 접근(augmented monetary approach)
- 확장된 통화론적 접근의 기본방정식
- 실질환율(real exchange rate)
- 실질이자율평가조건

제 3 편 개방경제와 국제수지 조정

제 7 장 개방경제와 국제수지
제 8 장 국제수지의 조정

제3편에서는 국제수지의 개념을 살펴보고 경상수지와 저축 및 투자의 관계를 분석한다. 이 과정에서 경상수지와 재정적자의 관계에 대해서도 설명한다. 또한 국제수지의 조정이론으로 탄력성 접근법, 국내총지출 접근법, 통화론적 접근법 등에 대해 살펴본다.

제 7 장

개방경제와 국제수지

■ 개 요 ■

개방경제에서 한 나라 경제의 경상거래 및 자본거래는 국제수지표에 의해 종합적으로 집계된다. 이 장에서는 한 나라 경제가 어떻게 다른 나라와 상호의존하고 있는가를 이해하기 위해서 국제수지표의 정의, 구성내용, 작성방법, 국제수지와 국민소득계정과의 관계 등을 살펴본다. 또한 경상수지와 저축 및 투자, 경상수지와 자본수지, 경상수지와 해외자산 및 외채, 경상수지와 재정적자 등의 관계를 파악한다. 아울러 국제수지와 통화량 및 환율의 관계도 살펴본다.

■ 중점학습사항 ■

- 개방경제에서 경상수지=총소득−국내총지출인 이유는?
- 개방경제에서 경상수지=총저축−국내총투자인 이유는?
- 개방경제에서 경상수지=순해외투자인 이유는?
- 개방경제에서 경상수지+자본수지=0인 이유는?
- 개방경제에서 국내총투자−총저축=−경상수지=순해외저축인 이유는?
- 개방경제에서 민간저축=국내총투자+순해외투자+재정적자인 이유는?
- 개방경제에서 쌍둥이 적자가 나타날 수 있는 까닭은?

7.1 국제수지의 기초개념

7.1.1 국제수지표의 정의

대부분의 가정에서는 수입과 지출내역을 기록하는 가계부를 작성한다. 가계부를 통하여 과거의 거래내용을 살펴보고 미래의 살림살이에 대한 계획을 마련한다. 마찬가지로 한 나라에 있어서도 다른 나라와의 거래내용을 기록·정리하여 그 나라 경제정책의 기초자료를 마련하는 것이 필요하다. 이러한 필요에 따라 일정한 기간 동안 자국 거주자와 비거주자 사이의 대외적 거래내용을 체계적으로 분류 정리한 것이 국제수지표이다.

국제수지(balance of international payments)표란 일정기간 동안 한 나라의 거주자와 비거주자 사이에 발생한 모든 경제적 거래를 체계적으로 기록한 통계표이다.

첫째, **'일정기간'**이라는 말은 국제수지가 어떤 특정 시점의 국제거래상황을 기록한 저량(stock)이 아니고 일정기간 동안에 발생한 국제거래를 집계한 유량(flow)개념의 통계임을 의미한다. 국제수지표 작성대상 기간은 통상 1년을 기준으로 하고 있으나 나라에 따라서는 분기별 또는 월별로 집계되기도 한다.[1)]

둘째, **'거주자'**라 함은 한 나라의 경제권 내에 영주하는 개인, 기업, 정부와 같은 경제주체를 말하고 일시적 거주자(외교관, 유학생, 1년 미만의 여행자, 군사요원 등)는 거주자에 포함되지 않는다. 거주자(residents)와 비거주자(nonresidents)의 구분은 일반적으로 내국인과 외국인으로 이해되기 쉬우나 법률상의 국적보다는 이익의 중심(center of interest), 즉 경제활동의 본거지가 어디냐를 기준으로 구분한다.

예를 들면 개인의 경우 외국인일지라도 1년 이상 국내에 거주하여 국내생산활동에 종사할 경우 경제활동의 중심이 국내에 있으므로 거주자에 해당된다. 또한 기업의 경우 영업이 실제로 이루어지고 있는 영토를 기준으로 하므로 국내에서 영업을 하고 있는 외국인투자기업은 거주자에 포함된다.

1) 우리나라는 1955년에 국제통화기금(IMF)에 가입한 것을 계기로 1958년부터 한국은행에서 국제수지표를 연도별로 작성하기 시작하였다. 1968년부터는 분기별, 1979년부터는 월별로 작성하고 있다.

한편 모든 외교기관은 본국정부의 거주자로 취급된다. 예를 들어 주미 한국대사관과 같은 정부기관은 해외에 있더라도 우리나라의 거주자로 취급한다. 주한 미대사관이나 주한 미군은 비거주자로 취급된다.

셋째, '**모든 경제적 거래**'란 상품 및 서비스거래, 소득거래, 자본거래 및 이전거래 등 일체의 대외거래를 포괄하는 것을 뜻한다.

넷째, 대외경제거래를 '**체계적으로 정리**'한다는 것은 복식부기의 원리(double-entry system)에 의해 국제적으로 통일된 기준(IMF의 기준)과 항목 분류에 따라 작성된다는 것을 의미한다. 국제수지표 작성의 기본원칙은 외국인에게 지불한 거래는 차변(지급; debit)에 기록하고 외국인으로부터 지급받는 거래는 대변(수취; credit)에 기록하는 것이다. 모든 개별경제거래를 대차 양변에 동시에 동일금액으로 기록하여 대차 양변의 합계를 항상 일치시킨다. 따라서 상품을 구입하고 대금을 지급하는 교환거래가 아니고 대가를 지급하지 않는 이전거래 등 일방적인 거래의 경우에는 대차를 균형시키기 위하여 별도의 항목을 설정한다.

국제수지편제방법은 나라마다 다소 차이가 있을 수 있다. 현재 우리나라를 비롯한 대부분의 국가가 국제통화기금(IMF)의 국제수지편제 매뉴얼(balance of payments manual)에 따라 국제수지표를 작성하고 있다.

7.1.2 우리나라 국제수지표의 구성내용

우리나라의 국제수지표는 1958년 이래 IMF의 국제수지편제기준에 따라 작성되고, 1979년부터는 IMF의 국제수지편제 매뉴얼 제4판(1977년)에 따라 작성되어 왔다. IMF는 1980년대 후반 이후 전세계적으로 나타나기 시작한 금융 및 자본시장의 국제화·자유화에 따른 대외거래 및 국제유동성의 변화 등을 반영하기 위해 국제수지편제 매뉴얼 제5판(1993. 9)을 발간하고 이 신기준에 따른 국제수지표 작성을 각국에 권고하였다. 이에 따라 한국은행은 1998년 1월부터 IMF의 신기준에 따른 국제수지표를 작성·공표하고 있다.

IMF의 신기준에 따른 우리나라의 국제수지표의 기본구조는 경상계정, 자본계정, 준비자산증감, 오차 및 누락 등으로 구성되어 있다.[2)]

2) 한국은행, "국제수지 개편의 주요 내용과 1997년 중 국제수지 동향,"「조사통계월보」, 1998. 3,

경상계정

경상계정(current account)에는 상품거래, 서비스거래 및 소득거래 등의 경상거래가 기록된다. 경상거래의 결과 생겨난 수입과 지출의 차이를 경상수지라 한다. 경상수지는 상품수지, 서비스수지, 소득수지 및 경상이전수지를 합한 것이다. 국제수지에서는 경상수지가 가장 중요시된다. 따라서 일반적으로 국제수지라 할 때는 경상수지를 말한다. 경상수지가 양이면 경상수지흑자, 음이면 경상수지적자라 한다.

상품수지

상품수지는 상품의 수출과 수입의 차이를 나타낸다. 상품의 수출과 수입은 경상거래에서 가장 큰 비중을 차지하는 항목이다. 관세청에서 작성하는 통관기준 수출액은 F.O.B. 가격기준에 의해서 산출된다. 수입액은 운임 및 보험료가 포함되어 있는 C.I.F. 가격기준에 의해서 산출된다.[3)]

국제수지통계에서는 수출, 수입 모두 F.O.B. 가격으로 평가되므로 C.I.F. 가격기준의 통관기준 수입액은 운임 및 보험료를 차감한 F.O.B. 기준으로 변경하여야 한다. 상품수지는 국제수지기준 수출액(F.O.B. 기준)에서 국제수지기준 수입액(F.O.B. 기준)을 차감하여 산출된다. 통관수입에서 차감된 거주자와 비거주자간의 운임 및 보험거래는 서비스거래에 계상한다.

서비스수지

서비스수지는 외국과의 서비스거래 결과 벌어들인 돈과 지급한 돈의 차이이다. 서비스수지에는 거주자와 비거주자간의 서비스거래를 운수(여객, 화물), 여행(유학 및 연수, 일반여행), 통신서비스, 보험서비스, 특허권 등 사용료, 비즈니스서비스, 정부서비스 및 기타서비스로 구분하여 계상한다.

소득수지

소득수지에는 외국인 노동자에게 지급되거나 내국인 해외근로자가 수취하는 급여 및 임금과 이자 등 투자소득의 수입 및 지급을 계상한다.

---

pp. 43-67.

3) F.O.B.(free on board; 본선인도조건) 기준 수출가격은 선적비용만이 포함되고 국가 사이의 운임은 포함되지 않는다. C.I.F.(cost, insurance and freight; 운임, 보험료 포함조건) 기준 수입가격은 선적비용에다 수입지까지의 보험료와 운송비용까지 포함된다.

경상이전수지

경상이전수지는 수혜자에게 아무런 반대급부 없이 제공되는 거래의 수지차를 말한다. 경상이전수지에는 해외에 거주하는 교포가 보내오는 송금, 국내종교기관이나 자선단체가 해외에 보내는 기부금과 구호물자, 정부간의 무상원조, 국제기구 출연금 등을 계상한다.

자본계정

자본수지는 정부와 금융기관 및 민간이 해외로부터 차입 등의 방식으로 외화를 도입하거나 해외에 신용공여 등의 방식으로 외화를 유출함으로써 발생하는 외화의 유출입차를 나타낸다. 외화의 유입은 차관도입, 해외에서의 증권발행, 비거주자의 국내주식투자, 외국인직접투자 등을 통하여 자본유입(capital inflow)이 발생하는 경우에 이루어진다. 외화의 유출은 우리 기업의 해외직접투자, 차관의 원금상환, 해외증권구입 등을 통하여 자본유출(capital outflow)이 이루어지는 경우에 일어난다.

자본계정(capital account)에는 자본의 형태(type)에 따라 투자수지와 기타자본수지를 계상한다. 투자수지는 직접투자(direct investment), 증권투자(portfolio investment), 파생금융상품(financial derivatives), 기타투자로 세분된다. 직접투자는 이윤을 얻기 위해 다른 나라에서 생산활동을 직접 수행하거나 해외기업에 투자하는 것을 말한다. 증권투자는 다른 나라 주식이나 채권에 대한 투자로서 배당이나 이자소득 등 투자수익을 목적으로 하는 해외투자이다. 파생금융상품에는 파생금융상품거래와 관련된 이익이나 손실을 계상한다. 기타투자는 대출 및 차입, 무역관련 신용, 현금 및 예금 등 직접투자와 증권투자에 속하지 않는 모든 금융거래를 포함한다.

기타자본수지는 자본이전과 특허권·상품권과 같은 기타자산의 대외거래를 계상한다. 자본이전은 해외이주비 등 고정자산 취득과 관련한 현금이전을 계상한다. 기타자산의 거래는 특허권·저작권·상표권 등 비생산무형자산 및 토지·지하자원 등 비생산유형자산의 취득 및 처분에 따른 거래를 계상한다.

투자수지와 기타자본수지를 합하여 자본수지라 한다. 외화의 유입액이 유출액을 초과하여 자본수지가 양이면 자본수지흑자, 외화의 유출액이 유입액을 초과하여 자본수지가 음이면 자본수지적자라 한다.

과거 자본수지는 거래발생일로부터 상환일까지의 기간이 1년을 초과한 거래의 경우를 장기자본수지, 1년 이하의 거래인 경우를 단기자본수지로 구분하였다. 신기준에서는 자본수지 중 기타자본수지를 제외하고는 장·단기의 구분을 폐지하였다.

준비자산증감

준비자산증감은 통화당국이 국제수지불균형을 조정하기 위해 사용할 수 있는 대외준비자산(international reserve assets)의 증감을 계상한다. 대외준비자산에는 화폐용 금, IMF 특별인출권(SDR: Special Drawing Rights), 국제금융기구출자금, 외화예치금, 외국증권, 외국환 등이 포함된다. 준비자산증감란이 양수이면 한국은행의 준비자산이 그만큼 감소된 것을 나타낸다. 준비자산증감란이 음수이면 준비자산이 그만큼 증가한 것을 뜻한다. 경상수지와 자본수지에다 통계작성과정에서 발생하는 오차 및 누락까지를 합친 총합계는 준비자산증감과 금액이 일치(부호는 반대)하게 된다.

국제수지계정체계를 정리하면 **그림 7.1** 과 같다.

7.1.3 국제수지표의 작성방법

거주자와 비거주자간에 다음과 같은 거래가 발생하였다고 가정하여 국제수지표의 작성방법을 살펴보자.[4)]

거래 1. 상품 90단위를 현금으로 수출

거래 2. 상품 10단위를 6개월 후에 대금을 받는 조건으로 외상수출

거래 3. 상품 80단위를 현금으로 수입

거래 4. 상품 5단위를 공공차관으로 수입

거래 5. 국내 외항선사가 외국으로부터 화물운임대가로 20단위를 받음

거래 6. 동남아 해외여행시 17단위의 여행경비 사용

거래 7. 외채에 대한 이자로 외국에 13단위 지급

거래 8. 국내 친지가 해외교포로부터 현금 2단위를 송금받음

거래 9. 국내기업이 현금 4단위를 해외투자

거래 10. 국내기업이 해외에서 외화증권을 25단위 발행

---

4) 이하에서 설명된 국제수지표의 작성실례는 한국은행 홈페이지 http://www.bok.or.kr을 참고하였음.

그림 7.1 국제수지표의 구성

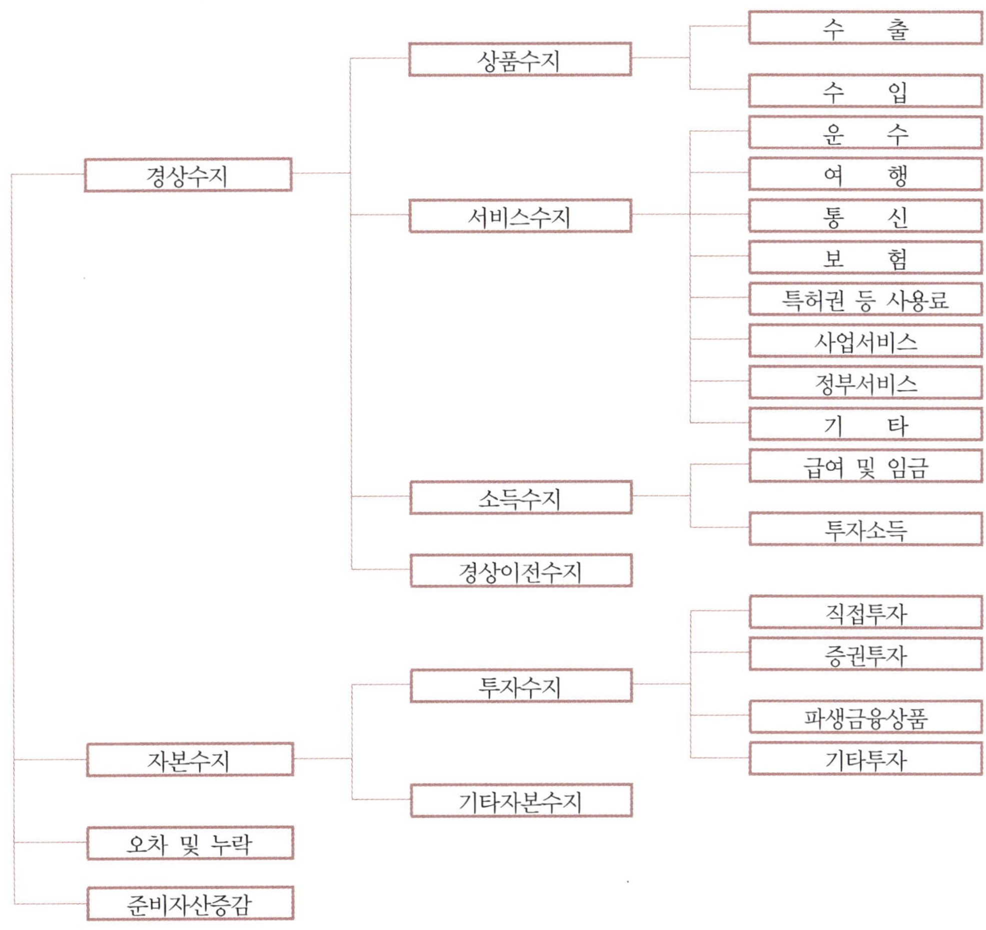

자료: 한국은행. http://www.bok.or.kr

거래 11. 국내외국환은행이 해외에서 30단위 증권 발행

거래 12. 국내은행이 외화 50단위를 한국은행에 매각하고 한국은행은 동금액을 해외의 은행에 예치

거래 13. 국내거주자가 해외로 이주하여 외화 50단위를 반출

국제수지표는 복식부기의 원리에 따라 대차 양변에 동일금액이 계상되며 이전거래는 대차를 균형시키기 위하여 별도의 항목을 설정한다. 위의 거래 중 몇 가지를 설명하면 다음과 같다.

먼저 〈거래 1〉의 상품수출 90단위는 대변(자산감소)에, 이에 따른 수출대금의 입금은 외화자산의 증가이므로 차변(자산증가)에 90단위를 계상한다. 수출을 하게 되면 수출대금(외화자산)이 들어오게 되므로 자산의 증가라고 생각하기 쉬우나 복식부기의 원리를 적용할 경우 다음과 같이 해석할 수 있다. 수출이란 수출국의 입장에서 그만큼 실물자산이 줄어드는 것으로 수출 그 자체는 자산의 감소로 인식하여야 한다. 반대로 수출대금이 국내로 유입되는 것은 그만큼 금융자산의 증가, 즉 자산의 증가로 인식하여야 한다. 따라서 〈거래 1〉은 상품수출 90단위를 대변(자산감소)에, 이에 따른 수출대금의 입금은 차변(자산증가)에 90단위를 계상한다.

〈거래 8〉의 경우 해외교포로부터 송금받은 금액 2단위는 외환자산의 증가로 차변에 계상하며, 대차균형을 위하여 대응거래인 경상이전수입으로 대변에 2단위를 계상한다. 이전거래는 대가를 수반하지 않는 일방적인 거래로서 국제수지통계 작성국가의 입장에서는 대차 양변 중 한쪽에만 거래가 기록되며 이 경우 복식부기의 원리를 충족시킬 수 없게 된다. 따라서 복식부기의 원리를 충족시키기 위하여 이전거래라는 대응계정을 필요로 하게 된다.

국내기업이 외화증권을 해외에서 발행하여 자금을 조달한 〈거래 10〉의 경우 외화증권의 발행 25단위는 대변(부채증가)에, 이에 따라 유입된 25단위의 외화자금은 차변(자산증가)에 계상한다. 과거에 정부와 민간의 자본거래는 자본계정에, 금융기관의 자본거래는 금융계정에 기재하였다. 그러나 신기준에서는 금융계정을 폐지하였으므로 정부와 민간 및 금융기관의 자본거래를 모두 자본계정에 계상한다. 이런 방식으로 위의 거래내용을 국제수지표로 정리하면 **표 7.1**과 같이 나타낼 수 있다. 경상수지는 7단위의 흑자를 기록하게 된다. 정부, 민간 및 금융기관의 자본거래는 43단위의 흑자(유입초과)를 나타나게 된다. 한국은행의 대외준비자산(외환보유액)은 50단위가 증가하게 된다.

그러나 실제로 국제수지표를 작성하여 보면 수출입통계와 외환수급통계 등을 이용하여 집계한 경상수지와 자본수지의 합계는 준비자산증감과 일치하지 않는 것이 일반적이다. 경상수지 및 자본수지의 합계와 준비자산증감간에 차이가 있으면 이것을 오차 및 누락(net errors and omissions)이라는 조정항목으로 계상하게 된다. 오차 및 누락이 발생하는 것은 국제수지표가 여러 기관에서 작성된 수십 종에 이르는 각종 기초통계를 이용하여 편제되기 때문에 각 기초통계간의 불일치, 통계계상 시점

표 7.1 국제수지표 작성의 예

항목			차변 (지급)	대변 (수입)	수지
경상수지	상품		80[3] 5[4]	90[1] 10[2]	15
	서비스		17[6]	20[5]	3
	소득		13[7]		−13
	경상이전			2[8]	2
자본수지	투자수지	직접투자	4[9]		−4
		증권투자		25[10] 30[11]	55
		기타투자	90[1] 10[2] 20[5] 2[8] 25[10] 30[11]	80[3] 5[4] 17[6] 13[7] 4[9] 50[12] 50[13]	42
	기타자본		50[13]		−50
준비자산증감			50[12]		−50

주: 숫자 위의 첨자는 본문 예의 거래번호임.
자료: 한국은행. http://www.bok.or.kr

의 차이, 통계작성과정에서의 보고 잘못이나 누락 등이 발생하기 때문이다.

IMF의 제4판 국제수지 매뉴얼에서는 오차 및 누락이 수출입합계액의 5% 이하일 경우 그 국제수지표는 신뢰성이 높은 것으로 보고 있다. 그러나 오차 및 누락의 절대액이 작다고 하여 국제수지통계가 반드시 정확하다고 말할 수 없다. 왜냐하면 국제수지편제과정에서 오차 및 누락의 플러스 요인과 마이너스 요인이 서로 상쇄될 수도 있고 분류상의 오류 등은 오차 및 누락에 영향을 주지 않기 때문이다. IMF의 새로운 국제수지 매뉴얼(제5판)에서는 오차 및 누락 비율에 대한 특별한 언급이 없다. 다만 그 절대규모가 클 경우 통계해석상 어려움이 따른다고 밝히고 있다.

7.1.4 최근 우리나라의 국제수지 동향

표 7.2를 통하여 2006년 우리나라의 국제수지를 살펴보자. **표 7.2**를 보면 2006년에 상품수지·서비스수지·소득수지·경상이전수지를 합친 경상수지가 61억

표 7.2 **우리나라 국제수지표**

(단위: 억 달러)

국제수지 항목	1995년	1997년	2000년	2006년	2008년
Ⅰ. 경상수지	−85	−82	123	61	−64
1. 상품수지	−44	−32	285	292	60
2. 서비스수지	−30	−32	−29	−188	−167
3. 소득수지	−13	−25	−24	−5	51
4. 경상이전수지	2	7	6	−38	−8
Ⅱ. 자본수지	168	13	121	186	−509
1. 투자수지	173	19	127	217	−509
직접투자	−18	−16	42	−35	−106
증권투자	116	143	120	−225	−154
기타투자	75	−108	−36	477	−143
2. 기타 자본수지	−5	−6	−6	−30	−106
Ⅲ. 준비자산증(−)감(+)	−70	119	−238	−221	564
Ⅳ. 오차 및 누락	−12	−51	−6	−26	9

자료: 한국은행. http://www.bok.or.kr

달러 흑자이고 자본수지가 186억 달러 흑자, 오차 및 누락이 −26억 달러로 모두 221억 달러의 외화가 남았다. 한국은행을 제외한 우리나라의 다른 모든 경제주체들이 2006년 중 각종 경상거래와 자본거래를 한 결과 모두 221억 달러의 외화가 남았기 때문에 한국은행의 외화자산인 대외준비자산이 221억 달러 증가한 것이다.

■ 참고 ■

국제수지와 「오차 및 누락」

국제수지표상의 오차 및 누락은 국제수지편제상 경상수지와 자본수지의 합이 복식부기의 원리에 의하여 일치해야 함에도 불구하고 실제 통계작성상 일치하지 못하는 부분을 처리하는 기술적 항목이다.

우리나라의 경우 경상거래에 따라 발생하는 외환거래의 기초자료는 관세청을 통하여, 자본거래에 따라 발생하는 외환거래의 기초자료는 금융기관을 통하여 집계되며 이를 한국은행이 취합하여 발표한다.

그런데 오차 및 누락은 환율 불안과 함께 크게 증가하는 것으로 나타나고 있으며 자본도피를 시사하는 것으로 해석되고 있다. 실제 외환위기가 극심했던 1981-1982년의 멕시코의 경우 오차 및 누락이 수출입합계액의 18%까지 급증하였다.

외환거래에 대한 규제가 상대적으로 강한 우리나라의 경우 1996년까지 오차 및 누락은 수출입합계액의 1% 미만에 머물렀으나 외환위기가 발생한 1997년 10월 이후 확대되어 1997년과 1998년의 오차 및 누락은 각각 수출입합계액의 1.8% 및 2.3%에 이르렀다.

자료: 한국개발연구원, 「KDI 경제전망」, Vol. 15, No. 1, 1998, 1/4.

국제수지는 사후적으로

$$경상수지+자본수지=0$$

이 된다. 표에서 2006년 한국은행의 외화자산이 221억 달러 늘어난 것은 그만큼의 자본유출이 이루어진 것과 같다.[5] 따라서 국제수지표상에는 221억 달러의 자본수지 적자로 기록된다.

2006년의 경우

$$경상수지+(자본수지+준비자산증감+오차\ 및\ 누락)$$
$$=61+(186-221-26)=0$$

이 된다. 따라서 국제수지통계상의 자본수지, 한국은행 준비자산증감, 그리고 오차 및 누락을 합한 것이 광의의 자본수지가 된다. 따라서 국제수지는 사후적으로

$$경상수지+(광의의)\ 자본수지=0$$

의 관계가 성립한다.

2006년에 잘못 기록되었거나 포착되지 않은 대외거래가 −26억 달러에 이른다. 오차 및 누락 중 얼마만큼이 경상거래에서 비롯되었고 얼마만큼이 자본거래에서 기인한 것인지는 알 수 없다. 대외거래 중 자본거래가 훨씬 복잡하기 때문에 오차 및 누락의 대부분이 자본거래에서 비롯되었다고 짐작할 수 있다. 그러나 경상수지 중 상품수지는 비교적 정확하지만 서비스수지와 소득수지는 정확히 측정하기가 어렵기 때문에 순자본유출이 기록된 것보다 26억 달러 더 많았다고 결론 내릴 수는 없다. 다만 외환위기가 발발한 1997년과 그 이듬해에 예년에 비해 오차 및 누락액이 급증한 것은 경제위기의 와중에 불법적인 자본유출이 심화된 것이 아닌가 하는 의구심을 자아낼 수 있다.

---

5) 예를 들어 현대자동차가 미국에 자동차 1대를 수출하고 받은 10,000달러가 한국은행에 들어오면 한국은행의 외화자산은 10,000달러 늘어난다(물론 현대자동차는 10,000달러에 상응하는 대금을 원화로 지급받는다). 한국은행의 외화자산이 10,000달러 늘어났다는 것은 한국은행이 해외자산을 10,000달러어치 구입하여 자본이 유출된 것과 같기 때문에 자본수지계정에는 −10,000달러로 기록된다. 물론 경상수지계정에는 +10,000달러로 기록된다. 수출대금으로 받은 10,000달러의 경상수지흑자가 한국은행의 외환자산 구입에 쓰여 10,000달러의 자본수지적자가 발생한 것이다. 표 7.2 에서 2006년의 대외준비자산이 221억 달러 증가한 것은 −221억 달러로 기록되어 있고, 이 221억 달러의 해외자산증가는 자본수지적자로 볼 수 있다.

7.2 국제수지와 국민소득계정

7.2.1 경상수지와 국민소득계정

경상수지는 상품수지 · 서비스수지 · 소득수지 · 경상이전수지의 합과 같다. 여기서 상품수지와 서비스수지를 합쳐서 상품 및 서비스수지라 한다. 상품 및 서비스수지는 국민소득계정체계에서 국내총생산의 구성항목인 재화와 서비스의 순수출과 같다. 소득수지는 국민소득계정의 해외순수취 요소소득과 같다. 경상이전수지는 국민소득계정의 해외순수취 경상이전과 같다.

경상수지		국민소득계정
상품 및 서비스수지	⟷	순수출
소득수지	⟷	해외순수취 요소소득
경상이전수지	⟷	해외순수취 경상이전

개방경제하에서 국내총생산(GDP)은 지출 측면에서 최종민간소비지출(C), 국내총투자(I), 정부소비지출(G), 재화와 서비스의 순수출($X-M$)로 구성된다. 재화와 서비스의 순수출은 상품 및 서비스수지와 같다.

(7-1) $$GDP = C + I + G + X - M$$
$$= = C + I + G + \text{상품 및 서비스수지}$$

국민총소득(GNI: gross national income)은 GDP에 해외순수취 요소소득을 더한 것이다. 해외순순취 요소소득은 국제수지계정의 소득수지와 같다.

(7-2) $$GNI = GDP + \text{해외순수취 요소소득}$$
$$= GDP + \text{소득수지}$$
$$= C + I + G + \text{상품 및 서비스수지} + \text{소득수지}$$

국민총처분가능소득(GNDI: gross national disposable income)은 GNI에 해외순수취 경상이전을 더한 것이다. 해외순수취 경상이전은 국제수지계정의 경상이전수지와 같다.

$$(7\text{-}3)\qquad \begin{aligned} GNDI &= GNI + \text{해외순수취 경상이전} \\ &= GNI + \text{경상이전수지} \\ &= C+I+G+\text{상품 및 서비스수지}+\text{소득수지}+\text{경상이전수지} \\ &= C+I+G+\text{경상수지} \end{aligned}$$

위 식의 마지막 등식은 경상수지의 정의를 이용하였다.

앞으로는 논의를 간단히 하기 위해 소득수지=경상이전수지=0으로 가정한다. 소득수지=경상이전수지=0이면

$$GDP = GNI = GNDI$$

가 되고

$$\text{경상수지}=\text{상품 및 서비스수지}=\text{재화 및 서비스의 순수출}$$

로 정의된다. 이하에서는 경상수지(current account)를 CA로 표시한다.

식(7-1)에서 실질GDP를 Y라 하고 국내총지출($C+I+G$)을 A라고 정의하면 식(7-1)은

$$(7\text{-}1)' \qquad Y - A = CA$$

로 고쳐 쓸 수 있다.[6] 따라서 국내총생산 혹은 총소득이 국내총지출을 초과하면 경상수지가 흑자가 된다. 반대로 국내총지출이 총생산을 초과하면 경상수지가 적자가 된다. 경상수지적자는 국내총지출이 국내총생산을 초과하는 것이므로 국내총생산물의 부족분을 외국으로부터의 수입으로 충당한다는 것을 의미한다. 경상수지흑자는 국내총생산이 국내총지출을 초과하는 것이므로 남는 국내총생산물을 외국에 수출한다는 것을 의미한다.

경상수지적자국은 '현재소비'를 수입하고 '미래소비'를 수출한다. 반대로 경상수지흑자국은 '현재소비'를 수출하고 '미래소비'를 수입한다. 경상수지적자국은 총지출이 총소득을 초과하므로 미래소비를 희생하는 대신 부족한 '현재소비'를 수입해야

6) 국제거시경제학 문헌에서는 국내총지출($C+I+G$)을 국내흡수(domestic absorption)라고도 부른다. 국제무역이 존재하지 않는 폐쇄경제에서는 총생산(=총소득)이 국내총지출에 의해 전부 흡수된다. 개방경제에서는 국내총지출과 총소득 사이에 괴리가 생길 수 있고 이 괴리는 경상수지의 적자 또는 흑자를 통하여 메워진다.

한다. 경상수지적자로 외채가 증가하면 후손들이 미래소비를 희생하여 갚아야 하는 것이다. 경상수지흑자국은 총소득이 총지출보다 많으므로 남는 현재소비를 수출하는 대신 더 많은 미래소비를 담보할 수 있다. 경상수지흑자로 해외자산이 증가하면 후손들이 미래에 소비할 수 있는 여력이 그만큼 커지는 것이다.

7.2.2 경상수지와 저축 및 투자

식(7-1)′는

$$CA = Y - (C + I + G)$$
$$= Y - (C + G) - I$$

로 고쳐 쓸 수 있다. 여기서 $Y-(C+G)$는 총소득(Y)에서 총소비($C+G$)를 뺀 것으로 총저축(S)과 같다. 따라서 다음과 같은 경상수지와 저축 및 투자관계를 얻을 수 있다.

$$CA = S - I \tag{7-4}$$

식(7-4)에서 알 수 있듯이 한 나라의 총저축이 국내총투자를 초과하면 경상수지가 흑자가 된다. 반대로 국내총투자가 총저축보다 많으면 경상수지가 적자가 된다.

식(7-4)에서 총저축이 국내총투자를 초과한다고 하자. 그러면

총저축 = 총투자 = 국내총투자 + 해외투자

의 항등관계에서 총저축과 국내총투자의 차액만큼이 해외투자로 나타나고 이 해외투자가 경상수지흑자와 같다. 이 해외투자는 국제수지와 관련해서 흔히 순해외투자(net foreign investment)라고 부른다. 그런데 해외투자를 하기 위해서는 우리나라에서 다른 나라로 그 몫만큼의 외화가 나가야 한다. 따라서 국내총투자를 초과하는 총저축의 몫은 자본수지적자로 나타난다. 국제수지계정에서 식(7-4)의 오른쪽 항은 자본수지적자로 해석되는 것이다. 그러므로

경상수지 = −자본수지 혹은

경상수지 + 자본수지 = 0

의 관계가 성립한다. 반대로 국내총투자가 총저축을 초과하면 그 초과분은 해외부

문에서 조달해야 한다. 따라서 해외부문으로부터 외화가 유입되어 자본수지는 흑자가 된다. 이 유입되는 외자는 우리가 해외에 상품을 수출하는 것을 초과하여 해외로부터 상품을 수입할 수 있게 해준다. 따라서 경상수지는 자본수지흑자액만큼 적자가 된다. 경상수지와 자본수지는 절대값이 같고 부호만 반대가 되는 것이다.

7.2.3 경상수지와 해외자산 및 외채

식(7-4)는

(7-4)′ $S = I + CA$ 또는

총저축=국내총투자+순해외투자

로 나타낼 수 있다. 식(7-4)′는 폐쇄경제하의 총저축은 국내총투자와 일치하지만 개방경제하의 총저축은 국내투자뿐 아니라 해외투자에도 쓰일 수 있음을 보여주고 있다. 국내투자를 초과하는 저축분을 해외에 투자할 수 있기 때문에 경상수지흑자는 순해외투자와 같은 것이다.[7] 경상수지흑자로 해외투자가 늘어나면 순해외자산(net foreign asset)이 증가한다.

국내총투자가 총저축을 초과하면 경상수지가 적자가 된다. 경상수지가 적자이면 모자라는 저축분을 해외에서 빌려와야 한다. 따라서 경상수지적자는 순해외저축(net foreign saving)과 같다.[8] 이때 식(7-4)′는

(7-4)″ 총저축+순해외저축=국내총투자

로 나타낼 수 있다. 결국 개방경제에서는 총저축이 국내투자에 미치지 못하면 그 부족분을 해외저축으로 충당하게 되는데 이러한 해외저축의 누적이 외채(foreign debt)이다.

---

7) 순해외투자는 자본유출을 수반함으로써 국제수지표상의 차변항목에 기록되어 자본수지적자로 나타난다.

8) 순해외저축은 자본유입을 수반함으로써 국제수지표상의 대변항목에 기록되어 자본수지흑자로 나타난다.

7.2.4 경상수지와 재정적자

총저축 혹은 국민저축은 민간저축(S_p: private saving)과 정부저축(S_g: government saving)의 합과 같다. 따라서 총저축

$$S = Y - C - G$$

는 다음과 같이 고쳐 쓸 수 있다.

(7-5)
$$S = (Y - T - C) + (T - G) = S_p + S_g$$

식(7-5)를 이용하여 식(7-4)′는 다음과 같이 고쳐쓸 수 있다.

(7-6)
$$S_p = I + CA + G - T$$
$$CA = S_p - I - (G - T)$$

여기서 음의 정부저축인 $G-T$는 정부의 재정적자를 나타낸다. 따라서 민간저축(S_p)은 국내투자(I), 순해외투자(CA) 및 재정적자($G-T$)를 충당하는 데 쓰이는 것을 알 수 있다. 일반적으로 재정적자는 저축을 위축시켜 국내투자 및 순해외투자의 여력을 약화시키고 경상수지적자를 낳기 쉽다. 식(7-6)에서 알 수 있듯이 민간저축과 국내총투자의 차이가 정부의 재정적자를 상쇄하고도 남을 만큼 크지 않으면 결과적으로 재정적자가 경상수지적자로 귀결되기 쉽다. 재정적자가 경상수지적자를 수반하는 쌍둥이 적자(twin deficits)가 나타날 수 있는 것이다.

7.3 국제수지와 통화량 및 환율

국제수지와 통화량

한 나라의 총저축과 국내총투자의 차이는 경상수지흑자와 같다. 경상수지흑자는 순해외투자와 같다. 순해외투자가 증가하면 순해외자산이 증가한다. 순해외자산이 증가하면 통화량이 증가한다. 이를 중앙은행의 대차대조표를 통하여 살펴보자.

우리나라의 중앙은행인 한국은행의 대차대조표는 표 7.3과 같이 나타낼 수 있다.

표 7.3 한국은행의 대차대조표

자 산	부 채
순국내자산 순해외자산	본원통화

중앙은행의 대차대조표에서 본원통화(B: reserve base)는 순국내자산과 순해외자산의 합과 같음을 알 수 있다. 순국내자산(국내자산－국내부채)에서 가장 비중이 큰 것은 국내여신(DC: domestic credit)이다. 국내여신은 대정부여신과 대민간여신을 합한 것이다. 순해외자산(NFA: net foreign assets)은 중앙은행의 해외자산과 해외부채의 차액을 나타낸다.

중앙은행의 대차대조표를 이용하여 본원통화(B)는 다음과 같이 나타낼 수 있다.

$$B = NFA + DC$$

$$\Delta B = \Delta NFA + \Delta DC \tag{7-7}$$

식(7-7)에 따르면 순해외자산이 증가하면 본원통화가 증가한다. 본원통화가 증가하면 통화량이 통화승수 배만큼 증가한다. 순해외자산은 경상수지가 증가하면 증가한다. 따라서 경상수지가 증가하면 통화량이 증가한다. 이때 식(7-7)에서 알 수 있듯이 국내여신에 변화가 없으면 순해외자산 증가시 순해외자산의 증가분만큼 본원통화가 증가한다.

순해외자산의 증가와 이에 따른 본원통화 및 통화량의 증가로 인플레이션이 우려되는 경우 중앙은행은 순해외자산의 증가액과 동일한 액수의 통화량을 국채매각을 통하여 환수하면 국내여신을 감소시켜 순해외자산 증가로 인한 본원통화의 증가를 막을 수 있다. 이처럼 국제수지가 불균형일 때 국내여신의 조정을 통하여 통화공급량을 일정하게 유지하는 것을 **불태화정책**(sterilization policy)이라고 한다. 반면 국제수지불균형으로 인한 통화량 변동을 그대로 허용하는 정책을 **태화정책**(non-sterilization policy)이라고 한다. 태화 및 불태화정책에 대해서는 제10장에서 자세히 설명한다.

외화자산은 경상거래뿐만 아니라 국제자본거래에 의해서도 늘어나거나 줄어든다. 자본거래의 결과 자본유입이 자본유출을 초과하면 경상수지흑자의 경우와 마찬가지로 해외자산이 증가하고 본원통화와 통화공급이 증가한다. 따라서 경상수지와 자본수지를 모두 고려한 국제수지가 흑자이면 순해외자산이 증가하고 통화량이 증가한다.

2006년처럼 한국은행의 외화자산이 221억 달러 증가하면 그 대가로 원화를 지급해야 하기 때문에 본원통화가 그만큼 증가하게 된다. 외환위기가 도래된 1997년처럼 한국은행의 준비자산이 119억 달러 감소하면 그만큼 본원통화가 감소하고 통화량이 줄어든다. 이처럼 대외준비자산 증감은 해외부문을 통한 본원통화 증감과 직결된다. 한 나라의 대외준비자산은 **공적준비자산**(official reserve assets)이라고 일컬어지며 국제수지불균형을 측정할 수 있는 중요한 지표가 되고 있다. 공적준비자산의 급격한 감소는 한 나라의 외화자산의 감소와 대외부채의 증가를 의미하기 때문에 위기의 신호가 될 수 있다. **표 7.2**의 우리나라 국제수지표에서도 외환위기가 발생한 1997년 우리나라의 대외준비자산이 119억 달러나 감소한 것을 볼 수 있다.

중앙은행은 대외준비자산을 과거에는 주로 금으로 보유하였다. 오늘날 중앙은행 대외준비자산은 주로 미국국채와 같은 달러화 자산과 유로화 및 엔화 자산 등의 형태를 취하고 있다. 중앙은행은 대외준비자산을 외환시장에서 사거나 파는 외환시장개입(official foreign exchange intervention)을 통해 환율과 통화량을 조절함으로써 한 나라의 거시경제조건에 영향을 미칠 수 있다.

국제수지와 환율

일반적으로 변동환율제도하에서는 국제수지가 불균형을 이루면 환율의 조정을 통해 국제수지가 다시 균형을 이룬다. 예를 들어 미국으로의 자본유출로 한국의 자본수지가 감소하면 국제수지가 균형을 이루기 위해 한국의 경상수지가 증가해야 한다. 미국으로 자본이 유출되면 달러화에 대한 수요가 증가하고 달러화가 절상된다. 달러화가 절상되면 상대적으로 비싸진 미국생산물에 대한 수요가 감소하고 상대적으로 싸진 한국생산물에 대한 수요가 증가하여 한국의 경상수지가 증가하므로 자본유출에 따른 자본수지감소는 상쇄되고 국제수지는 다시 균형을 이룬다. 따라서 어떤 이유로 한국의 자본수지가 변화하면 동일한 크기로 반대방향의 경상수지 변화가 초래된다. 환율의 변화가 자본수지의 변화분을 경상수지가 상쇄하도록 작용하는 것이다.

반대로 어떤 이유로 한국자산에 대한 투자가 증가하면 달러에 대한 수요가 감소하고 달러화의 가치가 절하된다. 달러화의 가치절하로 상대적으로 싸진 미국생산물에 대한 수요가 늘고 상대적으로 비싸진 한국생산물에 대한 수요가 감소하여 한국의 경상수지가 감소한다. 한국으로의 자본유입증가로 인한 한국의 자본수지증가가 달러화의 가치하락(=원화의 절상)에 따른 경상수지감소로 상쇄되는 것이다.

■ 사례연구 ■

재정적자는 경상수지를 악화시키는가: 미국과 중국의 사례

미국은 1980년대 초반 이래 지속적인 경상수지적자를 기록하고 있다. 반면 중국은 1990년대 이후 지속적인 경상수지흑자를 기록하고 있다. 앞의 식(7-6)을 통해 미국의 경상수지적자와 중국의 경상수지흑자의 원인을 분석해 보자.

(7-6) $$CA = S_P - I - (G - T)$$

식(7-6)에 따르면 경상수지는 민간저축(S_p)이 증가하면 개선되고, 국내총투자(I)와 재정적자($G-T$)가 증가하면 악화된다.

그림 1 과 **그림 2** 는 각각 GDP에서 차지하는 미국과 중국의 경상수지, 민간저축, 국내투자 및 재정적자의 비율을 보여준다.[9] 미국은 1980년 이후 1990년대 중반까지 민간저축률이 투자율을 상회하고 있다. 따라서 1990년대 중반까지 미국 경상수지적자는 민간저축률이 낮거나 투자율이 높아서라기보다는 주로 재정적자에 기인한다고 할 수 있다.

1990년대 후반 들어 미국은 1980년 이후 처음으로 재정흑자를 기록하고 있다. 반면 민간저축률은 하락하고 신경제(new economy) 호황에 힘입어 국내투자율은 상승하였다. 따라서 1990년대 후반 미국이 재정흑자에도 불구하고 경상수지적자를 낸 것은 높은 투자율과 낮은 민간저축률 때문이라고 할 수 있다.

중국과의 무역불균형이 큰 폭으로 확대된 2000년 이후 미국의 민간저축률은 상승 추세를 보이고 있는 반면 투자율은 하락 추세를 보이고 있다. 그 결과 민간저축률과 투자율의 차이는 2000년 −6.3%에서 2005년 −3.3%로 감소하였지만 경상수지

9) 이하의 논의는 이종철, "세계불균형(global imbalance): 중국의 위안화 대 미국의 재정적자," 『東亞硏究』, 52, 2007, pp. 63-95를 참고.

그림 1 미국의 경상수지, 민간저축, 국내투자 및 재정적자

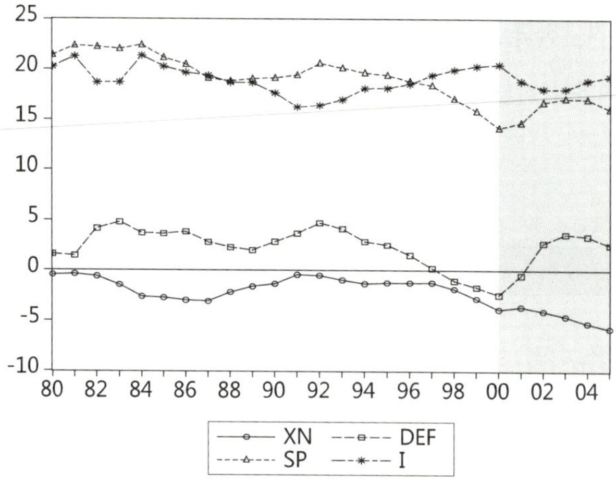

자료: U.S. Bureau of Economic Analysis; http://bea.gov.
주: XN, SP, I, DEF는 각각 GDP에 대한 미국의 경상수지, 민간저축, 국내투자 및 재정적자의 비율임.

그림 2 중국의 경상수지, 민간저축, 국내투자 및 재정적자

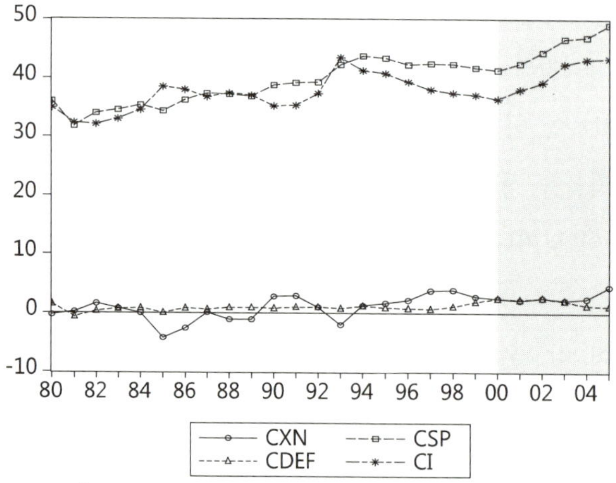

자료: 『中国统计年鉴』, 2005; 『中國統計摘要』, 2006.
주: CXN, CSP, CI, CDEF는 각각 GDP에 대한 중국의 경상수지, 민간저축, 국내투자 및 재정적자의 비율임.

적자는 GDP의 3.9%에서 5.8%로 오히려 확대된 것으로 나타나고 있다. 이는 2000년대 들어 미국의 재정적자가 큰 폭으로 확대되었음을 의미한다. 2000년 미국의 재정수지는 GDP의 2.5%에 달하는 흑자를 보였지만 2005년 GDP의 2.5%에 달하는

적자를 보이고 있다. 따라서 2000년 이후 미국의 경상수지적자가 큰 폭으로 확대된 가장 큰 이유는 부시(George W. Bush) 행정부의 방만한 재정운영 때문이라고 할 수 있다.

미국과 달리 중국은 재정적자폭이 크지 않고 민간저축률과 국내투자율이 높다. 중국의 재정적자는 1980년대와 1990년대에는 GDP의 1% 내외에서 머물고 있다. 서부대개발, 동북개발, 중부개발 등의 기치하에 재정지출을 늘린 2000년에도 고도성장에 힘입어 재정적자는 GDP의 2%대에 머물고 있고, 2004년과 2005년에는 GDP의 1%대로 다시 감소하고 있다. 따라서 중국의 경우 재정적자의 정도가 미미하고 변화도 거의 없기 때문에 재정적자와 경상수지흑자는 거의 무관하다고 할 수 있다.

결국 중국의 경상수지흑자는 높은 민간저축 때문이라고 할 수 있다. 민간저축률은 1980년 GDP의 36%에서 1982년 32%로 감소하였으나 이후 지속적으로 증가하여 1990년 GDP의 39%, 2000년 42%를 기록하고 있다. 중국의 민간저축률은 2000년대 들어 더욱 급속히 증가하여 2005년 GDP의 49%를 기록하고 있다. 반면 투자율은 1981년 GDP의 32%에서 1990년 35%, 2000년 36%, 2005년 43%를 기록하고 있다.

◇ 요약 및 복습 ◇

1. **국표제수지(balance of international payments)표**란 일정기간 동안 한 나라의 거주자와 비거주자 사이에 발생한 모든 대외경제거래를 체계적으로 기록한 통계표이다.

2. 한국은행은 1998년 1월부터 IMF의 신기준에 따른 국제수지표를 작성·공표하고 있다. IMF의 신기준에 따른 우리나라의 국제수지표의 기본구조는 경상계정, 자본계정, 준비자산증감, 오차 및 누락 등으로 구성되어 있다.

3. **경상계정(current account)**에는 상품거래, 서비스거래 및 소득거래 등의 경상거래가 기록된다. 경상거래의 결과 생겨난 수입과 지출의 차이를 경상수지라 한다. 경상수지는 상품수지, 서비스수지, 소득수지 및 경상이전수지를 합한 것이다. 국제수지에서는 경상수지가 가장 중요시된다. 따라서 일반적으로 국제수지라 할 때는 경상수지를 말한다. 경상수지가 양이면 경상수지흑자, 음이면 경상수지적자라 한다.

4. **자본계정(capital account)**에는 투자수지와 기타자본수지를 계상한다. 투자수

지와 기타자본수지를 합하여 자본수지라 한다. 외화의 유입액이 유출액을 초과하여 자본수지가 양이면 자본수지흑자, 외화의 유출액이 유입액을 초과하여 자본수지가 음이면 자본수지적자라 한다.

5. **준비자산증감**은 통화당국이 국제수지불균형을 조정하기 위해 사용할 수 있는 대외준비자산의 증감을 계상한다. 준비자산증감란이 양수이면 한국은행의 대외준비자산이 그만큼 감소된 것을, 음수이면 대외준비자산이 그만큼 증가한 것을 뜻한다. 경상수지와 자본수지 및 통계작성과정에서 발생하는 오차 및 누락까지를 합칠 경우의 총합계는 준비자산증감과 금액이 일치(부호는 반대)하게 된다.

6. 국제수지는 사후적으로 자본수지+경상수지=0이 된다. 국제수지통계상의 자본수지, 중앙은행 준비자산증감, 그리고 오차 및 누락을 합한 것이 광의의 자본수지가 된다.

7. 국제수지상의 상품 및 서비스수지는 국민소득계정체계에서 국내총생산의 구성항목인 재화와 서비스의 순수출과 같다. 소득수지는 국민소득계정의 해외순수취 요소소득과 같다. 경상이전수지는 국민소득계정의 해외순수취 경상이전과 같다.

8. 개방경제에서는 경상수지=총저축−국내총투자가 된다. 총저축이 국내투자를 초과하면 경상수지흑자가 된다. 국내투자가 총저축보다 많으면 경상수지적자가 된다.

9. 경상수지는 국내총생산과 국내총지출의 차이로 정의할 수도 있다. 국내총생산 혹은 총소득이 국내총지출을 초과하면 경상수지가 흑자가 된다. 반대로 국내총지출이 국내총생산을 초과하면 경상수지가 적자가 된다. 경상수지적자는 국내총지출이 국내총생산을 초과하는 것이므로 국내총생산물의 부족분을 외국으로부터의 수입으로 충당하는 것을 의미한다. 경상수지흑자는 국내총생산이 국내총지출을 초과하는 것이므로 남는 국내총생산물을 외국에 수출한다는 것을 의미한다.

10. 국내총생산이 국내총지출을 초과하면 경상수지가 양이 되고 양의 저축을 발생시킨다. 국내투자를 초과하는 저축분을 해외에 투자할 수 있기 때문에 경상수지흑자는 순해외투자와 같다. 경상수지흑자로 해외투자가 증가하면 순해외자산이 증가한다. 국내총지출이 국내총생산을 초과하면 경상수지가 적자가 된다. 경상수지가 적자이면 국내총투자가 총저축을 초과하므로 해외저축을 빌려서 국내투자를 조달해야 한다. 따라서 경상수지적자는 (순)해외저축과 같다. 해외저축의 누적이 외채이다.

11. 개방경제에서 민간저축은 국내투자, 순해외투자 및 재정적자를 충당하는데 쓰인다. 정부의 재정적자는 총저축을 위축시켜 결과적으로 경상수지적자로 귀결될 수 있다. 재정적자가 경상수지적자로 연결되면 재정적자와 경상수지적자의 쌍둥이 적자가 나타날 수 있다.

12. 국제수지가 흑자(적자)이면 순해외자산이 증가(감소)한다. 순해외자산의 증가(감소)는 본원통화 및 통화량의 증가(감소)를 초래한다. 불태화정책이란 국제수지 불균형으로 인한 통화공급량 변동을 국내여신의 조정을 통해 상쇄시키는 정책을 말한다. 태화정책이란 국제수지불균형으로 인한 통화량 변동을 허용하는 정책을 말한다.

≪주요 용어 및 개념≫

- 국제수지(balance of international payments)
- 경상수지(current account)
- 자본수지(capital account)
- 대외준비자산(international reserve)
- 순해외투자(net foreign investment)
- 순해외자산(net foreign assets)
- 순해외저축(net foreign saving)
- 민간저축(private saving)
- 정부저축(government saving)
- 쌍둥이 적자(twin deficits)
- 불태화정책(sterilization policy)
- 태화정책(non-sterilization policy)

◆생각해 보기◆

1. 미국은 1990년대 중반 이후 지속적으로 쌍둥이 적자를 기록하고 있다. 2007년 미국의 경상수지적자는 9,000억 달러에 달하고 특히 중국에 대한 무역적자만 해도 2007년의 경우 무려 2,700억 달러에 이르고 있다. 따라서 미국은 중국 위안화의 가치를 절상시켜 중국의 대미 무역흑자를 줄이라고 강권하고 있다. 미국이 지속적으로 경상수지적자를 보이는 이유가 달러의 가치가 높고 여타 통화, 특히 중국 위안화의 가치가 낮아서인지 생각해 보라.
2. 미국의 대규모 경상수지적자와 중국의 대규모 경상수지흑자로 대표되는 글로벌 불균형(global imbalances)이 2007/2008년 글로벌 금융위기의 근원(root cause)이라는 주장이 대두되고 있다. 이에 대해 논평해 보라.
3. 1997년 외환위기 이후 지속적으로 흑자를 보이던 우리나라의 경상수지가 적자로 반전될 것이라는 우려의 목소리가 높다. 경상수지가 적자기조로 반전되는 것을 막을 수 있는 정부 차원의 대응은 무엇인가?

제 8 장

국제수지의 조정

■ 개 요 ■

국제수지에 대한 탄력성 접근(elasticity approach)은 실질환율의 변동이 경상수지에 어떤 영향을 미치는가에 초점을 맞추어 환율과 국제수지의 관계를 분석한다. 탄력성 접근을 통해 마샬-러너 조건의 역할과 J-커브 효과를 살펴본다. 국내총지출 접근(absorption approach)은 경상수지가 국내총소득과 국내총지출의 차이임을 강조하여 환율변동이 국내총소득과 국내총지출에 미치는 영향을 중심으로 환율변동과 국제수지의 관계를 분석한다. 국제수지에 대한 통화론적 접근(the monetary approach)은 국제수지불균형의 원인을 화폐시장의 불균형에 기인하는 것으로 파악한다. 따라서 통화론적 접근은 국제수지문제의 정책처방으로 통화정책을 강조한다.

■ 중점학습사항 ■

- 마샬-러너 조건이 시사하는 것은?
- J-커브 효과가 나타나는 이유는?
- 마샬-러너 조건과 J-커브 효과의 관계는?
- 국제수지 조정에 대한 탄력성 접근과 국내총지출 접근의 차이는?
- 통화의 초과공급 존재시 국제수지의 조정과정은?
- 화폐에 대한 초과수요 존재시 국제수지의 조정과정은?

8.1 탄력성 접근[1)]

8.1.1 마샬-러너 조건의 도출

일반적으로 한 나라 통화의 실질절하(real depreciation)는 그 나라의 경상수지를 개선시킨다고 가정한다. 그러나 이 가정은 실질환율의 변동에 대한 수출량과 수입량의 반응 정도에 따라서 맞을 수도 있고 틀릴 수도 있다. 다른 조건이 일정할 때 환율에 대해 수출량과 수입량이 충분히 탄력적이면 실질절하는 경상수지를 개선시킨다. 실질절하가 경상수지를 개선시키기 위한 조건을 **마샬-러너(Marshall-Lerner) 조건**이라고 한다.[2)]

마샬-러너 조건을 도출하기 위해서는 우선 경상수지를 정의해야 한다. 국내생산물단위로 측정한 경상수지(CA)는 국내생산물단위로 측정한 재화와 서비스의 수출과 수입의 차이로 나타낼 수 있다. 즉,

(8-1) $$CA(EP^*/P,\ Y) = X(q) - M(q,\ Y)$$

여기서 수출수요(X)는 외국의 총소득(Y^*)이 일정하다는 가정하에 실질환율($q = EP^*/P$)만의 함수로 나타낼 수 있다. 수입수요(M)는 실질환율과 국내총소득(Y)의 함수로 표시된다. 실질환율 q는 국내생산물로 표시한 외국생산물의 상대가격이다. 이하의 논의에서는 실질환율은 수출재로 표시한 수입재의 상대가격이라고 가정한다.

외국생산물로 나타낸 외국의 수출량을 X^*라고 하자. 국내의 수입량은 외국의 수출량과 같다. 외국의 수출량은 외국생산물로 측정되므로 외국생산물로 표시된 외국의 수출량을 국내생산물 표시로 바꾸어 주기 위해서는 실질환율을 곱해 주면 된다. 따라서 국내의 수입량(M)과 외국의 수출량(X^*)은 다음과 같은 관계를 갖는다.

$$M = qX^*$$

---

1) 이 장의 논의는 차철호 · 이종철, 『글로벌 경제하의 국제금융론』, 서울: 형설출판사, 2000, 제8장 및 제9장 참고.

2) 이 조건의 창안자인 마샬(Alfred Marshall)과 러너(Abba Lerner)의 이름을 따서 마샬-러너 조건이라고 이름 붙여졌다.

예를 들어 우리나라는 자동차를 미국으로 수출하고, 미국은 쌀을 우리나라에 수출한다고 하자. 우리나라 자동차 1대는 1,000만 원, 미국 쌀 1가마는 200달러, 환율은 $1 : 1,000원이라고 하자. 이때 실질환율은

$$q=\frac{EP^*}{P}=\frac{1{,}000(₩/\$)\times\$200}{1{,}000\text{만 원}}=\frac{20\text{만 원}}{1{,}000\text{만 원}}=\frac{1}{50}$$

이다. 여기서 실질환율 q가 $\frac{1}{50}$이라는 것은 수출재(자동차)로 표시한 수입재(쌀)의 상대가격이 $\frac{1}{50}$이라는 것이다. 수입재인 쌀의 상대적인 가치를 수출재인 자동차로 나타내면 쌀 1가마당 자동차 $\frac{1}{50}$대와 교환될 수 있다는 것이다. 그런데 우리나라가 미국으로부터 쌀을 1,000가마 수입(=미국이 우리나라에 쌀을 1,000가마 수출)한다면 수출재인 자동차로 표시한 쌀 수입량은

자동차로 표시한 쌀 수입량=실질환율 × 미국의 쌀 수출량

=쌀 1가마당 자동차 $\frac{1}{50}$대 × 쌀 1,000가마

=자동차 20대

가 된다. 따라서 국내생산물로 표시한 국내의 수입량 M과 외국생산물로 표시한 외국의 수출량 X^* 사이에는 $M=qX^*$의 관계가 있다.

따라서 경상수지(CA)는

(8-2) $CA(q,\ X)=X(q)-qX^*(q,\ Y)$

=국내생산물로 표시한 경상수지

로 나타낼 수 있다. 이제 실질환율이 상승할 때 경상수지가 개선되기 위한 조건을 도출하기 위해 실질환율변화에 대한 수출수요탄력성을 $\eta=\frac{\Delta X}{\Delta q}\frac{q}{X}$, 수입수요탄력성을 $\eta^*=-\frac{\Delta X^*}{\Delta q}\frac{q}{X^*}$로 정의하자. 이때 실질환율 q의 상승이 경상수지를 개선시키기 위한 조건은

(8-3) $$\eta+\eta^*>1$$

이 된다. 식(8-3)을 마샬-러너 조건이라고 한다. **마샬-러너 조건**은 실질환율의 상승이 경상수지를 개선시키기 위한 조건이다. 마샬-러너 조건은 최초에 경상수지가 균형을 이루어 경상수지가 0인 경우 수출수요의 가격탄력성(η)과 수입수요의 가격탄

력성(η^*)의 합이 1보다 클 때 실질절하시 경상수지가 개선된다는 것을 뜻한다.

마샬-러너 조건은 원래 변동환율제도를 상정하고 있으나 오늘날 절하(절상), 평가절하(평가절상), 실질절하(실질절상)가 경상수지를 개선(악화)시키기 위한 조건으로 폭넓게 사용되고 있다. 한편 마샬-러너 조건은 실질환율 q가 변할 때 총소득은 일정불변이라는 가정하에 도출된 것임을 유념해야 한다.

■ 참고 ■

마샬-러너 조건의 도출

본문에서와 같이 경상수지는 다음과 같이 나타낼 수 있다.

$$CA = X(q) - qX^*(q, y)$$

이 식을 실질환율 q에 대해 미분하면 다음과 같다.

$$\frac{\Delta CA}{\Delta q} = \frac{\Delta X}{\Delta q} - X^* - q\frac{\Delta X^*}{\Delta q}$$

이제 실질환율변화에 대한 수출수요탄력성을 $\eta = \frac{\Delta X}{\Delta q}\frac{q}{X}$, 수입수요탄력성을 $\eta^* = -\frac{\Delta X^*}{\Delta q}\frac{q}{X^*}$로 정의하면 위 식은 다음과 같이 고쳐 쓸 수 있다.

$$\frac{\Delta CA}{\Delta q} = \frac{\Delta X}{\Delta q}\frac{q}{X}\frac{X}{q} - X^* - \frac{\Delta X^*}{\Delta q}\frac{q}{X^*}X^*$$

$$= \eta\frac{X}{q} - X^* + \eta^* X^*$$

경상수지가 균형을 이루면 $X = M = qX^*$이므로 $\frac{X}{q} = X^*$와 같다. 따라서 위 식은

$$\frac{\Delta CA}{\Delta q} = (\eta + \eta^* - 1)X^*$$

가 된다. 여기서 $\frac{\Delta CA}{\Delta q} > 0$이 되기 위해서는

$$\eta + \eta^* > 1$$

이 되어야 한다.

8.1.2 수출 및 수입수요의 가격탄력성과 실증분석

일반적으로 그 나라의 수출 및 수입수요의 가격탄력성(환율탄력성)이 클수록 실질절하의 국제수지개선효과는 커진다. 동일한 논리로 그 나라의 수출 및 수입수요의 가격탄력성이 클수록 주어진 국제수지적자를 해소하기 위한 실질절하의 폭은 작아진다. 따라서 실질절하의 국제수지개선효과는 그 나라의 수출 및 수입수요의 가격탄력성의 크기에 의존한다.

표 8.1 은 IMF에서 추정한 주요 국가들의 제조업부문의 수출 및 수입수요의 가격탄력성을 나타낸다. 표에는 상대가격변화에 대한 수출과 수입수요의 조정을 고려

표 8.1 수출 및 수입수요의 가격탄력성

국 가	수출수요의 가격탄력성(η)			수입수요의 가격탄력성(η^*)		
	최단기	단 기	장 기	최단기	단 기	장 기
오스트리아	0.39	0.71	1.37	0.03	0.36	0.80
벨 기 에	0.18	0.59	1.55	–	–	0.70
영 국	–	–	0.31	0.60	0.75	0.75
캐 나 다	0.08	0.40	0.71	0.72	0.72	0.72
덴 마 크	0.82	1.13	1.13	0.55	0.93	1.14
프 랑 스	0.20	0.48	1.25	–	0.49	0.60
독 일	–	–	1.41	0.57	0.77	0.77
이탈리아	–	0.56	0.64	0.94	0.94	0.94
일 본	0.59	1.01	1.61	0.16	0.72	0.97
네덜란드	0.24	0.49	0.89	0.71	1.22	1.22
노르웨이	0.40	0.74	1.49	–	0.01	0.71
스 웨 덴	0.27	0.73	1.59	–	–	0.94
스 위 스	0.28	0.42	0.73	0.25	0.25	0.25
미 국	0.18	0.48	1.67	–	1.06	1.06

자료: Jacques R. Artus and Malcolm D. Knight, "Issues in the Assessment of the Exchange Rates of Industrial Countries," Occasional Paper 29, Washington, D.C.: International Monetary Fund, July 1984, table 4; P. Krugman and M. Obstfeld, *International Economics: Theory and Policy*, 7th ed., Boston,: Addison-Wesley M.A., 2006, p. 446, table 16A2-1에서 재인용.

하여 기간을 최단기, 단기 및 장기로 구분하고 있다. 최단기탄력성은 실질절하로 인한 상대가격변화 후 6개월 후의 수출 및 수입의 반응도를 측정한 것이다. 단기탄력성은 1년 후 수출 및 수입의 반응도를 측정한 것이다. 장기탄력성은 상대가격변화 후 가상적으로 설정된 무한 기간 동안의 수출 및 수입의 반응도를 측정한 것이다.

표에서 보듯이 대부분의 국가에서 최단기간의 수출탄력성(η)과 수입탄력성(η^*)은 아주 작아 수출 및 수입수요의 탄력성의 합이 1보다 작다. 따라서 6개월 이내의 최단기에는 마샬-러너 조건이 충족되지 않는 것으로 나타났다. 이는 실질절하가 이루어진 직후에는 실질경상수지가 도리어 악화된다는 것을 나타내는 것으로 다음 절에서 설명하는 J-커브 효과의 존재를 입증하는 것이다.

그러나 대부분의 국가에서 단기와 장기에는 마샬-러너 조건이 충족되는 것으로 나타났다. 따라서 최단기를 제외하고는 실질절하(실질절상)가 경상수지를 개선(악화)시킨다고 할 수 있다.

8.1.3 J-커브 효과

J-커브 효과란

표 8.1 에서 보았듯이 6개월 이내의 최단기에는 수출 및 수입수요의 가격탄력성이 작아 마샬-러너 조건이 성립하지 않고 실질절하 직후 경상수지가 오히려 악화될 수 있다. 반면 6개월 이상의 단기 및 장기에는 실질절하는 경상수지를 개선시킨다. 시간이 경과함에 따라 수출 및 수입수요의 탄력성은 커지고 따라서 실질절하의 국제수지개선효과는 단기보다도 장기에 더 크게 나타나는 것이다.[3)]

이처럼 실질절하가 국제수지에 미치는 효과는 시차(time-lag)를 갖고 나타날 수 있다. 시간의 흐름에 따른 실질절하의 국제수지효과를 그림으로 나타내면 J 곡선의 모양을 나타낸다고 해서 이를 J-커브 효과라고 한다.

J-커브 효과(J-curve effect)란 실질절하 직후 경상수지가 오히려 악화되다가 시간이 경과함에 따라 점차 개선되는 현상을 말한다. 그림 8.1 에서 보는 바와 같이 실질절하 직후에는 A에서 B로 경상수지가 급격히 악화되다가 시간이 경과함에 따

그림 8.1 J-커브 효과

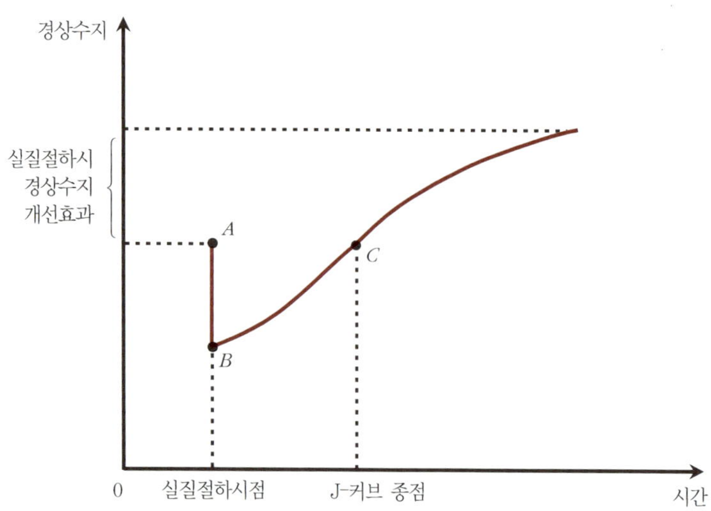

3) J. Marquez, "Bilateral Trade Elasticities," *Review of Economics and Statistics*, Vol. 72, Feb. 1990, pp. 70-77.

라 차츰 C로 경상수지가 개선되는 경상수지조정과정이 마치 'J'자 모양으로 나타난다고 해서 J-커브 효과라고 한다.

J-커브의 원인

실질절하가 이루어지면 경상수지는 처음에는 **그림 8.1** 에서처럼 A에서 B로 급격히 악화되는 과정을 보인다. 그 이유는 다음과 같다. 통화가치가 절하된 후 몇 개월 동안의 수출·수입물량은 몇 개월 전에 미리 계약된 수출·수입주문의 구매계약에 따라 결정된다. 따라서 실질절하가 이루어진 직후 수출·수입물량은 거의 변화되지 않는다.

실질절하 이전에 계약된 수출입이 다 이루어진 후에도 실질절하에 따른 상대가격변화에 수출입이 완전히 조정되기까지는 상당한 시간이 걸린다. 실질절하에 따른 수입재의 상대가격상승으로 수출재가 상대적으로 싸졌으므로 수출재의 생산자 입장에서는 수출을 늘리기 위해 새로운 생산시설과 추가고용이 필요하고 이에는 시간이 걸린다. 또한 수출품의 해외원자재 의존도가 높은 경우 수입재의 상대가격상승에 따른 수입조정에도 상당한 시간이 걸린다. 뿐만 아니라 국내소비자들이 해외수입재 소비를 줄이고 해외소비자들이 국내수출재 소비를 늘리는 데도 시간이 소요된다.

이러한 조정시차로 인해 경상수지는 시간을 두고 점차적으로 그림의 B에서 C로 개선된다. C점에 이를 때까지 경상수지는 절하 이전 수준보다 낮다. C점 이후에 경상수지는 실질절하 이전 수준보다 더 개선된다.

실질절하가 이루어지면 수출재의 상대가격이 하락하고 수입재의 상대가격이 상승한다. 따라서 수출은 늘고 수입은 감소한다. 이때 수출재 상대가격하락에 따른 수출증가 정도와 수입재 상대가격상승에 따른 수입감소 정도는 수출 및 수입수요의 가격탄력성에 달려 있다. 수출수요 및 수입수요의 가격탄력성의 합이 1보다 커 마샬-러너 조건이 충족되면 실질절하가 경상수지를 개선시킨다. 일반적으로 수출 및 수입수요의 가격탄력성은 시간이 지남에 따라 커진다. 따라서 실질절하 직후에는 경상수지가 악화되다가 시간이 경과함에 따라 점차 경상수지가 개선되는 경상수지의 조정과정이 나타난다. 결국 J-커브 효과는 시간이 지남에 따라 마샬-러너 조건이 점차 충족되는 현상이라고 할 수 있다.

앞의 **표 8.1** 에서 살펴보았듯이 대부분 선진공업국에서 환율변화 후 6개월 후에 측정한 수출 및 수입수요의 가격탄력성의 합은 1보다 작았으나 1년 후에 측정한 수출 및 수입수요의 가격탄력성의 합은 1보다 커 마샬-러너 조건이 충족되는 것으로 나타났다. 이는 J-커브 효과가 6개월 이상 지속되지만 1년을 넘지는 않는다는 것을 시사한다. 따라서 실질절하 후 1년 이내에 그림 8.1 의 C점에 도달하고 그 이후 경상수지는 계속 개선되는 것이다.

1년 이내의 단기에 J-커브 효과가 존재한다면 실질절하시 경상수지가 악화되므로 이는 확대통화정책으로 통화가치를 절하시키더라도 초기에는 총생산이 증가하지 않는다는 것을 뜻한다. 따라서 J-커브 효과가 존재하면 확대통화정책의 결과 통화공급량 증가 → 통화가치절하 → 순수출증가 → 경상수지개선 → 총수요증가 → 총생산증가효과가 나타나는 데는 어느 정도의 시간이 걸릴 것이다.

또한 J-커브 효과로 확대통화정책이 단기에 총생산을 오히려 감소시키면 화폐시장을 균형시키기 위해 이자율은 더욱 많이 하락해야 한다. 이에 수반하여 환율의 오버슈팅현상은 더욱 커질 것이다. J-커브 효과가 존재하면 환율의 추가적인 오버슈팅이 유발되어 환율변동성이 증폭되는 것이다.

전이도와 경상수지

국내통화가치가 1% 절하될 때 국내통화표시 수입재가격이 몇 % 상승하는가를 나타내는 것을 **전이도**(the degree of pass through)라고 한다. 수입재의 국내통화표시 가격은 EP^*이다. 지금까지는 P^*가 고정되어 있다고 가정했다. 따라서 E가 상승하면 해외수입재의 국내통화표시가격도 비례적으로 상승했다. E가 1% 상승할 때 P^*가 고정되어 수입재의 가격 EP^*도 1% 상승하면 전이도는 1이다. 전이도가 1이라는 것은 환율변화가 수입재가격에 완전히 반영되어 완전한 전이(complete pass-through)가 이루어졌음을 뜻한다. 전이도가 1보다 작으면 환율상승폭보다 수입재의 가격상승폭이 작은 것을 뜻한다.

현실적으로 단기에는 전이도가 1보다 작은 것이 일반적이다.[4] 전이도가 1과 다른 불완전한 전이(incomplete pass-through)는 왜 이루어지는가? 첫째, 국제시장의

4) 추정결과 1980년대 미국의 단기(3개월) 전이도는 20% 정도, 장기(1년 3개월-1년 9개월) 전이도는 50-60% 정도인 것으로 나타났다. Peter Hooper and Catherine L. Mann, "Exchange Rate Pass-through in the 1980s: The Case of U.S. Imports of Manufacture," Brookings Papers on Economic Activity I, 1989, pp. 297-337.

분할(international market segmentation)을 들 수 있다. 분할된 불완전경쟁시장에서 기업들이 동일제품에 대해 서로 다른 나라에서 서로 다른 가격을 매길 경우 불완전한 전이가 이루어질 수 있다. 둘째, 시장점유율 유지 등 어떤 이유로 기업들이 환율상승에 비례하여 수입가격을 인상하지 않을 수 있다. 가령 도요타자동차를 수입하는 업체가 시장점유율 하락을 우려하여 환율상승에 비례하여 자동차의 국내판매가격을 인상하지 않으면 불완전한 전이가 이루어진다.

전이도가 1보다 작아 환율상승폭보다 수입재의 가격상승폭이 작으면 명목환율변화에 따른 단기 J-커브 효과가 약화된다. 또한 전이도가 1보다 작으면 명목환율변화가 수출입물량을 결정하는 상대가격에 미치는 영향도 약화된다. 상대가격이 빨리 조정되지 못하면 수출입물량 조정도 늦어질 것이다.

명목환율과 실질환율의 관계는 국내물가의 반응에 의해서도 더욱 약화된다. 예를 들어 인플레이션이 심한 경제에서는 명목환율 E를 변화시켜 실질환율 q를 변경시키기가 쉽지 않다. E의 상승으로 총수요가 증가하여 인플레이션이 촉발되면 국내물가가 상승하기 때문이다. 명목환율 E가 상승할 때 국내물가 P도 상승하면 P의 상승 정도에 따라 실질환율 $\frac{EP^*}{P}$가 불변이거나 하락할 수도 있다. 따라서 명목환율의 변화가 실질환율에 미치는 영향은 국내물가가 경직적인 단기에 적용된다.

8.2 국내총지출 접근

국제수지 조정과 관련한 탄력성 접근은 (실질)환율의 변동이 경상수지=순수출에 미치는 영향을 중심으로 환율과 국제수지의 관계를 분석한다. 국제수지에 대한 국내총지출 접근은 경상수지가 순수출의 차이일 뿐 아니라 국내총소득과 국내총지출의 차이라는 점을 강조하여 환율의 변동이 국내총소득과 국내총지출에 미치는 영향을 중심으로 환율변동과 국제수지의 관계를 분석한다.

논의의 편의를 위해 이하에서는 다음과 같이 가정한다.

① 국내외 물가는 고정되어 있다.

② 소비는 가처분소득($Y-T$)의 증가함수이다.

③ 투자수요는 일정하게 주어져 있다.

④ 해외소득수준은 일정하다. 따라서 수출은 실질환율에만 의존한다. 수입은 실질환율과 국내총소득에 의존한다.

⑤ 명목환율은 고정되어 있다고 가정한다. 국내외 물가수준과 명목환율이 고정되어 있으므로 실질환율 $q=\frac{EP^*}{P}$ 도 일정하다.

이상의 가정하에 한 나라의 총생산=총소득=$GDP=Y$는 지출 측면에서 다음과 같이 나타낼 수 있다.

(8-4) $$Y=C(Y-T)+I+G+X-M(Y)$$

식(8-4)의 $X-M(Y)$는 재화와 서비스의 순수출로 경상수지(CA)와 같다고 가정한다. 즉

$$CA(Y)=X-M(Y)$$

한편 국내총지출(domestic absorption) A는 다음과 같이 정의된다.

$$A \equiv C+I+G$$

따라서 식(8-4)는

(8-5) $$Y-(C(Y-T)+I+G)=X-M(Y)$$

$$Y-A=CA(Y)$$

로 고쳐 쓸 수 있다. 여기서 $Y-C(Y-T)-G$는 총저축 S와 같으므로

$$Y-C(Y-T)-G=S(Y-T)$$

로 나타낼 수 있다. 따라서 식(8-5)는

(8-6) $$Y-A=S(Y-T)-I=CA(Y)$$

로 고쳐 쓸 수 있다. 이 식은 순저축 $[S(Y-T)-I]$와 경상수지(CA)가 같아질 때 한 나라의 균형총소득이 결정됨을 뜻한다.

식(8-6)을 그림으로 나타내면 **그림 8.2** 와 같다. 그림에서 순저축직선 $S(Y-T)-I$는 우상향한다. 총소득수준 Y가 증가하면 총저축이 증가하고 투자는 소득수준과 무관하기 때문이다. 그림에서 우하향의 직선은 경상수지 $CA(Y)$를 나타낸다. 경상수

그림 8.2 국내총지출 접근과 경상수지 및 순저축

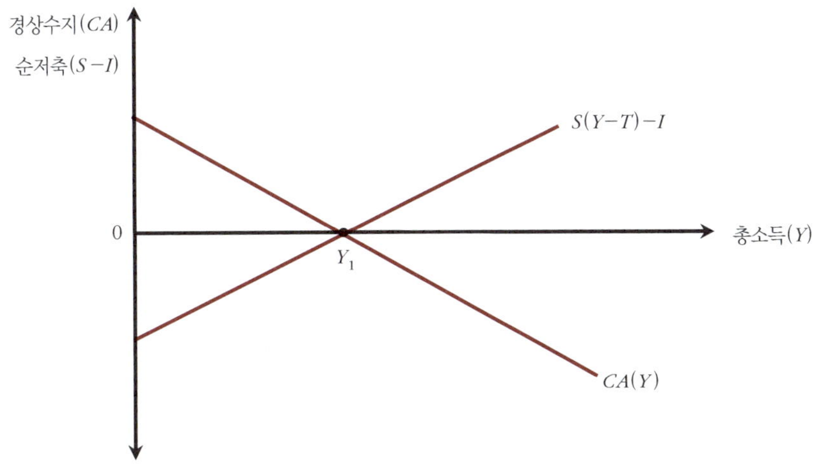

지는

$$CA(Y) = X - M(Y)$$

이다. 총소득이 증가하면 수입이 증가하고 경상수지가 악화된다. 따라서 경상수지를 나타내는 직선은 우하향한다. 순저축과 경상수지가 같아지는 점에서 균형총소득이 결정된다. 그림에서는 균형총소득수준 Y_1에서 경상수지가 $CA(Y_1) = X - M(Y_1) = 0$으로 균형을 이루는 것으로 나타나고 있다.

확대재정정책과 경상수지

그림 8.3 에서와 같이 최초에 균형총소득수준은 Y_1이고 경상수지는 CA_1이라고 하자. 이때 정부가 재정지출을 확대하면 총저축 $S = Y - C - G$가 감소한다. $S = (Y - T - C) + (T - G) = S_p + S_g$에서 G의 증가로 정부저축이 감소하여 총저축이 감소하는 것이다. 총저축의 감소로 최초의 순저축직선 $S_1 - I$는 $S_2 - I$로 우측이동한다. 따라서 새로운 균형에서 균형총소득은 Y_2로 증가하고 경상수지는 CA_2로 악화된다. 정부지출증가로 총소득이 증가하면 수입증가가 유발되므로 경상수지가 악화되는 것이다.

그림 8.3 **정부지출의 증가와 경상수지**

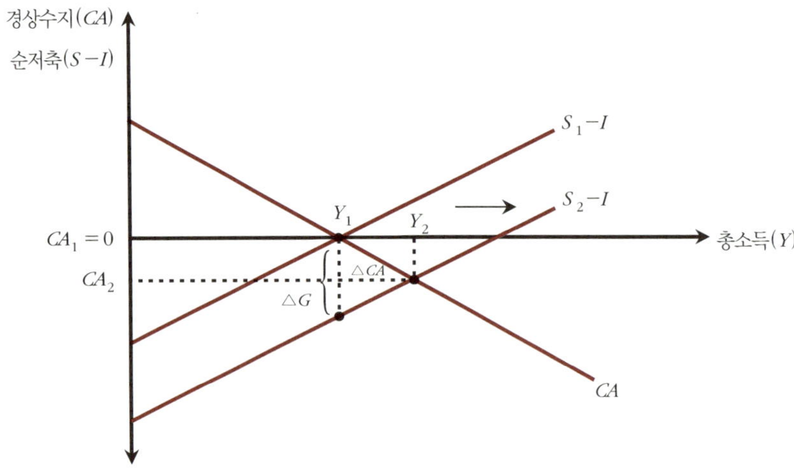

평가절하와 경상수지

국제수지 조정에 대한 국내총지출 접근에 따르면 평가절하가 경상수지에 영향을 미치는 경로는 국내총소득과 국내총지출의 변화를 통해서이다. 평가절하를 통한 환율인상이 경상수지를 개선시킨다면 이는 환율상승에 따른 총소득의 증가가 소득증가에 수반되는 총지출의 증가보다 크다는 것을 뜻한다.

그림 8.4 에서와 같이 평가절하 전 최초에 균형총소득수준은 Y_1, 경상수지는 CA_1으로 균형을 이루고 있었다고 하자. 평가절하를 단행하면 국내외 물가가 일정하게 고정되어 있으므로 명목환율 E와 실질환율 $q = \frac{EP^*}{P}$가 일정비율로 상승한다. 탄력성 접근에서 가정하는 것처럼 마샬-러너 조건이 성립한다면 평가절하로 경상수지가 개선된다. 따라서 경상수지를 나타내는 CA_1 직선이 CA_2로 우측이동한다.

이때 새로운 균형총소득은 Y_2로 증가하고 경상수지는 CA_2로 개선된다.[5]

경상수지에 대한 국내총소득과 국내총지출의 관계를 고려하지 않는 탄력성 접근에서는 경상수지가 점 A까지 개선된다고 예측할 것이다. 반면 국내총지출 접근에

5) 여기서는 국내외 물가가 고정되어 있다고 가정하기 때문에 평가절하에 따른 명목환율상승으로 실질환율도 비례적으로 상승한다. 그러나 명목환율상승으로 수입물가가 상승하여 국내물가가 상승하면, 실질환율상승폭은 감소하고 따라서 경상수지개선효과도 줄어든다. 극단적으로 평가절하에 따른 명목환율상승폭과 국내물가상승폭이 동일하여 실질환율에 변화가 없으면 경상수지도 변화가 없을 것이다.

그림 8.4 평가절하와 경상수지

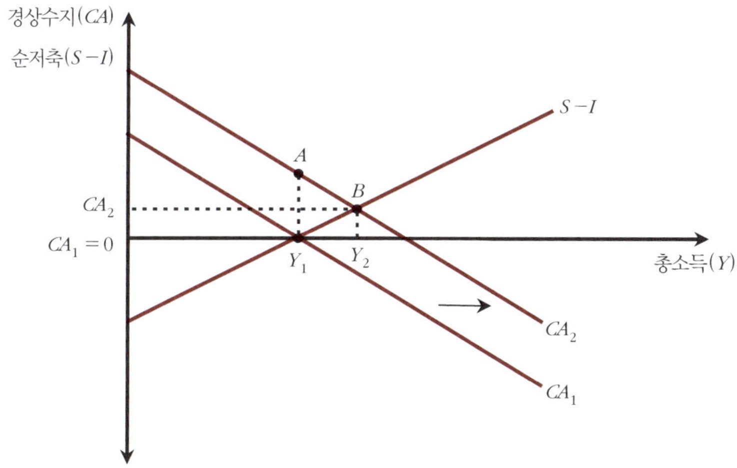

따르면 경상수지는 점 B까지 개선된다.

8.3 통화론적 접근: 통화량과 국제수지

국제수지와 중앙은행의 순해외자산, 그리고 통화공급량은 밀접한 관련을 가진다. 따라서 화폐시장에서 화폐수요와 공급이 변하면 국제수지도 변하는 것으로 생각할 수 있다. 고정환율하에서 화폐시장에 주목하여 국제수지를 분석하는 방법을 국제수지의 통화론적 접근(the monetary approach to the balance of payments)이라고 한다. 통화론적 접근은 1950년대와 1960년대에 폴락(J. J. Polak), 존슨(H. G. Johnson), 먼델(R. A. Mundell) 등에 의하여 논의되었다.[6]

6) 국제수지의 통화론적 접근에 관해서는 Jacob A. Frenkel and Harry G. Johnson, eds., *The Monetary Approach to the Balance of Payments*, London: George Allen and Unwin, 1976; IMF, *The Monetary Approach to the Balance of Payments*, Washington, D.C.: IMF, 1977 등을 참고할 것.

8.3.1 통화론적 접근모형

통화론적 접근은 화폐시장과 국제수지를 연결하는 단순한 모형을 통해 설명할 수 있다. 화폐시장은 실질통화공급 $\frac{M^s}{P}$와 실질화폐수요 $L(R, Y)$가 같을 때 균형을 이룬다.

(8-7) $$\frac{M^s}{P} = L(R, Y)\text{: 화폐시장균형조건}$$

중앙은행의 자산은 (순)해외자산(NFA: net foreign assets)과 국내여신(DC : domestic credit)의 합과 같고 이는 부채인 본원통화(B: reserve base)와 같다. 따라서

(8-8) $$B = NFA + DC$$

의 관계가 성립한다. 그리고 통화량 M^s를 본원통화 B로 나눈 값, 즉 통화량이 본원통화의 몇 배인가를 나타내는 것이 통화승수(money multiplier)이므로 통화승수를 m이라고 하면 $m = \frac{M^s}{B}$가 된다. 따라서 통화량과 중앙은행의 자산($NFA + DC$)간에는

(8-9) $$\begin{aligned} M^s &= mB \\ &= m(NFA + DC) \end{aligned}$$

의 관계가 성립한다. 식(8-7)과 (8-9)를 결합하면 중앙은행의 해외자산 NFA는

(8-10) $$NFA = \frac{1}{m}[PL(R, Y)] - DC$$

로 나타낼 수 있다. 통화승수 m이 일정하다고 가정하면 이 식은

(8-11) $$\Delta NFA = \frac{1}{m}\Delta[PL(R, Y)] - \Delta DC$$

로 고쳐 쓸 수 있다.

일정기간 동안의 중앙은행의 해외자산의 변화분 ΔNFA는 국제수지표에서 대외준비자산 증감으로 나타나고 국제수지와 같다. 따라서 식(8-11)은 국제수지의 변화를 나타내는 방정식이며 이 식을 통해 통화론적 접근에 의한 국제수지의 조정을 설명할 수 있다. 식(8-11)의 오른쪽 첫 번째 항은 화폐시장의 수요요인으로 명목화폐수요의 변화를 나타낸다. 식의 오른쪽 두 번째 항은 화폐시장의 공급요인으로 국내

여신의 변화를 반영한다.

식(8-11)에서 보듯이 화폐에 대한 수요가 공급을 초과하면 순해외자산이 증가하고 국제수지가 흑자를 나타낸다. 반대로 통화의 공급이 수요를 초과하면 순해외자산이 감소하고 국제수지의 적자가 초래된다. 이처럼 통화론적 접근은 국제수지의 불균형이 화폐시장의 불균형에서 직접적으로 초래된다는 것을 강조하고 있다. 따라서 국제수지문제에 대한 정책적 처방도 통화정책에 의존하는 것이 가장 바람직하다는 것이다.

8.3.2 화폐시장의 불균형과 국제수지의 조정

국제수지에 대한 통화론적 접근에 따르면 국제수지문제는 화폐시장의 불균형에 기인한다. 화폐시장에 불균형이 존재할 때 어떻게 국제수지가 조정되는가? 예를 들어 국내여신의 증가로 통화공급량이 늘어 통화의 초과공급이 유발되었다고 하자. 통화의 초과공급이 유발되면 화폐시장이 균형을 이루기 위해서는 통화공급이 감소해야 한다. 통화공급이 감소하기 위해서는 국제수지가 적자를 이루어야 한다. 통화의 초과공급이 국제수지 조정을 통해 해소되고 화폐시장이 다시 균형을 이루는 것이다.

통화의 초과공급이 있을 때 어떻게 국제수지적자가 이루어져 화폐시장의 균형이 회복되는가? 통화의 초과공급이 존재하면 고정환율하에서 국내통화가치의 절하압력이 생긴다. 국내통화가치의 절하가 예상되면 외환시장참가자들이 외환을 매입하고 국내통화를 매각하려고 하기 때문에 외환에 대한 초과수요가 생긴다. 외환에 대한 초과수요를 해소하고 고정환율을 유지하기 위해서는 중앙은행이 외환을 매각하고 그 대가로 국내통화를 매입해야 한다. 외환을 매각하고 국내통화를 매입하면 해외자산과 국내통화량이 감소한다. 해외자산의 감소로 국제수지는 적자가 된다. 이 과정은 통화량감소로 통화의 초과공급이 해소될 때까지 계속된다. 통화의 초과공급이 해소되어 화폐시장이 균형을 이루면 국제수지도 균형을 회복한다.

한편 화폐에 대한 초과수요가 존재하면 이를 해소하기 위해 통화공급량이 증가해야 하고 이를 위해 국제수지는 흑자가 되어야 한다. 화폐의 초과수요는 국내통화가치의 절상압력으로 작용한다. 국내통화가치의 절상압력은 외환의 수요감소를 유발한다. 외환의 수요감소에 따른 외환의 초과공급을 해소하고 고정환율을 유지하기 위해서는 중앙은행이 외환을 매입하고 그 대가로 국내통화를 지불해야 한다. 외환을 매입하고 국내통화를 매각하면 해외자산과 국내통화공급량이 증가한다. 해외자산이 증가하면 국제수지는 흑자가 된다. 이 과정은 통화공급량 증가로 화폐의 초과수요가 해소될 때까지 계속된다. 이 조정과정이 끝나 화폐시장의 균형이 회복되면 국제수지도 균형을 회복한다.

8.3.3 통화론적 접근의 정책시사점

통화론적 접근에 따르면 고정환율제도하에서 국제수지불균형은 화폐시장불균형에 기인하는 일시적 현상이므로 대외자산의 증감을 통한 통화공급량의 조정을 통해 자동적으로 해소된다. 따라서 국제수지불균형은 정책당국의 재량으로 통화량을 증감시키는 대응정책 없이도 자동적으로 해소될 수 있다.

그러나 어떤 이유로 국제수지불균형문제 해결을 위한 정책적 처방이 필요한 경우 그 정책적 해법을 화폐시장의 불균형 해소에서 찾아야 한다는 것이 통화론적 접근의 정책시사점이다. 즉, 대규모 국제수지적자는 과도한 국내여신 팽창에 기인하므로 긴축통화정책으로 국내여신을 줄이고 통화공급량을 감소시켜야 한다.

국제수지불균형 해소를 위한 통화정책의 중요성을 강조하는 통화론적 접근은 현실적으로 잘못된 정책을 유도할 수 있다. 예를 들어 국내생산물에 대한 해외수요가 일시적으로 감소했다고 하자. 그러면 경상수지와 국제수지가 악화될 것이다. 그러나 이때의 국제수지악화는 일시적인 확대재정정책으로 치유할 수 있다. 확대재정정책으로 이자율이 상승하면 자본유입이 증가하고 자본수지가 개선되면 경상수지악화로 인한 국제수지악화가 완화될 수 있기 때문이다.

그런데 국내생산물에 대한 해외수요가 감소하면 총수요가 줄고 총소득이 감소하여 화폐수요가 감소하기 때문에 통화론적 접근은 화폐수요의 감소에서 국제수지악화의 원인을 찾을 것이다. 따라서 정책처방도 화폐수요의 감소에 맞추어 국내여신을 줄이는 것이 최선이라고 생각할 것이다. 중앙은행이 국제수지를 개선시키기 위해 국내여신을 감소시키면 실업문제가 더욱 악화된다. 결국 화폐시장이 아닌 생산물시장에서의 수출수요감소(=해외의 수입수요감소)로 유발된 국제수지문제에 대해 통화론적 접근으로 대처하면 그릇된 결과를 낳을 수 있는 것이다. 따라서 국제수지 문제와 관련해 통화론적 접근이 제시하는 정책처방은 화폐의 수요와 공급이 변하여 국제수지문제가 초래된 경우에 가장 유용하다.

◇ 요약 및 복습 ◇

1. 실질절하가 경상수지를 개선시키기 위한 조건을 마샬-러너 조건이라고 한다. **마샬-러너 조건**은 최초에 경상수지가 균형을 이루어 경상수지가 0인 경우 수출수요의 가격탄력성과 수입수요의 가격탄력성의 합이 1보다 클 때 실질절하시 경상수지가 개선된다는 것을 뜻한다.

2. 일반적으로 한 나라의 수출 및 수입수요의 가격탄력성이 클수록 실질절하에 따른 경상수지개선효과는 커진다. 동일한 논리로 그 나라의 수출 및 수입수요의 가격탄력성이 클수록 주어진 경상수지적자를 해소하기 위한 실질절하의 폭은 작아진다. 따라서 실질절하의 경상수지개선효과는 그 나라의 수출 및 수입수요의 가격탄력성의 크기에 의존한다.

3. **J-커브 효과**란 실질절하 직후 경상수지가 오히려 악화되다가 시간이 경과함에 따라 점차 개선되는 현상을 말한다. 일반적으로 수출 및 수입수요의 가격탄력성은 시간이 지남에 따라 커지기 때문에 실질절하 직후에는 경상수지가 악화되다가 시간이 경과함에 따라 점차 경상수지가 개선되는 경상수지의 조정과정이 나타난다. 결국 J-커브 효과는 마샬-러너 조건이 시간이 지남에 따라 점차 충족되는 방향으로 수출입물량이 변화하는 현상이라고 할 수 있다.

4. 환율상승시 경상수지에 미치는 영향은 환율의 변화가 수입재의 자국통화표시가격에 미치는 정도를 나타내는 전이도에도 의존한다. 일반적으로 전이도는 1보다 작아서 환율의 변화율보다 수입재의 가격변화율이 작은 것으로 나타나고 있다. 전이도가 1보다 작은 것은 기업들이 시장점유율을 중시하기 때문이다.

5. 국제수지 조정에 대한 국내총지출 접근은 경상수지의 국내총소득 및 국내총지출과의 관계를 중시한다. 따라서 환율변동이 국내총소득과 국내총지출에 미치는 영향을 고려하는 것이 국제수지 조정에 대한 **국내총지출 접근**이다.

6. **통화론적 접근**에 따르면 고정환율제도하에서 국제수지불균형은 화폐시장불균형에 기인하는 일시적 현상이므로 해외자산의 증감을 통한 통화공급량의 조정을 통해 자동적으로 해소된다. 따라서 국제수지불균형은 정책당국의 재량으로 통화량을 증감시키는 대응정책 없이도 자동적으로 해소될 수 있다. 그러나 어떤 이유로 국제수지불균형문제 해결을 위한 정책적 처방이 필요한 경우 그 정책적 해법을 화

폐시장의 불균형 해소에서 찾아야 한다는 것이 통화론적 접근의 정책시사점이다. 예를 들어 대규모 국제수지적자는 과도한 국내여신 팽창에 기인한다. 따라서 긴축통화정책으로 국내여신을 줄이고 통화공급량을 감소시켜야 한다.

≪주요 용어 및 개념≫

- 탄력성 접근(elasticity approach)
- 마샬-러너 조건(Marshall-Lerner condition)
- J-커브 효과(J-curve effect)
- 수량효과(volume effect)
- 가격효과(value effect)
- 수출수요의 가격탄력성
- 수입수요의 가격탄력성
- 전이도(degree of pass-through)
- 총지출접근(absorption approach)
- 통화론적 접근(the monetary approach)

제 4 편 개방경제와 경제정책의 효과

제 9 장 변동환율과 경제정책효과

제10장 중앙은행의 외환시장개입과 경제정책효과

제11장 자본의 이동성과 경제정책효과

제12장 글로벌 경제의 상호의존과 국제정책협조

제4편은 개방경제에서의 경제정책의 효과에 대해 논의한다. 개방경제하의 경제정책의 효과는 변동환율제도와 고정환율제도하에서 달리 나타난다. 또한 동일한 환율제도하에서도 자본의 이동성 정도에 따라 경제정책의 효과가 달리 나타날 수 있다. 특히 오늘날과 같은 글로벌 경제하에서는 한 나라의 경제정책이 다른 나라에 영향을 미칠 수 있다. 한 나라의 경제정책이 다른 나라에 미치는 영향은 2국모형을 통해 분석할 수 있다.

제 9 장

변동환율과 경제정책효과

■ 개 요 ■

이 장에서는 변동환율제도하에서 경제정책이 환율과 총소득에 미치는 영향을 살펴본다. 이를 위해 우선 개방경제에서 한 나라의 균형환율과 총소득이 어떻게 결정되는지 *DD-AA* 곡선을 통해 설명한다. 다음으로 *DD-AA* 모형을 통하여 재정·통화정책 등 거시경제정책의 일시적 또는 영구적 변화가 환율과 총소득에 미치는 효과를 비교·분석한다.

■ 중점학습사항 ■

- 재정정책과 통화정책이 일시적으로 변화한 경우 정책효과의 차이는?
- 재정정책과 통화정책이 영구적으로 변화한 경우 정책효과의 차이는?
- 경제의 교란요인이 생산물시장인 경우 재정정책으로 대응해야 되는 이유는?
- 경제의 교란요인이 자산시장인 경우 통화정책으로 대응해야 하는 이유는?
- 정부지출의 영구적 확대가 일시적 확대보다 더 큰 폭의 환율하락을 유발하는 이유는?
- 통화량의 영구적 확대시 단기에 환율과 총소득에 미치는 효과가 일시적 통화량 확대보다 더 큰 이유는?
- 통화량의 영구적 증가시 단기에 환율이 오버슈팅되는 이유는?
- 통화량의 영구적 증가시 실질경제변수에 영향을 미치지 못하는 이유는?

9.1 *DD-AA* 모형[1)]

한 나라 경제 전체의 균형은 생산물시장과 자산시장(=화폐시장+외환시장)이 동시에 균형을 이룰 때 이루어진다. 생산물시장을 균형시키는 환율과 총생산=총소득의 조합을 연결한 곡선을 *DD*곡선이라고 부른다. 자산시장을 균형시키는 환율과 총생산의 조합을 연결한 곡선을 *AA*곡선이라고 부른다. *DD-AA* 모형을 통해 한 나라의 균형환율과 총생산수준이 경제정책에 의해 어떻게 영향을 받는지 분석할 수 있다.

9.1.1 생산물시장의 균형조건: *DD*곡선

생산물시장의 균형조건

생산물시장은 실질총생산(=실질총소득=실질GDP)과 국내생산물에 대한 총수요(Y^d)가 같아질 때 균형을 이룬다.

개방경제에서 한 나라의 총수요(Y^d)는 소비수요(C), 투자수요(I), 정부지출수요(G) 및 순수출수요($X-M$) 등으로 구성된다. 순수출수요는 수출수요(X)에서 수입수요(M)를 뺀 것이다. 수출수요는 해외경제주체들(해외기업, 해외소비자, 해외정부 등)의 우리나라 생산물에 대한 수요이다. 수입수요는 국내경제주체들의 해외생산물에 대한 수요이다. 따라서 순수출수요는 순해외수요를 나타낸다.

경상수지는 순수출, 소득수지 및 대외이전수지의 합과 같다. 소득수지와 대외이전수지를 도외시하면 순수출은 경상수지와 같다. 여기서는 순수출=경상수지로 가정한다. 경상수지(current account)는 CA로 나타낸다. 따라서 총수요 Y^d는 다음과 같이 나타낼 수 있다.

$$Y^d = C + I + G + CA$$

여기서 정부지출수요는 정부가 결정하는 정책변수이다. 논의를 단순화하기 위해 투자수요는 이자율에 영향을 받지 않고 주어져 있다고 가정하고 소비수요와 경상수

1) 이 장의 논의는 Paul Krugman and Maurice Obsfeld, *International Economics: Theory and Policy*, NJ: Prentice Hall, 2009, ch.16 참고.

지의 결정요인에 대하여 살펴본다.

소비수요의 결정요인

한 나라의 소비수요(C)는 실질총소득(Y)에서 조세(T)를 뺀 처분가능소득($Y_d = Y - T$)에 의존한다.[2] 즉

$$C = C(Y_d), \quad 0 \le \frac{\Delta C}{\Delta Y_d} \le 1$$

일반적으로 처분가능소득이 증가함에 따라 재화와 서비스에 대한 소비수요가 증가한다. 그러나 소득증가분 중 일부는 저축되기 때문에 처분가능소득이 증가한 만큼 소비는 증가하지 않는다. 따라서 처분가능소득이 1원 증가할 때 소비가 얼마만큼 증가하는가를 나타내는 한계소비성향($= \frac{\Delta C}{\Delta Y_d}$)은 0보다 크고 1보다는 작다.

경상수지의 결정요인

경상수지(CA)는 수출수요에서 수입수요를 뺀 것으로 정의하였다. 따라서 수출과 수입의 결정요인이 경상수지의 결정요인이 된다. 수출은 실질환율(q)과 해외총소득(Y^*)에 의해 결정된다. 수입은 실질환율과 국내총소득(Y)에 의해 결정된다. 따라서 경상수지(CA)는 실질환율($q = EP^*/P$), 국내총소득 Y 및 해외총소득 Y^*에 의해 결정된다.

$$CA = CA(EP^*/P,\ Y,\ Y^*)$$

실질환율과 경상수지

실질환율은 국내생산물 수량으로 표시한 해외생산물의 상대가격으로 정의된다. 실질환율이 상승하면 국내생산물 수량으로 표시한 해외생산물의 상대가격이 상승하는 것이므로 해외생산물이 국내생산물에 비해 상대적으로 비싸지고 국내생산물이 상대적으로 싸진다. 여기서는 실질환율이 상승하면 해외의 수입수요가 늘어 국내의 수출수요가 증가하고 수입수요가 감소한다고 가정한다. 따라서 실질환율이 상승(하락)하여 한 나라의 통화가 실질절하(실질절상)되면 경상수지가 개선(악화)된다.[3]

---

2) Y, C, I, G, X, M, T, CA 등은 특별한 언급이 없는 한 생산물수량으로 표시된 실질변수이다.

3) 실질환율의 상승시 경상수지가 개선되기 위해서는 마샬-러너 조건에 대한 설명은 제8장의 탄력성 접근을 참고할 것.

국내 및 해외소득과 경상수지

국내총소득(Y)이 증가하면 수입재를 포함하여 모든 재화에 대한 지출이 증가한다. 따라서 국내총소득이 증가하면 수입이 증가하고 경상수지가 악화된다. 해외총소득(Y^*)이 증가하면 해외의 지출이 증가하고 국내생산물에 대한 수요가 늘어난다. 따라서 해외총소득이 증가하면 수출수요가 늘어 경상수지가 개선된다.

총수요와 생산물시장의 균형조건

한 나라의 총수요(Y^d)는 다음과 같이 나타낼 수 있다.

$$Y^d = C(Y-T) + I + G + CA(EP^*/P,\ Y,\ Y^*)$$

여기서 조세수준(T)과 정부지출수요(G)는 정부가 재정정책수단으로 사용하는 정책변수이다. 투자수요(I)는 논의의 단순화를 위해 일정하게 주어져 있다고 가정한다. 해외총소득수준은 국내정책과 무관하게 주어져 있다. 그리고 단기에는 국내·외 물가수준 P와 P^*도 고정되어 있다고 가정한다. 따라서 단기에는 명목환율(E)과 실질환율(q)이 같은 방향으로 움직인다.

생산물시장은 총생산과 총수요가 일치할 때 균형을 이룬다. 따라서 생산물시장의 균형조건은 다음과 같이 나타낼 수 있다.

$$Y = C(Y-T) + I + G + CA\left(\frac{EP^*}{P},\ Y,\ Y^*\right) \tag{9-1}$$

DD곡선의 도출

***DD*곡선**은 생산물시장을 균형시키는 환율과 총생산=총소득의 조합을 연결한 곡선이다.

국내·외 물가수준이 일정할 때 명목환율 E의 상승은 실질환율 $q = EP^*/P$의 상승과 같다. 따라서 명목환율이 상승하면 실질환율의 상승과 같이 국내생산물이 해외생산물에 비하여 상대적으로 싸진다. 이에 따라 수출수요가 증가하고 수입수요가 감소하여 경상수지가 개선된다. 경상수지가 개선되면 총수요가 증가한다. 총수요가 증가하면 총소득이 증가한다. 따라서 명목환율이 상승하면 총소득이 증가한다. 단기에 생산물시장이 균형을 이루기 위해서는

그림 9.1 *DD*곡선

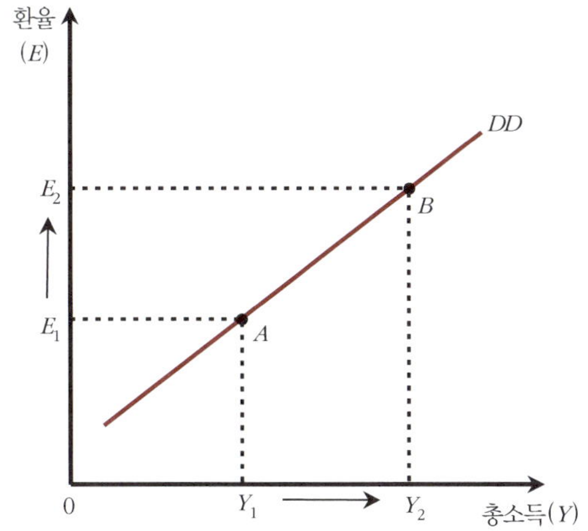

■ 환율상승($E_1 \rightarrow E_2$) → 경상수지개선 → 총수요증가 → 총소득증가($Y_1 \rightarrow Y_2$) ■

환율상승 → 총수요증가 → 총소득증가

가 이루어져야 한다. 따라서 생산물시장을 균형시키는 환율과 총소득은 같은 방향으로 움직인다. 이를 그림으로 나타내면 **그림 9.1** 과 같은 *DD*곡선을 도출할 수 있다.

*DD*곡선의 이동

*DD*곡선을 이동시키는 요인으로는 정부지출, 조세수준, 투자수요, 국내·외 물가수준, 국내소비행태, 국내생산물에 대한 국내·외 수요패턴, 해외총소득 등 다양한 요인들이 있다.

정부지출의 변화

정부지출의 증가는 주어진 모든 환율수준에서 생산물시장을 균형시키는 총소득수준을 증가시킨다. 따라서 정부지출이 증가(감소)하면 *DD*곡선은 오른쪽(왼쪽)으로 이동한다.

조세의 변화

조세증가는 처분가능소득을 감소시킨다. 처분가능소득이 감소하면 소비지출이 줄어든다. 따라서 조세가 증가하면 총수요가 감소하므로 총소득이 감소한다. 조세증가시 주어진 모든 환율수준에서 생산물시장을 균형시키는 총소득이 감소해야 하므로 *DD*곡선은 좌측으로 이동한다. 반대로 조세감소는 *DD*곡선을 우측이동시킨다. 이처럼 조세변화의 효과는 정부지출변화효과와 반대로 나타난다.

투자수요의 변화

투자수요증가는 정부지출증가효과와 동일하다. 투자수요증가시 주어진 모든 환율수준에서 생산물시장을 균형시키는 총소득이 증가해야 하므로 *DD*곡선은 우측으로 이동한다. 투자수요가 감소하면 *DD*곡선은 좌측으로 이동한다.

국내물가수준의 변화

E와 P^*가 일정할 때 국내물가수준(P)이 상승하면 국내생산물이 해외생산물에 비해 상대적으로 비싸진다. 따라서 국내물가수준이 상승하면 순수출감소→경상수지악화→총수요감소→총소득감소로 이어지고 *DD*곡선은 좌측이동한다. 반대로 국내의 물가수준이 하락하는 경우 국내생산물에 대한 총수요가 증가하여 *DD*곡선은 우측으로 이동한다.

해외물가수준의 변화

E와 P가 주어져 있을 때 해외물가수준 P^*가 상승하면 해외생산물이 상대적으로 비싸진다. 따라서 해외물가수준이 상승하면 국내생산물에 대한 총수요가 증가하고 *DD*곡선은 우측으로 이동한다. P^*가 하락하면 *DD*곡선은 좌측으로 이동한다.

소비행태의 변화

어떤 이유로 국내소비자들의 소비행태가 과소비를 추구하는 쪽으로 바뀌었다고 하자. 이때 소비지출의 증가가 해외수입재에 모두 쓰이지 않는다면 국내생산물에 대한 총수요가 증가하고 *DD*곡선은 우측으로 이동한다. 소비감소는 *DD*곡선을 좌측으로 이동시킨다.

국내·외 수요패턴의 변화

국내 처분가능소득과 환율 등은 변화가 없는데 내·외국인들이 국내생산물을 선호하게 되었다고 하자. 그러면 수출이 늘고 수입이 줄어 경상수지가 개선되고 총수요가 증가한다. 따라서 *DD*곡선은 우측이동한다. 반대로 내·외국인들이 국내생산물을 기피하면 국내생산물에 대한 총수요가 감소하고 *DD*곡선은 좌측으로 이동한다.

해외총소득의 변화

해외소득이 증가하고 해외의 경기가 좋아지면 국내생산물에 대한 수요가 늘고 수출이 증가한다. 수출이 증가하면 경상수지가 개선되고 총수요과 총소득이 증가한다. 따라서 해외소득이 증가하면 *DD*곡선은 우측으로 이동한다.

결국 어떤 요인이 국내생산물에 대한 총수요를 증가시키면 *DD*곡선은 우측으로 이동한다. 반면 어떤 요인이 국내생산물에 대한 총수요를 감소시키면 *DD*곡선은 좌측으로 이동한다.

9.1.2 자산시장의 균형조건: *AA*곡선

한 나라의 경제가 균형을 이루기 위해서는 생산물시장의 균형과 자산시장의 균형이 동시에 이루어져야 한다. 생산물시장을 균형시키는 환율과 총소득이 자산시장도 균형시킨다는 보장은 없다. 따라서 생산물시장과 자산시장을 동시에 균형시키는 환율과 총소득을 살펴보기 위해서는 자산시장을 균형시키는 환율과 총소득에 대한 분석이 이루어져야 한다.

자산시장의 균형조건

자산시장의 균형은 외환시장과 화폐시장이 균형을 이룰 때 이루어진다. 외환시장의 균형은 이자율평가조건에 따라 국내통화표시 자산과 해외통화표시 자산에 대한 기대수익률이 동일할 때 이루어진다. 국내화폐시장의 균형은 실질화폐수요와 실질통화공급이 일치할 때 이루어진다.

외환시장의 균형을 나타내는 이자율평가조건은

$$R = R^* + \frac{E^e - E}{E}$$

로 나타낼 수 있다. 여기서 해외이자율 R^*와 미래의 예상환율 E^e는 주어져 있다고 가정한다. 화폐시장의 균형은 실질통화공급과 실질화폐수요가 일치할 때 이루어지므로 다음과 같이 나타낼 수 있다.

$$\frac{M^s}{P} = L(R,\ Y)$$

여기서 물가수준 P는 고정되어 있다고 가정한다. 통화공급량 M^s는 통화당국에 의해 결정되는 정책변수이다. 실질화폐수요 $L(R,\ Y)$는 이자율 R이 하락하거나 실질총소득 Y가 증가할 때 증가한다.

AA 곡선의 도출

***AA*곡선**은 화폐시장과 외환시장을 동시에 균형시키는 환율과 총소득의 조합을 연결한 곡선이다.

총소득이 증가하면 화폐수요가 증가한다. 물가수준 P와 통화공급량 M^s가 주어진 상황에서 화폐시장이 균형을 이루기 위해서는 이자율이 상승하여 화폐수요가 감소하여야 한다. 이자율의 상승은 외환시장의 불균형을 초래한다. 이자율상승으로 원화 자산의 기대수익률이 달러화 자산의 기대수익률보다 높아지면 원화 자산에 대한 수요가 늘고 달러화 자산에 대한 수요가 감소한다. 달러화 자산에 대한 수요가 감소하면 환율이 하락하고 원화가 절상된다. 결국 국내총소득이 증가하면 자산시장의 균형을 유지하기 위하여 환율이 하락한다. 즉

총소득증가 → 실질화폐 초과수요 → 국내이자율상승 → 환율하락

이 이루어지므로 화폐시장과 외환시장을 동시에 균형시키는 환율과 총소득은 서로 반대방향으로 움직인다. 따라서 외환시장과 화폐시장을 균형시키는 총소득과 환율의 관계를 그래프에 옮기면 **그림 9.2** 와 같이 우하향하는 *AA*곡선을 얻을 수 있다.

그림 9.2 *AA*곡선

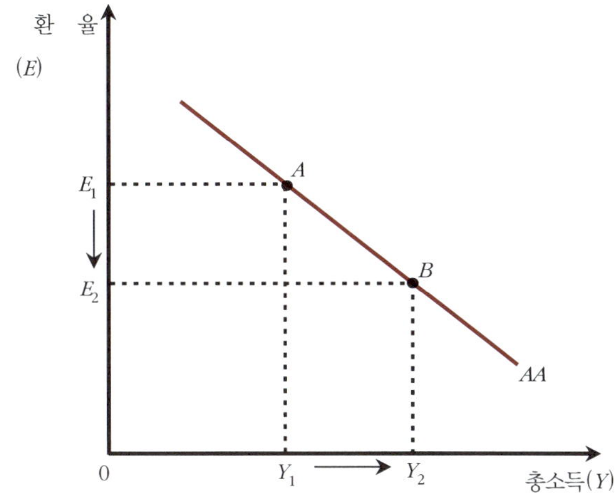

■ 총소득증가($Y_1 \rightarrow Y_2$) → 화폐수요증가 → 이자율상승 → 환율하락($E_1 \rightarrow E_2$) ■

*AA*곡선의 이동

*AA*곡선은 통화공급량, 물가수준, 예상환율, 해외이자율 및 실질화폐수요 등이 변화하면 이동한다.

통화공급량(M^S)의 변화

총소득이 고정되어 있을 때 통화공급량의 증가는 통화의 초과공급 → 국내이자율 하락 → 환율상승을 유발한다. 따라서 통화공급량이 증가하면 주어진 모든 총소득수준에서 환율이 상승하므로 *AA*곡선이 상방이동한다. 같은 논리로 통화공급량의 감소는 *AA*곡선을 하방이동시킨다.

국내물가수준(P)의 변화

국내물가수준이 상승하면 실질통화공급량이 감소하고 화폐의 초과수요가 유발되므로 이자율이 상승한다. 국내이자율상승으로 원화 자산의 기대수익률이 달러화 자산의 기대수익률보다 높아지면 달러화에 대한 수요가 감소되므로 환율이 하락한다. 따라서 국내물가수준의 상승(하락)은 주어진 모든 총소득수준에서 환율을 하락(상승)시켜 *AA*곡선을 하방(상방)이동시킨다.

예상환율(E^e)의 변화

예상환율이 상승하면 국내통화표시 자산보다 해외통화표시 자산의 기대수익률이 커진다. 해외통화표시 자산의 기대수익률이 상대적으로 높아지면 원화수요가 줄고 외환수요가 늘어난다. 따라서 환율이 상승한다. 예상환율의 상승이 현재환율상승으로 이어져 예상이 스스로를 충족(se1f-fulfilling)시키게 된다. 결국 예상환율의 상승(하락)은 주어진 모든 총소득수준에서 환율을 상승(하락)시켜 *AA*곡선을 상방(하방) 이동시킨다.

해외이자율(R^*)의 변화

해외이자율이 상승하면 예상환율이 상승하는 경우와 같이 국내통화표시 자산보다 해외통화표시 자산의 기대수익률이 커진다. 따라서 해외이자율의 상승(하락)은 예상환율이 상승(하락)하는 경우와 마찬가지로 *AA*곡선을 상방(하방)이동시킨다.

실질화폐수요의 변화

총소득과 이자율수준은 변화가 없는데 어떤 이유로 실질화폐수요가 감소하였다고 하자. 실질화폐수요가 감소하면 화폐의 초과공급이 유발되어 국내이자율이 하락하고 환율이 상승한다. 따라서 화폐수요의 감소(증가)는 통화공급량 증가(감소)의 경우와 같이 *AA*곡선을 상방(하방)이동시킨다.

9.1.3 균형환율과 총소득의 결정

개방경제하의 단기균형은 *DD*곡선과 *AA*곡선이 교차하는 점, 즉 생산물시장과 자산시장이 동시에 균형을 이루는 점에서 결정된다.

그림 9.3 은 *DD*곡선과 *AA*곡선을 결합한 것이다. *DD*곡선과 *AA*곡선의 교차점 A에서 생산물시장과 자산시장을 동시에 균형시키는 균형환율 E_1과 균형총소득수준 Y_1이 결정된다. 그림 9.3 을 통해 왜 점 *A*에서만 경제 전체의 균형이 이루어지는지 살펴보자.

점 *B*는 자산시장의 균형을 나타내는 *AA*곡선상에 위치하고 있으나 *DD*곡선에서 벗어나 있다. *AA*곡선상에 위치한 점 *B*의 균형환율 E_2에 대응하는 균형총소득은 Y_2이다. 반면 *DD*곡선상에서 Y_2에 대응하는 균형환율은 E_2'이다. 자산시장의

그림 9.3 **개방경제와 단기균형: 생산물시장과 자산시장의 동시균형**

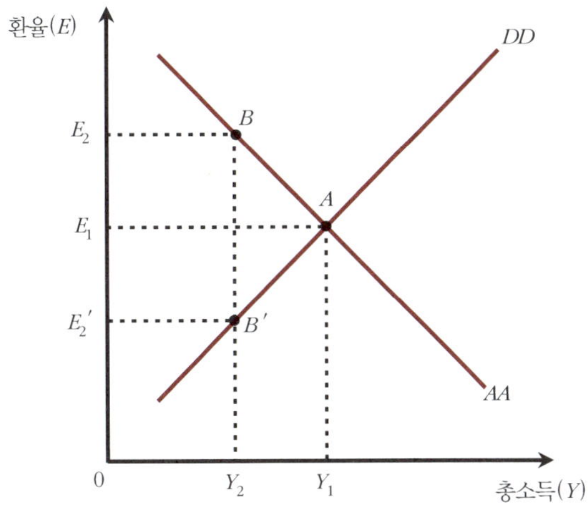

균형환율수준 E_2는 생산물시장을 균형시키는 환율 E_2'보다 높다. 생산물시장을 균형시키는 환율수준보다 높은 환율수준에서는 국내생산물이 상대적으로 싸기 때문에 국내생산물에 대한 총수요가 국내총생산 Y_2를 초과하게 된다. 생산물시장에 초과수요가 존재하면 총생산은 증가한다. 결국 균형점은 점 B에서 점 A로 이동하고 총생산=총소득수준은 Y_2에서 Y_1으로 증가한다. 총소득의 증가는 화폐수요를 증가시켜 이자율을 상승시키므로 환율은 E_2에서 E_1으로 하락한다. 결국 균형점 A에서 DD곡선과 AA곡선이 교차하여 경제 전체의 균형이 이루어진다.

9.2 경제정책의 일시적 변화와 환율 및 총소득

경제정책수단에는 재정정책과 통화정책이 있다. 재정정책은 정부지출이나 조세의 변화를 수반한다. 통화정책은 통화공급의 변화를 수반한다.

재정정책의 재원은 주로 국채의 발행을 통해 조달된다. 재정정책은 국채의 발행을 통해 민간에서 빌린 돈으로 정부지출 재원으로 충당하기 때문에 통화량에는 영향을 미치지 않는다. 정부지출을 증가시키기 위해서는 국채발행을 늘려야 한다. 국채의 공급증가는 국채가격을 하락시키고 이자율을 상승시킨다.

통화정책의 재원은 중앙은행이 통화를 증발하여 조달할 수 있으나 주로 국채잔고의 조정을 통해 조달한다. 정부가 가지고 있는 국채를 매각하면 통화량이 감소한다. 정부가 민간이 보유하고 있는 국채를 매입하면 통화량이 증가한다. 통화공급량이 증가하거나 감소하면 이자율이 하락하거나 상승한다.

여기서는 먼저 경제정책의 일시적 변동이 환율과 총소득에 미치는 영향을 분석한다. 경제정책이 일시적으로 변하는 경우 경제주체들의 예상환율수준에는 변화가 없고 미래의 예상환율 E^e는 장기균형환율과 같다고 가정한다. 장기균형환율은 물가가 신축적으로 조정되는 장기에 완전고용수준의 총소득에 부합하는 환율수준이다. 해외이자율 R^*와 해외물가수준 P^*는 일정하게 주어져 있고 국내물가수준 P도 고정되어 있다고 가정한다.

9.2.1 일시적 재정정책 변화와 환율 및 총소득

먼저 일시적 확대재정정책이 환율과 총소득에 미치는 효과를 살펴보자. 확대재정정책은 일반적으로 정부지출증가나 조세감소 또는 정부지출증가와 조세감소를 혼합하는 형태를 취한다. 그림 9.4 를 통해 확대재정정책효과를 살펴보자.

그림에서 보는 바와 같이 최초의 균형점은 A이고 이때 균형환율수준은 E_1, 총

그림 9.4 정부지출의 일시적 증가와 환율 및 총소득

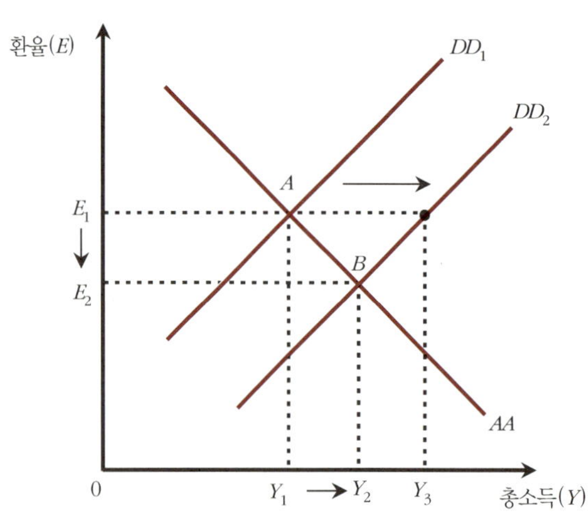

소득수준은 Y_1이다. 이제 정부가 일시적으로 5조 원의 정부지출을 늘려 공공근로사업에 투입하기로 했다고 하자. 이와 같은 일시적 확대재정정책은 DD곡선을 DD_1에서 DD_2로 우측이동시킨다. 그러나 일시적 확대재정정책은 미래의 예상환율에 영향을 미치지 않기 때문에 AA곡선은 이동시키지 못한다. 따라서 새로운 균형점은 점 A에서 점 B로 이동되어 균형환율은 E_1에서 E_2로 하락하고 총소득은 Y_1에서 Y_2로 증가한다. 이처럼 정부지출의 일시적 증가는 단기에 환율을 하락시켜 국내통화를 절상시키고 총소득을 증가시킨다.

정부지출이 증가할 때 총소득이 Y_2까지만 상승하는 이유는 무엇인가? 정부지출의 증가에 기인한 총소득의 증가는 실질화폐수요를 증가시킨다. 실질화폐수요가 증가하면 이자율이 상승한다. 국내이자율이 상승하면 국내통화표시 자산의 기대수익률이 국내통화로 표시한 해외자산의 기대수익률에 비해 높아지기 때문에 원화에 대한 수요가 증가하고 달러화에 대한 수요가 감소한다. 따라서 환율이 하락한다. 환율이 하락하면 경상수지가 악화되어 총수요감소효과가 나타나기 때문에 정부지출증가로 인한 총수요증가효과가 부분적으로 상쇄되어 총생산은 Y_3가 아닌 Y_2까지만 증가한다.

정부지출증가로 환율이 하락하고 총소득이 증가하면 경상수지가 악화된다. 정부지출증가로 인한 이자율상승으로 자본유입이 증가하면 자본수지는 개선된다. 따라서 점 B에서 국제수지는 균형을 이루게 된다. 정부지출증가시 이자율상승에 따른 자본수지개선이 환율하락과 총소득증가로 인한 경상수지악화로 상쇄되는 것이다.

9.2.2 일시적 통화정책 변화와 환율 및 총소득

그림 9.5는 국내 통화공급량의 일시적 증가가 환율과 산출량에 미치는 효과를 보여준다. 그림에서 보듯이 경제는 최초에 점 A에서 균형을 이루고 있다. 이때 균형환율수준은 E_1, 총소득수준은 Y_1이다. 통화공급량의 일시적 증가는 AA곡선을 AA_1에서 AA_2로 우측이동시키지만 DD곡선에는 영향을 미치지 못한다. 따라서 새로운 균형점은 점 A에서 점 B로 이동되어 총소득은 Y_1에서 Y_2로 증가하고 환율은 E_1에서 E_2로 상승한다. 이와 같이 통화공급량의 증가는 환율을 상승시켜 국내통화를 절하시키고 총소득을 증가시킨다.

그림 9.5 **통화공급의 일시적 증가와 환율 및 총소득**

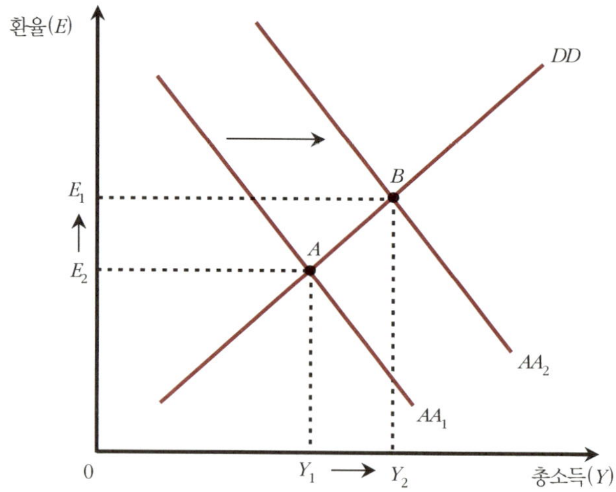

통화공급량이 증가할 때 총소득이 늘고 환율이 상승하는 이유는 무엇인가? 통화공급량이 증가하면 국내이자율이 하락한다. 국내이자율하락으로 국내자산의 기대수익률보다 해외자산의 기대수익률이 커지면 국내자산에 대한 수요가 감소하고 해외자산에 대한 수요가 증가한다. 해외자산에 대한 수요증가로 해외통화에 대한 수요가 증가하면 환율이 상승한다.

환율상승으로 해외통화가치가 높아지고 해외통화의 구매력이 커지면 국내생산물에 대한 수요가 증가한다. 국내생산물에 대한 수요증가는 경상수지를 개선시키고 따라서 총수요가 증가한다. 총수요의 증가는 총소득의 증가로 이어진다. 따라서 한 나라의 통화공급량의 일시적인 증가는 그 나라 통화의 절하와 총소득증가를 유발한다.

통화공급량 증가로 이자율이 하락하면 자본이 유출되고 자본수지가 악화되어 국제수지가 불균형을 이룬다. 자본수지악화로 인한 불균형은 환율상승으로 인한 경상수지개선으로 상쇄되어 국제수지는 다시 균형을 회복한다.

9.2.3 완전고용유지정책의 효과

정부의 경제정책 목표가 완전고용유지라면 일시적인 경제교란으로 실업이 증가하는 경우 완전고용을 달성하기 위해 일시적인 확대재정정책과 확대통화정책이 사용될 수 있다. 그런데 완전고용유지를 위한 단기거시경제정책의 효과는 경제의 교란요인이 생산물시장인지 혹은 자산시장인지에 따라 달라진다. **그림 9.6** 과 **그림 9.7** 을 통해 이를 살펴보자.

그림 9.6 은 경제의 교란요인이 생산물시장인 경우이다. 그림에서 최초의 균형점 A에서 완전고용수준의 총소득 Y_f가 이루어지고 있다고 하자. 이때 어떤 이유로 국내생산물에 대한 수요가 감소하여 총수요가 감소하면 DD곡선이 DD_1에서 DD_2로 좌측이동한다. 국내생산물에 대한 수요감소는 단기에 E^e에 어떤 영향도 미치지 못하여 AA곡선은 이동하지 않는다. 따라서 단기균형점은 A에서 B로 이동되어 환

그림 9.6 실물부문의 교란과 완전고용유지를 위한 경제정책의 효과

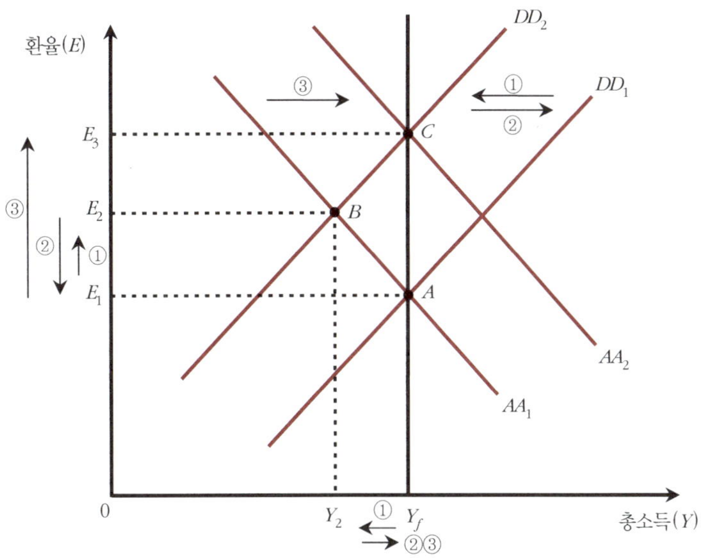

■ 최초균형점: A

① 국내생산물에 대한 수요감소 → DD곡선 좌측이동($DD_1 \to DD_2$) → B에서 균형: 환율상승($E_1 \to E_2$) · 생산감소($Y_f \to Y_2$)

② 일시적 재정확대: DD곡선 우측이동($DD_2 \to DD_1$) ⇒ A에서 균형: 완전고용 달성 · 환율안정($E_2 \to E_1$)

③ 일시적 통화확대: AA곡선 우측이동($AA_1 \to AA_2$) ⇒ 완전고용 달성 · 국내통화절하($E_1 \to E_3$) ■

그림 9.7 화폐부문의 교란과 완전고용유지를 위한 경제정책의 효과

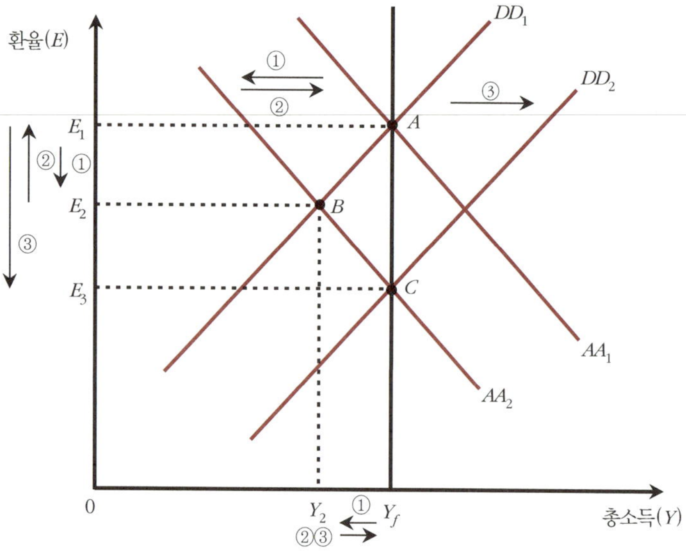

■ 최초균형점: A

① 화폐수요증가 → AA곡선 좌측이동($AA_1 \rightarrow AA_2$) → B에서 균형: 환율하락($E_1 \rightarrow E_2$) · 소득감소

② 일시적 통화확대: AA곡선 우측이동($AA_2 \rightarrow AA_1$) ⇒ A에서 균형: 완전고용 달성 · 환율안정($E_2 \rightarrow E_1$)

③ 일시적 재정확대: DD곡선 우측이동($DD_1 \rightarrow DD_2$) ⇒ C에서 균형: 완전고용 달성 · 과도한 환율하락($E_1 \rightarrow E_3$) ■

율은 E_1에서 E_2로 상승하고 총소득수준 Y_2는 완전고용수준 Y_f에 미치지 못하여 실업이 발생한다. 이때 완전고용을 유지하기 위한 정부의 재정정책과 통화정책이 환율에 미치는 효과를 비교해 보자.

완전고용유지를 위한 정부지출의 일시적 증가는 그림 9.6에서 보는 바와 같이 DD곡선을 DD_2에서 DD_1으로 다시 이동시켜 완전고용수준이 회복되고 환율수준도 E_2에서 E_1으로 복귀된다. 그러나 완전고용을 유지하기 위해 통화공급량을 일시적으로 증가시키면 AA곡선이 AA_1에서 AA_2로 우측이동한다. 따라서 새로운 균형점은 C가 된다. 이때 완전고용은 회복되지만 환율은 E_1에서 E_3로 상승하여 국내통화는 큰 폭으로 절하된다.

그림 9.7은 경제의 교란요인이 자산시장인 경우이다. 그림에서와 같이 최초에 균형점 A에서 Y_f가 유지되고 있다고 하자. 이때 어떤 이유로 화폐수요가 일시적으로 증가하면 국내이자율이 상승하여 환율이 하락한다. 환율이 하락하여 국내통화가

절상되면 국내생산물이 해외생산물에 비해 상대적으로 비싸져 국내생산물에 대한 수요가 감소하고 이에 따라 총소득이 감소한다. 화폐수요의 일시적 증가는 AA곡선을 AA_1에서 AA_2로 좌측이동시킴으로써 균형점을 점 A에서 점 B로 이동시키고 총소득수준 Y_2는 완전고용수준의 총소득수준 Y_f보다 작아진다.

이때 완전고용을 유지하기 위하여 정부가 통화공급량을 일시적으로 증가시키면 AA곡선은 AA_2에서 AA_1으로 다시 복귀하여 균형점을 B에서 A로 이동시킨다. 따라서 최초의 균형점 A에서 완전고용이 유지되고 환율도 E_2에서 E_1으로 복귀된다. 그러나 정부지출을 일시적으로 증가시키면 DD곡선이 DD_1에서 DD_2로 우측이동되어 균형점이 B에서 C로 이동한다. 따라서 새로운 균형점 C에서 완전고용은 회복되지만 환율이 E_1에서 E_3로 하락하여 국내통화가 큰 폭으로 절상된다.

이상의 분석은 경제의 일시적 교란으로 총소득이 완전고용수준에서 이탈할 때 정부가 완전고용을 추구한다면 교란의 원인이 어디에 있는지를 정확히 파악할 필요가 있음을 시사하고 있다. 일시적인 경제교란의 원인이 생산물시장(실물부문)에 있으면 생산물시장에 영향을 미치는 재정정책이 환율안정에 도움이 된다. 반면 교란이 자산시장(화폐부문)에 기인한 경우에는 통화정책이 완전고용유지와 환율안정에 보다 효과적이다.

현실적으로 교란의 요인이 실물부문인지 화폐부문인지를 파악하기는 쉽지 않다. 또한 현실경제정책의 선택은 교란의 원인을 심각히 고려하기보다는 관료주의에 의해 편의적으로 또는 정치적으로 이루어지는 경우가 많다. 특히 조세정책을 포함하는 재정정책의 변화는 정치적 논의와 국회 입법과정을 필요로 하는 경우가 많아 오랜 시간이 소요된다. 반면 통화정책은 중앙은행의 판단에 따라 독자적으로 이루어질 수 있기 때문에 재정정책이 적절한 경우에도 통화정책을 통해 교란에 대응하는 경우가 많다.

나아가 현실세계에서 경제정책의 효과는 여기서 다룬 모형에서처럼 즉각 나타나는 것이 아니고 시차를 두고 천천히 나타난다. 뿐만 아니라 경제정책의 효과가 얼마나 크게 나타날지 또 얼마나 오랫동안 지속될지 정확히 예측·측정하기 어렵기 때문에 통화·재정정책의 강도가 어느 정도여야 하는지도 알기 어렵다. 따라서 적시에 유효하고 적절한 경제안정화정책을 선택·실행하는 데는 현실적으로 어려움이 따른다.

9.3 경제정책의 영구적 변화와 환율 및 총소득

정부 경제정책의 영구적 변화는 장기환율수준에 영향을 미친다. 장기환율수준의 변동은 미래의 예상환율에 영향을 미치게 된다. 예상환율의 변동은 다시 단기환율수준에 영향을 미친다. 따라서 경제정책의 영구적 변화가 환율과 총소득에 미치는 효과는 일시적 변화의 경우와 다르다.

경제정책의 장기효과를 분석하기 위해 경제는 최초에 완전고용수준하의 장기환율수준에 있고 이때 $E=E^e$여서 예상환율변화율($\frac{E^e-E}{E}$)은 0이라고 가정한다. 따라서 이자율평가조건에 따라 최초의 균형환율수준에서는 $R=R^*$가 성립한다.

9.3.1 영구적 확대재정정책과 환율 및 총소득

영구적 재정확대는 생산물시장에 즉각적으로 영향을 미치고 장기예상환율의 변동을 통해 자산시장에도 영향을 미친다. 예를 들어 정부가 벤처캐피털(venture capital) 지원을 위해 매년 5조 원씩 정부지출을 영구적으로 증가시키는 경우의 효과를 살펴보자.

정부의 영구적 확대재정정책은 **그림 9.8** 에서와 같이 DD곡선을 DD_1에서 DD_2로 우측이동시켜 새로운 균형점은 점 A에서 점 B로 이동한다. 그러나 점 B는 단기균형점이 아니다. 정부지출의 영구적 증가는 경제주체들의 환율에 대한 예상을 변화시킨다. 정부지출이 영구적으로 늘어날 것으로 예상되면 국내이자율의 강세와 국내통화의 강세를 예상하게 된다. 경제주체들이 자국통화가치가 절상될 것이라고 예상하여 예상환율(E^e)이 하락하면 AA곡선이 AA_1에서 AA_2로 좌측이동하고 새로운 균형점은 점 C에서 결정된다. 점 C는 단기균형점이자 장기예상환율이 반영되었으므로 장기균형점이다. 이때의 총소득수준은 완전고용수준(Y_f)에서 불변이고 균형환율은 E_1에서 E_3로 하락한다.

그림 9.8 에서 볼 수 있듯이 재정확대가 일시적이었다면 생산물시장에만 영향을 미치고 자산시장에는 영향을 주지 않아 단기균형이 점 B에서 성립된다. 따라서 환율은 E_2까지만 하락하고 총소득은 Y_2까지 증가하였을 것이다. 그런데 재정확대가

그림 9.8 **영구적 확대재정정책과 환율 및 총소득**

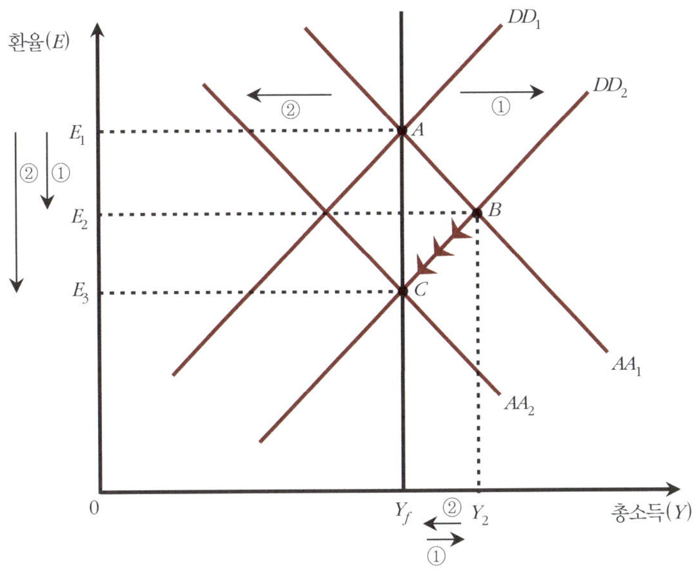

■ 최초균형점: A
① 일시적 재정확대:
DD곡선 우측이동($DD_1 \rightarrow DD_2$) → 단기균형점 B → 산출량증가($Y_f \rightarrow Y_2$) · 환율하락($E_1 \rightarrow E_2$)
② 영구적 재정확대:
재정확대에 따른 DD곡선 우측이동($DD_1 \rightarrow DD_2$) 및 예상환율하락으로 인한 AA곡선 좌측이동($AA_1 \rightarrow AA_2$) → 장 · 단기균형점 C → 총소득불변(Y_f) · 환율 큰 폭 하락($E_1 \rightarrow E_3$) ■

영구적으로 이루어지면 예상환율을 하락시켜 자산시장에도 영향을 미친다. 예상환율 하락으로 국내통화의 추가절상이 이루어지기 때문에 환율이 E_3까지 하락하여 재정확대에 따른 총소득증가효과를 상쇄시킨다. 영구적 재정확대의 경우 국내통화가 대폭 절상되어 재정확대로 인한 총소득증가효과가 상쇄되는 것이다.

영구적인 재정확대는 그림에서처럼 장기균형환율을 최초의 E_1에서 E_3로 즉각 하락시킨다. 환율이 E_3로 큰 폭으로 하락하면 재정확대에 따른 총수요증가는 순수출감소에 의한 총수요감소로 완전히 구축(crowding-out)된다. 따라서 E_3의 환율수준에서 완전고용 총소득수준 Y_f는 변화가 없다. 또한 환율수준이 새로운 장기균형환율수준으로 즉각 조정되었기 때문에 $E = E^e$이므로 $R = R^*$가 된다. 따라서 외환시장도 균형을 이룬다. 그리고 E_3의 환율수준에서 총소득은 완전고용수준 Y_f에서 불변이고 R, P, M^s도 변화가 없으므로 $M^s/P = L(R, Y_f)$로 화폐시장의 균형이 여전히 유지된다.

결국 영구적 재정확대시 새로운 장기균형환율수준으로 환율이 즉각 조정되기 때문에 생산물시장은 물론 자산시장도 균형을 유지한다. 영구적 재정정책의 변화는 예상환율을 변화시켜 환율변화만 유발하고 총소득수준에는 영향을 미치지 못한다. 환율변화의 폭은 재정정책이 총수요에 미치는 직접적인 효과를 완전구축시킬 정도로 크다.

9.3.2 영구적 확대통화정책과 환율 및 총소득

단기효과

그림 9.9는 경제가 최초에 장기균형수준인 점 A에 있을 때 통화공급량(M^s)이

그림 9.9 영구적 확대통화정책의 단기효과

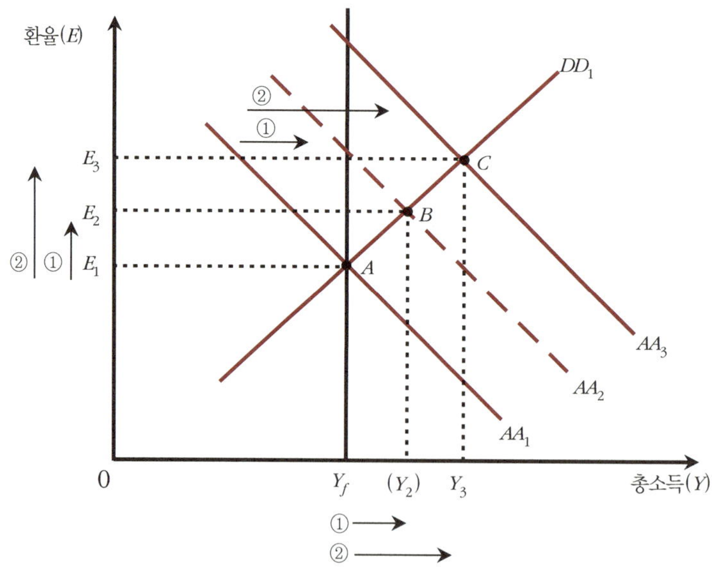

■ 최초균형점: A

① M^s의 일시적 증가:
통화량증가 → AA곡선 우측이동($AA_1 \rightarrow AA_2$) → 단기균형점 B ⇒ 환율상승($E_1 \rightarrow E_2$) · 총소득증가($Y_f \rightarrow Y_2$)

② M^s의 영구적 증가시 단기효과:
통화량증가 및 예상환율상승 → AA곡선 우측이동($AA_1 \rightarrow AA_3$) → 단기균형점 C → 환율상승($E_1 \rightarrow E_3$) · 총소득증가($Y_f \rightarrow Y_3$) ■

영구적으로 증가하는 경우의 단기효과를 보여준다. M^s의 영구적 증가는 장기환율을 비례적으로 상승시킨다. 따라서 M^s의 영구적 증가는 장기예상환율(E^e)도 비례적으로 상승시킨다. 예상환율의 상승은 AA곡선을 AA_1에서 AA_3로 우측이동시키고 단기균형점은 점 A에서 점 C로 이동한다. 이때의 단기균형환율은 E_3, 단기균형총소득수준은 Y_3가 된다. 이는 통화공급량이 일시적으로 증가하여 AA곡선이 AA_1에서 AA_2로 우측이동하여 단기균형점이 점 B로 이동하는 경우와 대비된다. 이때의 균형환율은 E_2, 총소득수준은 Y_2가 된다.

이처럼 통화공급량의 영구적 증가는 장기예상환율의 상승을 수반하기 때문에 통화공급량이 일시적으로 증가하는 경우보다 AA곡선의 우측이동폭이 더 크다. 따라서 점 C에서의 환율상승·총소득증가 정도는 통화공급량이 일시적으로 증가하는 경우에 이루어지는 단기균형점 B에서의 환율상승·총소득증가보다 크다.

장기효과

그림 9.10 은 통화공급량이 영구적으로 증가하는 경우의 장기효과를 나타낸다. M^s의 영구적 증가는 AA곡선을 AA_1에서 AA_2로 우측으로 이동시켜 단기에 총소득을 완전고용수준보다 높은 Y_2까지 증가시킨다. 그러나 잠재 GDP를 상회하여 총생산이 증가하면 인플레이션 압력이 생겨나고 물가가 상승한다. 국내물가수준이 상승하면 해외생산물에 비해 국내생산물이 상대적으로 비싸진다. 따라서 수출이 줄고 수입이 늘어 순수출이 감소한다. 순수출감소로 경상수지가 악화되고 국내생산물에 대한 총수요가 감소한다. 따라서 잠재 GDP를 초과하는 과대생산에 따른 국내물가수준의 상승은 DD곡선을 DD_1에서 DD_2로 좌측으로 이동시킨다. 또한 국내물가수준의 상승은 실질통화공급량(M^s/P)을 감소시켜 AA곡선을 AA_2에서 AA_3으로 좌측으로 이동시킨다.

총소득이 Y_f수준에서 벗어나 있으면 물가수준의 변화로 DD곡선과 AA곡선이 계속 이동하므로 DD곡선과 AA곡선의 좌측이동은 두 곡선이 완전고용수준의 총소득 Y_f에서 교차할 때까지 계속된다. 결국 DD_2와 AA_3가 교차하는 점 C가 장기균형점이 된다. 장기균형점 C에서 장기균형환율수준과 물가수준은 통화공급증가에 비례하여 상승한다. 완전고용수준의 산출량은 변화가 없다. 따라서 화폐의 장기중립성

그림 9.10 영구적 확대통화정책의 장기효과

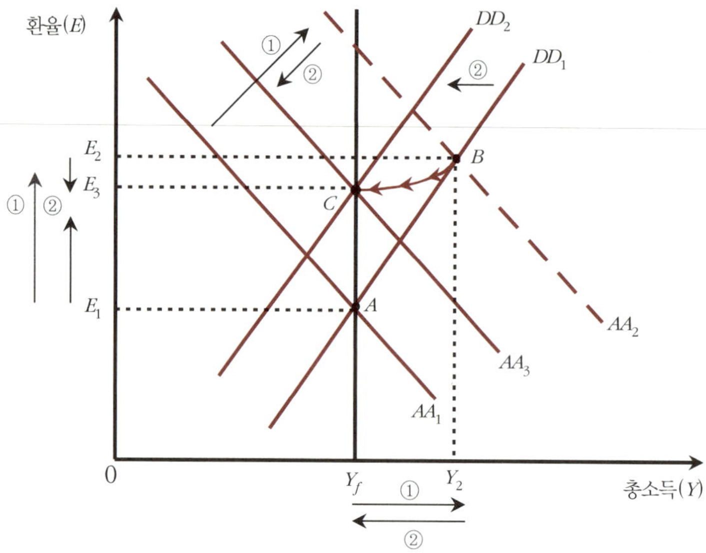

■ 최초균형점: A

① 단기효과: 통화량증가 및 예상환율상승 → AA곡선 우측이동($AA_1 \rightarrow AA_2$) → 단기균형점 B
⇒ 단기환율 오버슈팅($E_1 \rightarrow E_2$)

② 장기효과: 통화량증가 → 물가상승 → 순수출 감소 → DD곡선 좌측이동($DD_1 \rightarrow DD_2$)
통화량증가 → 물가상승 → 실질통화공급량 감소 → AA곡선 좌측이동($AA_2 \rightarrow AA_3$)
⇒ 장기균형점 C ⇒ 장기균형환율 E_3 달성 및 Y_f 불변 ■

이 성립한다.

단기균형점 B에서의 단기균형환율 E_2와 장기균형점 C에서의 장기균형환율 E_3를 비교해 보면 단기에 환율이 E_1에서 E_2까지 큰 폭으로 상승하였다가 단기균형점에서 장기균형으로의 조정과정에서 E_2에서 E_3로 하락하였음을 알 수 있다. 이와 같은 환율행태는 통화공급량의 변화에 대한 환율의 단기반응이 장기반응보다 훨씬 크게 나타나는 환율의 오버슈팅현상을 나타낸다. 통화공급량의 영구적 증가시 물가가 경직적인 단기에는 균형환율이 E_1에서 E_2까지 큰 폭으로 상승하지만 물가가 조정되는 장기에는 물가수준의 상승으로 이자율이 상승하여 환율이 하락한다. 따라서 장기균형환율은 통화공급량 증가에 비례하여 E_1에서 E_3까지만 상승하는 것이다.

다시 말해 최초의 균형점 A에서는 장기균형환율수준과 예상환율이 같아서 $E = E^e$이므로 이자율평가조건에 따라 $R = R^*$가 성립한다. 이때 국내통화공급량이 증가하면 물가가 경직된 단기에는 국내이자율이 하락한다. 국내이자율이 하락하여 해외이자율보다 낮아지면 이자율평가조건에 의해 원화절상이 예상(원화의 예상절하율 감소)되어야 한다. 환율하락이 예상될 수 있기 위해서는 회귀적 예상에 따라 단기에 환율이 충분히 상승하여 최초의 장기균형환율수준보다 높아야 한다. 따라서 통화공급이 영구적으로 증가할 때 단기환율은 E_2까지 큰 폭으로 상승하고 장기적으로는 환율이 E_2에서 E_3로 하락한다. 장기균형환율 E_3는 예상환율과 같고 $R=R^*$가 된다. 장기에 물가와 환율은 통화공급량 증가에 비례하여 상승한다.

◇ 요약 및 복습 ◇

1. 개방경제하의 단기균형은 *DD*곡선과 *AA*곡선이 교차하는 점, 즉 생산물시장과 자산시장이 동시에 균형을 이루는 점에서 결정된다. *DD*곡선은 생산물시장을 균형시키는 총소득과 환율의 모든 조합을 연결한 곡선이다. 생산물시장이 균형을 이루기 위해서는 환율상승→총수요증가→총소득증가가 이루어져야 하므로 생산물시장을 균형시키는 총소득과 환율의 관계를 나타내는 *DD*곡선은 우상향한다. *DD*곡선을 이동시키는 요인으로는 정부지출, 조세수준, 투자수요, 국내·외 물가수준, 국내소비행태, 그리고 국내생산물에 대한 국내·외 수요패턴, 해외총소득 등이 있다.

2. *AA*곡선은 자산시장을 균형시키는 환율과 총소득의 조합을 연결한 곡선이다. 자산시장이 균형을 이루기 위해서는 총소득증가→실질화폐수요증가→국내이자율상승→외환에 대한 수요감소→환율하락이 이루어져야 하므로 자산시장을 균형시키는 환율과 총소득의 관계를 나타내는 *AA*곡선은 우하향한다. *AA*곡선은 통화공급량, 국내·외 물가수준, 예상환율, 해외이자율 및 실질화폐수요 등이 변화하면 이동한다.

3. 정부지출의 일시적 증가는 단기에 환율을 하락시켜 국내통화를 절상시키고 총소득을 증가시킨다. 환율하락으로 경상수지는 악화되지만 정부지출증가에 따른 이자율상승으로 자본유입이 증가하여 자본수지가 개선된다. 따라서 국제수지는 균형을 이룬다. 통화공급량의 일시적 증가는 환율상승과 총소득증가를 유발한다. 환율상승으로 경상수지는 개선되지만 통화량증가로 인한 이자율하락으로 자본유출이 늘어나 자본수지가 적자가 되어 국제수지는 다시 균형을 이룬다.

4. 정부가 완전고용을 추구한다면 경제의 일시적 교란으로 총소득이 완전고용수준에서 이탈할 때 교란의 원인이 어디에 있는지를 정확히 파악할 필요가 있다. 일시적인 경제교란의 원인이 생산물시장(실물부문)에 있으면 생산물시장에 영향을 미치는 재정정책이 완전고용유지와 환율안정에 도움이 된다. 경제교란이 자산시장

(화폐부문)에서 기인한 경우에는 통화정책이 완전고용유지와 환율안정에 보다 효과적이다.

5. 정부의 경제정책의 영구적 변화는 장기환율수준에 영향을 미친다. 장기환율수준의 변화는 미래의 예상환율에 영향을 미치게 된다. 예상환율의 변화는 단기환율수준에 반영된다. 따라서 경제정책의 영구적 변화시 환율과 총소득에 미치는 효과는 일시적 변화의 경우와 다르다.

6. 영구적인 재정확대는 생산물시장에 즉각적으로 영향을 미치고 장기예상환율의 변화를 통해 자산시장에도 영향을 미친다. 정부지출의 영구적 증가는 장기예상환율을 하락시켜 국내통화의 추가절상이 이루어지기 때문에 정부지출이 일시적으로 증가한 경우보다 환율이 더 큰 폭으로 하락하여 재정확대에 따른 총수요증가가 완전구축된다. 따라서 영구적 재정확대는 큰 폭의 환율하락을 수반하고 완전고용수준에는 영향을 미치지 못한다.

7. 통화공급량의 영구적 증가는 장기예상환율의 상승을 수반하기 때문에 통화공급량이 일시적으로 증가하는 경우보다 단기에 환율과 총소득이 더 크게 증가한다. 장기에는 물가수준의 상승으로 인한 경상수지악화와 실질통화공급량의 감소로 인한 이자율상승으로 환율이 하락하여 경상수지가 악화되므로 완전고용수준의 산출량은 변화가 없다. 장기균형환율수준과 물가수준은 통화공급량 증가에 비례하여 상승한다. 따라서 화폐의 장기중립성이 성립한다. 통화공급량의 영구적 증가시 물가가 경직적인 단기에는 이자율이 하락하고 예상환율이 상승하므로 단기에는 환율이 큰 폭으로 상승하여 환율의 오버슈팅현상이 유발된다. 장기에는 물가수준의 상승으로 실질통화공급량이 감소하고 이자율이 상승하여 환율이 하락한다. 따라서 장기균형환율은 단기의 경우보다 소폭 상승한다.

≪주요 용어 및 개념≫

- 생산물시장의 균형조건
- 자산시장의 균형조건
- *DD*곡선
- *DD*곡선의 이동요인
- *AA*곡선
- *AA*곡선의 이동요인
- 일시적 통화정책의 효과
- 영구적 통화정책의 효과
- 일시적 재정정책의 효과
- 영구적 재정정책의 효과
- 화폐의 장기중립성(long-run neutrality of money)

제 10 장
중앙은행의 외환시장개입과 경제정책효과

■ 개 요 ■

대다수의 국가들이 여러 가지 형태의 변동환율제도를 채택하고 있는 오늘날에도 대부분의 국가들은 어떤 형태로든 외환시장에 개입하여 환율을 안정시키고자 한다. 이 장에서는 중앙은행이 환율을 일정한 수준으로 유지하기 위해 외환시장에 개입하는 메커니즘을 설명한다. 이를 위해 태화개입과 불태화개입이 어떻게 작동하는지 살펴본다. 다음으로 중앙은행이 환율을 목표수준으로 일정하게 고정시키고자 할 경우 경제정책효과가 변동환율제도하에서와 어떻게 다른지 분석한다.

■ 중점학습사항 ■

- 순국외자산과 순국내자산 및 통화량과의 관계는?
- 중앙은행이 태화개입을 통해 일정한 수준으로 환율을 유지하는 방법은?
- 중앙은행이 불태화개입을 통해서도 환율을 조정할 수 있는 이유는?
- 중앙은행이 환율을 일정수준으로 유지하고자 할 경우 통화정책이 무력한 이유는?
- 재정정책이 변동환율제도하에서보다 고정환율제도하에서 더 효과적인 이유는?
- 평가절하의 효과와 이유는?

10.1 중앙은행의 외환시장개입 수단

중앙은행의 외환시장개입 수단에는 태화개입(non-sterilization intervention)과 불태화개입(sterilization intervention)의 두 가지가 있다. 중앙은행의 태화개입과 불태화개입의 작동 메커니즘을 이해하기 위해서는 먼저 중앙은행의 대차대조표를 통해 중앙은행의 외환시장개입이 어떻게 통화공급에 영향을 미치는지 살펴보아야 한다.

10.1.1 중앙은행의 대차대조표와 통화공급

중앙은행의 대차대조표는 복식부기원리에 따라 중앙은행의 자산(assets)과 부채(liabilities)가 기록된다. 중앙은행의 대차대조표는 국제수지계정과 같이 일정기간 동안의 국제수지를 파악하는 유량(flows)개념이 아닌 일정시점에서의 자산과 부채를 파악하는 저량(stock)개념이다. 표 10.1 은 2009년 6월 말 현재 한국은행 계정(accounts of the Bank of Korea)을 요약·정리한 것이다.

표 10.1 **한국은행 대차대조표**

(2009년 6월 말, 단위: 조 원)

자 산		부 채	
국외자산	305	국외부채	23
국내자산	72	본원통화	63
		화폐발행액	32
		지준예금	31
		기타 국내부채	288

한국은행 계정상의 자산항목에는 국외자산(foreign assets)[1)]과 국내자산(domestic assets)이 기록된다. 국외자산은 주로 한국은행이 보유하는 지금은(gold & silver bullion), 외국증권, 외화예치금, IMF 특별인출권 보유, 국제금융기구 출자금, 외국환 등으로 구성된다. 지금은(gold & silver bullion)이란 금괴, 골드바(gold bar), 은괴 등

1) 한국은행이 매월 발간하는 『조사통계월보』에 수록된 한국은행 계정상에 foreign assets은 국외자산으로 번역되어 있다. foreign assets은 국외자산 이외에도 해외자산, 대외자산 등으로도 표현된다.

순도 99% 이상의 금이나 은을 말한다. 국외자산은 한국은행의 공적대외준비자산(official international reserves)이 된다. 국내자산에는 주로 정부보유의 국채, 예금은행대출금, 정부대출금 등이 포함된다. 한국은행이 예금은행과 정부 등에 행한 대출을 통틀어서 국내여신(domestic credit)이라고 한다.

한국은행 계정상의 부채항목에는 국외부채와 국내부채가 기록된다. 국외부채에는 IMF 등 국제금융기관의 원화예금, IMF 특별인출권 배분, 국제금융기구 출자증권 발행액 등이 포함된다. 국내부채는 화폐발행액, 예금은행의 중앙은행지준예금, 비은행금융기관예금, 정부예금, 통화안정증권발행액 등이 주종을 이룬다. 화폐발행액에 예금은행의 지준예금을 합하면 본원통화(reserve base)[2)]가 된다.

지금까지 설명한 중앙은행의 대차대조표를 순자산(자산－부채)형태로 정리하면 다음과 같이 나타낼 수 있다.

표 10.2 한국은행 대차대조표

자 산	부 채
순국외자산 순국내자산	본원통화

따라서 본원통화와 국내·외 순자산간에는 다음과 같은 관계가 성립한다.

(10-1) 순국외자산＋순국내자산＝본원통화

이 식에 따르면 일정기간 동안의 본원통화의 변동은 중앙은행의 순국외자산이 변하거나 순국내자산이 변하는 경우에 이루어진다. 본원통화의 변동은 통화승수효과(money multiplier effect)를 통해 최초의 본원통화변동폭보다 큰 폭으로 통화량을 변화시킨다. 따라서 중앙은행의 순국외자산이나 순국내자산이 증가(감소)하면 본원통화가 증가(감소)하고 통화공급량이 증가(감소)한다.

중앙은행의 외환시장개입이 본원통화에 영향을 미쳐서 통화량변화를 초래하면 태화외환시장개입이라고 한다. 중앙은행의 외환시장개입이 본원통화와 통화량에 영

2) 본원통화(reserve base 또는 reserve money)는 준비금의 기초가 되는 통화이다. 본원통화는 본원통화를 기초로 통화승수 배만큼의 통화량을 창출할 수 있으므로 고성능통화(high-powered money)로도 불린다.

향을 미치지 못하면 불태화외환시장개입이라고 한다.

10.1.2 중앙은행의 태화외환시장개입

태화(non-sterilization)외환시장개입이란 중앙은행의 외환시장개입이 본원통화의 변화를 초래하는 것을 말한다.

예를 들어 중앙은행이 달러화의 급격한 절하를 막기 위해 외환시장에 개입하여 달러화를 매입하면 한국은행의 순국외자산이 증가한다. 식(10-1)에서 보듯이 순국외자산의 증가는 동일한 크기의 순국내자산의 감소가 없으면 동일한 크기의 본원통화 증가를 수반한다. 태화외환시장개입은 순국외자산의 변화를 초래하고 순국외자산의 변화는 본원통화의 변화를 가져온다. 즉

순국외자산 변화=본원통화 변화

이처럼 중앙은행의 외환시장개입으로 인한 국외자산의 변화가 본원통화 변화를 초래하는 정책을 태화외환시장개입정책이라고 한다. 태화외환시장개입정책은 외화자산을 이용해 통화량을 조정한 것과 결과적으로 동일하기 때문에 통화정책의 하나로 간주되기도 한다.[3)]

10.1.3 중앙은행의 불태화외환시장개입

불태화(sterilization)외환시장개입이란 중앙은행의 외환시장개입에 따른 순국외자산의 변화가 본원통화에 영향을 미치지 않는 것을 말한다.

중앙은행의 순국외자산 변동, 순국내자산 변동, 그리고 본원통화 사이에는

본원통화의 변화=순국외자산 변화+순국내자산 변화

의 관계가 있다. 따라서 중앙은행의 외환시장개입으로 인한 순국외자산의 변화를 순국내자산 변화를 통해 상쇄시키면 본원통화에는 변화가 없게 된다.

---

3) 일반적으로 중앙은행의 태화개입은 반드시 외화자산의 매각이나 매입을 수반하지는 않고 국내자산 또는 국외자산의 변화를 통해 통화량과 이자율에 변화를 초래하면 된다. 반면 불태화개입은 국외자산의 변화와 함께 동일한 크기의 국내자산의 변화를 수반한다.

예를 들어 중앙은행이 달러화의 급격한 절하를 막기 위해 외환시장에 개입하고 달러화를 매입하여 순국외자산 증가→본원통화 증가→통화공급량 증가가 이루어졌다고 하자. 이때 중앙은행은 보유하고 있는 국채를 매도하여 순국내자산 감소→본원통화 감소→통화공급량 감소를 이루어 외화자산 증가에 따른 통화공급증가효과를 상쇄할 수 있다.

이처럼 중앙은행의 외환시장개입에 따른 외화자산의 증감을 국내자산의 증감을 통해 상쇄시킴으로써 중앙은행의 외환시장개입이 본원통화에 영향을 미치지 않는 것을 불태화외환시장개입이라고 한다.

식(10-1)을 이용하면 불태화외환시장개입을 다음과 같이 나타낼 수 있다.

순국외자산 증가(감소)+순국내자산 감소(증가)=본원통화 불변

우리나라의 경우 불태화외환시장개입으로 통화량 증감요인이 생기면 통화안정증권을 매각하거나 매입하여 상쇄시키고 있다.

10.2 중앙은행의 외환시장개입과 고정환율 유지

중앙은행은 환율안정을 위해 외환시장에 직접 개입할 수 있다. 여기에서는 중앙은행이 외환시장개입을 통하여 어떻게 환율을 일정수준에 고정시키는가에 대해서 살펴본다.

10.2.1 태화외환시장개입과 고정환율 유지

태화외환시장개입은 중앙은행이 목표수준으로 환율을 유지하기 위해 통화량과 이자율을 조정하는 것이다.

중앙은행이 현재의 환율수준을 유지하기로 약속하면 예상환율수준은 현재환율수준과 같아진다. 즉 $E=E^e$가 된다. 따라서 이자율평가조건

$$R=R^*+\frac{E^e-E}{E}$$

에서 $E=E^e$이면 $R=R^*$가 된다.

이때 어떤 이유로 예상환율수준이 상승하였다고 하자. 중앙은행의 외환시장개입이 없는 경우 예상환율의 상승은 달러화표시 자산에 대한 기대수익률을 증가시켜 달러화표시 자산에 대한 수요가 증가하고 환율의 상승을 유발할 것이다. 이때 중앙은행이 환율상승을 막고 환율을 현재의 환율수준으로 유지시키기 위해 태화외환시장개입을 한다고 하자. 환율상승을 막기 위해 중앙은행이 외환시장에 개입하여 달러화를 매각하면 외화자산과 본원통화가 감소하여 통화량이 감소한다. 통화량이 감소하면 이자율이 상승한다. 이자율상승으로 이자율평가조건이 다시 유지되고 환율은 최초의 환율수준이 유지된다.

예를 들어 최초에 $E=E^e=1{,}000$이고 $R=R^*$였다고 하자. 이때 어떤 이유로 예상환율이 1,050원으로 상승하면 중앙은행의 개입이 없는 경우 환율수준이 1,050원으로 상승할 것이다. 중앙은행이 환율상승을 막기 위해 외환시장에 개입하여 달러화를 매각하면 통화량이 감소하고 이자율이 상승한다. 달러화표시 금융자산의 이자율 R^*는 변화가 없는데 국내이자율 R이 0.05만큼 상승하면

$$R-R^*=0.05=\frac{E^e-E}{E}=\frac{1{,}050-1{,}000}{1{,}000}$$

이 되어 이자율평가조건이 유지되고 균형환율수준도 최초의 $E=1{,}000$으로 유지된다.

중앙은행이 태화개입을 통해 환율을 일정수준으로 유지하는 경우를 그림을 통해 살펴보자.[4] **그림 10.1** 의 점 A와 점 A'는 환율이 E_1에 고정되어 있고 미래에도 이 수준에서 고정환율이 유지될 것이라고 예상되는 경우 화폐시장과 외환시장의 균형점을 나타낸다. 최초에 화폐시장의 균형점은 A이고 최초의 통화공급은 M_1^s, 균형이자율은 R_1이다. 외환시장의 최초의 균형점은 A'이고 균형환율수준은 E_1이다. 중앙은행이 E_1의 수준으로 환율을 고정시키기로 발표하면 예상환율수준 E^e도 E_1과 같은 수준으로 고정된다. 따라서 $E=E^e$가 되고 국내의 균형이자율수준 R_1은 해외이자율수준 R^*와 같아진다.

이때 예상환율수준이 상승하면 달러화 자산의 기대수익률이 상승하고 달러화 자

4) 이하의 논의는 Paul Krugman and Maurice Obsfeld, *International Economics: Theory and Policy*, NJ: Prentice Hall, 2009, ch. 17 참고.

그림 10.1 고정환율 유지를 위한 태화외환시장개입

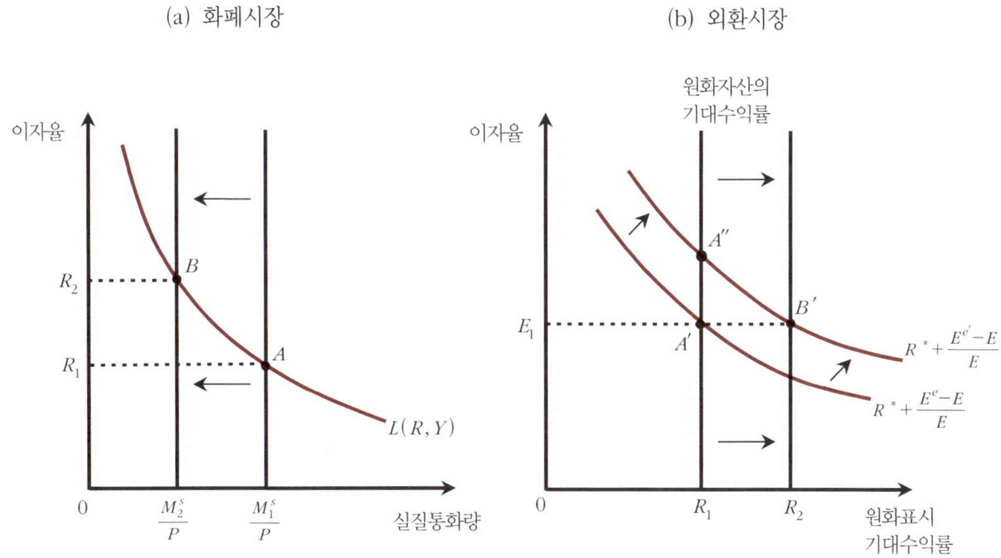

산의 기대수익률곡선이 우측으로 이동한다. 중앙은행이 고정환율 E_1을 유지하기 위해 외환시장에 개입하지 않는다면 외환시장의 새로운 균형점은 A''가 되고 환율이 상승할 것이다. 중앙은행이 환율상승을 막기 위해 외환시장에 개입하여 외환을 매각하면 통화량이 감소한다. 통화량감소로 화폐시장의 새로운 균형점은 B가 되고 이자율이 상승한다. 이자율상승으로 원화자산의 기대수익률이 높아져 외환시장은 B'점에서 새로운 균형을 이룬다. 외환시장의 새 균형점 B'에서 균형환율은 최초의 환율수준과 같은 E_1으로 중앙은행이 목표로 하는 환율수준이 그대로 유지된다.

예상환율이 상승하면 일정한 수준으로 환율을 유지하기 위한 중앙은행의 태화개입으로 외환을 매각하므로 대외지불준비금이 감소한다. 이 과정에서 대외지불준비금이 급속히 감소하면 국제수지가 악화되어 국제수지위기가 초래될 수 있다. **국제수지위기**(balance-of-payment crisis)란 미래환율에 대한 예상의 변화에 의해 촉발되는 공적 외환보유고의 급격한 변화를 말한다.[5)]

---

5) 일반적으로 예상환율의 상승, 즉 어떤 통화의 평가절하가 예상되면 외환에 대한 수요가 증가하고 해외투자가 증가한다. 따라서 평가절하가 예상되면 민간자본의 해외도피가 증가하고 외환보유고가 감소한다. 평가절하가 예상되는 경우 발생하는 외환보유고의 감소는 국제수지표상의 자본유출(capital outflow)이기 때문에 자본도피(capital flight)라고도 한다. 평가절하예상에 따른

중앙은행은 태화외환시장개입을 통한 통화량의 조정으로 환율을 목표수준으로 고정시킬 수 있다. 통화량이 조정되면 이자율이 조정된다. 따라서 태화외환시장개입은 중앙은행이 환율을 목표수준으로 유지하기 위해 통화량과 이자율을 조정하는 것이다.

중앙은행이 환율을 일정한 수준으로 유지하기 위해서는 통화량과 이자율이 조정되어야 하기 때문에 고정환율제도하에서는 독자적인 통화정책을 수행할 수 없게 된다. 통화량과 이자율은 고정환율 유지를 위해 조정될 뿐인 것이다.

10.2.2 불태화외환시장개입과 고정환율 유지

자산의 완전대체성과 중앙은행의 불태화외환시장개입의 효과

중앙은행의 불태화외환시장개입은 국내 통화공급량에는 변화를 초래하지 않는다. 불태화개입으로 통화공급량에 변화가 없으면 이자율에도 영향을 미칠 수 없다. 따라서 어떤 이유로 이자율평가조건이 성립하지 않는 경우 불태화개입을 통해서는 태화개입의 경우처럼 이자율을 조정하여 환율을 목표환율수준으로 유지할 수 없게 된다.

불태화외환시장개입은 환율에 어떠한 영향도 미치지 못하고 고정환율 유지를 위한 정책수단으로 사용될 수 없는가? 금융자산간에 완전대체성이 성립하는 경우 중앙은행은 불태화외환시장개입을 통해 환율에 어떤 영향도 미치지 못한다. 그러나 금융자산의 완전대체성이 성립하지 않으면 중앙은행의 불태화개입이 환율에 어느 정도 영향을 미칠 수 있다.

이자율평가조건은 두 나라 금융자산의 기대수익률이 같아질 때 외환시장의 균형이 이루어지고 균형환율이 결정된다는 것이다. 두 나라 금융자산의 기대수익률이 항상 같아지기 위해서는 자본의 완전이동성은 물론이고 두 나라의 금융자산이 완전대체적(perfect substitutes)이라는 가정이 필요하다.

두 나라의 금융자산이 완전대체적이면 투자자는 금융자산의 포트폴리오 구성시

자본도피가 특히 문제가 되는 때는 평가절하가 예상될 때 중앙은행이 충분한 외환보유고를 가지고 있지 못한 경우이다. 이 경우 자본도피는 그렇지 않아도 부족한 외환보유고를 더욱 감소시켜 중앙은행으로 하여금 계획했던 것보다 이른 시기에 훨씬 큰 폭으로 평가절하를 단행하지 않으면 안 되게 만들 수 있다.

위험에 대한 고려는 필요 없고 기대수익률에만 관심을 가지면 된다. 완전한 자본이동성이 가능하면 차익거래의 결과 환율변화를 감안한 두 나라 금융자산의 기대수익률은 동일하게 된다. 두 나라 금융자산의 기대수익률이 같아지면 외환시장이 균형을 이루고 균형환율이 결정된다.

금융자산의 기대수익률은 통화정책에 의해 영향을 받는다. 불태화외환시장개입은 통화량에 영향을 미치지 못한다. 통화량에 영향을 미치지 못하면 이자율에도 영향을 미치지 못한다. 따라서 자산의 완전대체성이 성립하는 경우 중앙은행은 불태화외환시장개입을 통해 환율에 어떤 영향도 미치지 못한다.

현실적으로 금융자산은 불완전대체적인 경우가 대부분이다. 금융자산의 불완전대체성의 주요 원인은 위험(risk)이 존재하기 때문이다. 서로 다른 통화로 표시된 금융자산의 위험도가 다르면 투자자들은 수익률이 낮더라도 위험도가 낮은 자산을 선호할 것이다.

금융자산이 불완전대체적이면 투자자들은 기대수익률뿐만 아니라 금융자산의 위험도에 대해서도 관심을 갖는다. 따라서 통화공급량에 변화가 없는 경우에도 중앙은행의 정책이 금융자산의 위험도를 변화시키면 환율에 영향을 미칠 수 있다. 이하에서는 투자자가 투자결정시 금융자산의 기대수익률뿐만 아니라 위험도 고려할 경우 중앙은행이 불태화외환시장개입을 통하여 어떻게 환율에 영향을 미쳐 목표환율수준을 유지할 수 있는지 살펴본다.

자산의 불완전대체성과 중앙은행의 불태화외환시장개입의 효과

원화표시 금융자산과 달러화표시 금융자산이 완전대체적인 경우 외환시장의 균형은 이자율평가조건이 성립할 때에 이루어진다.

(10-2) $$R = R_{\$} + \frac{E^e - E}{E}$$

여기서 R은 원화표시 채권의 수익률, $R_{\$}$는 달러화표시 채권의 수익률을 나타낸다. 국내통화표시 금융자산과 달러화표시 금융자산간의 대체가 불완전한 경우 식(10-2)는 일반적으로 성립하지 않는다. 두 나라 금융자산이 완전대체재가 아니면 투자자는 투자로 인한 기대수익률뿐만 아니라 리스크도 함께 고려한다. 이 경우 투자자로 하여금 리스크가 큰 금융자산에 투자하도록 하기 위해서는 리스크에 대한 프리미엄

(premium)을 덧붙여 주어야 한다. 리스크프리미엄은 두 나라 금융자산의 기대수익률의 차이로 정의된다. 달러화표시 금융자산에 대한 리스크프리미엄 $RP_{\$}$는 다음과 같이 나타낼 수 있다.

$$RP_{\$} = R_{\$} + \frac{E^{e} - E}{E} - R \tag{10-3}$$

식(10-3)에서 두 나라의 금융자산이 완전대체적이어서 리스크를 고려할 필요가 없으면 리스크프리미엄은 0이 된다. 리스크프리미엄이 0이면 두 나라 금융자산의 기대수익률이 같아지고 이자율평가조건이 성립한다.

금융자산에 대한 리스크프리미엄은 민간보유 금융자산의 증가함수이다.[6] 예를 들어 한국은행의 달러화 매각과 국채매입으로 민간보유 외환이 증가하고 민간보유 국채가 감소하면 달러화표시 금융자산에 대한 리스크프리미엄이 증가하고 원화표시 금융자산에 대한 리스크프리미엄이 감소한다.

두 나라 금융자산이 불완전대체적이어서 리스크프리미엄이 존재하면 식(10-3)은 다음과 같이 고쳐 쓸 수 있다.

$$R - R_{\$} + RP_{\$} = \frac{E^{e} - E}{E} \tag{10-4}$$

이제 중앙은행이 불태화외환시장개입을 통해 통화량과 이자율에는 영향을 미칠 수가 없으나 리스크프리미엄을 조정하여 환율을 목표수준으로 유지할 수 있는 것을 예를 들어 살펴보자.

현재의 원/달러환율수준이 $E=1{,}000$이라고 하자. 이때 중앙은행이 현재의 환율수준을 유지한다고 약속하면 예상환율수준은 일정하게 유지하기로 약속한 현재환율수준과 같아진다. 즉, $E=E^{e}$가 된다. 또한 최초에 리스크프리미엄이 0이었다고 가정하면 식(10-4)에서 $R=R^{*}$가 된다.

이제 어떤 이유로 예상환율수준이 $E^{e}=1{,}050$으로 상승하였다고 하자. 이때 중앙은행이 환율을 일정하게 유지하기 위해 불태화외환시장개입을 한다고 하자. 중앙은행은 예상환율의 상승으로 인한 환율상승을 억제하기 위해 달러화를 매각하고 동시에 국채매입을 통해 달러화 매각에 따른 통화감소를 억제해야 한다. 불태화개입

6) 리스크프리미엄의 결정요인에 대한 자세한 설명은 제4장의 포트폴리오 밸런스모형을 참고할 것.

으로 통화량에는 변화가 없으므로 이자율에도 변화가 없다.

중앙은행의 불태화개입에 따른 달러화 매각으로 민간보유 외환이 증가하고 국채 매입으로 민간보유 국채가 감소한다. 중앙은행의 불태화개입으로 민간의 포트폴리오 구성에 변화가 생기는 것이다. 민간이 보유한 외환의 증가는 달러화표시 금융자산에 대한 리스크프리미엄을 증가시킨다. 예컨대 중앙은행의 불태화외환시장개입으로 달러화표시 금융자산에 대한 리스크프리미엄이 0.05만큼 증가하였다고 하자. 두 나라의 이자율은 동일하고 두 나라의 이자율에는 변화가 없으므로 식(10-4)는 다음과 같이 나타낼 수 있다.

$$R-R_{\$}+RP_{\$}=0.05=\frac{E^{e}-E}{E}=\frac{1{,}050-1{,}000}{1{,}000}$$

따라서 예상환율상승에 따른 환율상승압력이 중앙은행의 불태화외환시장개입에 따른 달러화표시 금융자산에 대한 리스크프리미엄의 증가로 해소되어 외환시장의 균형이 유지되고 최초의 환율수준이 유지된다. 이처럼 불태화외환시장개입은 통화량과 이자율의 변화 없이 리스크프리미엄을 조정하여 환율을 목표수준으로 조정하는 것이다.

이상의 분석을 통해 첫째, 중앙은행은 환율을 일정수준으로 유지하기 위해 불태화정책을 활용할 수 있으며, 둘째, 중앙은행의 불태화정책이 효과적이면 환율정책과 통화정책은 서로 독자적으로 운용될 수 있다는 것을 알 수 있다.

중앙은행의 불태화외환시장개입과 신호효과

중앙은행의 불태화개입이 환율에 어느 정도나 영향을 미칠 수 있는지에 대해서는 논란이 많다. 특히 장기효과에 대해서는 회의적인 시각을 가지는 경우가 대부분이다. 또한 불태화개입의 효과는 다른 나라 중앙은행과의 협조하에 상대적으로 유효한 것으로 분석되고 있다. 중앙은행이 불태화개입을 통해 통화정책과 무관하게 독립적으로 환율수준을 관리할 수 있을 것인가 하는 것은 실증적인 연구과제로 남는다.[7]

7) 중앙은행의 불태화개입의 효과에 대한 실증적 논의는 Kenneth Rogoff, "On the Effects of Sterilized Intervention: An Analysis of Weekly Data," *Journal of Monetary Economics*, 1984, pp. 133-150 참고.

중앙은행의 불태화개입의 효과에 대한 논의에서 간과할 수 없는 중요한 현상은 외환시장개입에 따른 **신호효과**(signaling effect)이다. 시장참가자들이 미래의 거시경제정책방향과 이에 따른 환율의 변화에 대해 확신이 없을 때 중앙은행의 불태화개입은 중앙은행이 바라는 환율의 변동방향을 예측할 수 있도록 경제주체들에게 신호를 보낸다는 점에서 의미가 있다.

신호효과는 정부가 현재의 환율수준에 만족하지 못하고 환율을 변화시키기 위해 통화정책과 재정정책을 변화시킬 것이라고 대중에게 공표하는 경우 가장 중요하게 작용한다. 이 같은 정책변화 예고에 신뢰를 주기 위해 중앙은행은 정책변화 예고와 동시에 불태화개입을 하기도 한다. 예를 들어 중앙은행이 외화자산을 매입하고 국내자산을 매각함으로써 중앙은행이 국내통화를 절하할 의도가 있다는 것을 시장참가자들에게 확신시키는 것이다.

그런데 환율변화를 위해 통화정책이나 재정정책을 변화시킬 의도가 없으면서 신호효과를 자꾸 이용하려고 하면 외환시장에서 양치기소년효과가 초래될 수 있다. 양치기소년이 처음에 거짓으로 '늑대야'하고 소리쳤을 때는 마을 사람들이 모두 속았다. 그러나 거짓외침이 계속되자 실제로 늑대가 나타났을 때는 마을 사람들이 아무도 양치기소년의 말을 믿지 않게 되었다. 정부가 외환시장에 보낸 신호에 맞추어 정부정책을 변화시키지 않으면 신호효과가 사라지는 것이다. 따라서 정부의 불태화 외환시장개입을 통한 신호효과는 재정·통화정책과 무관하게 독자적으로 휘두를 수 있는 정책수단으로 볼 수 없다.

10.3 고정환율하의 경제정책의 효과분석

중앙은행이 외환시장의 개입을 통하여 환율을 일정수준에 고정시키는 경우 통화 및 재정정책과 평가절하(devaluation)에 따른 효과를 제9장에서 다룬 *DD-AA* 모형을 사용하여 분석한다. 중앙은행이 환율을 고정시키는 경우의 경제정책효과는 변동환율하에서의 경제정책효과와 다르다.

중앙은행이 환율을 일정수준으로 유지하고자 하면 통화정책은 무력해진다. 통화공급량의 증감은 고정환율 유지에만 이용되고 경제에는 어떤 영향도 미치지 못하기 때문이다. 반면 재정정책은 변동환율하에서 보다 환율을 일정수준으로 고정하고자 하는 경우에 경제안정화정책으로서 더 유용해진다.

이하의 논의에서는 중앙은행이 환율을 현재의 환율수준 E_1으로 유지하기 위해 태화외환시장개입을 한다고 가정한다. 중앙은행이 환율수준을 E_1으로 고정시키고자 하므로 목표환율수준 E_1과 예상환율 E^e는 같다. 현재환율수준과 예상환율수준이 같으므로 최초에 $R=R^*$가 된다. 총소득수준은 최초의 균형점에서 완전고용 총소득수준(Y_f)으로 주어져 있다고 가정한다.

10.3.1. 통화정책의 효과

그림 10.2 를 통해 고정환율하에서 통화정책의 효과를 살펴보자. 그림에서 최초의 균형점은 점 A이다.

그림 10.2 고정환율과 확대통화정책의 효과

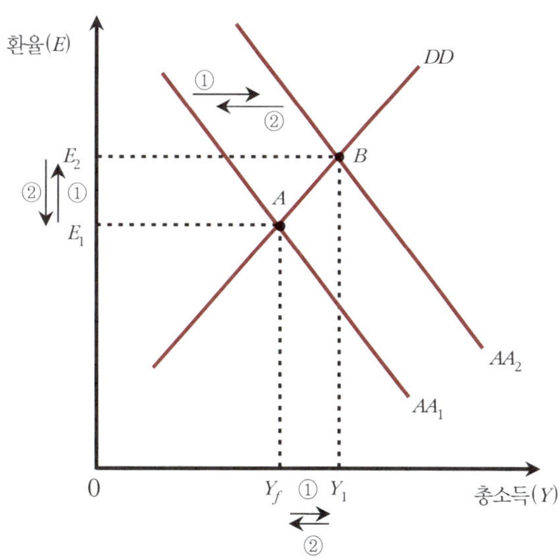

■ 최초균형점: A

① 변동환율하:
통화량증가 → AA곡선 우측이동(AA_1 → AA_2) → 점 B에서 균형 → 환율상승 · 총소득증가

② 고정환율하:
통화량증가 → 환율상승압력 → 외환매각 → 통화량감소 → AA곡선 좌측이동(AA_2 → AA_1) → 점 A에서 균형 → 환율 · 총소득 불변 ■

이제 중앙은행이 국내총소득을 증가시키기 위하여 국채를 매입하여 통화공급량을 증가시킨다고 하자. 그림에서 보는 바와 같이 변동환율하에서는 통화공급량의 증가는 자산시장균형곡선을 AA_1에서 AA_2로 우측이동시킨다. 따라서 새로운 단기균형점은 점 B가 된다. 이때 환율은 E_1에서 E_2로 상승한다.

중앙은행이 환율을 목표환율수준으로 유지하고자 하면 통화공급량 증가로 인한 환율상승을 억제하고 환율을 E_1으로 유지하기 위하여 중앙은행이 보유외환을 매각해야 한다. 중앙은행이 외환시장에서 외환을 매각하면 통화량이 감소된다. 따라서 AA곡선은 AA_2에서 AA_1으로 원래 위치로 복귀되고 환율상승압력은 해소된다. 이와 같이 중앙은행이 외환시장개입을 통해 환율을 일정수준으로 유지하고자 하는 경우 통화정책은 총소득수준에 어떤 영향도 미치지 못하고 목표환율수준을 유지하는데만 사용된다.

고정환율하의 통화정책의 효과는 제9장의 변동환율하에서의 통화정책의 효과와 대조를 이룬다. 통화정책의 효과가 왜 고정환율과 변동환율하에서 다르게 나타나는가?

변동환율하에서 중앙은행의 국채매입은 통화공급량을 증가시켜 국내이자율을 하락시키고 국내통화의 가치를 절하시킨다. 고정환율하에서 중앙은행은 통화공급증가로 국내통화의 절하압력이 있을 경우 외환매각 → 통화공급량 감소를 통해 국내통화에 대한 절하압력을 상쇄시킨다. 이처럼 중앙은행이 목표환율을 유지하고자 할 경우 중앙은행은 통화공급량 증가에 따른 국내통화가치의 절하를 억제하기 위해 통화공급량이 최초의 수준으로 복귀될 때까지 외화자산의 매각을 계속해야만 한다. 따라서 고정환율하에서는 중앙은행의 국채매입으로 국내자산이 증가하면 대외준비자산이 그만큼 감소한다. 마찬가지로 중앙은행이 국내자산 매각을 통해 통화공급량을 감소시키고자 하면 환율하락을 막기 위해 중앙은행이 외화자산을 매입하여 통화공급을 늘리기 때문에 대외준비자산이 국내자산 감소분만큼 증가한다. 중앙은행이 환율을 목표수준으로 유지하고자 하는 고정환율하에서 통화정책은 총소득수준에 어떤 영향도 미치지 못하여 경제안정화 기능을 발휘하지 못하고 대외준비자산의 수준에만 영향을 미치는 것이다.

10.3.2 재정정책의 효과

단기효과

그림 10.3 은 고정환율하에서 확대재정정책의 효과를 나타낸다. 경제의 최초의 균형점은 A이다. 재정확대는 DD곡선을 DD_1에서 DD_2로 우측으로 이동시킨다. 이때 중앙은행의 외환시장개입이 없다면 균형점은 B가 된다. 따라서 환율은 E_1에서 E_2로 하락하고 총소득수준은 Y_f에서 Y_1으로 증가한다.

중앙은행이 환율을 일정수준으로 유지하고자 하면 중앙은행이 외환시장에 개입하여 환율을 E_1으로 고정시켜야 한다. 재정확대에 따른 총소득수준의 증가는 화폐수요를 증가시킨다. 따라서 이자율상승과 원화의 절상압력이 생겨난다. 중앙은행은 이자율상승에 따른 원화의 절상압력을 해소하고 환율을 E_1으로 고정시키기 위해 외환을 매입하여야 한다. 외환을 매입하면 통화공급량이 증가한다. 중앙은행의 외환매

그림 10.3 고정환율과 확대재정정책의 효과

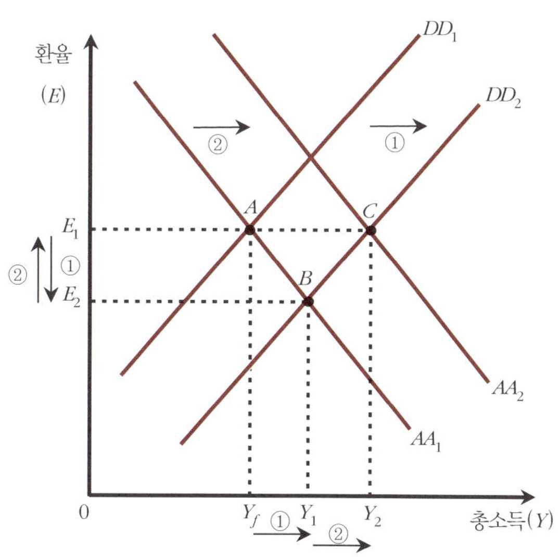

■ 최초균형점: A

① 변동환율하:
재정확대 → DD곡선 우측이동($DD_1 \to DD_2$) → 점 B에서 균형 → 환율하락($E_1 \to E_2$) · 총소득증가($Y_f \to Y_1$)

② 고정환율하:
재정확대 → 총소득증가 → 화폐수요증가 → 이자율상승 → 환율하락압력 → 외환매입 → 통화량증가 → AA곡선 우측이동($AA_1 \to AA_2$) → 점 C에서 균형 → 환율불변(E_1) · 총소득증가($Y_f \to Y_2$) ■

입에 따른 통화공급량 증가는 AA곡선을 AA_1에서 AA_2로 우측으로 이동시킨다. 따라서 중앙은행이 외환시장에 개입한 후의 새로운 균형점은 C가 된다. 이때의 총소득수준 Y_2는 중앙은행개입 전의 Y_1보다 높다. 환율은 E_1으로 불변이다. 외환시장개입에 따른 외환매입으로 대외준비자산과 통화공급량은 증가한다.

고정환율하에서 재정정책은 통화정책과 달리 단기에 총소득수준을 변동시키는데 사용될 수 있다. 또한 재정정책은 변동환율하에서보다 고정환율하에서 더 효과적이다. 변동환율하에서 재정확대는 국내이자율을 상승시키고 국내통화의 가치를 절상시켜 순수출수요를 감소시키기 때문에 재정확대에 따른 총소득증가효과가 일부 구축된다. 고정환율하에서는 중앙은행이 재정확대에 따른 통화가치의 절상을 억제하기 위하여 외환을 매입하고 이 과정에서 통화공급량이 증가한다. 따라서 고정환율하에서는 확대재정정책이 추가적인 통화증가효과를 유발시키기 때문에 변동환율하에서보다 더 효과적이다.

장기효과

단기에는 물가가 고정되어 있으나 완전고용수준을 초과하는 총소득이 지속되면 물가가 상승한다. 물가가 상승하면 국내생산물이 상대적으로 비싸지고 순수출이 감소한다. 순수출감소로 DD곡선이 좌측으로 이동한다. 또한 물가상승으로 실질통화공급이 감소하고 AA곡선도 좌측으로 이동한다. 결국 경제의 장기균형점은 최초의 균형점과 같은 A가 된다.

장기에는 물가상승으로 국내통화의 실질절상이 이루어진다. 장기에도 환율수준은 E_1으로 고정되어 있지만 물가상승으로 실질환율이 하락하는 것이다.

10.3.3 평가절하의 효과

고정환율하에서 중앙은행이 고정되어 있던 환율을 인위적으로 인상하여 자국화폐의 가치를 떨어뜨리는 것을 평가절하(devaluation)라고 한다.[8)]

8) 일반적으로 고정환율하에서건 변동환율하에서건 평가절하와 절하, 평가절상과 절상은 같은 의미로 쓰여지고 있다. 그러나 고정환율하에서 통화당국이 환율을 인위적으로 인상하여 자국통화가치가 하락하면 평가절하(devaluation), 환율을 인위적으로 인하하여 자국통화가치가 상승하면 평가절상(revaluation)이라고 한다. 반면 변동환율하에서 외환시장에서 외환의 수요와 공급

그림 10.4 는 고정환율하에서 평가절하의 효과를 나타내고 있다. 그림에서와 같이 고정환율이 E_1에서 E_2로 인상되어 원화의 가치가 하락하면 단기에 국내·외의 물가수준이 일정불변일 때 국내재화의 가격이 외국재화의 가격보다 상대적으로 싸진다. 따라서 평가절하→순수출증가→총수요증가로 총소득은 Y_f에서 점 B의 Y_1으로 증가한다. 점 B에서는 총소득증가에 따른 화폐수요증가로 중앙은행의 외환시장 불개입시 이자율이 상승하고 환율이 하락할 것이다. 중앙은행은 환율을 약속한 E_2에 고정시키기 위해 AA곡선이 AA_1에서 AA_2로 이동하여 균형점 B를 통과할 때까지 외화자산의 매입을 통하여 통화량을 증가시켜야 한다. 결국 평가절하는 총소득의 증가, 외화자산매입에 따른 대외준비자산의 증가, 통화공급량 증가를 가져온다.

일반적으로 정부가 평가절하를 하는 이유는 세 가지이다. 첫째, 평가절하는 통화정책이 무력한 상황에서 순수출수요를 증가시켜 총생산과 고용을 늘리는 효과적

그림 10.4 평가절하의 효과

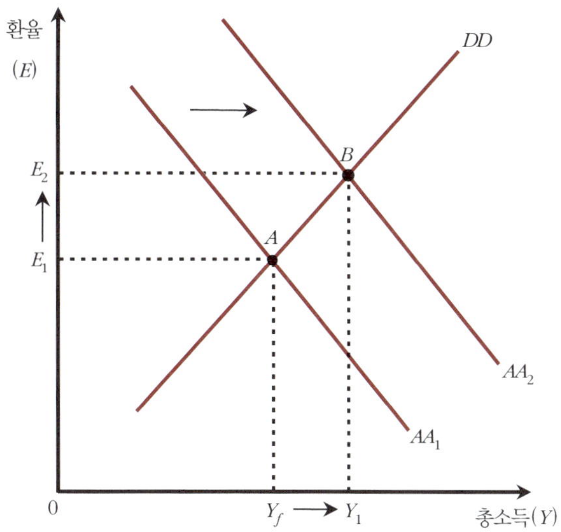

■ 최초균형점: A
평가절하($E_1 \rightarrow E_2$) → 총소득증가($Y_f \rightarrow Y_1$) → 화폐수요증가 → 이자율상승 → 환율하락압력 → 외환매입 → 통화량증가 → AA곡선 우측이동($AA_1 \rightarrow AA_2$) → 점 B에서 균형 ■

에 의해 환율이 상승하여 자국통화가치가 하락하는 것을 절하(depreciation), 환율이 하락하여 자국통화가치가 상승하는 것을 절상(appreciation)이라고 한다.

인 정책수단이다. 둘째, 평가절하는 순수출을 증가시켜 경상수지를 개선시킬 수 있다. 끝으로 평가절하를 통해 대외준비자산을 증가시킬 수 있다.[9)]

평가절하의 장기효과

고정환율하의 평가절하는 변동환율하의 통화공급량의 증가와 동일한 장기효과를 갖는다. 변동환율하의 통화공급증가의 장기효과와 마찬가지로 평가절하의 경우에도 장기에 화폐의 장기중립성이 성립한다. 장기에 평가절하는 통화공급량 증가에 비례하여 명목변수를 상승시킬 뿐이고 총생산·고용 등 실질변수에는 어떤 영향도 미치지 못한다.

◇ 요약 및 복습 ◇

1. 중앙은행의 순국외자산, 순국내자산, 본원통화 사이에는

본원통화의 변화=순국외자산 변화+순국내자산 변화

의 관계가 있다. 따라서 중앙은행의 순국외자산이나 순국내자산이 증가(감소)하면 본원통화가 증가(감소)한다. 본원통화가 증가(감소)하면 통화공급량이 통화승수 배만큼 증가(감소)한다.

2. **태화(non-sterilization)외환시장개입**이란 중앙은행의 외환시장개입이 본원통화의 변화를 초래하는 것을 말한다. **불태화(sterilization)외환시장개입**이란 중앙은행이 외환시장개입에 따른 외화자산의 증감을 국내자산의 증감을 통해 상쇄시킴으로써 중앙은행의 외환시장개입이 본원통화에 영향을 미치지 않는 것을 말한다.

3. 중앙은행은 태화외환시장개입을 통한 통화량의 조정으로 환율을 목표수준으로 고정시킬 수 있다. 통화량이 조정되면 이자율이 조정된다. 따라서 태화외환시장개입은 중앙은행이 환율을 목표수준으로 유지하기 위해 통화량과 이자율을 조정하는 것이다.

4. 금융자산간의 완전대체성이 성립하면 투자자자들은 기대수익률에만 관심을 가진다. 따라서 자본이동이 자유로우면 차익거래 결과 환율변화를 감안한 두 나라

9) 한 나라의 평가절하는 교역상대국의 통화가치를 상대적으로 절상시킨다. 따라서 평가절하국의 순수출과 총생산 및 고용은 증가하는 반면 교역상대국의 순수출과 총생산 및 고용은 감소된다. 이 때문에 평가절하를 통한 경기부양책은 인국궁핍화정책(beggar-thy-neighbor policy) 혹은 실업수출정책이라고 불린다.

금융자산의 기대수익률은 항상 같아지고 이자율평가조건이 성립한다. 따라서 어떤 이유로 이자율평가조건이 성립하지 않고 환율수준이 목표환율수준에서 벗어나는 경우 통화량에 변화를 초래하지 않는 불태화개입을 통해서는 태화개입의 경우처럼 이자율을 조정하여 환율을 목표환율수준으로 유지할 수 없게 된다. 그러나 금융자산이 불완전대체적이면 투자자들은 기대수익률뿐만 아니라 금융자산의 위험도에 대해서도 관심을 갖는다. 따라서 중앙은행이 불태화개입을 통해 금융자산의 리스크 프리미엄을 변화시킬 수 있으면 환율에 영향을 미칠 수 있다.

5. 중앙은행의 불태화개입이 환율에 어느 정도나 영향을 미칠 수 있는지에 대해서는 논란이 많다. 그러나 시장참가자들이 미래의 거시경제정책방향과 이에 따른 환율의 변화에 대해 확신이 없을 때 중앙은행의 불태화개입은 중앙은행이 바라는 환율의 변동방향을 예측할 수 있도록 경제주체들에게 신호를 보내는 **신호효과(signaling effect)**를 가진다는 점에서 의미가 있다.

6. 중앙은행이 환율을 일정한 수준으로 유지하고자 할 경우 중앙은행은 국내이자율과 해외이자율이 같도록 통화량을 조정해야 한다. 따라서 중앙은행이 목표환율수준으로 환율을 고정시키고자 하면 중앙은행은 고정환율이 유지되도록 통화량 증감을 통해 이자율을 조정할 뿐이고 통화정책을 통해 경제에 어떤 영향도 미치지 못한다. 변동환율하에서 중앙은행이 통화공급량을 증가시키면 이자율이 하락하고 총생산증가와 환율상승을 유발한다.

7. 변동환율하에서 확대재정정책은 이자율을 상승시키고 총생산증가와 환율하락을 유발한다. 고정환율하에서는 확대재정정책으로 이자율이 상승하고 원화가 절상압력을 받으면 원화의 절상을 막기 위해 중앙은행이 외환을 매입하여 통화공급량을 증가시켜야 한다. 따라서 고정환율하에서는 확대재정정책시 추가적인 통화량 증가를 유발시켜 확대재정정책의 효과가 변동환율하에서보다 커진다.

8. 고정환율하에서 중앙은행이 고정되어 있던 환율을 인위적으로 인상하여 자국화폐의 가치를 떨어뜨리는 것을 평가절하라고 한다. 어떤 나라가 자국통화의 평가절하를 단행하면 총생산, 대외준비자산, 통화공급량 등이 증가한다. 평가절하를 단행하는 이유는 총생산 및 고용증가, 경상수지개선, 대외준비자산 증가 등이 있다.

≪주요 용어 및 개념≫

- 국외자산(foreign asset)
- 국내자산
- 국외부채
- 국내부채
- 본원통화(reserve base)
- 국내여신(domestic credit)
- 대외준비자산(international reserve)
- 태화(non-sterilization)개입
- 불태화(sterilization)개입
- 신호효과(signaling effect)
- 평가절하(devaluation)
- 국제수지위기(balance of payment crisis)

제 11 장

자본의 이동성과 경제정책효과

■ 개　요 ■

개방경제에서 경제정책의 효과는 환율제도와 함께 자본이동의 정도에 따라 달라진다. 이 장에서는 먼델-플레밍 모형을 이용하여 고정환율과 변동환율제도하에서 국가간 자본이동의 정도에 따라 경제정책의 효과가 어떻게 다르게 나타나는지 살펴본다. 또한 먼델의 정책배합모형과 스완의 종합균형모형을 통해 대·내외 균형을 달성할 수 있는 정책배정에 대해 분석한다.

■ 중점학습사항 ■

- 고정환율하에서 자본이동의 정도에 따른 재정정책의 효과는?
- 고정환율하에서 자본이동의 정도에 따른 통화정책의 효과는?
- 변동환율하에서 자본이동의 정도에 따른 재정정책의 효과는?
- 변동환율하에서 자본이동의 정도에 따른 통화정책의 효과는?
- 먼델의 정책배합모형의 시사점은?
- 국제수지흑자와 인플레이션이 존재하는 경제의 스완 모형에 따른 정책처방은?

11.1 자본이동의 정도와 먼델-플레밍 모형

자본이동(capital mobility)의 정도에 따라 경제정책의 효과가 어떻게 다를 수 있는지를 분석한 대표적인 이론이 먼델-플레밍 모형(the Mundell-Fleming Model)이다. **먼델-플레밍 모형**은 폐쇄경제(closed economy)를 대상으로 한 *IS-LM* 모형을 개방경제(open economy)로 확장한 것이다.[1)]

먼델-플레밍 모형은 물가의 경직성을 가정한 단기모형으로 생산물시장, 화폐시장 및 국제수지균형을 나타내는 세 방정식으로 표현된다. 생산물시장의 균형은 *IS*곡선으로 표현된다. 화폐시장의 균형은 *LM*곡선으로 표현된다. 국제수지균형은 *BP*곡선으로 표현된다.

11.1.1 생산물시장의 균형: *IS*곡선

*IS*곡선은 생산물시장을 균형시키는 이자율(R)과 실질총소득(Y)의 조합을 연결한 곡선이다.

한 나라의 생산물시장의 균형조건은 다음과 같이 나타낼 수 있다.

$$Y = C + I + G + X - M$$

여기서 Y는 실질총소득=실질GDP를 나타낸다. 소비수요(C)는 처분가능소득($Y-T$)과 이자율(R)에 의존한다. 소비는 처분가능소득과 정(正)의 관계에 있고 이자율과는 역의 관계에 있다. 투자수요(I)는 이자율의 함수로 이자율과 역의 관계에 있

1) 먼델-플레밍 모형은 먼델(R. Mundell)과 플레밍(M. Fleming)이 1960년대 초에 독자적으로 쓴 논문에 바탕을 두고 있는데 먼델의 기여가 더 크고 중요한 것으로 알려지고 있다. 먼델은 개방경제에 대한 이론적 기여로 1999년 노벨경제학상을 수상하였다. 먼델-플레밍 모형은 원래 자본의 완전이동을 가정하고 있으나 여기서는 보다 일반적인 경우로 확장한다.
먼델의 모형은 Robert A. Mundell, "Capital Mobility and Stabilization Policy under Fixed and Flexible Exchange Rates," *Canadian Journal of Economics and Political Science* 29, 1963, pp. 475-85 참조. 먼델의 1963년 논문은 Robert A. Mundell, *International Economics*, New York: The Macmillan Company, 1968, pp. 250-271에 수록되어 있음. 플레밍의 모형은 J. Marcus Fleming, "Domestic Financial Policy under Fixed and Floating Exchange Rates," IMF Staff Papers 9, pp. 369-379. 플레밍의 모형은 J. M. Fleming, *Essays in International Economics*, London: Allen & Unwin, 1971, pp. 237-248에 수록되어 있음. 먼델-플레밍 모형과 관련한 다수의 참고문헌은 Giancarlo Gandolfo, *International Finance and Open-Economy Macroeconomics*, New York: Springer, 2001, p. 154 및 p. 168 참고.

다. 정부지출(G)은 정부의 정책변수로 일정하게 주어져 있다고 가정한다. 수출(X)은 실질환율(q)과 해외의 실질$GDP(Y^*)$에 의존한다. 실질환율은 명목환율(E)을 양국의 물가수준 P^*/P로 조정한 것이다. 먼델-플레밍 모형에서는 물가가 경직적인 단기를 가정하고 있기 때문에 국내·외 물가수준은 고정되어 있다고 가정한다. 따라서 국내·외 물가수준이 고정된 단기에 명목환율과 실질환율은 같은 방향으로 움직인다.

환율이 상승하면 달러화의 구매력증가로 우리 생산물에 대한 수요가 늘고 수출이 증가한다. 수입(M)은 실질환율과 실질총소득의 함수이다. 환율이 상승하면 달러화의 구매력이 커지고 원화의 구매력은 감소한다. 따라서 수입이 감소한다. 총소득이 증가하면 국내·외 생산물에 대한 소비가 늘고 수입이 증가한다. 해외총소득이 증가하면 해외의 수입이 늘어나 수출이 증가한다. 수출과 수입의 차이는 순수출(net exports)이다. 순수출은 대외이전수지와 대외요소소득수지를 도외시하면 경상수지(CA: current account)와 같다.

이상의 논의를 종합하면 생산물시장의 균형조건은 다음과 같이 나타낼 수 있다.

$$Y = C(Y-T) + I(R) + G + CA(q,\ Y,\ Y^*) \qquad (11\text{-}1)$$

생산물시장균형조건식에서 이자율이 상승하면 투자가 감소하고 총수요가 감소하므로 생산물시장이 균형을 이루기 위해서는 총소득도 감소해야 한다. 따라서 생산물시장을 균형시키는 이자율과 총소득은 역의 관계에 있다. 이를 그림으로 그리면 **그림 11.1** 과 같은 우하향의 *IS*곡선을 그릴 수 있다.

*IS*곡선은 정부지출(G)이 증가하거나 세금(T)이 감소할 때 우측으로 이동한다. 한편 환율이 상승하면 순수출이 늘고 경상수지가 개선되어 모든 이자율수준에서 총소득이 증가한다. 따라서 환율이 상승하면 *IS*곡선이 우측으로 이동한다. 또한 해외경기가 좋아지고 해외총소득이 늘면 순수출이 늘고 총소득이 증가하므로 *IS*곡선은 우측으로 이동한다.

그림 11.1 생산물시장의 균형과 *IS*곡선

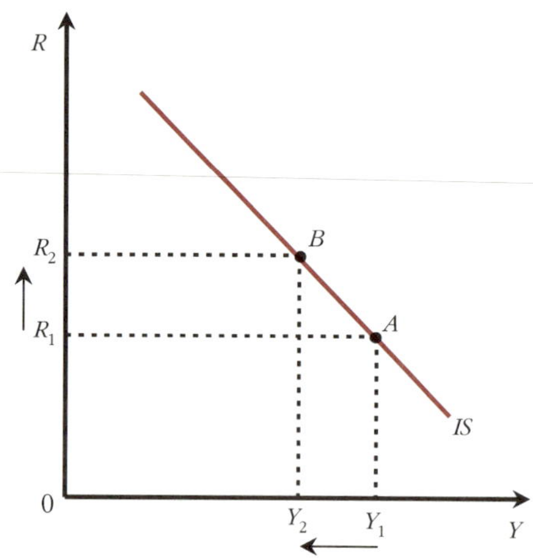

11.1.2 화폐시장의 균형: *LM*곡선

*LM*곡선은 화폐시장을 균형시키는 이자율과 총소득의 조합을 연결한 곡선이다. 화폐시장의 균형은 실질통화공급과 실질화폐수요가 같을 때 이루어진다.

(11-2)
$$\frac{M^s}{P} = L(R,\ Y)$$

화폐시장의 균형조건식에서 이자율이 상승하면 실질화폐수요가 감소하고 실질통화공급이 실질화폐수요보다 많아진다. 이자율이 상승할 때 화폐시장이 균형을 이루기 위해서는 실질통화공급이 감소하거나 실질화폐수요가 증가해야 한다. 그런데 물가는 고정되어 있고 통화공급량은 정책적으로 결정되므로 실질화폐수요가 증가해야 한다. 실질화폐수요가 증가하기 위해서는 총소득이 증가해야 한다. 따라서 화폐시장을 균형시키는 이자율과 총소득은 정의 관계에 있다. 이를 그림으로 그리면 그림 11.2 와 같은 우상향하는 *LM*곡선을 얻을 수 있다.

*LM*곡선은 통화공급량(M^s)이 증가하면 우측으로 이동한다. 통화공급량이 증가하면 이자율이 하락하고 총소득이 증가한다. 주어진 이자율수준에서 총소득이 증가하거나 주어진 총소득수준에서 이자율이 하락하기 위해서는 *LM*곡선이 우측으로 이동

그림 11.2 화폐시장의 균형과 *LM*곡선

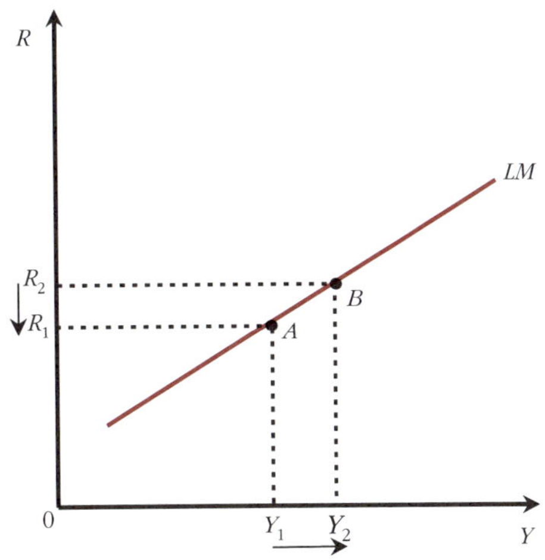

해야 한다. 물가수준이 하락하면 실질통화공급량이 증가한 것과 같은 효과를 가진다. 따라서 물가수준이 하락하면 *LM*곡선은 우측으로 이동한다.

11.1.3 국제수지균형: *BP*곡선

*BP*곡선은 국제수지를 균형시키는 이자율과 소득의 조합을 연결한 곡선이다. 국제수지가 균형을 이루면 경상수지(CA)와 자본수지(KA)의 합이 0이 된다.

$$CA + KA = 0$$

자본수지는 양국 자산의 기대수익률의 차이에 의존한다. 이자율평가조건에 따르면 양국 자산의 기대수익률의 차이는

$$R - (R^* + \frac{E^e - E}{E})$$

로 표현할 수 있다. 여기서 국내이자율 R은 국내자산의 기대수익률, $R^* + \frac{E^e - E}{E}$는 해외자산의 원화표시 기대수익률을 나타낸다. 해외자산의 기대수익률은 해외의 이자율뿐만 아니라 환율의 예상변화율도 감안한 것이다.

먼델-플레밍 모형에서는 자본의 유출입에 영향을 미치는 요인으로 환율의 예상

변화율은 도외시하고 양국의 금리차이만을 고려한다. 따라서 자본수지는 양국 금리차이에 의해 결정된다고 가정한다.

$$KA = KA(R - R^*)$$

만약 해외이자율 R^*가 일정하게 주어져 있다면 국내이자율이 높아질수록 국내자산에 대한 투자증가로 자본유입이 증가할 것이다. 따라서 국내이자율이 높아질수록 자본수지가 커진다.

이상의 논의를 종합하면 국제수지균형조건은 다음과 같이 나타낼 수 있다.

$$CA(q,\ Y,\ Y^*) + KA(R) = 0$$

최초에 자본수지와 경상수지가 0이었다면 이자율상승시 자본수지는 흑자가 된다. 이때 국제수지가 균형을 이루기 위해서는 경상수지가 적자가 되어야 한다. 경상수지가 적자가 되기 위해서는 소득이 증가하여 수입이 늘어야 한다. 따라서 국제수지를 균형시키는 이자율과 소득 사이에는 정의 관계가 성립한다. 이를 그림으로 그리면 그림 11.3 에서처럼 우상향하는 BP곡선을 얻을 수 있다.

그림 11.3 의 점 C에서처럼 국제수지를 균형시키는 (R, Y)의 조합보다 이자율이 낮거나 소득수준이 높으면 국제수지는 적자가 된다. 반대로 점 D에서처럼 국제수지를 균형시키는 (R, Y)의 조합보다 이자율이 높거나 소득수준이 낮으면 국제수

그림 11.3 국제수지균형과 BP곡선

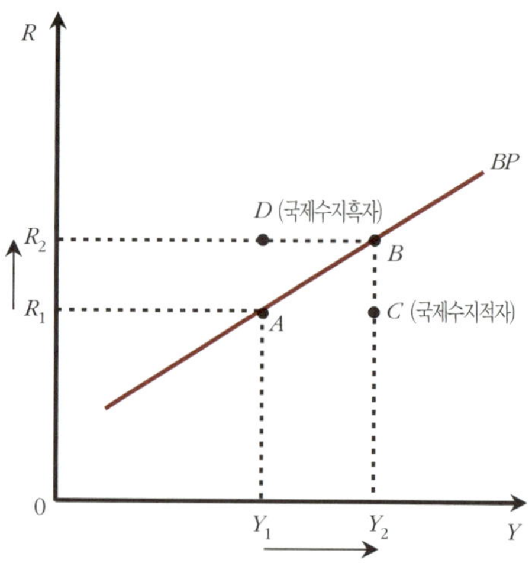

그림 11.4 국가간 자본이동 정도와 *BP*곡선

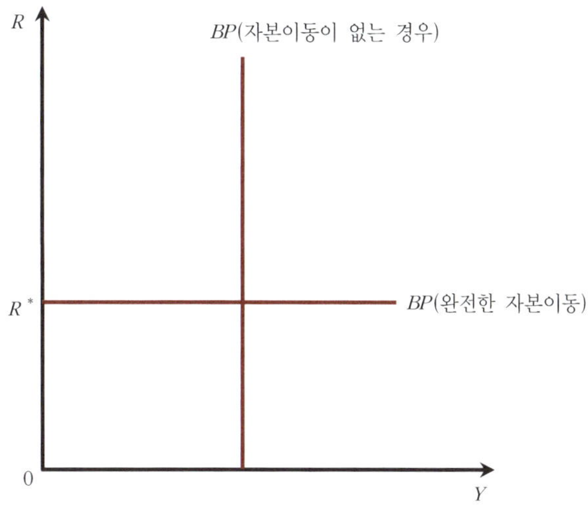

지는 흑자가 된다. 따라서 *BP*곡선의 우측은 국제수지적자, 좌측은 국제수지흑자를 나타낸다.

*BP*곡선의 기울기는 이자율변화에 대해 자본이동이 반응하는 정도에 달려 있다. 이자율변화에 대한 자본이동의 반응 정도를 **자본이동의 이자율탄력성**이라고 한다. 국가간 자본이동이 완전한 경우 양국의 이자율차이는 존재하지 않는다. 따라서 $R=R^*$가 되고 *BP*곡선은 그림 11.4 에서처럼 R^*에서 수평이 된다. 반면 국가간 자본이동이 존재하지 않는 경우에는 이자율이 변해도 자본수지가 변화하지 않는다. 이 경우 *BP*곡선은 수직선이 된다. 따라서 자본이동의 이자율탄력성이 클수록 *BP*곡선은 수평선에 가까워지고 자본이동의 이자율탄력성이 작을수록 *BP*곡선은 수직선에 가까워진다.

*BP*곡선을 이동시키는 요인으로는 국·내외 물가수준의 변화, 환율변화, 해외이자율 및 해외총소득의 변화 등이 있다. 국내물가수준이 상승하면 외국재화가격보다 국내재화가격이 상대적으로 비싸져서 수출이 감소하고 수입이 증가하여 경상수지가 악화된다. 국제수지균형을 위해서는 이자율이 상승하여 자본수지가 개선되거나 소득이 감소하여 경상수지가 개선되어야 하므로 *BP*곡선은 좌측으로 이동한다. 한편 외국물가상승은 *BP*곡선을 우측으로 이동시킨다.

환율이 상승하면 경상수지가 흑자가 된다. 국제수지가 균형을 유지하기 위해서는 이자율이 하락하여 자본수지가 적자로 되거나 또는 소득이 증가하여 경상수지가 적자로 되어야 한다. 따라서 환율이 상승하면 *BP*곡선이 우측으로 이동한다.

해외이자율이 상승하면 자본수지가 적자가 된다. 국제수지가 균형을 이루기 위해서는 국내총소득이 감소하여 경상수지가 흑자가 되거나 이자율이 상승하여 자본수지가 흑자가 되어야 한다. 따라서 해외이자율이 상승하면 *BP*곡선이 좌측으로 이동한다.

해외의 경기호조로 해외총소득이 증가하면 *BP*곡선이 좌측으로 이동한다. 해외의 경기호조로 해외총소득이 증가하면 수출이 늘고 경상수지가 흑자가 된다. 국제수지가 균형을 이루기 위해서는 이자율이 감소하거나 국내총소득이 증가해야 한다. 따라서 해외GDP의 증가는 *BP*곡선을 우측으로 이동시킨다.

11.1.4 먼델-플레밍 모형의 균형

먼델-플레밍 모형의 균형은 *IS*, *LM*, *BP* 곡선이 만나는 점에서 이루어진다. *IS*, *LM*, *BP* 곡선이 만나는 그림 11.5 의 점 *A*에서 생산물시장, 화폐시장 및 국제수

그림 11.5 먼델-플레밍 모형의 균형

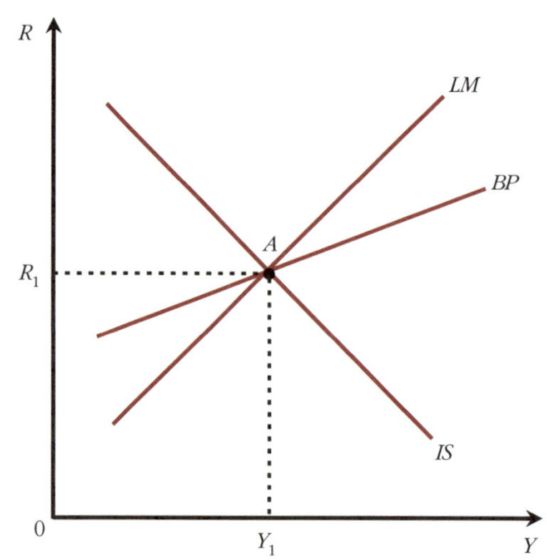

지가 균형을 이루고 개방경제의 균형이 달성된다. *IS*곡선과 *LM*곡선의 교차점을 *BP* 곡선이 반드시 통과한다는 보장은 없다. 다시 말해 생산물시장과 화폐시장이 균형을 이루는 점에서 국제수지가 균형을 달성한다는 보장은 없다. 분석의 편의를 위해 *IS*, *LM*, *BP* 곡선이 만나는 점에서 경제의 최초균형이 이루어진다고 가정한다.

먼델-플레밍 모형에서 자본이동의 정도에 따른 거시경제정책의 효과는 환율제도가 고정환율제도인가 변동환율제도인가에 따라 달라진다.

11.2 고정환율제도하의 경제정책의 효과[2)]

고정환율제도하에서는 환율이 중앙은행에 의해 고정되어 있다. 중앙은행은 고정환율을 유지하기 위해 외환시장에 개입하여 자국통화와 외환을 교환한다. 따라서 고정환율제도하에서는 통화량이 경제정책변수로서 기능하지 못하고 환율을 일정하게 유지하기 위한 필요에 따라 수시로 변한다. 고정환율제도하에서는 통화정책을 경제정책수단으로 활용할 수 없다. 반면 재정정책은 유효한 정책수단으로 사용할 수 있다.

11.2.1 자본이동의 정도와 재정정책의 효과

자본이동의 정도에 따른 재정정책의 효과를 **그림 11.6** 을 통해 살펴보자. **그림 11.6** 에서 최초의 균형점은 *A*이다. 이제 정부가 재정지출을 늘린다고 하자. 정부지출의 증대로 *IS*곡선이 우측으로 이동해 IS_2곡선과 *LM*곡선이 만나는 점 *B*에서 새로운 균형이 이루어진다. 그림에서 보듯이 재정지출증가로 자본이동의 정도와 상관없이 점 *B*에서 이자율과 소득증가가 이루어진 것을 알 수 있다. 그러나 점 *B*에서는 국제수지균형이 이루어지지 않는다.

그림 11.6 의 (a)처럼 자본이동이 없는 경우 소득증가로 경상수지가 적자가 된

2) 이하에서 논의되는 고정환율제도 및 변동환율제도하에서 자본이동의 정도에 따른 경제정책의 효과는 Richard Caves, Jeffrey Frankel, and Ronald Jones, *World Trade and Payments*, 10th ed., Boston, MA.: Addison-Wesley, 2007, pp. 467-488 및 Giancarlo Gandolfo, *International Finance and Open-Economy Macroeconomics*, New York: Springer, 2001, pp. 133-168 참고.

그림 11.6 고정환율제도하에서 자본이동의 정도와 재정정책의 효과

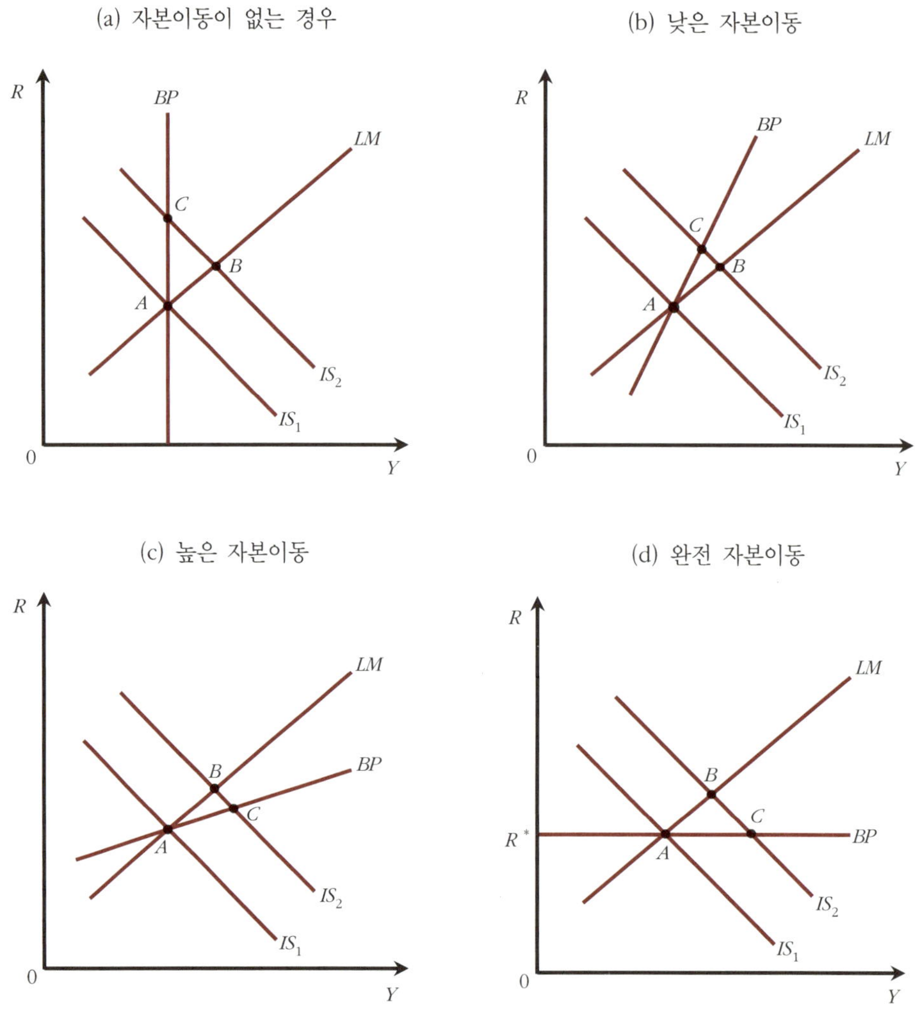

다. 자본이동이 없으므로 이자율상승이 자본수지에 영향을 미치지 못한다. 따라서 그림(a)의 국제수지불균형은 경상수지적자로 인한 불균형이다.

그림(b)의 B점은 BP곡선의 우측에 있으므로 국제수지적자를 나타낸다. 자본이동의 정도가 낮기 때문에 이자율상승에 따른 자본수지흑자가 소득증가로 인한 경상수지적자를 상쇄할 정도로 크지 않아 국제수지는 적자가 된다.

반면 그림(c)와 (d)에서는 점 B가 BP곡선의 좌측에 있으므로 국제수지흑자를 나타낸다. 자본이동성이 높은 경우 이자율상승에 따른 자본수지흑자가 소득증가에 따른 경상수지적자를 상쇄하고도 남을 정도로 크기 때문에 국제수지는 흑자가 된다.

고정환율제도하에서는 국제수지의 적자 또는 흑자가 통화공급량 감소 또는 증가로 연결된다. 고정환율제도하에서는 국제수지적자로 외환공급이 감소하고 환율이 상승압력을 받으면 중앙은행이 외환시장에 개입하여 보유외환을 매각하여 달러의 공급부족을 제거한다. 중앙은행이 보유외환을 매각하면 통화량이 감소한다. 이때 중앙은행이 불태화정책(sterilization policy)을 채택하면 보유외환 매각에 따른 통화량감소를 막을 수 있다. **불태화정책**은 외환보유액 변화에 따른 통화량변화를 국내여신조정으로 상쇄시켜 통화공급량을 일정하게 유지하는 정책이다. 중앙은행이 불태화정책을 사용하면 **그림 11.6** 의 B점에서처럼 국제수지가 불균형인 상태에서 생산물시장과 화폐시장의 균형을 당분간 유지할 수 있다. 여기서는 중앙은행이 불태화정책 대신 태화정택을 사용하는 경우를 가정한다.

국제수지흑자의 경우 고정환율하에서는 외환의 공급증가로 인한 환율하락을 막기 위해 중앙은행이 외환시장에 개입하여 외환을 매입하여야 한다. 이 과정에서 외환보유고가 늘고 통화량이 증가한다. 중국의 대규모 외환보유고 증가와 통화량증가는 대규모 경상수지흑자와 외국인직접투자 등 자본유입에 따른 자본수지흑자로 인한 국제수지흑자에 기인한다. 중국의 환율이 외환시장에서의 수급에 의해 결정되는 변동환율이면 국제수지흑자로 인한 외환공급증가로 중국 위안화는 절상될 것이다. 그런데 중국정부가 위안화의 절상을 막고 환율을 일정한 수준으로 유지하기 위해 외환시장에 개입하는 과정에서 세계 최대의 외환보유국이 된 것이다. 한편 중국이 인플레이션 압력에 시달리는 것은 외환보유액 증가과정에서 늘어난 통화량을 불태화시키지 못했음을 입증한다. 실제 중국은 대외부문 불균형에 따른 통화공급증가량의 약 40% 정도만 불태화시키는 것으로 알려지고 있다.

결국 정부가 불태화정책 대신 태화정책을 사용한다고 가정하면 경제는 **그림 11.6** 의 B점에 머물러 있을 수 없다. 그림(a)의 자본이동이 없는 경우와 그림(b)의 낮은 자본이동하에서는 재정지출증가로 국제수지적자가 초래되었으므로 B점에서는 통화량이 감소한다. 통화량감소로 LM곡선은 좌측으로 이동하고 C점에서 최종균형이 이루어진다. 그림(c)와 (d)에서처럼 자본이동의 정도가 아주 높거나 완전한 자본이동이 이루어지는 경우 재정지출의 증가로 국제수지흑자가 초래된다. 국제수지흑자는 통화공급증가로 연결된다. 통화공급증가로 LM곡선은 우측으로 이동하고 C점에서 최종균형이 이루어진다.

그림 11.6 에서 보듯이 고정환율제도하에서 재정정책의 효과는 자본이동의 정도가 커질수록 커진다. 자본이동의 정도가 작을수록 확대재정정책에 따른 이자율상승폭이 커지고 소득증대효과가 작아진다. 이자율상승폭이 클수록 투자감소폭이 커지기 때문에 재정지출확대에 따른 소득증가의 효과가 작아진다.

11.2.2 자본이동의 정도와 통화정책의 효과

고정환율제도하에서는 중앙은행이 통화정책을 정책수단으로 사용할 수 없다. 중앙은행이 통화공급량을 증가시키면 이자율이 하락하고 소득이 증가한다. 이자율하락과 소득증가는 자본수지와 경상수지의 적자를 초래한다. 따라서 국제수지가 적자가 된다. 고정환율제도에서 중앙은행은 국제수지적자로 인한 외환의 공급감소와 이로 인한 환율상승압력을 제거하기 위해 외환시장에 개입하여 보유외환을 매각해야 한다. 이 과정에서 통화량이 감소한다. 따라서 통화공급량의 증가는 국제수지적자로 인한 통화량감소로 상쇄되어 버린다. 이처럼 고정환율제도하에서는 통화정책이 무력하다.

그림 11.7 을 통해 자본이동의 정도에 관계없이 고정환율제도하에서는 통화정책이 무력함을 살펴보자. 그림에서 최초의 균형점은 A이다. 이제 중앙은행이 통화량을 증가시켰다고 하자. 통화량의 증가로 LM곡선이 우측으로 이동하고 새로운 균형점은 B가 된다. 따라서 통화공급량의 증가로 자본이동의 정도와 상관없이 이자율은 하락하고 소득은 증가한다. 이자율하락과 소득증가로 자본수지와 경상수지가 적자가 되고 국제수지도 적자가 된다. 자본이동의 정도에 관계없이 B점은 BP곡선의 우측에 위치하고 있어 모든 경우에 국제수지가 적자임을 나타내고 있다.

그림 11.7 (a)처럼 자본이동이 없는 경우 국제수지의 적자는 경상수지의 적자이다. 그림 11.7 (b), (c), (d)의 경우에는 국제수지적자는 경상수지적자와 자본수지적자를 합친 것이다. 자본의 이동이 이자율변화에 민감하게 반응할수록 자본수지적자도 빠르게 커지고 따라서 국제수지적자도 빠르게 커질 것이다.

고정환율제도하에서 국제수지적자는 통화공급량을 감소시킨다. 통화공급량이 감소하면 LM곡선은 좌측으로 이동한다. 따라서 최종균형점은 최초의 균형점과 같은

그림 11.7 고정환율제도하에서 자본이동의 정도와 통화정책의 효과

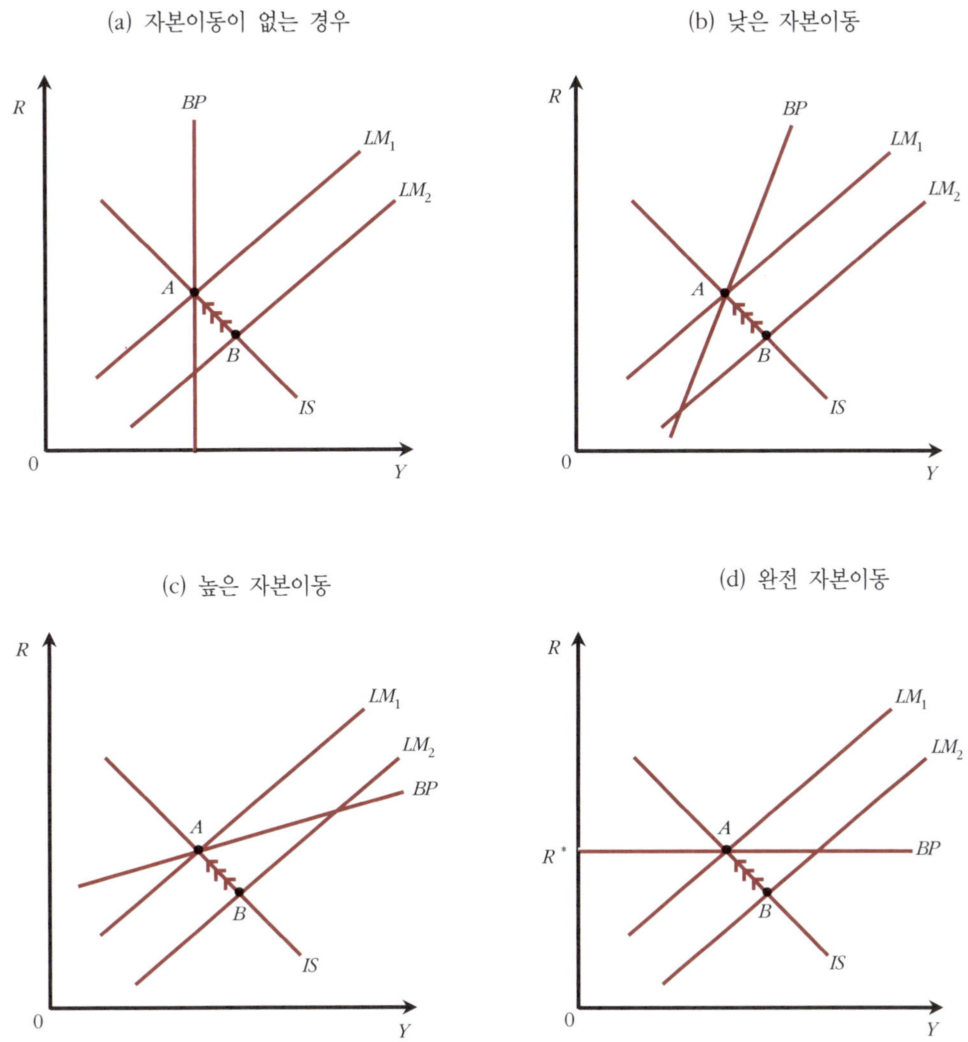

A가 된다.

고정환율제도하에서는 통화정책을 통한 통화량변화가 국제수지불균형으로 인한 통화량변화로 상쇄되기 때문에 통화정책은 경제에 아무런 영향도 미치지 못한다. 어떤 나라가 고정환율제도를 채택하면 자국의 독자적인 통화정책을 구사할 수 없다.

11.3 변동환율제도하의 경제정책의 효과

고정환율제도하에서는 경제정책이 국제수지불균형을 초래하고, 정부는 국제수지불균형에 따른 환율변화를 방지하기 위해 외환시장에 개입하여 보유외환을 매입하거나 매각한다. 이 과정에서 통화량의 변화가 초래된다. 고정환율제도하에서와 달리 변동환율제도하에서는 국제수지불균형에 따른 통화량변화가 수반되지 않는다. 변동환율제도하에서는 환율의 변동으로 국제수지가 항상 균형을 이룬다.

11.3.1 자본이동의 정도와 재정정책의 효과

변동환율제도에서 자본이동의 정도에 따른 재정정책의 효과를 그림 11.8 을 통해 살펴보자.

그림에서 최초의 균형점은 *A*이다. 이제 정부의 재정지출이 증가했다고 하자. 재정지출의 증가로 *IS*곡선이 우측으로 이동하고 새로운 균형점은 *B*가 된다. 재정지출의 증가로 점 *B*에서 모든 경우에 이자율이 상승하고 소득이 증가했음을 알 수 있다. 그림의 (a)에서처럼 자본이동이 없는 경우 소득증가로 경상수지의 적자가 초래되어 국제수지가 적자가 된다. 국제수지적자로 외환의 공급이 감소하면 환율이 상승한다. 환율이 상승하면 순수출이 증가하고 *IS*곡선이 우측으로 추가적으로 이동한다. 환율이 상승하면 *BP*곡선은 우측으로 이동한다. 따라서 최종균형점은 점 *C*가 된다.

그림 11.8 의 (b)에서처럼 자본이동의 정도가 낮은 경우 점 *B*가 *BP*곡선의 우측에 있으므로 국제수지가 적자를 나타낸다. 국제수지적자로 환율이 상승하고 *IS*곡선과 *BP*곡선이 우측으로 이동한다. 따라서 최종균형점은 점 *C*가 된다. 그런데 점 *B*에서 소득증가에 따른 경상수지의 적자가 이자율상승으로 인한 자본수지흑자에 의해 어느 정도 상쇄되기 때문에 국제수지적자의 정도는 그림(a)에서보다 작을 것이다. 따라서 국제수지적자에 따른 환율상승폭도 그림(a)에서보다 작을 것이다.

그림(c)에서처럼 자본이동의 정도가 높은 경우 이자율상승으로 인한 자본수지흑자가 소득증가로 인한 경상수지적자를 상쇄하고도 남을 정도로 크다. 따라서 자

그림 11.8 변동환율제도하에서 자본이동의 정도와 재정정책의 효과

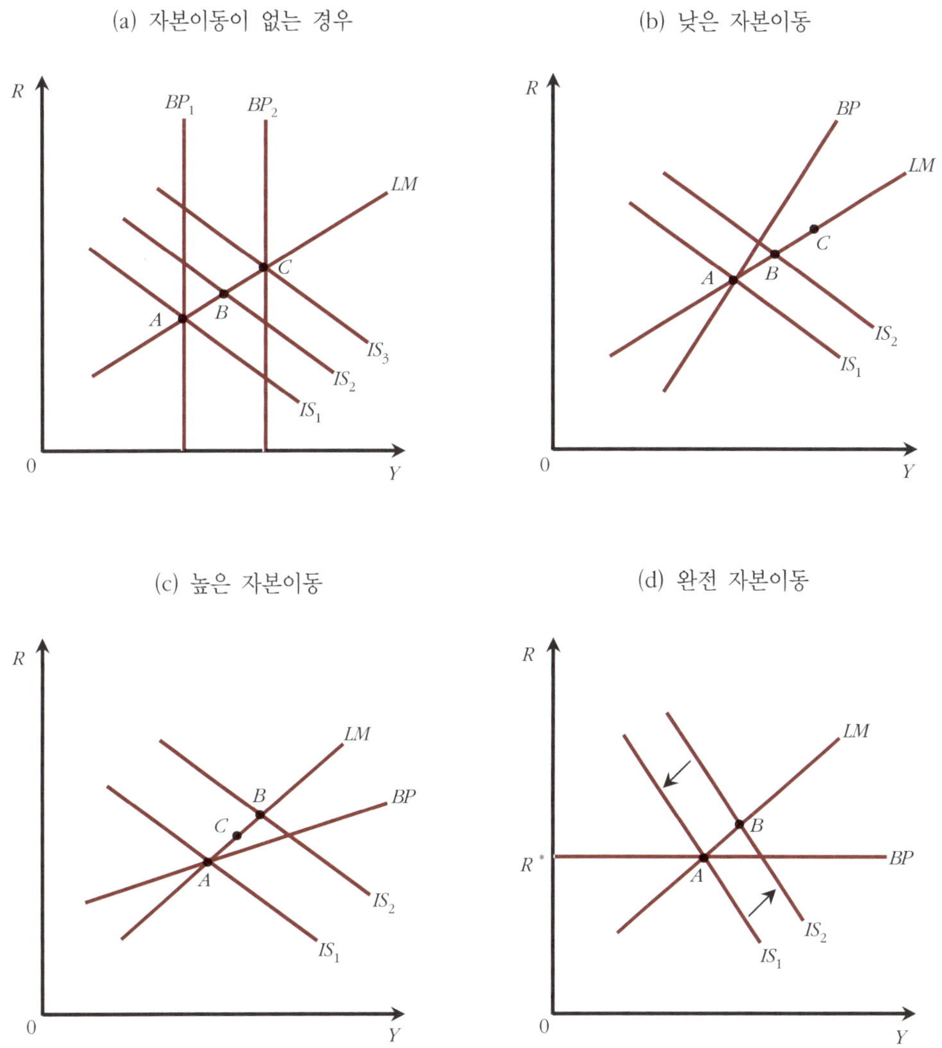

본이동의 정도가 클 경우 정부지출의 증가로 국제수지흑자가 초래된다. 국제수지흑자로 환율이 하락하면 순수출이 감소하고 *IS*곡선이 왼쪽으로 이동한다. 환율이 하락하면 *BP*곡선도 좌측으로 이동한다. 따라서 점 *C*가 최종균형점이 된다. 그림의 (d)처럼 자본이동이 완전한 경우 이자율상승은 즉각적으로 다량의 자본유입을 초래하여 환율이 하락한다. 환율하락으로 *IS*곡선은 좌측으로 이동하여 최종균형점은 최초의 균형점과 같아진다. 정부지출증가로 인한 소득증가가 환율하락에 따른 순수출감

소로 상쇄되어 총소득수준에는 변화가 없다.

변동환율제도하에서 정부지출의 증가로 인한 효과는 자본이동의 정도가 낮을수록 커진다. 정부지출증가로 인한 이자율상승시 자본이동의 정도가 낮을수록 국제수지적자폭도 커진다. 따라서 환율상승폭도 커지고 이로 인한 순수출증가와 총소득증가효과가 커진다. 반면 자본이동의 정도가 클수록 정부지출증가로 인한 이자율상승시 국제수지흑자폭도 커진다. 따라서 환율하락폭도 커지고 이로 인한 순수출감소 정도도 커진다.

11.3.2 자본이동의 정도와 통화정책의 효과

변동환율제도에서 자본이동의 정도에 따른 통화정책의 효과는 재정정책의 효과와 달리 자본이동의 정도가 클수록 커진다. 확대통화정책으로 이자율이 하락하고 소득이 증가하면 자본수지와 경상수지가 모두 적자가 되고 국제수지가 적자가 된다. 국제수지적자로 인한 외환공급감소로 환율이 상승하면 순수출이 늘고 소득이 더욱 증가한다. 이때 이자율하락에 대해 민감하게 자본유출이 이루어질수록 외환의 공급감소폭이 크고 이에 따른 환율상승폭도 커진다. 따라서 이자율변화에 자본이동이 민감하게 반응할수록 통화정책이 소득증대에 미치는 효과도 더 커진다. 이를 그림 11.9 를 통해 살펴보자.

그림에서 최초의 균형점은 *A*이다. 이제 통화공급량이 증가되었다고 하자. 통화공급량의 증가로 *LM*곡선이 우측으로 이동하고 새 균형점은 *B*가 된다. 따라서 통화공급량의 증가로 이자율은 하락하고 소득은 증가한다. 점 *B*는 자본이동의 정도에 상관없이 *BP*곡선의 우측에 있으므로 모든 경우 국제수지는 적자가 됨을 알 수 있다. 국제수지적자로 환율이 상승하면 순수출이 증가하고 *IS*곡선이 우측으로 이동한다. 환율상승으로 *BP*곡선도 우측으로 이동한다. 따라서 최종균형점은 모두 점 *C*가 된다.

그림 11.9 의 (a)처럼 자본이동이 없는 경우 국제수지적자는 소득증가로 인한 경상수지적자이다. 나머지의 경우 국제수지적자는 경상수지와 자본수지적자에 기인한다. 그런데 자본수지적자의 정도는 이자율하락에 따른 자본유출의 정도가 클수록 커지므로 그림 11.9 의 (d)처럼 자본이동이 완전한 경우 자본수지적자가 가장 크고

그림 11.9 변동환율제도하에서 자본이동의 정도와 통화정책의 효과

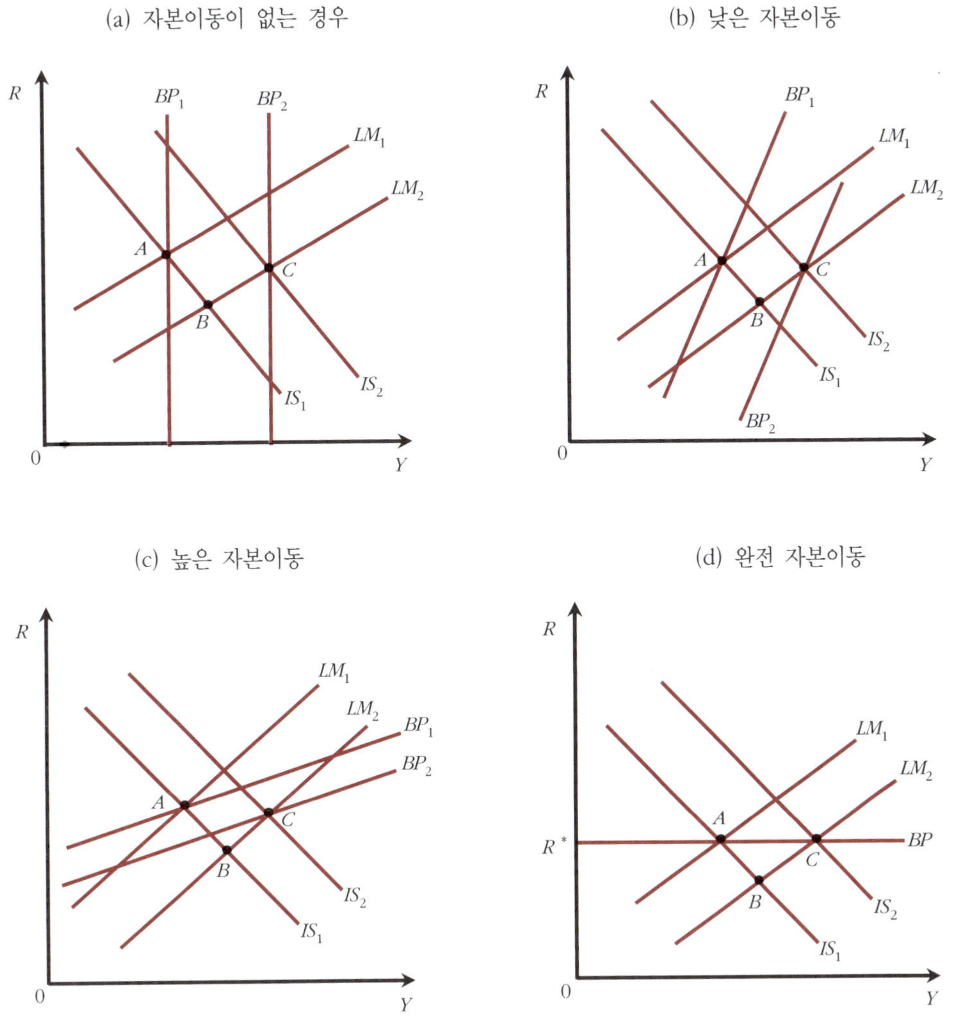

따라서 국제수지적자도 가장 클 것이다. 국제수지적자폭이 클수록 환율상승폭도 커지고 순수출증가의 정도도 커질 것이다. 순수출증가가 클수록 소득도 크게 증가할 것이다. 따라서 통화정책의 효과는 이자율변화에 대한 자본이동의 정도가 클수록 커진다.

고정환율제도하에서 통화정책은 자본이동의 정도와 무관하게 무력하다. 이는 통화정책에 수반되는 국제수지불균형으로 통화량증감효과가 상쇄되기 때문이다. 반면 변동환율제도하에서는 이자율변화에 자본이동이 민감하게 반응할수록 확대통화정책

의 효과가 커진다. 확대통화정책에 따른 이자율하락에 자본이동이 민감하게 반응할수록 자본수지적자폭이 커지고 이에 따른 환율상승폭도 커져 소득증가에 미치는 효과도 커지기 때문이다.

확대재정정책의 경우 고정환율제도하에서는 자본이동의 정도가 클수록 효과적이다. 이는 자본이동의 정도가 클수록 확대재정정책으로 인한 이자율상승이 초래하는 자본수지흑자폭이 커져 통화량증가폭도 커지기 때문이다. 반면 변동환율제도하에서는 자본이동의 정도가 클수록 확대재정정책이 비효과적이다. 자본이동 정도가 클수록 확대재정정책으로 인한 이자율상승이 초래하는 자본수지흑자폭이 커져 이에 따른 환율하락폭도 커지기 때문이다.

11.4 달성 불가능한 삼원체제

이상의 논의는 개방경제가 직면하고 있는 거시경제정책의 **달성 불가능한 삼원체제**(impossible trinity)문제를 보여주고 있다.[3] 개방경제에서는 그림 11.10 에서 볼 수 있듯이 환율안정, 통화정책의 독자성 및 자본이동의 자유 등 세 가지 목표 중 두 가지만 동시에 달성할 수 있다.

예를 들어 중국처럼 환율안정과 통화정책의 독자성을 유지하고자 하면 자본이동의 자유는 포기해야 한다. 실제 중국정부는 자본유출입에 대해 상당한 규제를 하고 있다. 홍콩과 같이 환율안정과 자본이동의 자유를 허용하는 경우 독자적인 통화정책은 포기해야 한다. 홍콩은 통화위원회(currency board)제도를 통해 홍콩 달러를 미 달러화에 대해 $1=HK$7.8로 고정시키고 있다. 통화위원회제도는 약속한 고정환율을 어떤 경우에도 지키겠다고 선언한 경우이다. 따라서 통화위원회제도하에서는 독자적인 통화정책을 구사할 수 없다. 고정환율을 유지하기 위해 중앙은행이 외환시장에 개입하여 외환을 매각 또는 매입하는 과정에서 통화량이 감소하거나 늘어날

3) U.C. 버클리의 옵스펠드(Maurice Obsfeld) 교수는 공저 논문에서 삼원체제를 역사적 시각에서 고찰하고 삼원체제는 역사적 산물이라고 주장하였다. Maurice Obsfeld, Jay C. Shambaugh, and Alan M. Taylor, "The Trilemma in History: Tradeoffs among Exchange Rtaes, Monetary Policies, and Capital Mobility," Center for International and Development Economics Research at University of California, Berkeley, Working Paper, No. C04-133, May 2004.

그림 11.10 달성 불가능한 삼원체제

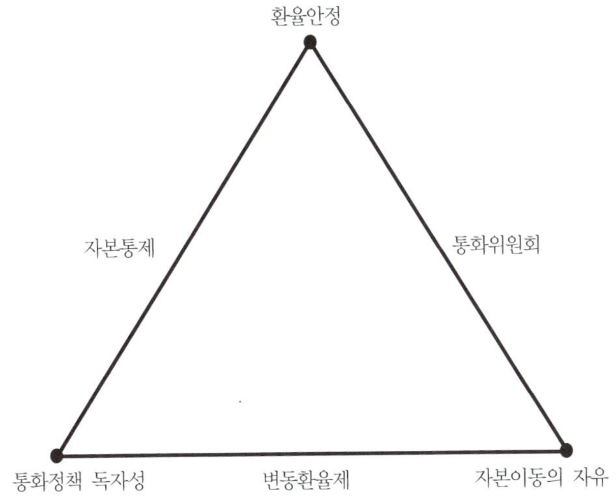

뿐이다. 미국과 같이 독자적인 통화정책과 자유로운 자본이동을 허용하는 경우 환율안정은 포기해야 한다. 미국은 환율이 외환시장의 수급에 의해 결정되도록 하는 자유변동환율제를 채택하고 있다.

오늘날 대부분의 개방경제는 환율변동에 따른 비용이 큰 것을 인식하고 정도에 차이가 있을 뿐 어느 정도는 외환시장에 개입하여 환율안정을 도모하고 있다. 환율의 안정성은 선진국보다 개발도상국의 경우에 더 중요한 것으로 평가되고 있다. 따라서 대부분의 개도국은 달성 불가능한 삼원체제문제에서 환율안정과 더불어 독자적인 통화정책과 자유로운 자본이동 중 어느 것을 선택할 것인가 하는 양자택일의 문제에 직면해 있다고 할 수 있다.

11.5 대내·외 균형의 달성과 최적경제정책 수단

개방경제하에서 한 나라가 달성하고자 하는 세 가지 정책목표는 완전고용, 물가안정, 국제수지균형 등이다. 대내균형은 완전고용과 물가안정이 이루어질 때 달성된다. 대외균형은 국제수지균형이 이루어질 때 달성된다. 대내균형과 대외균형이 동시에 이루어질 때 종합균형이 달성되었다고 한다.

변동환율제도하에서는 환율의 조정을 통하여 국제수지불균형이 해소된다. 따라서 재정·통화정책을 통해 대외균형보다는 대내균형을 도모하면 된다. 대내·외 균형을 동시에 달성하기 위해 경제정책을 어떻게 적절하게 결합할 것인가 하는 문제는 주로 고정환율제도를 대상으로 한다. 고정환율제도하에서 대내·외 균형을 동시에 달성할 수 있는 최적정책배합에 대한 논의는 먼델(Robert Mundell)[4)]과 스완(Trevor Swan)[5)]에 의해 처음으로 제기되었다.

11.5.1 먼델의 정책배합모형

먼델의 정책배합모형은 고정환율제도하에서 자본이동이 자유로운 경우를 대상으로 하고 있다. 대내균형은 물가안정과 완전고용이 달성될 때 이루어진다. 여기서는 물가는 고정되어 있다고 가정한다. 따라서 대내균형은 완전고용 달성을 의미한다. 고정환율제도하에서는 자본이동의 정도에 관계없이 통화량조정을 통한 통화정책은 무력하다. 따라서 통화정책수단으로 통화량 대신 이자율을 사용한다고 가정한다. 재정정책수단으로는 정부지출을 사용한다고 가정한다. 먼델 모형에서는 최적정책배합을 분석하는 데 *IB*곡선과 *EB*곡선을 사용한다.

대내균형조건: *IB*곡선

*IB*곡선은 대내균형(IB: internal balance)을 가져오는 이자율과 정부지출의 조합을 연결한 곡선이다. 이자율과 정부지출을 양축으로 하는 평면에 *IB*곡선을 그리면 **그림 11.11** 에서와 같이 우상향한다. 왜 그런가?

예를 들어 최초에 점 *A*에서 완전고용을 달성하여 대내균형이 이루어지고 있었다고 하자. 이때 정부지출을 *B*까지 증가시키면 총수요가 증가하고 총생산규모가 완전고용수준을 초과하기 때문에 대내균형이 깨지고 경제과열로 인플레이션이 유발된다. 이때 대내균형을 유지하기 위해서는 이자율이 상승하여 총수요를 감소시켜야

4) Robert A. Mundell, "The Appropriate Use of Monetary and Fiscal Policy for Internal & External Stability," *IMF Staff Papers*, March 1962, pp. 70-79.

5) Trevor W. Swan, "Long-Run Problems of the Balance of Payments," in *The Australian Economy: A Volume of Readings*, H. W. Arndt & W. M. Corden (eds.), Melbourne: F. W. Cheshire Press, 1963, pp. 384-395.

그림 11.11 **먼델의 정책배합모형**

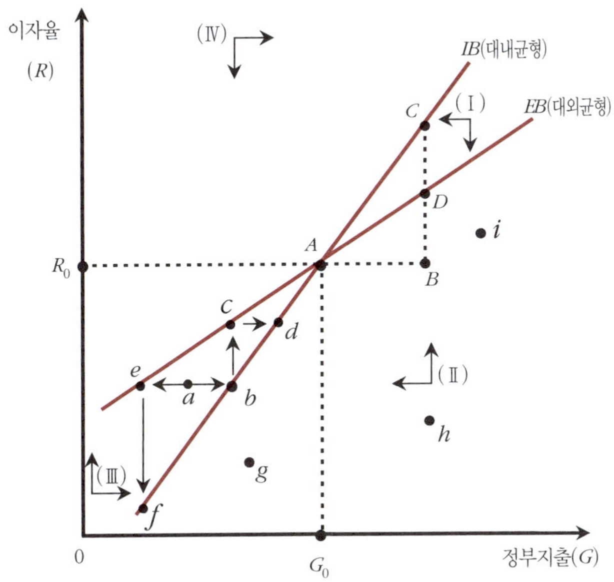

하므로 이자율이 *B*에서 *C*로 상승한다. 결국 대내균형을 만족시키는 이자율과 정부지출은 같은 방향으로 움직이므로 *IB*곡선은 우상향한다.

*IB*곡선은 앞에서 배운 생산물시장의 균형을 나타내는 *IS*곡선에 대응되는 개념이다. *IS*곡선은 생산물시장을 균형시키는 이자율(*R*)과 총소득(*Y*)의 조합을 나타낸다. *IB*곡선은 완전고용, 즉 대내균형을 유지하기 위한 이자율(*R*)과 정부지출(*G*)의 조합을 나타낸다.

대외균형조건: *EB*곡선

*EB*곡선은 대외균형(EB: external balance)을 가져오는 이자율과 정부지출의 조합을 연결한 곡선이다.

정부지출이 증가하면 총소득이 증가하고 수입수요가 늘어나 경상수지가 악화된다. 이때 국제수지균형을 유지하기 위해서는 이자율이 상승하여 자본유입이 증가하고 자본수지가 개선되어야 한다. 대외균형을 이루는 정부지출과 이자율은 같은 방향으로 움직이므로 *EB*곡선은 우상향한다.

*EB*곡선은 앞에서 배운 *BP*곡선과 동일한 개념이다. *BP*곡선은 국제수지를 균형

시키는 이자율(R)과 총소득(Y)의 조합을 나타낸다. EB곡선은 국제수지를 균형시키는 이자율(R)과 정부지출(G)의 조합을 나타낸다. EB곡선은 자본이동이 이자율변화에 민감하게 반응할수록 수평선에 가깝게 된다. 극단적으로 자본이동이 완전하다고 가정하면 BP곡선과 마찬가지로 EB곡선도 수평선이 된다.

IB곡선보다 EB곡선의 기울기가 더 완만한 이유

그림 11.11 에서 보듯이 EB곡선의 기울기가 IB곡선의 기울기보다 더 완만한 이유는 무엇인가?

경제가 최초에 A점에 있었다고 하자. 이때 정부지출을 B점까지 증가시키면 총소득이 증가한다. 점 B에서는 총소득이 완전고용수준을 초과하므로 대내균형이 깨진다. 또한 총소득증가로 경상수지가 악화되어 대외균형에서도 이탈한다. 대내·외 균형을 회복시키기 위해서는 이자율을 상승시켜야 한다. 이때 이자율을 점 B에서 C점까지 상승시키면 대내균형은 회복된다. 점 C에서는 대내균형이 회복되었으므로 경상수지는 점 A에서와 같은 규모이다. 그러나 점 C에서는 이자율의 상승으로 자본수지가 흑자가 되어 국제수지는 흑자가 된다. 따라서 정부지출증가시 대외균형을 이루기 위한 이자율상승은 대내균형을 달성하기 위한 이자율상승보다 작아야 한다. 자본이동이 이자율변화에 민감하게 반응할수록 EB곡선의 기울기는 IB곡선의 기울기보다 더 완만해진다.

IB곡선의 좌측은 주어진 대내균형 이자율수준에 비해 정부지출의 규모가 작다. 따라서 실업이 발생한다. IB곡선의 우측에서는 주어진 대내균형 이자율수준에 비해 정부지출의 규모가 크다. 따라서 인플레이션이 발생한다.

EB곡선의 좌측은 주어진 대외균형 정부지출수준에 비해 국내이자율수준이 높다. 따라서 자본유입이 증가하여 자본수지가 개선되므로 국제수지흑자가 발생한다. EB곡선의 우측은 주어진 대외균형 정부지출수준에 비해 국내이자율수준이 낮다. 따라서 자본유출이 증가하여 자본수지가 악화되므로 국제수지적자가 발생한다.

결국 한 나라 경제는 **그림 11.11** 에서처럼 대내·외 균형이 동시에 달성되는 점 A를 중심으로 **표 11.1** 에서와 같이 네 가지 구역으로 구분된다.

표 11.1 경제상태별 최적정책배합

구역	경제상태	정부지출	이자율
I	인플레이션 · 국제수지흑자	감소	하락
II	인플레이션 · 국제수지적자	감소	상승
III	실업 · 국제수지적자	증가	상승
IV	실업 · 국제수지흑자	증가	하락

최적정책배합과 대내 · 외 균형의 달성

대내 · 외 균형 달성을 위한 최적정책배합은 경제가 어느 구역에 위치하고 있는지에 따라 달라진다. 그림 11.11 에서 점 g, h, i는 모두 인플레이션과 국제수지적자를 나타내는 II구역에 위치해 있다. 그러나 대내 · 외 균형 달성을 위한 정책배합은 모두 다르다.

점 g의 경우 대내 · 외 균형 달성을 위해서는 이자율상승과 정부지출증가가 필요하다. 점 h의 경우 이자율상승과 정부지출감소를 통해 대내 · 외 균형을 달성할 수 있다. 점 i의 경우 이자율하락과 정부지출감소정책이 필요하다. 따라서 인플레이션과 국제수지적자라는 동일한 상황에서도 위치에 따라 대내 · 외 균형 달성을 위한 정책배합은 달라질 수 있다. 이상의 논의는 IV구역에서처럼 실업과 국제수지흑자하에서도 마찬가지이다. 따라서 경제가 II구역이나 IV구역에 처하는 경우 위치에 따라 대내 · 외 균형 달성을 위한 정책배합이 달라진다.

반면 경제가 I구역이나 III구역에 위치하는 경우 그 위치에 상관없이 통화정책과 재정정책의 방향이 결정된다. 경제가 I구역에처럼 인플레이션과 국제수지흑자상태에 있는 경우 위치에 상관없이 이자율과 정부지출감소를 통하여 대내 · 외 균형을 달성할 수 있다. III구역에서처럼 실업과 국제수지적자상태에서는 위치에 상관없이 이자율과 정부지출증가를 통해 대내 · 외 균형을 달성할 수 있다.

이제 경제가 실업과 국제수지적자를 나타내는 III구역의 a에 있다고 하자. 이때 대내균형의 달성을 위해 재정정책을 배정하고 대외균형의 달성을 위해 통화정책을 배정한다고 하자.[6] 대내균형의 달성을 위해 확대재정정책을 사용하면 정부지출이 a

6) 먼델의 정책배합모형에서 이자율은 정부지출이나 통화량에 의해 영향을 받는 내생변수가 아니라 정부가 수준을 조절하는 외생적인 정책변수이다. 따라서 긴축통화정책의 결과 이자율이 상승하는 것이 아니라 정부가 정책적 고려에 의해 이자율을 올린 것이다. 여기서는 통화량 대신 이자율을 조정하는 정책을 통화정책이라고 부른다.

에서 b로 증가하고 b는 IB곡선상에 위치하여 대내균형이 달성된다. 점 b에서 완전고용은 달성되지만 국제수지적자가 발생한다. 한편 국제수지적자를 해소하기 위하여 통화정책을 사용해 이자율을 b에서 c로 상승시키면 점 c에서 대외균형은 달성되지만 다시 대내균형을 벗어난다. 이제 점 c에서 대내균형을 회복하기 위해 정부지출을 늘리면 경제는 점 d로 이동한다. 이처럼 계속해서 대내균형을 유지하기 위해 재정정책을, 대외균형을 유지하기 위해 통화정책을 사용하면 경제는 결국 대내·외 균형점 A에 도달한다.

그러나 점 a에서 반대로 대외균형의 달성을 위해 긴축재정정책을 사용하면 EB곡선상의 점 e에 도달하여 국제수지균형은 이루지만 실업이 발생한다. 이때 실업을 해소하기 위해 이자율을 하락시키면 IB곡선상의 점 f에 도달하여 실업은 해소되지만 국제수지적자가 발생한다. 따라서 대·내 균형 달성을 위해 통화정책을 사용하고 대외균형 달성을 위해 재정정책을 사용하면 경제는 균형점 A로부터 더욱 멀리 떨어지게 된다.

Ⅰ, Ⅱ, Ⅳ구역에서도 Ⅲ구역과 같은 정책배정(policy assignments)의 원칙에 입각하여 그림의 화살표 방향대로 대내균형에는 재정정책, 대외균형에는 통화정책을 배정하면 경제는 균형점 A에 도달한다. 이를 정리하면 **표 11.1** 과 같다.

먼델 모형의 한계

대내균형 달성에는 재정정책을 사용하고 대외균형 달성에는 통화정책을 사용하여 대내·외 균형을 달성할 수 있다는 먼델의 정책배합모형에는 다음과 같은 문제점이 있다.

첫째, 국가간 자본이동의 이자율탄력성이 작은 경우 이자율변화에 따른 자본수지개선효과가 크지 않아 통화정책을 이용한 대외균형 달성에 한계가 있을 수 있다.

둘째, 이자율상승과 이에 따른 자본유입증가에 기인한 자본수지의 개선은 경상수지적자에 대한 일시적인 적자보전(deficit financing)에 불과할 뿐이다. 이자율상승으로 자본이 유입되어 대외균형이 회복된 후 경상수지가 다시 적자를 보이면 대외균형 회복을 위해 이자율을 또다시 올려야 한다. 반복되는 이자율조정만으로는 국제수지의 불균형이 근본적으로 시정되지 못한다.

셋째, 이자율변화가 자본유출입에 미치는 효과만이 고려되고 투자, 총생산, 고용 등에 미치는 효과는 도외시되고 있다. 특히 이자율상승은 투자를 감소시켜 자본축적을 저해하고 장기경제성장을 저해할 수 있다. 따라서 이자율을 대외균형 회복만을 위해 조정하는 데는 한계가 있다.

끝으로 먼델 모형에는 재정·통화정책의 시차가 고려되지 않고 있다. 재정정책은 의회의 동의 등 정치적 절충과정에서 통화정책보다 정책시차가 길다. 따라서 재정정책은 통화정책보다 정책대응의 기동성이나 신축성이 부족하다는 점이 간과되고 있다.

11.5.2 스완의 종합균형모형: 지출변동정책과 지출전환정책의 결합

스완 모형에서는 대내·외 균형을 달성하기 위해 지출변동정책과 지출전환정책을 사용한다고 가정한다.

지출변동정책(expenditure-changing policy)은 국내총지출규모를 변화시켜 총소득과 경상수지에 영향을 미치는 정책이다. 한 나라의 국내총지출(A: domestic absorption)은 소비지출(C), 투자지출(I), 정부지출(G) 등의 합과 같다. 총소득(Y)과 국내총지출($A \equiv C+I+G$)의 차이는 경상수지(CA)와 같다. 지출변동정책의 수단으로는 재정·통화정책이 있다.

지출전환정책(expenditure-switching policy)은 수출재와 수입재간의 상대가격을 변화시켜 총지출의 구성을 전환시키는 정책이다. 예를 들어 원화의 절상은 원화의 구매력을 향상시켜 수입을 늘리고 수입소비재에 대한 지출을 증가시킨다. 지출전환정책수단으로는 환율정책이 대표적이다.

스완 모형은 국가간 자본이동이 존재하지 않는다고 가정한다. 따라서 국제수지는 경상수지를 의미한다.

스완 모형과 대내·외 균형조건

그림 11.12 에서 횡축은 국내총지출(A), 종축은 환율(E)을 나타낸다. 그림에서 IB곡선은 대내균형을 가져오는 환율과 국내총지출의 조합을 연결한 곡선이다.

대내균형은 총수요가 완전고용수준의 총소득(Y_f)과 같을 때 이루어진다. 대내균

그림 11.12 스완의 종합균형모형

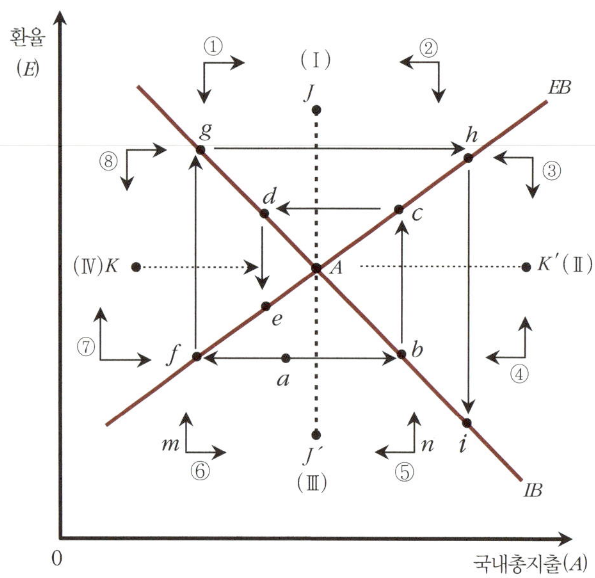

형조건은 다음과 같다.

(11-3) $$Y_f = C(Y_f - T) + I + G + CA(EP^*/P,\ Y_f)$$

환율이 상승하면 경상수지가 개선되고 총소득이 증가한다. 총소득이 완전고용 소득수준 이상으로 증가되지 않고 대내균형을 유지하기 위해서는 국내총지출이 감소해야 한다. 대내균형을 유지하기 위한 환율과 국내총지출은 반대방향으로 움직이므로 *IB*곡선은 우하향한다.

*IB*곡선의 우측은 주어진 모든 대내균형 환율수준에 대하여 국내지출수준이 대내균형에 필요한 국내지출수준보다 높기 때문에 인플레이션을 발생시킨다. *IB*곡선의 좌측은 주어진 모든 대내균형 환율수준에 대하여 국내지출수준이 대내균형에 필요한 국내지출수준보다 낮으므로 실업을 발생시킨다.

그림에서 *EB*곡선은 대외균형을 가져오는 환율과 국내총지출의 조합을 연결한 곡선이다. 국제수지는 경상수지와 같으므로 대외균형조건은 다음과 같다.

(11-4) $$CA(EP^*/P,\ Y) = 0$$

환율이 상승하면 경상수지가 개선된다. 이때 국제수지균형을 유지하기 위해서는 총소득이 늘고 수입이 증가하여 경상수지가 적자가 되어야 한다. 총소득이 증가하기 위해서는 국내지출이 증가하여야 한다. 대외균형을 유지하기 위한 환율과 국내총지출은 같은 방향으로 움직이므로 *EB*곡선은 우상향한다.

*EB*곡선의 우측은 주어진 모든 대외균형 국내총지출수준에 대하여 환율이 대외균형에 필요한 환율수준보다 낮으므로 경상수지가 적자가 된다. *EB*곡선의 좌측은 주어진 모든 대외균형 국내총지출수준에 대하여 환율이 대외균형에 필요한 환율수준보다 높으므로 경상수지가 흑자가 된다.

결국 **그림 11.12** 에서처럼 대내·외 균형이 동시에 달성되는 균형점 *A*를 중심으로 네 가지 구역으로 구분된다. 이를 정리하면 **표 11.2** 와 같다.

표 11.2 대내·외 균형의 달성을 위한 정책배정

구 역	경제상태	위 치	재정정책	환율정책
I	인플레이션·국제수지흑자	①	+	↓
		②	−	↓
		J	×	↓
II	인플레이션·국제수지적자	③	−	↓
		④	−	↑
		K'	−	×
III	실업·국제수지적자	⑤	−	↑
		⑥	+	↑
		J'	×	↑
IV	실업·국제수지흑자	⑦	+	↑
		⑧	+	↓
		K	+	×

주: +는 확대정책, −는 긴축정책을 나타냄.
↓는 국내통화의 평가절상, ↑는 국내통화의 평가절하를 나타냄.
×는 해당 없음을 표시.

스완 모형과 최적정책배합

그림 11.12 의 Ⅲ구역 점 *a*에서처럼 실업과 국제수지적자하에서 어떻게 대내·외 균형이 동시에 달성되는가를 살펴보자. 정부가 재정지출을 증가하면 국내총지출이 증가하고 경제는 점 a에서 b로 이동되어 대내균형이 달성된다. 이때 정부가 환율을 인상하면 점 *b*에서 *c*로 이동되어 대외균형이 달성된다. 따라서 대내균형을 위

해 재정정책을 사용하고 대외균형을 위해 환율정책을 사용하면 경제는 $a \rightarrow b \rightarrow c \rightarrow d \rightarrow e$의 과정을 거쳐 균형점 A에 수렴된다.

반대로 대외균형을 위해 재정정책, 대내균형을 위해 환율정책을 사용하는 경우 경제는 $a \rightarrow f \rightarrow g \rightarrow h \rightarrow i$로 이동되어 균형점 A로부터 점차 멀리 떨어지게 되고 대내·외 균형은 동시에 달성할 수 없게 된다.

한편 경제가 점 J와 J'에 있는 경우 환율정책만으로 점 A에 도달하게 되고 점 K와 K'에서는 재정정책만으로 점 A에 도달하게 된다. 따라서 경제가 동일한 경제상태를 나타내는 구역에 위치하고 있더라도 JJ'선의 좌우 또는 KK'선의 상하 어느 곳에 위치하느냐에 따라 정책배정이 달라진다. 예를 들어 구역 Ⅲ의 점 m에서는 대외균형을 달성하기 위해서 환율상승, 대내균형을 달성하기 위해서 확대재정정책을 각각 필요로 한다. 반대로 점 m과 같은 경제상태를 나타내는 구역 Ⅲ에 위치한 점 n에서는 대외균형 달성을 위해 재정정책, 대내균형 달성을 위해서는 환율정책을 사용해야 한다. 그림 11.12 에서 각 구역의 화살표의 방향은 균형점 A에 도달하기 위한 정책수단의 배정을 나타내고 이를 종합하면 표 11.2 와 같다.

중국은 2000년대 중반 이후 대규모 국제수지흑자와 고도성장으로 인플레이션 압력에 직면해 있다. 따라서 중국경제는 Ⅰ구역에 위치해 있다고 할 수 있다. 구역 Ⅰ의 ①에 위치하고 있는 경우 대내균형 회복을 위해서 환율하락과 대외균형 회복을 위해 지출증가정책이 필요하다. 중국경제가 구역 Ⅰ의 ②에 위치하고 있는 경우 대내균형 회복을 위해 지출감소정책, 대외균형 회복을 위해 환율하락이 필요하다. 중국경제가 Ⅰ구역의 어디에 위치하고 있는지는 알 수 없으나 스완 모형이 시사하는 것은 환율하락을 통한 위안화의 절상이 필요하다는 것이다.

위안화의 절상은 위안화의 가치를 높여 소비지출증가에도 도움이 될 것이다. 또한 위안화의 절상은 경상수지흑자를 축소시킬 뿐 아니라 수입재의 상대가격을 하락시켜 인플레이션을 완화하는 데도 도움이 된다. 따라서 중국의 위안화 절상은 대외불균형을 시정하여 미국과의 대외관계 긴장을 완화시킬 수 있을 뿐 아니라 중국경제의 물가안정에도 도움이 된다. 특히 위안화 절상은 중국경제가 투자중심 성장에서 벗어나 소비지출의 중요성을 강화하는 데도 도움이 된다.

◇ 요약 및 복습 ◇

1. 자본이동의 정도에 따른 경제정책의 효과는 먼델-플레밍 모형을 통해 분석할 수 있다. 먼델-플레밍 모형의 분석도구는 *IS-LM-BP*곡선이다. *IS*곡선은 생산물시장을 균형시키는 이자율과 총소득의 조합을 나타낸다. *LM*곡선은 화폐시장을 균형시키는 이자율과 총소득의 조합을 나타낸다. *BP*곡선은 국제수지를 균형시키는 이자율과 총소득의 조합을 나타낸다. *BP*곡선의 기울기는 국가간 자본이동의 이자율탄력성에 따라 여러 가지 모양을 갖는다. 국가간 자본이동의 이자율탄력성이 클수록 *BP*곡선은 수평선에 가까워진다. 국가간 자본이동의 이자율탄력성이 작을수록 *BP*곡선은 수직선에 가까워진다. 국가간 자본이동이 완전한 경우 *BP*곡선은 수평선이 된다. 국가간 자본이동이 존재하지 않는 경우 *BP*곡선은 수직선이 된다.

2. 고정환율제도하에서 통화정책은 자본이동의 정도와 무관하게 무력하다. 고정환율제도하에서는 통화정책에 수반되는 국제수지불균형으로 통화량증감효과가 상쇄되기 때문이다. 변동환율제도하에서는 이자율변화에 자본이동이 민감하게 반응할수록 확대통화정책의 효과가 커진다. 확대통화정책에 따른 이자율하락에 자본이동이 민감하게 반응할수록 자본수지적자폭이 커지고 이에 따른 환율상승폭도 커져 소득증가에 미치는 효과도 커지기 때문이다.

3. 확대재정정책의 경우 고정환율제도하에서는 자본이동의 정도가 클수록 효과적이다. 자본이동의 정도가 클수록 확대재정정책으로 인한 이자율상승이 초래하는 자본수지흑자폭이 커져 통화량증가폭도 커지기 때문이다. 변동환율제도하에서는 자본이동의 정도가 클수록 확대재정정책이 비효과적이다. 자본이동 정도가 클수록 확대재정정책으로 인한 이자율상승이 초래하는 자본수지흑자폭이 커져 이에 따른 환율하락폭도 커지기 때문이다. 환율하락폭이 크면 순수출과 총소득의 감소 정도도 커진다.

4. 개방경제하에서 한 나라가 달성하고자 하는 세 가지 정책목표는 완전고용, 물가안정, 국제수지균형 등이다. 대내균형은 완전고용과 물가안정이 이루어질 때 달성된다. 대외균형은 국제수지균형이 이루어질 때 달성된다. 대내균형과 대외균형이 동시에 이루어질 때 종합균형이 달성되었다고 한다. 변동환율제도하에서는 환율의 조정을 통하여 국제수지불균형이 해소된다. 따라서 재정·통화정책을 통해 대외균형보다는 대내균형을 도모하면 된다. 대내·외 균형을 동시에 달성하기 위해 경제정책을 어떻게 적절하게 배정할 것인가 하는 문제는 주로 고정환율제도를 대상으로 한다.

5. 먼델의 정책배합모형은 고정환율제도하에서 자본이동이 자유로운 경우를 대상으로 하고 있다. 먼델 모형에서는 통화정책수단으로 통화량 대신 이자율을 사용한다고 가정한다. 재정정책수단으로는 정부지출을 사용한다고 가정한다. 먼델 모형의 시사점은 고정환율제도하에서 자본이동이 존재하는 경우 대내균형 달성에는

재정정책을 배정하고, 대외균형 달성에는 이자율정책을 배정하는 정책배합을 통해 대내·외 균형을 달성할 수 있다는 것이다.

6. 스완의 종합균형모형은 고정환율제도하에서 국가간 자본이동이 존재하지 않는 경우를 대상으로 하고 있다. 스완 모형에서는 대내·외 균형을 달성하기 위한 정책수단으로 지출변동정책과 지출전환정책을 사용한다고 가정한다. 스완 모형의 시사점은 대내균형을 달성하기 위해서는 재정정책과 같은 지출변동정책을 사용하고 대외균형 달성을 위해서는 환율정책과 같은 지출전환정책을 사용하면 종합균형을 달성할 수 있다는 것이다.

≪주요 용어 및 개념≫

- 먼델-플레밍 모형(Mundell-Fleming model)
- *BP*곡선
- *BP*곡선의 이동요인
- 자본이동의 이자율탄력성
- 먼델의 정책배합모형
- 스완의 종합균형모형
- 달성 불가능한 삼원체제(impossible trinity)
- 지출전환정책(expenditure-switching policy)
- 지출변동정책(expenditure-changing policy)
- *IB*곡선
- *EB*곡선

제 12 장

글로벌 경제의 상호의존과 국제정책협조

■ 개　요 ■

글로벌 경제에서는 한 나라의 경제정책이 다른 나라에 긴밀한 영향을 미친다. 이 장에서는 먼델-플레밍 모형을 2국모형으로 확장하여 한 나라의 거시경제정책이 어떻게 다른 나라에 영향을 미치는가를 분석한다. 또한 세계 각국이 정책협조를 통해 모두에게 유리한 결과를 얻을 수 있음에도 불구하고 정책협조가 이루어지기 어려운 이유를 죄수의 딜레마 모형을 통하여 살펴본다.

■ 중점학습사항 ■

- 2국모형에서 확대재정정책의 파급경로와 효과는?
- 2국모형에서 확대통화정책의 파급경로와 효과는?
- 2국모형에서 긴축통화정책이 인국궁핍화정책으로 쓰이는 이유는?
- 2국모형에서 확대재정정책이 국내의 소득분배에 미치는 영향은?
- 국제정책협조가 중요한데도 이루기 어려운 이유는?

12.1 상호의존의 세계경제와 2국모형[1)]

제11장의 먼델-플레밍 모형에서는 한 나라의 경제정책이 다른 나라의 총소득과 이자율에 영향을 미치지 못하는 소규모개방경제(small opcn cconomy)를 가정하였다. 오늘날과 같은 글로벌 경제시대에 한 나라의 경제정책은 다른 나라에 파급효과를 미친다. 특히 미국, 중국 등과 같이 세계 총GDP에서 차지하는 규모가 큰 경우에는 자국의 경제정책이 다른 나라에도 영향을 미친다.

여기에서는 먼델-플레밍 모형을 2국모형(two country model)으로 확장하여 경제정책의 상호의존성을 분석한다. 논의를 단순화하기 위해 국가간 자본의 완전이동이 가능한 경우만 고려한다. 금융자산은 완전대체적이라고 가정하고 변동환율제도를 상정한다. 또한 물가가 고정되어 있는 단기만을 분석대상으로 한다. 자본의 완전이동성과 금융자산의 완전대체성을 가정하면 이자율평가조건이 성립하고 두 나라의 기대수익률은 같아진다. 논의를 단순화하기 위해 환율의 예상변화율을 무시하면 균형점에서 두 나라의 이자율은 같아진다.

본국 및 외국의 경상수지

2국모형에서 세계경제는 본국(home country)과 외국(foreign country)의 두 나라로 구성된다. 한 나라의 경제정책이 어떻게 다른 나라에 영향을 미치는지 살펴보기 위해 먼저 본국과 외국의 경상수지의 결정요인을 살펴보자. 본국의 경상수지함수는 다음과 같이 나타낼 수 있다.

(12-1) $$CA = CA(q,\ Y,\ Y^*)$$

여기서 q는 실질환율, Y는 본국의 총소득, Y^*는 외국의 총소득을 나타낸다. 여기서는 물가가 고정된 단기를 상정하고 있으므로 실질환율의 변화방향은 명목환율의 변화방향과 같다. 실질환율이 상승하면 본국의 생산물이 상대적으로 싸져 수출이 늘고 수입이 줄어 경상수지가 개선된다. 본국의 총소득이 증가하면 본국의 수입수요가 증가하고 경상수지가 악화된다. 외국의 총소득이 증가하면 외국의 수입수요

1) 이하에서 논의되는 2국 개방경제모형에서 재정 · 통화정책의 효과는 김인준 · 이영섭, 『국제금융론』, 서울: 율곡출판사, 2004, pp. 436-438 참고.

가 늘고 본국의 수출수요가 증가하므로 본국의 경상수지가 개선된다.

2국모형에서는 세계경제가 본국과 외국의 두 나라로 구성되어 있다. 따라서 두 나라의 경상수지를 동일한 단위로 측정할 경우 본국의 경상수지흑자와 외국의 경상수지적자가 같아야 한다. 본국의 수출=외국의 수입이고 본국의 수입=외국의 수출이므로 본국의 경상수지흑자=외국의 경상수지적자가 되는 것이다. 따라서 동일단위로 측정할 경우 외국의 경상수지=−본국의 경상수지의 관계가 성립한다. 그런데 외국의 경상수지는 외국생산물로 표시된다. 따라서 본국생산물로 표시된 본국의 경상수지를 외국생산물로 나타내기 위해서는 본국의 경상수지를 실질환율로 나누어 주어야 한다. 따라서 외국의 경상수지 CA^*는 다음과 같이 나타낼 수 있다.

(12-2) $$CA^* = -CA(q,\ Y,\ Y^*) \div q$$

여기서 본국 총소득의 증가는 본국의 경상수지를 악화시키므로 외국의 경상수지를 개선시킨다. 외국 총소득의 증가는 외국의 경상수지를 악화시키므로 본국의 경상수지를 개선시킨다. 한편 실질환율의 상승이 외국 경상수지에 미치는 영향은 불분명하다.[2] 여기서는 실질환율의 상승이 본국 경상수지를 개선시키고 외국 경상수지를 악화시키는 것으로 가정한다.

재정정책의 효과

본국의 확대재정정책(정부지출증대 또는 세금감면)은 본국의 총수요를 증가시켜 본국 총소득을 증가시킨다. 한편 확대재정정책은 이자율을 상승시킨다. 본국의 확대재정정책에 따른 금리상승과 이에 따른 자본유입으로 인한 자국의 통화가치상승으로 본국의 경상수지가 악화되면 확대재정정책이 총수요증가에 미치는 효과가 일부 상쇄된다. 그러나 자국의 통화가치상승에 따른 경상수지악화와 이에 따른 총수요감소효과가 최초의 확대재정정책에 따른 총수요증가효과를 상쇄할 만큼 크지 않기 때문에 본국의 확대재정정책으로 본국의 총수요와 총소득이 증가한다. 한편 본국의 확대재정정책으로 자국의 통화가치가 절상되어 본국의 경상수지가 악화되면 외국의 경상수지는 개선된다. 따라서 본국의 확대재정정책으로 외국의 총소득도 증가한다.

---

2) 실질환율 q가 상승할 때 마샬-러너 조건이 충족되면 본국의 경상수지 CA는 개선된다. 그러나 외국의 경상수지 CA^*는 $CA^* = -CA \div q$이므로 실질환율 q가 상승할 때 CA는 개선되지만 외국의 경상수지 CA^*의 개선 여부는 불분명하다.

그림 12.1 **2국모형과 확대재정정책의 효과**

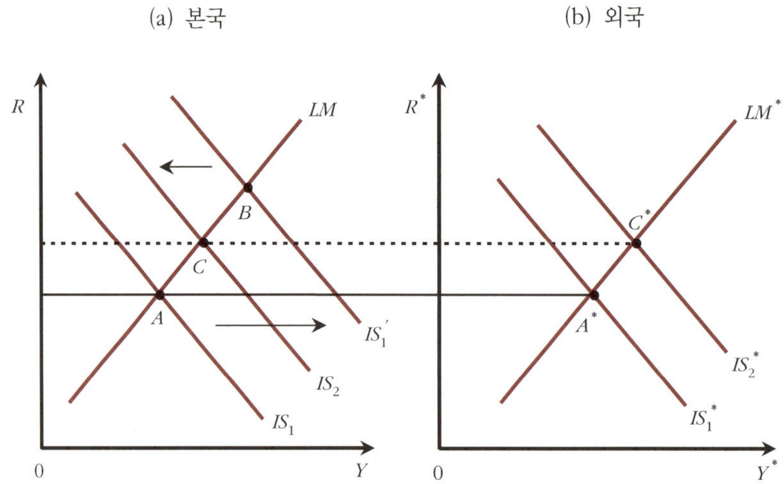

■ 최초균형점: A 및 A^*

① 본국 확대재정정책 → IS곡선 우측이동 → 본국이자율상승 → 자본유입 → 본국통화절상 → IS곡선 좌측이동 → 최종균형점 C

② 본국통화절상 → 외국통화절하 → IS^*곡선 우측이동 → 최종균형점 C^*

③ 결과: 본국 및 외국의 총소득증가 ■

이때 외국의 총소득증가로 외국의 수입이 증가하여 본국의 수출이 늘면 본국의 총소득은 더욱 증가할 것이다.

이를 그래프로 살펴보자. 그림 12.1 에서 본국과 외국의 최초의 균형점은 각각 A와 A^*이다. 이때 정부가 재정지출을 늘리면 IS곡선이 우측으로 이동한다. 그러나 B점은 최종균형점이 아니다. 정부지출의 증가에 따른 본국통화의 절상으로 경상수지가 악화되면 총수요가 감소하고 IS곡선이 좌측으로 이동하기 때문이다. 한편 본국의 확대재정정책으로 본국의 통화가치가 상승하면 외국의 통화가치는 하락하고 경상수지가 개선되므로 IS^*곡선이 우측으로 이동한다. 결국 최종균형점은 두 나라의 이자율수준이 같아지는 C 및 C^*가 된다. 이처럼 본국의 확대재정정책은 본국과 외국의 이자율과 총소득을 증가시킨다.

확대통화정책의 효과

본국이 확대통화정책(통화공급량 증가)을 펼치면 이자율이 하락한다. 이자율이 하락하면 자본이 유출되고 본국의 통화가치가 하락한다. 본국통화의 절하는 본국의 경상수지를 개선시킨다. 따라서 본국의 확대통화정책으로 본국의 총소득이 증가한다. 반면 본국의 확대통화정책에 따른 본국 경상수지의 개선으로 외국의 경상수지는 악화되고 외국의 총소득은 감소한다. 이때 본국의 총소득증가로 인한 수입증가로 외국의 수출이 증가하면 외국의 총소득은 늘어난다. 따라서 본국의 확대통화정책이 외국의 총소득에 미치는 효과는 외국의 통화가치상승에 따른 경상수지악화효과와 본국의 총소득증가에 따른 외국의 경상수지개선효과의 크기에 따라 증가할 수도 있고 감소할 수도 있다.

그림 12.2 는 2국모형에서 확대통화정책의 효과를 보여준다. 그림에서 최초의

그림 12.2 2국모형과 확대통화정책의 효과

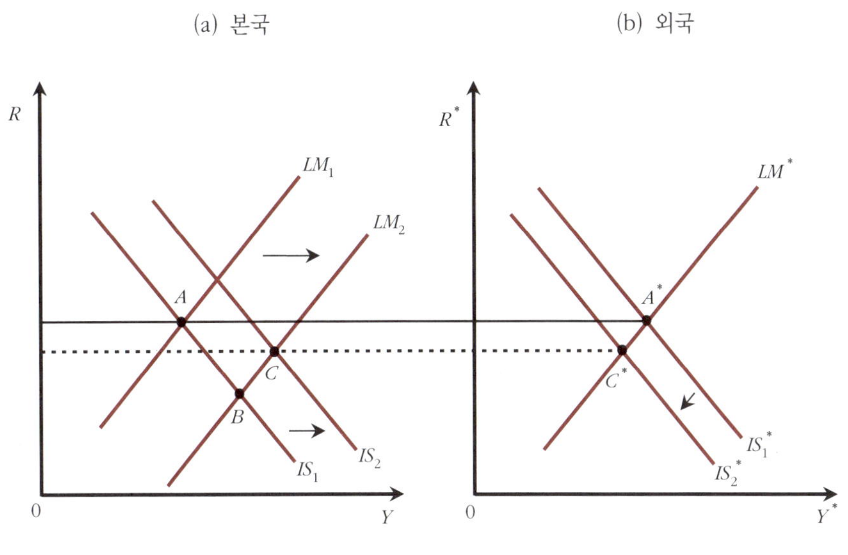

■ 최초균형점: A 및 A^*

① 본국 확대통화정책 → LM곡선 우측이동 → 본국이자율하락 → 자본유출 → 본국통화절하 → IS곡선 우측이동 → 최종균형점 C

② 본국통화절하 → 외국통화절상 → IS^*곡선 좌측이동 → 최종균형점 C^*

③ 결과: 본국의 총소득증가 및 외국의 총소득하락 ■

균형점은 A이다. 본국이 통화량을 증가시키면 LM곡선은 우측으로 이동한다. 이때 최종균형점은 B가 아니다. 점 B에서는 본국이자율이 외국이자율보다 낮다. 따라서 자본이 해외로 유출되고 본국의 통화가 절하되어 경상수지가 개선되고 총수요가 증가하므로 IS곡선이 우측으로 이동한다. 한편 본국통화의 절하와 이로 인한 경상수지 개선은 외국통화의 절상과 경상수지의 악화를 뜻한다. 이때 본국의 총소득증가로 인한 외국의 경상수지가 개선효과를 감안하면 외국의 IS^*곡선은 좌측으로 이동하거나 우측으로 이동할 수 있다. 여기서는 본국의 확대통화정책으로 인한 외국통화의 절상과 이에 따른 경상수지악화의 정도가 본국의 총소득증가로 인한 외국의 경상수지개선효과보다 크다고 가정하여 외국의 IS^*곡선이 좌측으로 이동한다고 가정한다. 따라서 최종균형점은 C와 C^*가 된다. 결국 본국의 확대통화정책으로 본국의 총소득은 증가하고 외국의 총소득은 감소한다. 이때 본국과 외국의 이자율도 하락한다.

외국의 화폐시장의 균형조건은

$$\frac{M^{S^*}}{P^*} = L(R^*,\ Y^*)$$

이다. 여기서 M^S와 P^*는 변화가 없으므로 외국의 총소득이 감소하기 위해서는 외국의 이자율이 하락해야 화폐시장의 균형이 유지된다.

이처럼 한 나라의 경제정책은 자국뿐 아니라 다른 나라의 이자율, 환율, 총소득 등에도 영향을 미친다. 실제로 미국의 재정정책과 통화정책의 변화는 1980년 이후 세계경제가 경험한 환율변동의 주요인이었다. 2국모형을 통하여 이를 분석해 보자.

12.2 2국모형과 세계경제의 경험[3)]

1980년 이후 세계경제는 인플레이션율의 하락이라는 긍정적인 측면과 보호주의 정책의 대두라는 부정적인 측면을 동시에 경험하였다. 1980년 이후에 대두된 세계경제의 여러 문제점들의 주요 원인으로 대부분의 경제학자와 정책당국자들은 변동

3) 이 절의 논의는 Paul Krugman and Maurice Obsfeld, *International Economics: Theory and Policy*, 7th ed., Boston, MA: Addition-Wesley, 2006, pp. 529-533 참고.

환율을 지목하고, 환율변동폭을 제한해야 한다고 주장하게 되었다.

12.2.1 미국의 긴축통화정책과 1981-1983년의 세계경제 침체

미국의 긴축통화정책효과

1970년대 후반 제2차 석유파동의 여파로 스태그플레이션(stagflation) 현상이 나타나자 1979년 10월 당시 미국의 연방준비제도이사회(FRB) 의장이었던 폴 볼커(Paul Volcker)는 인플레이션을 억제하고 달러가치의 하락을 저지하기 위해 미국의 통화정책을 긴축기조로 전환하겠다고 발표했다. 이와 함께 1980년 11월 대선에서 강한 미국을 천명하면서 반인플레이션 캠페인을 펼친 레이건(Ronald Reagan)이 대통령으로 당선되자 달러가치는 급등하였다. 1979년 말부터 1981년 말 사이에 달러화는 마르크화에 대해 23.2%나 절상되었다. 미국의 금리도 1979년 후반 급등하기 시작하여 1981년에는 미국의 단기금리가 1978년에 비해 거의 2배에 이르게 되었다.

2국모형을 통해 미국의 긴축통화정책이 미국(본국)과 해외(외국)에 미친 영향을 살펴보자. 미국의 긴축통화정책으로 미국의 금리가 상승하면 달러화의 가치가 절상된다. 달러화가 절상되면 외국생산물에 비해 미국생산물이 상대적으로 비싸지므로 미국의 경상수지가 악화된다. 미국의 경상수지악화는 미국의 총수요과 총소득을 감소시킨다. 한편 미국의 경상수지가 악화되면 외국의 경상수지는 개선되고 외국의 총수요와 총소득이 증가된다. 이때 미국의 총소득감소로 외국의 수출이 감소하면 외국의 총소득에 부정적인 영향을 미치지만 미국 달러화의 절상에 따른 외국통화의 절하로 인한 경상수지개선효과가 더 크다고 가정하면 외국의 총소득은 증가한다. 외국의 통화량과 물가에 변화가 없는 상황에서 외국의 총소득이 증가하기 위해서는 외국의 이자율이 상승해야 화폐시장의 균형이 유지된다. 결국 미국의 긴축통화정책은 미국의 이자율상승, 달러화가치상승, 총소득감소를 유발한다. 한편 미국의 긴축통화정책은 외국의 이자율상승, 통화가치하락, 총소득증가를 유발한다.

미국의 긴축통화정책과 다른 나라의 대응

2국모형이 보여주듯이 미국의 긴축통화정책은 미국의 총생산과 고용에 부정적인 영향을 미친 반면 외국의 생산과 고용에는 긍정적인 영향을 미쳤다. 그러나 미국의 긴축통화정책에 따른 외국의 생산 및 고용증가에도 불구하고 다른 나라들은 미국의 긴축통화정책과 이에 따른 달러화 절상을 달가워하지 않았다.

그 이유는 첫째, 달러화의 가치상승과 이에 따른 여타국의 통화가치하락이 수입재의 가격을 상승시켜 전반적인 물가상승을 유발할 수 있기 때문이다. 물가가 상승하면 실질통화공급이 감소하고 이자율상승과 총소득감소가 유발된다. 두 번째는 물가상승이 부의 효과(wealth effect)를 통해 소비에 미치는 부정적인 효과이다. 물가가 상승하면 민간보유 주식과 채권의 실질가치가 하락하므로 민간의 실질 부가 감소하고, 이에 따라 소비위축, 총수요 및 총소득 위축으로 연결된다. 끝으로 통화가치의 하락으로 물가가 상승하면 임금상승이 유발될 수 있다. 임금상승은 생산비용을 높여 생산물의 공급을 위축시킬 수 있다.

결국 미국의 긴축통화정책을 통한 반인플레이션정책은 달러화의 가치상승을 통해 미국의 인플레이션을 부분적으로 외국에 수출하는 **인국궁핍화효과**(beggar-thy-neighbor effects)를 가졌던 것이다. 이에 따라 외국의 중앙은행들도 달러 강세를 막기 위해 1980-1981년 기간에 외환시장에 개입하여 보유 달러를 매각하고 자국통화를 매입함으로써 미국의 긴축통화정책에 대해 긴축통화정책으로 맞대응하게 되었다. 제2차 석유파동으로 인한 세계적 경기침체기에 이루어진 미국과 외국의 긴축통화정책으로 세계경제는 고금리하에서 1930년대의 대공황(the Great Depresion) 이래 가장 심각한 경기침체를 경험하게 되었다. 그러나 긴축통화정책과 경기침체로 인플레이션율은 급락하였다.

12.2.2 미국의 확대재정정책 : 쌍둥이 적자와 보호무역주의의 대두

미국의 확대재정정책효과

근로자들의 근로의욕 고취와 기업의 투자유인을 위한 조세감면과 강력한 미국 건설을 위한 국방비 증액을 약속한 레이건이 대통령으로 당선되자 미국의 재정적자는 눈덩이처럼 불어났다. 2국모형을 통해 미국의 확대재정정책(조세감면과 정부지출 증가)이 미국과 여타 세계경제에 미친 영향을 살펴보자.

미국(본국)의 확대재정정책은 미국의 총수요를 증가시켜 미국의 총소득을 증가시킨다. 한편 미국의 확대재정정책으로 미국의 금리가 상승하고 미국 달러화의 가치가 상승하면 미국의 경상수지가 악화되고 총수요가 감소하여 미국의 총소득은 감소한다. 그런데 미국의 정부지출의 증가와 조세감면에 따른 총수요증가폭이 경상수지감소로 인한 총수요감소폭보다 크기 때문에 미국의 확대재정정책으로 미국의 총소득은 증가한다. 한편 미국의 경상수지악화로 외국의 경상수지는 개선되고 따라서 외국의 총수요와 총소득이 증가한다. 결국 미국의 확대재정정책으로 미국과 외국의 총소득이 모두 증가한다.

1981년에 추진된 미국의 확대재정정책은 실질적으로 1982년에 시작되었기 때문에 미국의 확대재정정책은 1982년 또는 1983년 후반에 이르러서야 그 효과가 나타났다고 보는 것이 타당하다. 글로벌 경제는 세계적인 반인플레이션정책의 여파로 1982년까지 심각한 경기침체를 경험한 후 미국의 확대재정정책으로 1982년 또는 1983년 후반에 이르러서야 회복세를 나타낸 것이다.

달러화의 초강세와 쌍둥이 적자

미국의 긴축통화정책과 확대재정정책의 여파로 달러화의 절상은 계속되었다. 실제로 1979-1985년 2월 사이에 달러화는 마르크화에 대해 48.9%나 절상되었다. 또한 미국의 확대재정정책으로 세계경제는 회복세를 보이기 시작하였으나 미국의 재정적자증가가 민간저축증가나 투자감소로 상쇄되지 못함으로써 미국의 경상수지는 급격히 악화되어 재정적자와 경상수지적자의 쌍둥이 적자(twin deficits)가 유발되었다〔경상수지(CA) = 민간저축(S_P) − 국내총투자(I) − 재정적자($G-T$)임을 상기하라〕. 그 결과 1987년 미국의 경상수지적자는 전후 최대규모인 GDP의 3.6%에 이르게 되었고 미국은 순채무국으로 전락하였다. 이에 따라 해외채권자들이 미래 달러화표시 자산의 가치에 대한 신뢰를 잃을 경우 달러화 자산의 매각과 이에 따른 달러화가치의 급락을 우려하는 목소리가 커졌다.

달러화의 강세와 미국의 소득분배

달러화의 강세는 미국 내의 소득분배에 대한 우려도 자아냈다. 달러화의 절상으로 수입재가격이 하락하여 미국의 인플레이션이 감소하고 종전보다 값싸게 수입재를 구입할 수 있게 된 소비자들은 이득을 보았으나 수입경쟁산업 종사자들은 손실을 입게 되었다. 또한 달러화의 절상에 따른 수출재의 가격상승으로 농산물, 섬유, 자동차, 철강 등 미국의 수출재산업 종사자들은 손실을 보았다.

이와 함께 일본, 독일 등의 긴축재정정책의 여파로 경기회복의 속도가 지체되자 1984년 말경 수출재산업 및 수입경쟁산업 종사자들을 중심으로 이들 부문에 대한 보호주의 법안이 상정되었다. 그 결과 달러화의 강세가 레이건 행정부의 경제정책에 대한 시장의 신뢰라고 믿고 외환시장에 인위적으로 개입하는 것을 꺼려왔던 레이건 정부도 1985년경에는 달러화의 강세와 보호주의 압력에 대한 대처방안을 모색하지 않으면 안 되는 상황에 직면하게 되었다.

12.2.3 환율관리의 시도: 플라자 협정과 루브르 협정

미국의 통화긴축완화에도 불구하고 달러화의 강세로 경상수지적자가 확대되고 경기침체가 지속되자 1985년 9월 22일 G5의 경제관료들은 뉴욕의 플라자(Plaza)호텔에서 일본 엔화와 독일 마르크화에 대한 달러화의 절하를 위해 공동으로 노력할 것에 합의했다. 플라자 협정(Plaza Accord)이 채택되자 1주 만에 달러화의 가치는 독일 마르크화에 대해 약 7%, 엔화에 대해서는 약 8.3% 하락하는 즉각적인 변화가 나타났다. 특히 엔화에 대한 달러화의 가치는 이후 2년 동안 51%나 급락했다.[4] 플라자 협정은 미국을 포함한 세계 각국이 이후 외환시장에 본격적으로 개입하게 되는 계기가 되었다.

플라자 협정 이후 1986년 말에 이르러서도 달러화의 환율에 대해 각국 정부가 이견을 보이자 1987년 2월 22일 파리의 루브르(Louvre)박물관에서 G5와 캐나다의 재무장관 및 중앙은행장들이 모여 다시 한번 달러화의 가치안정에 합의를 보았다. 루브르 협정에서는 각국이 각국 경제의 기초여건에 상응하는 수준에서 명목환율을

4) 플라자 협정은 일본이 국제통화제도를 관리하는 실질적인 주체 가운데 하나로 부각되었다는 점에서도 의미를 갖는다. 플라자 협정 이후 미국의 무역수지는 서유럽국가들에 대해서는 개선되었지만 일본과의 무역수지는 별로 개선되지 못했다. 이는 미일간의 무역수지가 엔화의 가치보다는 일본의 수입장벽 등 구조적인 문제에 기인하기 때문이다. 플라자 협정 이후 엔화의 강세에 따른 경기침체를 우려하여 일본정부는 확대통화정책을 시행하게 되었고, 그 결과 1980년대 후반의 자산가격버블(asset price bubble)과 붕괴가 초래되었다. 결과적으로 일본경제가 1990년대 이후 장기침체를 경험한 단초를 제공한 것이 플라자 협정을 통한 인위적인 엔화가치 조정이었다고 할 수 있다. 2000년 이후 미국의 쌍둥이 적자로 인해 달러화와 중국 위안화를 대상으로 새로운 플라자 협정이 필요하다는 주장도 있으나 과거 일본의 경험으로 인해 부정적인 시각이 훨씬 많다.

안정시킬 것을 명문화하였다. 이를 위해 각국 정부는 목표환율대를 설정하고 이를 지키기 위해 외환시장에 개입할 것을 합의하였다. 이 당시 목표환율대는 1달러당 1.8250DM±5% 및 153.50엔±5%였다. 이에 비해 플라자 협정 당시의 환율은 1달러당 2.750DM 및 250엔이었다.

루브르 협정에도 불구하고 미국의 높은 경상수지적자는 그대로 유지되었고 달러화는 심각한 절하압력하에 놓여 있었다. 따라서 목표환율대가 유지되기 위해서는 미국이 통화공급을 감소시켜 미국과 여타국의 금리차이가 상승하여 달러화 자산이 선호되어야 했다. 그러나 미국이 경상수지적자폭에 상응하지 않는 목표환율대를 유지하기 위해 통화정책을 긴축기조로 바꿀 경우 미국경제가 침체 속으로 다시 빠지지 않을까 우려가 제기되었다. 이런 우려 속에 1987년 10월 미국증시가 붕괴하고 주요국의 증시도 동반 침체되자 미국과 세계의 중앙은행들은 금융경색에 따른 실물경제의 침몰을 막기 위해 급히 유동성공급을 확대하였다. 그 결과 세계적으로 금리수준이 하락하였으며 미국의 달러화는 루브르 협정 당시보다 훨씬 더 절하되었다.

이후 새로운 목표환율대가 설정되었지만 지켜지지 않았고 결국 1990년대 초에 목표환율대는 폐지되었다. 루브르 협정 이후의 목표환율대에 대해서는 찬반양론이 대립되고 있다. 그러나 분명한 것은 환율에 영향을 미치려는 공식적인 시도는 각국의 외환시장개입보다는 재정·통화정책의 변화를 수반할 때만 성공할 수 있다는 것이다. 세계 각국은 경제정책의 독립성과 환율안정은 동시에 달성하기 어렵고, 환율안정을 위해서는 국제적인 경제정책협조가 필수적이라는 사실을 깨닫게 되었다.

12.3 국제경제정책협조의 중요성과 어려움

루브르 협정에 의해 설립된 목표환율대가 잘 지켜지지 않은 것은 환율협의와 이것을 지키기 위한 국제정책협조(international economic policy coordination) 사이의 갭이 크다는 것을 잘 보여준다. 국제정책협조가 어려운 것은 개인과 같이 각국 정부도 세계경제의 이익보다는 자국의 이익을 우선시하기 때문이다. 개인의 반사회적 행위는 법적 제재를 통해 저지할 수 있다. 그러나 개별국가의 경제정책행위를 구속하는 조치를 강구하는 것은 훨씬 어렵다.

여기에서는 죄수의 딜레마(Prisoner's dilemma) 모형을 통해 국제협력을 통해 이익을 얻을 수 있는데도 불구하고 자국 중심적인 정책결정의 결과 모든 나라가 손실을 볼 수 있음을 보임으로써 국제정책협조의 중요성을 살펴보고 나아가 국제경제정책협조가 실패하기 쉬운 이유를 분석한다.

12.3.1 국제정책협조와 게임의 이론: 죄수의 딜레마 모형

게임이론은 전략적 상황에서 사람들이 어떻게 행동하는가를 연구한다. 전략적 상황이란 각자가 어떤 행동을 취해야 할 것인지를 결정할 때 다른 사람들이 어떻게 반응할지를 고려해야 되는 상황을 말한다. 국제정책협조시 각 나라의 이익은 자국 경제정책뿐 아니라 다른 나라들의 경제정책에 따라서도 달라지기 때문에 국제경제정책협조를 위한 정책결정시 각국은 전략적으로 행동한다. 따라서 게임이론은 국제정책협조시 각국의 행태를 이해하는 데 유용하게 쓰일 수 있다.

게임이론에서 초보적이지만 가장 중요하게 이용되는 게임은 죄수의 딜레마라고 불리는 게임이다. 죄수의 딜레마를 통해 국제정책협조를 통해 당사국들이 보다 나은 경제상황을 달성할 수 있음에도 불구하고 정책협조가 이루어지기 어려운 이유를 이해할 수 있다.

죄수의 딜레마를 간단히 소개해 보자. 소매치기 공범으로 체포된 A와 B라는 두 사람이 있다고 하자. 두 사람의 소매치기 혐의는 1년의 실형을 선고받을 수 있는 정도인데, 담당형사가 여죄를 추궁하기 위해 두 사람을 따로따로 심문하면서 다음과 같은 제안을 했다고 하자: 두 사람 중 관련된 여죄를 자백한 사람은 풀어주고 자백하지 않는 사람은 20년형을 산다. 그러나 만약 두 사람 다 여죄를 자백하면 두 사람 모두 10년형을 받는다.

표 12.1 은 이와 같은 상황에서 두 사람이 선택할 수 있는 전략이 가져다주는 보수행렬(pay-off matrix)을 나타내고 있다. 두 사람이 선택할 수 있는 전략은 자백하는 것과 침묵하는 것 두 가지이다. 형량은 각자가 선택하는 전략은 물론이고 상대방이 선택하는 전략에도 달려 있다.

우선 A의 입장을 살펴보자. B가 어떻게 나올지는 모르지만, 만약 B가 침묵하면 같이 침묵해서 1년형을 받는 것보다 자백해서 석방되는 것이 낫다. B가 자백하더라

표 12.1 **죄수의 딜레마**

죄수 B \ 죄수 A	자 백	침 묵
자 백	10년 / 10년	20년 / 석 방
침 묵	석 방 / 20년	1년 / 1년

도 같이 자백해서 10년형을 받는 것이 자백하지 않고 버티다가 20년 사는 것보다 낫다. 결국 A의 입장에서는 B가 어떻게 나오더라도 자백하는 것이 상책이다.

상대방이 어떤 전략을 택하더라도 자신에게 가장 최선인 전략을 게임이론에서는 **우월전략**(dominant strategy)이라고 부른다. A에게 우월전략은 자백하는 것이다. 한편 B의 입장에서 보면 B도 A가 처한 선택과 동일한 선택에 직면하게 된다. A가 어떤 선택을 하든 상관없이 B도 자백하는 것이 최선이다. B에게도 우월전략은 자백하는 것이다.

결국 A, B 모두 자백을 선택하게 되어 두 사람 모두 10년형을 받는다. 만약 두 사람이 침묵을 선택했다면 감옥살이를 1년 만 할 것을 각자의 개인적 이익을 추구한 결과 10년이나 감옥살이를 해야 하는 것이다. 만약 두 사람이 체포되기 전 어떤 여죄도 자백하지 않고 끝까지 침묵을 지키기로 약속했다면 어떻게 될까? 두 사람 모두 이 약속을 끝까지 지키면 1년형을 선고받기 때문에 모두에게 좋을 것이다. 그러나 실제 분리심문을 받게 되면 이기의 논리가 지배하게 되고 결국 두 사람 모두가 자백하게 될 확률이 훨씬 크다. 두 사람 사이의 합의를 지키는 것은 개인적 견지에서는 비합리적이기 때문에 두 사람간의 공조는 지켜지기 어려운 것이다.

두 나라 사이에 행해지는 국제협상도 죄수의 딜레마에서 두 죄수 사이에 이루어지는 게임과 비슷하다. 미국과 중국의 무역정책을 예로 들어보자. 게임의 플레이어는 미국 및 중국 정부이다. 두 나라가 선택할 수 있는 전략은 자유무역정책과 보호무역정책 두 가지가 있다고 하자. 또한 두 나라가 선택한 정책이 가져다주는 이익은 표 12.2 의 보수행렬로 표현된다고 하자.

우선 중국이 고려하는 전략을 살펴보자. 중국은 미국이 자유무역을 선택할 경우 같이 자유무역을 선택해서 10을 얻는 것보다 보호무역을 선택해서 20을 얻는 것이 낫다. 중국의 입장에서는 미국이 보호무역을 선택하더라도 같이 보호무역을 선택해

표 12.2 중 · 미 무역협상과 죄수의 딜레마

미국 \ 중국	자유무역	보호무역
자유무역	10 / 10	−10 / 20
보호무역	20 / −10	−5 / −5

서 5만큼 잃는 것이 자유무역을 선택해서 10만큼 잃는 것보다 낫다. 결국 미국이 어떻게 나오더라도 중국에게 우월전략은 보호무역이다. 한편 미국도 중국이 처한 선택과 동일한 선택에 직면하게 된다. 중국이 어떤 선택을 하든 상관없이 미국도 보호무역을 선택하는 것이 우월전략이다.

결과적으로 두 나라 모두 보호무역을 선택함으로써 자유무역을 선택하는 경우보다 더 낮은 이익을 얻게 된다. 자국이익 중심으로 무역전략을 선택함으로써 두 나라 모두 최선의 결과를 얻지 못하는 것이다.

12.3.2 국제정책협조의 어려움

이제 1980년대 초반의 반인플레이션정책을 예로 삼아 국제정책협조가 모든 국가에게 보다 나은 이득을 가져다줄 수 있는데도 불구하고 정책협조를 이루기가 어려움을 설명한다. 앞에서 살펴본 대로 선진국들의 반인플레이션정책의 여파로 1980년대 초반 세계경제는 극심한 경기침체를 경험하였다. 당초 각국의 긴축통화정책의 목표는 인플레이션 감소에 있었다. 그러나 환율이 물가에 미치는 영향 때문에 긴축통화정책의 효과는 당초의 의도보다 훨씬 복잡해졌다. 다른 나라에 비해 상대적으로 덜 긴축적인 통화정책을 채택한 나라는 자국통화의 절하로 인플레이션 감소 노력이 저해되었다.

그 결과 자국통화의 절하를 저지하기 위해 각국은 더욱 강력한 긴축통화정책을 채택하였고 세계경제는 훨씬 더 심각한 경기침체 속으로 빠져든 것이다. 모든 나라가 상대적으로 덜 긴축적인 통화정책을 채택했더라면 세계경제의 침체 정도는 훨씬 완화되었을 것이다. 그러나 다른 나라가 채택하는 정책을 고려하여 자국의 이익을 극대화할 수 있는 정책을 선택하는 상황에서 상대적으로 덜 긴축적인 통화정책의

표 12.3 완화된 긴축통화정책과 강력한 긴축통화정책의 실업 및 인플레이션에 대한 영향

본국 \ 외국	완화된 긴축통화정책	강력한 긴축통화정책
완화된 긴축통화정책	$\Delta\pi^* = -1\%$ $\Delta u^* = 1\%$ $\Delta\pi = -1\%$ $\Delta u = 1\%$	$\Delta\pi^* = -2\%$ $\Delta u^* = 1.75\%$ $\Delta\pi = 0\%$ $\Delta u = 0.5\%$
강력한 긴축통화정책	$\Delta\pi^* = 0\%$ $\Delta u^* = 0.5\%$ $\Delta\pi = -2\%$ $\Delta u = 1.75\%$	$\Delta\pi^* = -1.25\%$ $\Delta u^* = 1.5\%$ $\Delta\pi = -1.25\%$ $\Delta u = 1.5\%$

출처: Paul Krugman and Maurice Obsfeld, *International Economics: Theory and Policy*, 7th ed., Boston, MA: Addition-Wesley, 2006, p. 545, Figure 19A-1.

선택은 자국의 이익에 반하는 것이기 때문에 선택되지 않았다.

이를 죄수의 딜레마 모형을 원용하여 살펴보자. 세계에는 본국과 외국의 두 나라만 있다. 그리고 각국이 선택할 수 있는 전략은 매우 강력한 긴축통화정책과 다소 완화된 긴축통화정책의 두 가지가 있다. 표 12.3 은 본국과 외국의 인플레이션율과 실업률이 각국이 선택한 정책에 따라 어떻게 달라질 수 있는가를 나타내고 있다. 표에서 $\Delta\pi$와 $\Delta\pi^*$는 각각 본국과 외국의 인플레이션율 변화, Δu와 Δu^*는 각각 본국과 외국의 실업률 변화를 나타낸다.

표에 기록된 가상의 수치들은 앞에서 다룬 2국모형의 측면에서 이해할 수 있다. 예를 들어 본국과 외국 모두 완화된 긴축통화정책을 펼치면 두 나라 모두 인플레이션율을 1% 낮추는 대신 실업률이 1% 높아진다. 외국은 다소 완화된 긴축통화정책을 그대로 쓰고 있는데 본국이 매우 강력한 긴축통화정책으로 전환하면 본국의 통화가 절상된다. 따라서 본국의 인플레이션율은 2% 감소하여 더욱 낮아지고 실업률은 1.75% 증가하여 더욱 높아진다.

본국의 추가적인 통화긴축은 외국에도 영향을 미친다. 우선 본국의 추가적인 통화긴축으로 인한 본국통화의 절상으로 외국통화가 절하되어 외국의 경상수지가 개선되고 총수요가 증가하여 외국의 고용이 늘고 실업률이 감소한다(즉, $\Delta u^* = 0.5\%$). 한편 본국통화의 절상에 따른 외국통화의 절하로 수입물가가 상승하여 외국의 인플레이션율은 반인플레이션정책을 펼치기 이전 수준으로 돌아간다(즉, $\Delta\pi^* = 0\%$). 결국 본국의 매우 강력한 긴축통화정책은 외국으로 하여금 본국 인플레이션의 일부를

표 12.4 **완화된 긴축통화정책과 강력한 긴축통화정책의 보수행렬**

외 국 / 본 국	완화된 긴축통화정책	강력한 긴축통화정책
완화된 긴축통화정책	1 1	8/7=2/1.75 0
강력한 긴축통화정책	0 8/7=2/1.75	5/6=1.25/1.5 5/6=1.25/1.5

출처: Paul Krugman and Maurice Obsfeld, *International Economics: Theory and Policy*, 7th ed., Boston, MA: Addition-Wesley, 2006, p. 545, Figure 19A-2.

수입하도록 강요하는 인국궁핍화정책인 것이다. 반면 본국과 외국 모두 강력한 긴축통화정책을 선택하면 두 나라는 인플레이션율을 1.25% 떨어뜨릴 수 있지만 실업률은 1.5% 높아져 두 나라 모두 다소 완화된 긴축통화정책을 펼쳤을 때보다 심한 경기침체를 경험한다.

이제 **표 12.3** 에 표시한 결과를 보수행렬로 나타내기 위해 각국 정부는 $-\Delta\pi/\Delta u$를 극대화하고자 한다고 가정하자. 즉 각국 정부는 실업률을 1% 늘리는 대신 줄이는 인플레이션율을 극대화하고자 한다. 이 가정하에서 **표 12.3** 에 표시한 서로 다른 통화정책하에서의 인플레이션율과 실업률에 대한 결과를 보수행렬로 나타내면 **표 12.4** 와 같다. 예를 들어 본국과 외국 모두 다소 완화된 긴축통화정책하에서는 실업률이 1% 늘어나는 대신 인플레이션율을 1% 줄일 수 있으므로 두 나라 모두 이익이 $-\Delta\pi/\Delta u=1$이 된다. 이때 외국은 다소 완화된 긴축통화정책을 고수하고 있는데 본국은 매우 강력한 긴축통화정책으로 전환했다고 하자. 이 경우 본국의 이익은 $-\Delta\pi/\Delta u=2\%/1.75\%=8/7$이 된다. 본국은 매우 강력한 긴축통화정책을 통해 실업률이 1% 늘어나는 대신 인플레이션율을 8/7% 줄일 수 있는 것이다. 반면 다소 완화된 긴축통화정책을 고수하고 있는 외국은 실업률은 다소 완화되지만 인플레이션율에는 변화가 없으므로 외국의 이익은 $0(=-\Delta\pi^*/\Delta u^*=0\%/0.5\%)$이 된다. 결국 본국은 매우 강력한 긴축통화정책으로 전환할 때 외국은 다소 완화된 긴축통화정책을 고수하면 본국의 이득은 1에서 7/8로 늘어나고 외국의 이득은 1에서 0으로 감소한다.

이 같은 보수행렬에 직면한 본국과 외국이 선택할 수 있는 정책은 무엇인가? 여기서도 죄수의 딜레마에서와 마찬가지로 각국은 주어진 다른 나라의 정책하에서 자국의 이익을 극대화할 수 있는 정책을 선택한다고 가정한다. 우선 본국의 입장을 살펴보자. 외국이 다소 완화된 긴축통화정책을 선택하는 경우 본국은 외국과 같이 다소 완화된 긴축통화정책(보수=1)을 선택하는 것보다 매우 강력한 긴축통화정책(보수=8/7)을 선택하는 것이 이익이 크다. 외국이 매우 강력한 긴축통화정책을 선택하는 경우에도 본국은 매우 강력한 긴축통화정책(보수=5/6)을 선택하는 것이 다소 완화된 긴축통화정책(보수=0)을 선택하는 것보다 유리하다. 따라서 본국은 외국이 어떤 통화정책을 선택하든 상관없이 매우 강력한 긴축통화정책을 선택하는 것이 본국의 입장에서 우월전략이다. 외국의 입장도 본국과 마찬가지이다. 외국 역시 본국의 통화정책에 상관없이 매우 강력한 긴축통화정책을 선택하는 것이 우월전략이다.

따라서 두 나라 모두 매우 강력한 긴축통화정책을 선택하여 각국은 5/6씩의 이득을 얻게 된다. 그러나 양국 모두 다소 완화된 긴축통화정책을 선택하면 각국의 보수는 1로 양국 모두 강력한 긴축통화정책을 선택한 경우보다 이득이 커진다. 양국이 다소 완화된 긴축통화정책을 선택하면 매우 강력한 긴축통화정책하에서보다 두 나라의 인플레이션율 감소 정도는 작지만 실업률증가는 훨씬 완화되어 두 나라 모두 심각한 경기침체를 피할 수 있는 것이다.

이처럼 양국이 다소 완화된 긴축통화정책을 선택함으로써 두 나라 모두에게 보다 유리한 결과를 얻을 수 있는데도 불구하고 왜 다소 완화된 긴축통화정책이 선택되기 어려운가? 이는 각국간의 정책협조가 어렵기 때문이다. 각국이 독자적으로 자국의 이익을 극대화하고자 하는 상황에서 각국이 정책협조를 통해 다소 완화된 긴축통화정책을 채택하는 것은 쉽지 않다. 그 이유는 각국이 매우 강력한 긴축통화정책을 채택하여 자국통화를 절상시키고 이것을 통해 상대적으로 통화가치가 절하된 이웃나라에 자국의 인플레이션을 수출함으로써 자국의 이익을 더욱 높일 수 있기 때문이다.

결국 모든 나라가 다 함께 다소 완화된 긴축통화정책을 채택하여 모두에게 가장 좋은 결과를 얻을 수 있기 위해서는 정책결정에 대한 협조가 반드시 수반되어야 한다. 양국은 매우 강력한 긴축통화정책을 통해 얻을 수 있는 인국궁핍화 이득을 포기하기로 약속하고 이를 반드시 지켜야 하는 것이다. 양국이 정책협조를 이룰 수 있으면 양국 모두 보다 바람직한 인플레이션율과 실업률을 달성할 수 있다.

국제정책협조가 현실적으로 이루어지기 어려운 일반적인 이유는 무엇인가? 첫 번째로 가장 중요한 걸림돌은 문제의 원인에 대한 각국의 진단(이론)이 다르기 때문이다. 예를 들어 설명해 보자.[5] 콜레라와 같은 전염성 질병의 확산을 방지하는 데 가장 좋은 방안이 무엇인지에 대해 합의하는 데 1834년부터 1907년까지 70년 이상이 소요되었다. 그 이유는 당시에 전염병의 전이경로에 대해 엇갈린 두 가지 주장이 대두되고 있었기 때문이다. 전염주의자(contagionist)들은 전염병은 감염된 사람과의 접촉에 의해 전이된다고 주장하였다. 반면 독기(毒氣)론자(miasmatist)들은 전염병이 전염된 사람에 의해 옮겨지는 것이 아니라 사람들이 처한 환경 속의 독기 때문이라고 주장하였다. 전염주의자가 옳다면 감염되었거나 감염이 의심되는 선박 등에 대한 검역 및 격리가 전염병을 차단하기 위한 적절한 조치일 것이다. 그러나 독기론자에게는 전염주의자들의 조치가 무의미할 것이다. 그런데 당시 대부분의 화물과 승객수송은 영국 선박에 의해 이루어졌기 때문에 검역을 위한 선박의 정박은 영국으로서는 상당한 경제적 부담으로 작용했고 따라서 영국은 독기론자들의 주장을 지지했다. 결국 전염성 질환의 확산을 방지하기 위한 최선의 수단이 무엇인지에 대한 합의는 전염주의자들의 주장이 정당한 것으로 입증될 때까지 이루어지지 않았다. 세계 각국은 전염성 질환의 확산을 막아야 한다는 정책의 목적에는 모두 동의하면서도 전염병의 원인에 대한 상반된 주장으로 인해 정책수단에 대해서는 합의를 이루지 못한 것이다.

경제정책에 대한 국가간 협조문제에서도 각국이 고용확대, 인플레이션 없는 성장 등 경제정책이 추구해야 할 목적에 대해서는 합의를 이룰 수 있다. 그러나 각국이 처한 상황이 다르고 문제에 대한 진단이 다르기 때문에 어떤 경제이론과 모형이 각국의 정책목표를 실현할 수 있는 최적의 이론이고 모형인지에 대해서는 합의를 이루기 어렵다. 또한 경제모형에 내재된 불확실성이 정책협조를 어렵게 할 수 있다. 모든 나라가 어떤 경제모형에 합의했더라도 모형이 잘못된 것으로 밝혀지는 경우 잘못된 모형에 기초한 국제정책협조는 득보다 실이 클 것이다.

국제정책협조를 어렵게 만드는 데에는 이론적 문제 이외에도 실질적인 장애물이 존재한다. 실질적인 장애물 중 가장 중요한 것은 무임승차문제(free-rider problem)와 제3국 문제(the third country problem)이다.[6] 무임승차문제는 죄수의 딜레마와 같은

5) 이 예는 Richard N. Cooper, "International Cooperation in Public Health as a Prologue to Macroeconomic Cooperation, in R. Cooper et al., (eds.), *Can Nations Agree? Issues in Economic Cooperation*, Washington D.C.: Brookings Institution, 1989, pp. 178-254 참고.

게임에서 나타나는 전형적인 문제이다. 모든 나라에 이로운 정책합의를 이룬 경우에도 현실적으로 각국으로 하여금 어떻게 합의를 지키도록 할 것인가 하는 문제가 남는다. 예를 들어 두 나라가 확대재정정책에 합의했고 확대재정정책이 모두에게 가장 이로운 정책이라고 하자. 이 경우에도 각국은 합의를 지키지 않고 긴축정책으로 전환함으로써 확대재정정책에 따른 부담을 다른 나라로 떠넘기고 싶은 인센티브를 가진다. 한 나라의 합의 불이행은 다른 나라의 보복을 유발하여 다른 나라도 긴축정책으로 전환함으로써 두 나라 모두 덜 이로운 상황에 직면하게 된다. 따라서 정책합의를 유지하고 강제하기 위해서는 무임승차문제를 해결할 수 있는 제도적 장치가 도입되어야 한다.

제3국 문제는 정책협조에 대한 합의가 세계의 모든 나라에서 이루어지지 않기 때문에 생겨난다. 어떤 정책에 대한 협조합의는 세계의 일부 국가끼리만 이루어지므로 여기서 배제된 나라에 부정적인 영향을 미칠 수 있다. 그 결과 정책협조에 참여하지 않는 제3의 국가도 정책협조에 참여하는 국가들에 부정적인 영향을 미칠 수 있는 정책으로 대응함으로써 모두에게 불리한 상황이 전개될 수 있다. 예를 들어 A국과 B국이 반인플레이션정책에 합의했다고 하자. A, B 두 나라의 긴축통화정책은 정책협조에 합의하지 않은 제3의 국가 C의 수출에 부정적인 영향을 미칠 수 있다. 이에 대한 보복으로 C국도 긴축통화정책으로 대응하면 A, B 양국의 경기는 당초 두 나라가 긴축통화정책을 약속했을 때 예상했던 것보다 더 위축될 수 있어 정책협조를 통해 이루고자 한 목표를 달성하지 못할 수 있다.

이상의 논의는 거시경제정책에 대한 국제협조가 중요한 이슈임에도 불구하고 현실적으로 잘 이루어지지 않는 이유를 설명하고 있다. 현실적으로는 각국이 선택할 수 있는 정책과 그 결과는 훨씬 다양하고 불확실하다. 또한 정책협조가 필요한 나라도 두 나라 이상인 경우가 대부분이다. 따라서 현실에서는 정책협조에 대한 합의를 이끌어내기가 어려울 뿐 아니라 합의된 정책협조도 유지되기 어렵다.

---

6) Giancarlo Gandolfo, *International Finance and Open-Economy Macroeconomics*, Berlin: Springer, 2001, pp. 405-412 참고.

◇ 요약 및 복습 ◇

1. 2국모형은 세계경제가 본국과 외국 두 나라로 구성되어 있다는 가정하에 변동환율하에서 단기경제정책의 상호의존성을 분석할 수 있는 모형이다. 2국모형에서는 본국(외국) 총소득이 외국(본국)의 수출에 영향을 미쳐 외국(본국)의 경상수지와 총소득에도 영향을 미치는 것으로 가정한다. 따라서 2국모형에서는 본국과 외국의 경상수지가 국내총소득뿐 아니라 해외총소득에 의해서도 영향을 받는다. 또한 세계가 두 나라로 구성되어 있기 때문에 본국통화의 절상(절하)은 외국통화의 절하(절상)를 의미하고 동일단위로 표시한 본국의 경상수지흑자(적자)는 외국의 경상수지적자(흑자)와 같다.

2. 먼델-플레밍 모형을 2국모형으로 확장하여 재정정책과 통화정책이 본국과 외국에 미치는 영향을 분석할 수 있다. 2국모형에 따르면 본국의 확대재정정책은 본국통화의 절상과 본국 및 외국의 이자율과 총소득을 증가시킨다. 확대통화정책은 본국의 이자율을 감소시키고 본국통화의 절하와 소득증대를 가져온다. 본국의 확대통화정책이 외국의 총소득에 미치는 효과는 외국의 통화가치상승에 따른 경상수지악화효과와 본국의 총소득증가에 따른 외국의 경상수지개선효과의 크기에 따라 증가할 수도 있고 감소할 수도 있다. 이때 외국의 총소득이 증가(감소)하기 위해서는 외국의 이자율도 상승(감소)해야 한다. 일반적으로 본국의 확대통화정책으로 외국의 소득은 감소한다.

3. 1980년대 초반 미국의 긴축통화정책으로 미국의 총소득이 감소하고 여타국의 총소득은 증가하였다. 그러나 미국의 긴축통화정책이 외국에 미친 긍정적인 영향에도 불구하고 미국의 통화긴축에 따른 달러화 절상으로 미국 인플레이션의 일부를 수입하게 된 외국은 미국의 인국궁핍화정책에 대응하여 미국과 같이 긴축통화정책으로 맞대응하게 되었다. 그 결과 세계경제는 대공황 이후 가장 극심한 경기침체를 경험하였다.

4. 1980년대 초반 미국 레이건 행정부의 조세감면과 정부지출증가를 통한 확대재정정책은 미국과 외국의 총소득증가라는 긍정적 효과를 가져왔다. 그러나 미국의 긴축통화정책과 확대재정정책으로 달러화가 지나치게 고평가된 반면 확대재정정책에 따른 재정적자가 민간저축증가나 투자감소로 상쇄되지 못해 미국의 경상수지가 급격히 악화되어 쌍둥이 적자가 나타나게 되었다. 쌍둥이 적자하에서 미국은 1987년 순채무국으로 전락하였다. 또한 고(高)달러로 인해 수출이 줄고 수입이 늘자 수출산업과 수입경쟁산업 종사자들을 중심으로 보호주의 압력이 눈덩이처럼 불어나게 되었다.

5. 미국의 막대한 경상수지적자에도 불구하고 달러의 강세가 지속되자 1980년대 중반 G5는 플라자 협정을 통해 달러화가치의 하락을 위해 공동으로 노력할 것을 합의했다. 그러나 플라자 협정 이후에도 달러화의 환율에 대한 각국의 이견이

계속되자 루브르 협정을 통해 다시 한번 달러화의 가치안정에 합의하고 목표환율대를 설정하게 되었다. 이후에도 여러 차례 환율안정을 위한 목표환율대가 설정되었지만 지켜지지 않았고 결국 1990년대 초에 목표환율대는 폐지되었다. 루브르 협정 이후의 경험을 통해 세계 각국은 경제정책의 독립성과 환율안정은 동시에 달성할 수 없고 환율안정을 위해서는 국제적인 정책협조가 필수적이라는 사실을 깨닫게 되었다.

6. 국제정책협조의 중요성과 어려움은 죄수의 딜레마 모형을 이용하여 분석할 수 있다. 죄수의 딜레마는 두 나라가 정책협조를 이룰 경우 양국 모두 보다 바람직한 결과를 얻을 수 있으나 자국이익 중심적인 정책결정으로 인해 모든 나라가 손실을 볼 수 있음을 보여주고 있다. 경제정책협조가 중요하지만 어려운 것은 정책목표를 달성할 수 있는 경제모형에 대한 합의문제, 모형의 불확실성 문제, 무임승차문제, 제3국 문제 등과 더불어 현실적으로 개별국가의 경제적 행위를 구속하는 조치를 강구하기가 어렵고, 정책협조가 필요한 나라가 두 나라 이상인 경우가 많으며, 선택할 수 있는 정책과 그 결과가 훨씬 다양하고 불확실하기 때문이다.

≪주요 용어 및 개념≫

- 2국모형(two country model)
- 인국궁핍화정책(begar-thy-neighbor policy)
- 플라자 협정(Plaza Accord)
- 루브르 협정(Louvre Accord)
- 죄수의 딜레마(prisoner's dilemma)
- 우월전략(dominant strategy)
- 무임승차문제(free-rider problem)
- 제3국 문제(the third country problem)

제 5 편 국제통화제도와 금융위기

제13장 국제통화제도의 변천과정과 향후 전망

제14장 유럽통화통합과 유로존의 미래

제15장 글로벌 금융위기와 금융개혁의 방향

제5편은 2007/2008년의 미국발 글로벌 금융위기를 이해하는 데 그 주된 목적이 있다. 글로벌 금융위기에 대한 이해의 폭을 넓히기 위해서는 국제통화제도의 변천과정을 이해하는 것이 필요하다. 국제통화제도의 변천과정 중 유럽통화제도는 유럽의 통화통합과정을 통해 살펴본다. 이 과정에서 2010년 그리스발 경제위기로 새롭게 조망된 유로존의 미래에 대해서도 논의한다.

제 13 장

국제통화제도의 변천과정과 향후 전망

■ 개 요 ■

국제통화제도는 세계의 여러 나라들이 채택하는 국제결제수단과 환율에 관한 제도이다. 오늘날 각국이 채택하고 있는 환율제도는 국제통화제도의 산물이다. 19세기 중반 이후 국제통화제도가 제대로 기능한 것은 금본위제도와 브레튼우즈 체제에서였다. 브레튼우즈 체제가 붕괴된 이후의 국제통화제도에 대해서는 현재의 국제통화제도가 IMF를 중심으로 브레튼우즈 체제의 명맥을 이어가고 있으므로 브레튼우즈Ⅱ 체제라는 시각과 현재의 국제통화제도는 실질적으로 하나의 체제가 없으므로 혼합체제(hybrid system)라는 시각, 현재 국제통화제도는 체제 자체가 없다(nonsystem)는 시각 등 다양한 견해가 존재한다. 이 장에서는 국제통화제도의 역사적 변천과정과 향후 국제통화제도의 개편방향을 살펴본다.

■ 중점학습사항 ■

- 금본위제도의 작동 메커니즘과 장단점은?
- 금본위제에서 세계경제가 침체한 이유는?
- 브레튼우즈 체제의 특징과 붕괴원인은?
- 현행 국제통화제도의 문제점과 개편방향은?

국가간 통화의 교환비율을 어떻게 정할 것인가, 국가간 대외거래의 지급결제수단을 무엇으로 할 것인가 하는 문제 등은 국제통화제도(International Monetary System)를 수립함으로써 해결할 수 있다. 19세기 이전의 경우 각국은 무역당사국간의 흥정·협상·협정 등으로 그때그때 환율과 결제수단을 결정하였다. 따라서 많은 나라에서 채택하는 국제통화제도라는 개념이 없었다. 국제통화제도가 공식적으로 등장한 것은 19세기 이후이다. 19세기 이후 국제통화제도는 ① 금본위제도(Gold Standard: 1870-1914)[1] ② 양차 대전 사이의 과도기(1918-1939) ③ 브레튼우즈 체제(Bretton Woods System: 1946-1973) ④ 브레튼우즈Ⅱ 체제(1976-현재)의 순서로 변천하여 왔다.

국제통화제도가 기능하기 위해서는 앵커와 리더, 그리고 룰이 필요하다.[2] 1970년대 초반 브레튼우즈 체제가 붕괴되기 전까지 국제통화제도의 역사는 고정환율제도의 역사였다. 각국이 환율을 고정시키기 위해서는 자국의 통화가치를 설정하는 기준(앵커: anchor)이 필요했다. 각국이 자국의 통화가치를 설정할 때 앵커로 쓰는 준비자산(reserve assets)이 금이면 금본위제, 금과 외환(달러, 파운드, 프랑화 등)이면 금-환본위제, 금과 달러이면 금-달러본위제, 달러이면 달러본위제 등으로 부른다.

국제통화제도에서 리더는 경제력과 함께 발달된 국제금융시장이 필요하다. 금본위제와 브레튼우즈 체제에서 경제력의 척도는 금보유능력이었다. 금본위제의 리더는 금을 가장 많이 보유한 영국이었으며 런던은 국제금융의 메카였다(**그림 13.1**

1) 금본위제도 이전 국제통화제도는 복본위제도(Bimetallic Standard: 1815-1870)였다. 복본위제는 금과 은을 국제지급결제수단으로 하는 고정환율제도였다. 1819년 처음으로 금본위제를 채택한 영국에 뒤이어 독일, 일본, 미국 등 주요 국가들이 1870년대 말까지 금본위제로 이행하였다.
금본위제도가 도입된 것은 브레튼우즈 체제와 같은 국제협상의 산물이 아니었다. 당시 영국이 국제경제의 리더였기 때문에 영국이 금본위제를 채택하자 영국과 교역관계를 가지고 있던 대부분의 나라들이 자발적으로 이를 채택하게 되었다. 유명한 통화역사학자인 버클리대의 배리 아이켄그린(Barry Eichengreen) 교수는 영국 중심으로 자생적으로(spontaneously) 탄생된 금본위제도를 네트워크 외부성(network externality)으로 설명하고 있다. PC로 사용할 수 있는 것은 IBM과 애플제품이 있지만 주변의 동료들이 IBM PC를 주로 사용하기 때문에 자신도 IBM을 쓰기로 하는 경우와 같이 네트워크 외부성으로 인해 세계의 많은 나라들이 금본위제도를 채택하게 되었다는 것이다.
국제통화제도의 역사적 변천과정은 Barry Eichengreen, *Globalizing Capital: A History of the International Monetary System*, New Jersey: Princeton University Press, 1996; 오순상, 『국제금융제도의 변천과 주요 이슈 및 전망』, 한국은행, 2005. 12; Paul Krugman and Maurice Obsfeld, *International Economics: Theory and Policy*, NJ: Prentice Hall, 2009, ch. 17, ch. 18 등 참조.

2) Jacob Frenkel and Morris Gold Stein, "The International Monetary System: Development and Prospects," *Cato Journal*, Vol. 8, No. 2, Fall 1988, pp. 285-314.

그림 13.1 금본위제와 경제력(1890년)

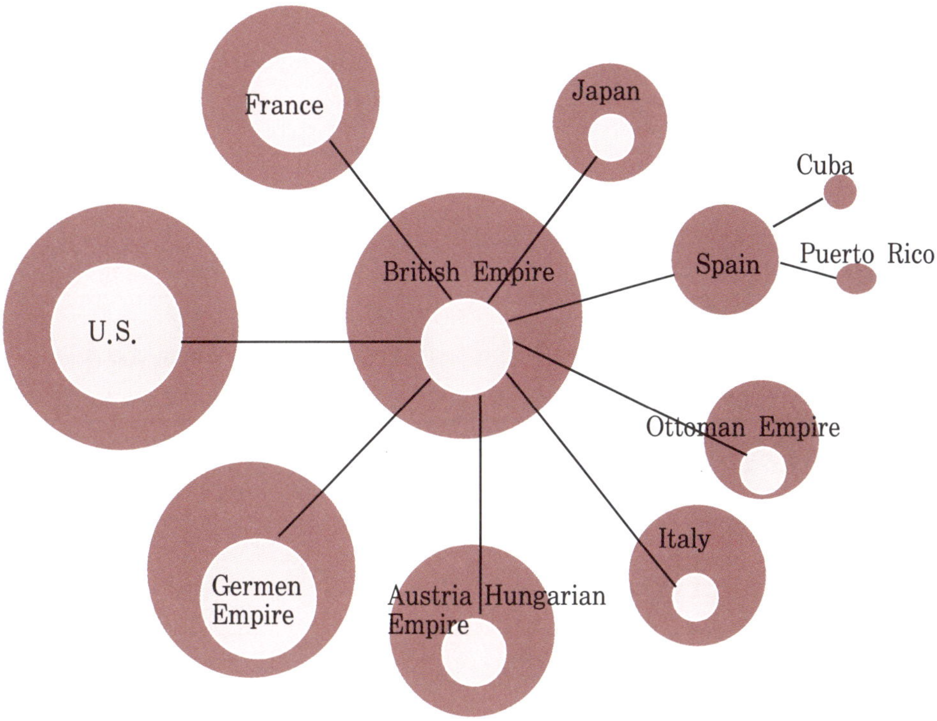

출처: 표 13.1 참고.
주: 원의 내부는 금보유량을 나타냄.

참고).

브레튼우즈 체제의 리더는 미국이었다. 양차 대전을 계기로 미국이 세계 전체 금보유량의 절반 이상을 차지함으로써 국제통화제도의 리더도 영국에서 미국으로 바뀌게 되었고 파운드화의 위상과 달러화의 위상도 바뀌게 되었다. 국제통화제도의 변천과정을 구분하면 **표 13.1**과 같다. 이하에서는 국제통화제도의 변천을 게임의 룰을 중심으로 설명한다.

표 13.1 국제통화제도의 변천

기 간	체 제	준비자산	리 더
1815-1870	복본위제	Gold & silver	프랑스
1870-1914	금본위제	Gold and £	영국
1915-1924	금-달러본위제	Gold and $	미국
1924-1933	금-환본위제	Gold, $ and £	미국, 영국, 프랑스
1944-1971	금-달러본위제	Gold and $	미국
1971-1973	달러본위제	$	미국
1973-1985	변동환율제	$, DM, £,	미국, 독일, 영국
1985-1999	관리변동환율제	$, DM, ¥	미국
1999-2009	Dollar and Euro	$, €, ¥, £	미국, 유로존
2009-?	통화지역(Currency Areas)?	$. €, ¥, C¥, £	미국, 유로존, 중국?

출처: Robert Mundell, "Financial Crisis and the International Monetary System," March 3, 2009.

13.1 금본위제도[3)]

13.1.1 금본위제의 룰

1. 각국은 자국통화의 가치를 금으로 설정한다. 설정된 금과 자국통화와의 교환비율로 자국통화와 금의 자유로운 태환(兌換, convertibility)을 보장한다. 예를 들어 금본위제하에서 금 1온스(ounce)와 미달러는 1온스=20.67달러로, 영국의 파운드는 1온스=4.2474파운드로 설정되어 있었다. 따라서 금을 통하여 1파운드=4.85달러로 환율이 고정되었다.

2. 금의 수출과 수입은 자유롭게 이루어지며 국제거래에서도 자유롭게 사용할 수 있다.

3. 자국통화의 발행은 금보유량과 연계되어야 한다. 예를 들어 미국의 달러발행량이 206.7달러이면 금보유량이 적어도 10온스 이상 되어야 한다.

금본위제에서는 각국간의 환율이 금을 앵커로 하여 고정되고 각국은 대외준비자

---

3) 금본위제에 대한 자세한 설명은 Richard Cooper, "The Gold Standard: Historical Facts and Future Prospects, *Brookings Papers on Economic Activity*," 1, 1982, pp. 1-56을 참고.

산인 금으로 표시한 자국통화의 가치를 유지해야 하는 책임이 있었다. 또한 금과 자국통화의 태환을 보장함으로써 자국통화의 발행량이 금보유량과 연계되어 통화당국이 무분별하게 통화공급을 늘리지 못하게 함으로써 통화정책에 일정한 규율(discipline)을 가질 수 있도록 했다.

13.1.2 금본위제와 대외균형

물가-정화-플로 메커니즘

금본위제 하에서 통화량과 물가수준의 변동을 통한 국제수지의 자동조정과정을 물가-정화-플로 메커니즘(price-specie-flow mechanism)이라고 한다.[4] 물가-정화-플로 메커니즘은 1752년 스코틀랜드의 철학자 흄(D. Hume)에 의해서 정립된 고전학파의 국제수지조정이론이다.[5]

예를 들어 영국의 경상수지흑자폭이 자본수지적자폭보다 크다고 하자. 경상수지흑자가 자본수지적자로 상쇄되지 못했기 때문에 영국의 국제수지(경상수지+자본수지)는 흑자를 보이고 외국의 국제수지는 적자를 보인다. 금본위제하에서는 대외준비자산이 금의 형태를 취하므로 국제수지의 적자 또는 흑자는 각국 중앙은행 사이의 금유출입으로 보전되어야 한다.[6] 따라서 영국의 국제수지흑자로 영국으로 금이 유입되고 외국에서는 금이 유출된다. 외국 수입업자가 영국으로 금을 보내기 위해 중앙은행에서 자국화폐로 금을 매입하면 외국의 통화량이 감소한다. 영국 수출업자가 외국 수입업자로부터 받은 금을 중앙은행에서 파운드화로 교환하면 영국의 통화량은 증가한다. 따라서 영국의 물가는 상승하고, 외국의 물가는 하락한다.[7] 영국의 물

4) 물가-정화-플로 메커니즘에서 정화는 금(화)을 지칭한다. 금본위제하에서 국제수지의 자동 조정 메커니즘은 완전고용상태하의 가격·임금의 신축성 및 게임의 법칙을 전제로 한다.

5) D. Hume, "Of the Balance of Trade," reprinted in Barry Eichengreen and Marc Flandreau eds., *The Gold Standard in Theory and History*, London: Routledge, 1997, pp. 33-43. 물가-정화-플로 메커니즘은 정화-플로 메커니즘(specie-flow mechanism)이라고도 한다.

6) 금본위제에서 국제수지 조정은 금의 운반에 따르는 비용 때문에 실제로 대외준비자산인 금의 유출과 유입을 통해 이루어지기보다 대외준비자산을 제외한 자본수지의 조정을 통해 이루어졌다. 이는 국제수지 조정이 주로 민간부문의 투자자금 이동을 통해 이루어졌음을 뜻한다. Paul Krugman and Maurice Obsfeld, *International Economics: Theory and Policy*, NJ: Prentice Hall, 2009, p. 491.

7) 흄이 고전학파의 학자이므로 통화량이 증가하면 물가수준도 비례적으로 증가한다는 화폐수량설(quantity theory of money)을 믿었을 것이다.

그림 13.2 **흄의 물가-정화-플로 메커니즘**

국제수지흑자 → 금유입 → 통화량증가 → 물가상승 → 수출감소 · 수입증가 → 국제수지균형

국제수지적자 → 금유출 → 통화량감소 → 물가하락 → 수출증가 · 수입감소 → 국제수지균형

가가 상승하고 외국의 물가는 하락하면 영국의 수출은 감소하고 수입은 증가하는 반면 외국의 수입은 감소하고 수출은 증가한다. 따라서 영국의 경상수지흑자와 외국의 경상수지적자가 감소한다. 금의 이동은 두 나라가 동시에 국제수지균형을 이룰 때까지 계속된다. 이를 요약하면 그림 13.2와 같다.

흄은 일국의 국제수지흑자가 결국 물가-정화-플로 메커니즘과 같은 국제수지의 자동조정기능에 의하여 해소되기 때문에 중상주의자들의 수입억제와 수출장려와 같은 인위적인 국제수지흑자정책은 무의미한 것이라고 주장하였다.

게임의 법칙과 현실

금의 유출과 유입에 반응하여 중앙은행이 국내자산의 매각 또는 매입을 통하여 국내이자율을 조정할 경우 물가-정화-플로 메커니즘을 통한 국제수지 조정기능이 한층 강화될 수 있다. 국제수지적자에 직면한 나라는 국내자산을 매각(통화공급량 축소)하고 흑자에 직면한 나라는 국내자산을 매입(통화공급량 확대)하는 관행은 제1차 세계대전 후 케인스에 의해 금본위제의 "게임의 법칙(rule of the game)"으로 명명되었다.

금본위제에서 금이 계속 유출되고 있는 나라의 중앙은행은 자국화폐를 정해진 양의 금으로 태환해야 하는 의무를 충족시킬 수 없는 상황에 직면할 수 있다. 따라서 각국 중앙은행들은 금이 계속 유출될 때 국내자산을 매각하여 금리상승을 유도하고 해외로부터 자본의 유입을 꾀할 동기가 있다. 금유입이 계속되는 나라의 중앙은행은 금유입을 제한할 동기가 훨씬 작다. 다만 금과는 달리 국내자산은 이자수익을 창출한다. 따라서 금유입이 계속될 경우 중앙은행은 수익성이 높은 국내자산을 매입할 유인이 있다. 금유입이 계속될 경우 중앙은행이 국내자산을 매입하면 이자율이 하락하고 금유출이 촉진될 소지가 있는 것이다.

금본위제에서 "게임의 법칙"은 실제 잘 지켜지지 않는 것으로 나타났다. "게임

의 법칙"을 준수할 유인은 국제수지 흑자국보다 적자국이 훨씬 크다. 따라서 모든 나라의 국제수지가 균형이 되도록 하는 부담을 실제로는 적자국이 짊어진다. 흑자국은 금유입 감소를 위한 조처를 항상 취하지는 않음으로써 금본위제하에 내재된 국제정책협조의 문제를 악화시킨다. 금보유량 감소에 시달리는 적자국은 이를 저지하기 위해 국내고용을 악화시키는 과도한 긴축통화정책을 시행하지만 흑자국의 비협조로 금보유량 개선에는 별로 도움이 되지 않는 상황이 생기는 것이다.

실제로 각국의 중앙은행은 때때로 "게임의 법칙"과 자국의 조처가 다른 나라에 미치는 영향을 무시했다. 각국은 "게임의 법칙"과는 반대로 금보유량이 늘어날 때 국내자산을 매각하고 금보유량이 감소할 때 국내자산을 매입하는 경우가 자주 있었다. 뿐만 아니라 민간의 금수출에 대한 정부의 규제도 금본위제하의 자동적인 국제수지 조정 메커니즘을 방해하였다. 결국 금본위제의 자동적인 국제수지 조정 메커니즘은 실제로는 잘 작동되지 않았다.

13.1.3 금본위제도의 장단점

금본위제에서 중앙은행의 기본임무는 자국통화와 금 사이에 고정된 교환비율을 유지하기 위하여 충분한 금을 확보하는 일이다. 따라서 국제유동성의 과부족은 금의 생산량에 의해 결정되었다. 그러나 금생산량의 절대부족과 미국의 국제수지흑자에 기인한 미국으로의 금편재로 금이 더 이상 세계통화로서 국제적 신뢰를 유지할 수 없게 되었다. 또한 위에서 지적한 대로 금본위제하의 "게임의 법칙"이 제대로 지켜지지 못하였다. 이러한 상황에서 1914년 제1차 세계대전의 발발로 금본위제도는 붕괴되었다.

금본위제도의 장점은 통화가치를 금으로 고정시킴으로써 세계경제의 통화증가를 자동적으로 억제할 수 있고 따라서 세계물가수준의 안정을 꾀할 수 있다는 것이다.[8] 금본위제하에서 세계 각국의 중앙은행들은 금의 명목가치를 고정시켜야만 한

8) 금본위제에서 물가수준은 다른 국제통화제도하에서 보다 상대적으로 안정적이었던 것은 사실이지만 단기적인 물가수준의 변동이 없었던 것은 아니다. 하버드대의 경제학 교수 리처드 쿠퍼(Richard Cooper)의 지적처럼 각국의 통화가치를 금으로 고정시킨다 해도 전반적인 물가수준의 안정은 금과 다른 재화 및 서비스의 상대가격이 안정적인 경우에만 달성될 수 있다. 실제 금본위제하에서도 금과 다른 생산물의 상대가격변화로 상당한 물가수준변동이 있었던 것으로 나타났다. 금본위제에서 물가수준의 변동은 주 3)의 리처드 쿠퍼의 논문을 참고할 것.

다. 따라서 통화량이 금보유량과 연계되어 있으므로 금보유량이 늘어나야 통화량도 증가할 수 있다. 이처럼 통화공급의 자동적인 억제를 통해 물가가 안정되면 각국 통화의 실질가치가 안정되고 예측가능해진다. 통화가치의 안정과 예측가능성으로 세계의 경제거래가 더욱 활성화될 수 있음은 물론이다. 금본위제의 또 다른 장점은 물가-정화-플로 메커니즘을 통해 국제수지의 자동적인 조정이 가능하다는 것이다.

그러나 금본위제는 이 같은 장점과 달리 여러 가지 단점이 부각되었다. 첫째, 금본위제하에서는 국제수지균형이라는 대외균형 달성에 통화정책의 우선순위가 주어짐으로써 실업문제와 같은 대내문제는 대외균형 달성을 위해 희생되었다.[9] 그러나 현실적으로 대외균형을 유지하기 위해 통화정책이 지나치게 제약되는 것이 바람직하지 않을 수 있다. 세계적인 경기침체로 실업이 만연한 경우 모든 국가가 함께 통화공급을 확대하는 것이 바람직할 것이다.

둘째, 공급량이 제한되어 있는 금이 대외준비자산으로 사용됨으로써 생기는 국제유동성(international liquidity)[10]의 부족으로 인해 초래되는 문제이다. 금본위제에서는 새로운 금이 계속 발견되어 금공급이 늘어나지 않는 한 각국의 경제성장에 맞추어 통화량이 증가될 수 없다. 금공급의 증가에는 한계가 있는 상황에서 각국 중앙은행은 금으로 표시한 자국통화의 가치를 고정시키기 위해 일정량의 금을 준비자산으로 확보할 필요가 있다. 따라서 세계 각국의 중앙은행이 국내자산을 매각하고 통화공급을 축소하여 대외준비자산의 확충을 시도하면 세계적인 경기침체가 초래될 수 있다.

금본위제에서 완전고용과 같은 대내균형을 등한시할 수 있었던 것은 이 시기에는 참정권의 제한, 노조의 비조직화 혹은 비세력화, 노동당과 같은 정치세력의 부재 등으로 정부가 상대적으로 대내균형 달성에 대한 압력을 덜 받았기 때문이다. 또한 고전학파의 경제이론에 따라 물가와 임금의 신축성으로 인해 노동시장은 항상 균형을 달성할 수 있다고 믿었기 때문에 고용문제를 상대적으로 등한시할 수 있었다. 제1차 세계대전 이후의 인플레이션과 1930년대의 대공황으로 인한 실업문제의 심각성, 노조의 출현과 세력화, 노동당의 출현 등으로 제2차 세계대전 이후 국제통화제도에서는 대내균형과 대외균형을 달성할 수 있는 제도를 창출하기 위해 골몰하였다.

---

9) Barry Eichengreen, *Globalizing Capital: A History of the International Monetary System*, New Jersey: Princeton University Press, 1996 참조.

10) 국제유동성은 일반적으로 세계통화당국이 보유하는 대외준비자산과 동일한 의미로 쓰인다.

제2차 세계대전 이후의 국제통화제도하에서 대내균형과 대외균형의 달성을 위해 어떤 노력이 이루어졌는지 이해하기 위해서는 양차 대전 사이의 시기에 일어난 경제적 사건들을 살펴볼 필요가 있다.

13.2 양차 대전 사이의 과도기

제1·2차 세계대전 사이(1918-1939)의 과도기에 각국은 제1차 세계대전 전의 금본위제로 복귀하거나 금환본위제를 채택하였다.

13.2.1 금본위제 복귀와 금환본위제(gold exchange standard) 채택 배경

제1차 세계대전의 발발과 함께 각국은 금본위제의 운용을 일시 중단하고 막대한 전쟁경비의 대부분을 통화증발로 충당하였다. 그 결과 세계 도처에서 물가수준이 상승하였다. 특히 몇몇 국가에서는 단순히 돈을 찍어 전후복구에 필요한 자금을 조달하는 바람에 통화공급과 물가수준이 급증하였다.[11] 제1차 세계대전 후 상당수의 나라들이 통화증발로 인한 환율불안과 인플레이션으로 경제운영에 어려움을 겪게 되자 각국은 세계경제질서의 회복을 위해서는 통화가치의 안정이 선결과제라는 데 인식을 같이하고 금본위제로의 복귀를 희망하였다.

이에 따라 미국은 1919년에 금본위제로 복귀하였다. 영국, 프랑스, 이탈리아, 일본 등은 1922년에 이탈리아의 제노아(Genoa)에서 만나 큰 틀에서는 금본위제로의 복귀와 대내·외 균형 달성을 위한 중앙은행간의 정책협조에 합의하였다. 또한 이들 국가들은 금본위제하에서는 각국 중앙은행들이 금으로만 대외준비자산을 보유해야 하기 때문에 대외준비자산 확충을 위한 중앙은행들의 금수요를 충족시킬 수 있을 만큼 금의 공급이 충분하지 않을 수 있다는 데 인식을 같이하고 부분적인 금환본위

11) 전후 역사상 가장 심각한 초인플레이션(hyperinflation)을 경험한 나라는 독일이다. 제1차 세계대전 패배 후 독일은 연합국에 대한 막대한 전쟁배상금 지불을 위해 엄청난 양의 통화를 증발한 결과 물가가 폭등하였다. 1919년 1월 독일의 물가지수는 262였으나 1923년 12월에는 126,160,000,000,000으로 무려 4,815억 배나 폭등하였다.

제에 찬성했다.

13.2.2 금환본위제

금환본위는 금본위와 준비통화본위(reserve currency standard)의 중간적인 성격을 띤다. 금본위에서는 대외준비자산이 금이다. 준비통화본위에서는 달러가 대외준비통화이면 달러본위가 된다. 금환본위제에서는 대외준비자산이 금과 외화로 구성된다. 금환본위제에서 각국 중앙은행은 자국의 환율을 금에 의해 가치가 고정된 특정 통화에 고정시킨다. 양차 대전 사이의 과도적 금환본위제에서는 미국, 영국, 프랑스 등은 달러화, 파운드화, 프랑화의 가치를 금을 앵커로 고정시키고 다른 나라들은 교역관계에 따라 달러화, 파운드화, 프랑화 등에 자국의 환율을 고정시켰다. 따라서 미국, 영국, 프랑스 등은 대외준비자산을 전부 금으로 보유하고 다른 나라들은 대외준비자산으로 금과 함께 달러화, 파운드화, 프랑화 등을 보유할 수 있었다. 따라서 양차 대전 사이의 과도적 금환본위에서는 미국, 영국, 프랑스 등은 금본위제를 유지하고 다른 나라들은 금환본위제를 채택했기 때문에 부분금환본위제라고 할 수 있다. 금본위제와 달리 금환본위제하에서는 대외준비자산이 금 이외에 달러화, 파운드화, 프랑화 등으로도 구성되기 때문에 대외준비자산 확충을 통한 유동성 확보에 보다 유연하게 대처할 수 있었다.

양차 대전 사이의 부분금환본위제와는 달리 제2차 세계대전 후 브레튼우즈 체제하에서의 금환본위제는 미국의 달러화는 금에 고정되고 다른 나라의 통화가치는 달러화에 고정되었다. 따라서 브레튼우즈 체제는 대외준비자산으로 금과 달러화가 사용된 금-달러본위제였다.

13.2.3 금본위제 붕괴의 원인

금본위제가 붕괴된 원인은 금본위제가 갖는 내재적 한계를 통해 살펴볼 수 있다. 금본위제도의 내재적 한계를 금본위제의 앵커, 리더, 룰의 측면에서 살펴보면 다음과 같다. 우선 금본위하에서 각국 통화의 가치를 설정하는 앵커로서 금이 갖는 한계이다. 금의 공급량은 태생적으로 제한적일 수밖에 없다. 지폐는 필요한 경우 찍어 내면 되지만 금의 공급은 새로운 금광이 발견되어 금생산이 늘어나야 한다. 세계경제의 성장으로 금수요는 늘어나는데 금공급은 이에 부응하지 못하면 금의 앵커로서의 역할이 한계를 가질 수밖에 없다.

둘째, 금본위제의 리더였던 영국이 제1차 세계대전 후 금본위제하에서 리더로서의 역할을 하지 못하였다. 영국은 1925년 금본위제로 복귀하였다. 영국의 처칠(W. Churchill) 수상은 파운드화의 가치를 제1차 세계대전 전의 수준과 괴리시키는 것은 금본위제하에서 세계금융의 선도적 역할을 수행한 영국의 안정성에 대한 세계의 신뢰를 해치는 일이므로 전후 상승한 영국의 물가수준에도 불구하고 전전수준으로 파운드화의 가치를 고정시키는 것이 바람직하다고 주장하였다. 전쟁으로 물가수준은 상승하였는데, 파운드화의 가치는 전전수준으로 복귀시킨 것은 파운드화를 평가절상시킨 것과 같다. 이에 따라 영국 중앙은행(Bank of England, 영란은행)은 금으로 설정한 파운드화의 가치를 전전수준으로 되돌리기 위해 긴축통화정책을 감행하였고 그 결과 심각한 경기침체와 실업이 초래되었다.

1920년대 영국의 경기침체는 금본위의 문제점을 입증한 셈이 되었다. 당시 제노아 회담의 결과에 따라 상당수 국가들은 대외준비자산을 파운드화로 런던에 예치하고 있었다. 그러나 계속된 경기침체로 영국은 금보유고가 충분치 않았고 파운드화의 금태환능력에 대한 국제신인도도 하락하고 있었다. 이 와중에 1929년 대공황(Great Depression)이 시작되고 영국정부의 파운드화가치 유지능력을 의심한 세계도처의 파운드화 보유자들이 파운드화의 금태환요구를 시작하자 영국은 1931년 금본위제를 포기했다.

셋째, 금본위제의 룰은 금을 앵커로 자국통화의 가치를 설정하고 자국통화와 금의 태환을 보장함으로써 통화량이 금보유량에 연동되도록 하는 것이었다. 전후 각국의 증가된 통화량을 감안할 때 금보유량도 통화량증가에 상응하여 증가하여야 한다. 그런데 전후 대부분의 금이 미국으로 유입되어 1920년대 중반 이후 미국의 금보유량은 세계 전체 금보유량의 절반 정도를 차지했다(**그림 13.3** 참고).[12] 다른 나

12) 제1차 세계대전이 끝나갈 무렵인 1913년경 미국의 경제규모는 이미 미국 다음의 경제대국인 영국, 프랑스, 독일의 경제규모를 합친 것보다 커져 세계경제의 슈퍼파워(super power)로 등장하였다. 1913년 미국의 금보유량은 세계 전체의 26.6%로 영국(3.4%), 프랑스(14%), 독일(5.7%)의 금보유량을 합친 것보다 많았다. 또한 1913년 미국 중앙은행인 연(방)준(비제도)(the Federal Reserve System)이 설립되어 전후 미국경제의 행보에 날개를 달아주었다. 1913-1935년 사이 세계 각국의 금보유량 비중은 Barry Eichengreen, *Globalizing Capital: A History of the*

그림 13.3 **금본위제와 경제력(1929년)**

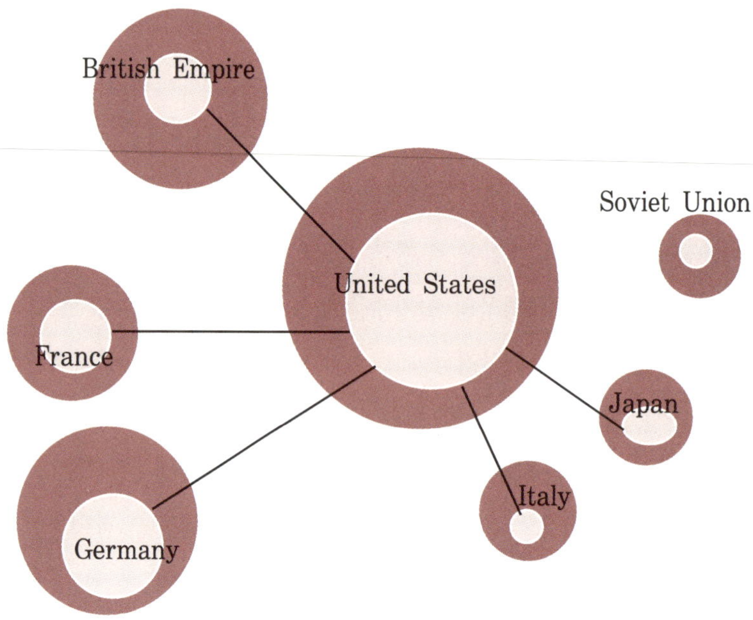

출처: 표 13.1 참고.
주: 원의 내부는 금보유량을 나타냄.

라들은 감소하는 금보유량을 지키기 위해 국내자산을 매각하여 통화공급을 줄이고 이자율을 상승시킬 수밖에 없었다. 이 같은 세계적인 통화긴축이 1929년 10월의 뉴욕증시 붕괴의 여파와 결합되면서 세계경제는 대공황에 빠져들게 되었다.

세계경제침체의 가속화와 제2차 세계대전의 발발

세계적인 경기침체는 금본위제가 갖는 내재적인 한계와 더불어 국제정책협조(international policy coordination)의 부재로 더욱 가속화되었다. 세계경기침체는 각국의 인국궁핍화정책(beggar-thy-neighbor policy)으로 한층 가속화되었다. 인국궁핍화정책이란 다른 나라의 경제상황을 악화시킴으로써 자국의 경제이익을 얻는 조처를 말한다. 특히 1930년 미국이 취한 스무트-홀리 법안(Smoot-Hawley Act)에 근거한 고율의 관세를 통한 수입제한은 다른 나라의 경기에 부정적인 영향을 미쳤다.[13)]

International Monetary System, New Jersey: Princeton University Press, 1996, p. 65 참조.

13) 역사상 최악의 법안으로 알려진 스무트-홀리 법안의 통과로 미국은 약 1,000여 품목에 달하는 수입품의 관세를 인상하였다. 당시 이 법안이 세계경제에 미칠 부정적인 파장을 우려하여 피셔

그 결과 다른 나라들도 보복적인 무역제한조치로 대응하였다. 세계적인 경기침체기에 행해진 보호주의적인 인국궁핍화정책은 다른 나라의 보복조치를 유발함으로써 결국 모든 나라들의 경기침체를 가속화시켰다. 각국의 보호주의적인 인국궁핍화정책은 경제적인 측면에서 제2차 세계대전을 잉태한 한 요인으로 작용하였다.

세계적인 경기침체가 계속되자 영국 이외에도 상당수 국가들이 금본위제를 포기하고 외환시장에서 환율이 결정되도록 방임하였다. 미국도 1933년 금본위제를 떠났으나 1934년 복귀하였다. 대신 미국 연준은 금의 달러가치를 금 1온스당 20.67달러에서 35달러로 인상하여 달러화를 평가절하시켰다. 자국통화의 평가절하 없이 금본위제를 고수한 국가들은 대공황기에 심각한 경기침체를 경험하였다. 실제로 1929년 미국의 대공황으로 유발된 경기침체가 세계 도처로 확산된 데에는 금본위제에 기인하는 바가 크다.[14] 상대적으로 일찍 금본위제를 포기한 호주나 영국의 경우 확대통화정책으로 디플레이션과 생산감소를 어느 정도 막을 수 있었다. 반면 프랑스, 스위스, 벨기에, 네덜란드, 폴란드 등과 같이 1936년까지 금본위제를 고수한 나라들은 심각한 디플레이션과 생산감소를 경험하였다. 세계적인 경기침체는 1939년 제2차 세계대전이 발발할 때까지 계속되었다.

제2차 세계대전이 막바지에 다다르자 세계 각국은 정책협조를 통해 각국이 고용과 물가 등 대내적인 정책목표의 희생 없이 대외균형을 유지할 수 있는 새로운 국제통화제도의 창설을 모색하게 된다. 이를 위해 세계 44개국 대표들은 1944년 7월 미국 뉴햄프셔(New Hampshire) 주의 브레튼우즈(Bretton Woods)에 있는 마운트 워싱턴 호텔(the Mount Washington Hotel)서 만나게 된다.[15]

가설(Fisher hypothesis)로 잘 알려진 어빙 피셔(Irving Fisher)의 주도로 미국 경제학자 1,038명이 서명한 탄원서를 후버 대통령에게 제출하기도 했었다(*The Economist*, "The battle of Smoot-Hawley," December 20th, 2008).

14) Ehsan U. Choudhri and Levis A. Kochin, "The Exchange Rate and the International Transmission of Business Cycle Disturbances: Some Evidence from the Great Depression," *Journal of Money, Credit and Banking* 12, 1980, pp. 565-574.

15) 전후 새로운 통화질서 수립을 위한 컨퍼런스가 왜 7월에 브레튼우즈의 마운트 워싱턴 호텔에서 열렸는지에 대해서는 여러 설이 있으나 7월은 더운 계절이고, 마운트 워싱턴 호텔은 대규모 여름 리조트호텔로 유명했다.

13.3 브레튼우즈 체제

브레튼우즈 체제란 제2차 세계대전이 끝난 1946년부터 변동환율제도를 도입하기 이전의 1973년까지 시행된 금-달러본위제도하의 조정가능 고정환율제도(pegged but adjustable exchange rate system)를 말한다. 전후의 통화질서가 금-달러본위제를 채택하게 된 것은 1934년 미국이 비록 금 1온스당 35달러로 달러화의 평가절하를 용인하였지만 유일하게 금본위제를 유지하고 있었던 세계 최강의 경제대국이었기 때문이다. 이런 이유로 미국은 실질적으로 브레튼우즈 체제 출범 이전인 1934년 이후 브레튼우즈 체제가 붕괴될 때까지 약 40년간 국제통화제도의 리더로 군림하게 된다.

13.3.1 브레튼우즈 체제의 룰

브레튼우즈에서 개최된 국제회의(International Monetary and Financial Conference of the United and Associated Nations)에 참가한 44개국은 새로운 국제통화제도를 설립하기 위해 국제통화기금(IMF: International Monetary Fund)의 창설에 합의하고 다음과 같은 룰이 담긴 협정문(The Articles of Agreement)을 마련하였다.[16] 브레튼우즈 체제는 금-달러본위제(Gold-Dollar Standard), 조정가능 고정환율(pegged but adjustable exchange rate)제도, IMF라는 최종대부자(lender of last resort)이자 감독자의 존재 등 세 축으로 구성된다(**그림 13.4**).

금-달러본위제

미국의 달러가치는 금 1온스=35달러로 고정하고, 각국 통화가치는 미달러화를 앵커(anchor)로 하여 고정시킨다.[17] 미국은 달러화의 금평가(gold parity)를 유지할

16) 브레튼우즈 회의에서 창설하기로 합의한 국제기구는 IMF 외에 세계은행(World Bank)으로 불리는 국제부흥개발은행(IBRD: International Bank for Reconstruction and Developmemt)과 국제무역기구(ITO: International Trade Organization) 등이었다. 세계은행은 전후 세계경제의 부흥과 개도국 경제개발 지원을 위해 설립되었다. IMF와 IBRD는 1945년 12월 정식 발족되었다. 국제무역 측면에서 IMF의 파트너인 ITO는 정식 발족이 미루어지다가 1947년 무역장벽 감소를 위한 다자간협정으로 관세 및 무역에 관한 일반협정(GATT)으로 대체되었다. 그 후 1995년 1월 GATT는 세계무역기구(WTO: World Trade Organization)으로 거듭나게 되었다. 우리나라는 1955년 IMF에 가입하였다.

그림 13.4 브레튼우즈(Bretton Woods) 체제의 구조

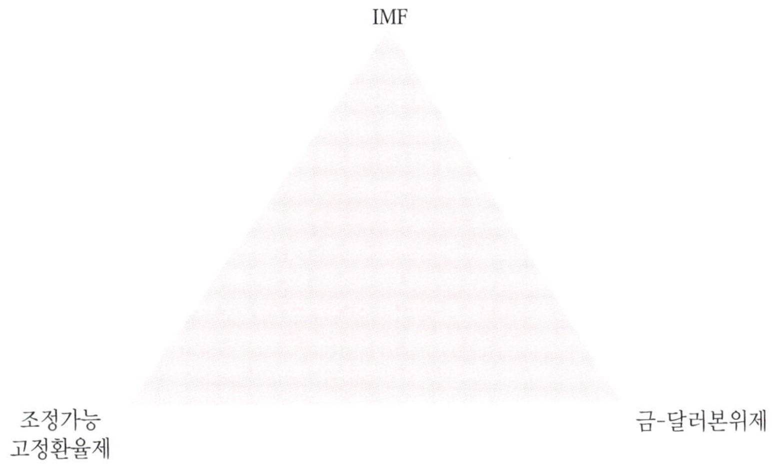

책임을 지며 달러화의 금태환을 보장한다. 미국을 제외한 각국은 달러화에 대한 자국통화의 기준환율(central rate, 또는 平價, par value)이 일일 상하 1% 범위 내에서 유지되도록 외환시장개입 등 필요한 조치를 취한다. 미국은 금태환을 보장할 수 있기 위해 충분한 금을 대외준비자산으로 확보해야 한다. 각국 중앙은행은 자국의 고정환율을 지키기 위해 외환시장개입에 필요한 충분한 대외준비자산을 달러화로 보유해야 한다. 각국 중앙은행은 준비자산의 대부분을 이자수익을 발생시키면서 안전한 미 재무부 단기채권과 단기달러예금 형태로 보유하였다.

조정가능 고정환율제도

어떤 나라의 경제가 펀더멘털 불균형(fundamental disequilibrium)상태라고 판단되는 경우 IMF와의 협의를 통해 달러화에 대한 평가를 조정할 수 있다.[18] 펀더멘털 불균형에 대한 IMF의 정의는 없다. 다만 자국상품에 대한 만성적인 수요감소로 인해 평가절하를 하지 않으면 장기적인 실업과 경상수지적자를 시정하기 어려운 경우로 해석할 수 있다.

환율의 조정가능성에 따른 자본이동으로 환율이 지나치게 변동하는 것을 억제하

---

17) 예를 들어 1$=4.20DM, 1$=3.50FF, 1파운드=4.03$ 등으로 달러화에 대한 각국의 환율이 고정되면 모든 두 국가간의 교차환율(cross rate)도 고정된다.

18) 기준환율의 변동폭이 10% 이내이면 IMF로부터의 자동승인이 가능하였다.

기 위해 브레튼우즈 체제에서는 경상계정의 교환성(current account convertibility)은 허용하고 자본계정의 교환성(capital account convertibility)은 통제하였다.[19]

최종대부자와 감독자

IMF는 국제수지의 불균형을 보전하기 위하여 가맹국들에게 IMF가 보유하고 있는 외화를 단기융자를 통해 제공한다.[20] IMF로부터 구제금융을 공여받은 차입국은 국제수지균형을 위한 조정정책을 IMF의 승인을 받아 실행해야 한다는 이행조건(conditionality)이 따른다.

결국 금-달러본위제에서 금본위제와 근본적으로 달라진 것은 ① 고정환율의 조정가능, ② 국제자본 이동에 대한 부분적인 통제, ③ 최종대부자이자 감독자 역할을 수행하는 새로운 기관(IMF)의 설립 등으로 요약된다.

13.3.2 브레튼우즈 체제의 특징[21]

규율(discipline)

금-달러본위제하에서는 달러의 가치가 금 1온스=35달러로 고정되어 있다. 따라서 미국의 통화팽창은 달러의 금평가를 유지할 수 있도록 제한되기 때문에 미국의 통화정책을 규율하는 메커니즘으로 작용하였다. 또한 미국은 달러화의 금태환을 보

19) 경상계정의 교환성이 허용되었다는 것은 외환의 사용이 상품 및 서비스의 수출입과 같은 경상계정상의 거래를 위한 것인 경우 외환의 매매가 자유롭게 이루어질 수 있도록 했다는 것이다. 반면 자본계정의 교환성을 통제하였다는 것은 외환의 사용이 해외금융자산의 구입이나 주식투자와 같이 자본계정상의 거래와 관련이 있는 경우 외환의 자유로운 매매를 제한하였다는 것이다. 경상계정과 자본계정의 교환성이 모두 이루어질 경우 완전교환성이라고 한다. 완전교환성은 자본이동의 자유와 동일한 의미이다. 교환성이 제한되는 것을 외환통제라고 한다. 미국의 달러화와 캐나다의 달러화는 1945년에, 유럽 여러 나라의 통화는 1958년 말에, 일본의 엔화는 1964년에 각각 경상계정의 교환성이 회복되었다.

20) 국제통화기금의 역할이 제대로 수행되기 위해서는 기금의 확보가 가장 중요하다. 브레튼우즈 회의에서 기금조성과 관련한 첫 번째 주요 이슈는 가맹국간의 출자배당금(quota) 배분문제였다(Armand Van Dormael, “The Bretton Woods Conference: Birth of a Monetary System,” in www.imfsite.org/origins/confer1.html). 두 번째 이슈는 분담해야 되는 금의 양을 정하는 문제였다. 세 번째 이슈는 투표권의 배분문제였다. 쿼터는 가맹국의 경제력을 감안하여 배분되었으며 쿼터에 상응하는 투표권을 부여받았다. 당시 대부분의 나라가 많은 쿼터를 배분받아 IMF 체제에서의 발언권을 높이고자 하였다. IMF 가맹국은 쿼터에 상응하는 기금을 쿼터의 1/4은 금으로, 3/4은 자국통화로 IMF에 각각 납부하였다. 1978년 IMF 협정문 개정으로 금 대신 SDR 또는 IMF가 지정하는 가맹국 통화로 납입하도록 변경되었다. IMF 쿼터는 최초 88억 달러에서 출발하였다.

21) 브레튼우즈 체제의 특징과 한계 등은 주 1)의 Krugman and Obsfeld(2009) 참조.

장해야 하는 의무가 있기 때문에 지나치게 많은 달러가 공급되어 달러화의 금태환 요구에 응할 수 없는 일이 생기지 않도록 통화정책을 규율해야 했다.

금-달러본위제에서 각국의 환율은 달러에 고정되어 있고 각국은 자국통화의 가치를 유지할 책임이 있다. 만약 미 연준 이외의 중앙은행이 과도하게 통화공급을 늘리면 자국의 통화가치를 지키기 위해 외환시장에 개입하여 달러를 매각하고 자국통화를 매입하는 과정에서 대외준비자산인 달러를 모두 잃게 되어 자국통화의 가치를 유지할 수 없게 된다. 따라서 미 연준과 마찬가지로 외국의 중앙은행들도 통화정책을 규율해야 할 필요가 있었다.

유연성(flexibilty)

양차 세계대전 사이의 경험을 통해 세계 각국은 전전과 달리 대내균형의 달성에 정책의 우선순위를 두게 되었다. 따라서 새로운 통화제도하에서는 대내균형을 희생시키지 않으면서 대외균형을 달성할 수 있는 장치로 만성적인 경상수지불균형이 있다고 판단되면 평가절하가 가능하도록 하였다. 또한 만성적인 국제수지불균형 보전 등을 위해 필요한 경우 IMF의 구제금융을 받을 수 있다.

금-달러본위제에 내재된 규율과 유연성 이외에도 금-달러본위제는 금과 함께 달러를 대외준비자산으로 사용함으로써 금의 공급제한으로 인한 국제유동성 부족문제를 해결할 수 있었다. 또한 달러를 대외준비자산으로 보유함으로써 금이 창출하지 못하는 이자수익을 창출할 수 있었다.

13.3.3 브레튼우즈 체제의 한계

준비자산 통화국의 특권과 여타 통화국의 원죄(original sin)(Ⅰ): 통화정책의 비대칭성

금-달러본위제에서 세계에 n개의 국가와 n개의 통화가 있을 경우 대외준비자산 통화인 달러화에 대해서는 $(n-1)$개의 환율만 존재한다. 따라서 대외준비자산 통화발행국인 미국을 제외한 $(n-1)$개의 국가가 달러화에 환율을 고정하면 미국은 환율을 다른 통화에 고정시킬 필요가 없다. 결국 준비자산 통화인 달러화를 발행하는 미국은 외환시장에 개입하여 자국통화의 환율을 고정시킬 필요가 없으므로 외환시장에 개입할 필요가 없다. 따라서 준비자산 통화인 달러화의 발행국인 미국은 자국의 고용 등 대내균형 달성을 위해 독자적인 통화정책을 구사할 수 있다.

반면 미국을 제외한 각국 중앙은행은 달러화에 대한 고정환율을 유지하기 위해 외환시장에 개입해야 한다. 따라서 미국을 제외한 여타국들은 통화정책을 자국의 경제안정화를 위해 사용하지 못하고 고정환율을 유지하기 위해 독자적 통화정책을 포기해야 한다.

금-달러본위제에서 통화정책의 비대칭성을 예를 들어 살펴보자. 준비자산 통화 발행국인 미국이 국채를 매입하여 통화량을 증가시킨다고 하자. 미국의 통화량증가로 미국의 이자율은 하락하고 고용과 생산이 증가한다. 외국은 자국통화의 절상을 막기 위해 외환시장에 개입하여 달러화를 매입하고 자국통화를 매각해야 한다. 외환시장개입으로 외국의 통화공급이 늘어나고 이자율은 미국수준으로 낮아진다. 그 결과 외국의 경기도 활성화된다. 준비자산 통화국인 미국은 통화정책을 통해 자국의 경제뿐 아니라 외국의 경제에도 영향을 미칠 수 있는 것이다. 반면 미국을 제외한 외국은 달러화에 대한 자국통화의 가치를 지켜야 하기 때문에 수동적으로 미국의 통화정책을 수입하게 된다. 준비통화 발행국인 미국이 인플레이션을 유발하는 통화정책을 펼치면 인플레이션을 수입할 수밖에 없는 것이다.

준비자산 통화국의 특권과 여타 통화국의 원죄(Ⅱ): 국제수지 조정의 비대칭성

준비자산 통화의 발행국인 미국은 독자적인 통화정책을 구사할 수 있는 특권이외에 국제수지 조정부담을 지지 않아도 되는 특권도 누리게 된다. 예를 들어 미국이 대규모 경상수지적자를 내고 있다고 하자. 반면 외국은 경상수지흑자를 시현하고 있다고 하자. 외국은 경상수지흑자로 인한 달러의 유입으로 자국통화가 절상되는 것을 막기 위해 외환시장에 개입하여 달러를 매입한다. 외국 중앙은행은 매입한 달러를 수익이 없는 현금으로 보유하기보다는 안전하고 수익성이 있는 미국의 국채를 구입한다. 미국은 경상수지적자로 흘러나간 달러가 미국국채를 구입하기 위해 다시 흘러들어오기 때문에 경상수지적자를 걱정할 필요가 없다. 이처럼 자국통화와 달러화와의 고정환율을 유지하기 위해 외환시장개입이 필요하고 달러화를 대외준비자산으로 보유해야 되는 금-달러본위제에서는 미국은 경상수지적자를 자력으로 조정하지 않아도 된다.

만약 미국을 제외한 외국이 대규모의 경상수지적자를 시현하고 준비통화인 달러화를 소진하면 자국통화를 평가절하하거나 IMF를 통해 달러화를 조달해야 한다. 따라서 외국은 미국처럼 무책임하게 경상수지적자를 방임할 수 없다.

국제수지 조정 메커니즘의 장애

조정가능 고정환율제에서 국제수지 조정의 어려움을 **그림 13.5** 를 통해 살펴보자. **그림 13.5** 는 제11장의 **그림 11.12** 를 다시 그린 것이다.

그림에서 어떤 나라가 점 *a*에서와 같이 실업과 국제수지적자에 직면하고 있다고 하자. 이 나라가 정책의 우선순위가 주어진 대내균형을 달성하기 위해 정부지출을 늘리면 국내총지출(domestic absorption)이 증가하고 점 *b*로 이동하여 대내균형은 달성할 수 있지만 대외균형은 더욱 악화된다. 대외균형을 달성하기 위해 정부지출을 감소시키면 점 *f*로 이동하여 대외균형은 달성할 수 있지만 경기침체가 가속화되고 대내균형은 더욱 악화된다. 결국 대내균형을 달성하면서 대외균형을 달성하기 위해서는 정부지출증가와 함께 평가절하를 통해 환율을 인상시켜야 한다. 그러나 조정가능 고정환율제하에서 대외균형 달성을 위해 환율을 조정하는 것은 쉽지 않은

그림 13.5 조정가능 고정환율제와 국제수지 조정

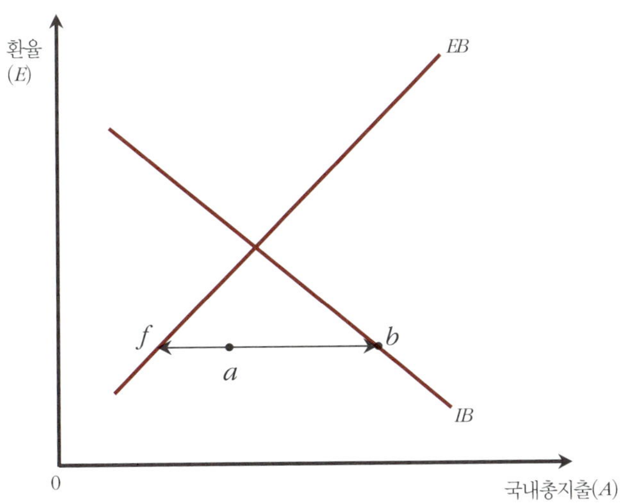

것으로 밝혀졌다. 왜 그런가?

1950년대 말 이후 미국, 유럽, 일본 등 주요국 통화의 교환성이 이루어지고 유로시장(Euro market)의 생성, 금융혁신 등으로 자본이동이 활발하게 이루어지게 되었다. 그 결과 자국통화에 대해 평가절하를 단행할 경우 또다시 평가절하를 단행할지 모른다는 기대를 자아내어 그 나라의 통화가 투기적 공격(speculative attack)의 대상이 될 가능성이 높아졌다. 자국통화가 투기적 공격의 대상이 되어 대폭적인 평가절하가 이루어질 경우 그 나라 경제의 평판에 심각한 손실이 초래될 수 있다. 조정가능한 환율제하에서는 IMF가 환율조정이 가능한 경우를 펀더멘털 불균형이 존재할 때로 제한하고 고정환율이 유지되도록 감시하기 때문에 대외불균형이 존재할 때마다 자의적으로 환율을 조정할 수 없다. 국제수지불균형이 발생할 때 그 원인이 펀더멘털 불균형에 기인한 것인지 또는 일시적인 경기변동에 기인한 것인지를 적시에 판단하기도 쉽지 않다. 설사 소폭의 환율조정이 가능하다고 해도 이를 통해 대외균형이 달성된다는 보장도 없다.

국제유동성 공급과 달러화에 대한 신뢰성의 상충: 트리핀 딜레마(Triffin's dilemma)

예일대의 로버트 트리핀(Robert Triffin) 교수는 1960년 브레튼우즈 체제의 문제점으로 달러화의 신뢰성 문제(confidence problem)를 제기하였다.[22] 달러화가 대외준비자산으로서의 기능을 다하기 위해서는 달러화의 공급이 원활하게 이루어져야 한다. 국제유동성공급이 충분히 이루어지기 위해서는 미국이 국제수지적자를 감수해야 한다. 미국이 국제수지적자를 지속시켜 달러화공급을 계속 증가시킬 경우 외국 중앙은행이 보유한 달러화 준비자산은 증가하고 달러화에 대한 신뢰성이 감소한다. 달러화에 대한 신뢰성 감소로 외국 중앙은행들이 동시에 달러화의 금태환요구를 하는 경우 미국이 금태환능력의 한계에 부딪히게 되면 달러화의 신뢰성이 추락하고 금-달러본위제의 지속이 어려워진다. 국제유동성의 공급이 달러화에 의존함으로써 국제유동성공급과 달러화에 대한 신뢰성이 상충되는 이른바 유동성 딜레마(liquidity dilemma)가 야기될 수 있다는 것이다.

1960년대 미국의 만성적 국제수지적자는 달러화의 과잉공급을 초래하여 달러화

22) Robert Triffin, *Gold and the Dollar Crisis*, New Haven: Yale Univ. Press, 1960.

의 국제적 신뢰성을 떨어뜨렸다. 그 결과 국제외환시장에서 금에 대한 투기적 수요가 증가함으로써 브레튼우즈 체제의 불안요인으로 작용하였다. 1960년대 들어 미국 경제가 불황에 빠지게 되자 외국의 중앙은행들은 20억에 달하는 달러화를 금으로 태환해 줄 것을 요구하였고 달러화가 평가절하될 것이라는 예상이 팽배해지면서 1온스당 35달러의 금평가(gold parity)가 흔들리기 시작하였다.

이후 1967-1968년에 런던 금시장에서 금값 상승을 예상하는 투기자들의 외환시장교란, 1967년 영국 파운드화의 평가절하(약14%), 1965년 미국의 막대한 베트남 전쟁경비지출에 따른 재정적자 및 통화팽창 등으로 금의 대량매입이 더욱 가속화되었다. 이에 대응하여 미국의 연준과 유럽의 중앙은행들이 보유금을 대량매각하였으나 금값은 안정되지 못하였다. 마침내 영국의 중앙은행은 1968년 3월 15일에 금시장을 폐쇄하게 되었다.[23] 한편 유럽의 중앙은행들은 이중금시장(two-tier gold market: 공거래시장과 사거래시장)을 개설하였다. 공거래시장에서는 금이 공정가격(1온스당 35달러)을 기준으로 거래되고 사거래시장(암시장)에서는 금이 시세에 따라 자유로이 거래되는 금의 이중가격제도(two-tier gold price system)가 실시되었다. 금의 이중가격제도가 도입되었다는 것은 금에 연동된 달러화에 대한 신뢰가 저하되었다는 것이고, 이는 금과 달러를 앵커로 작동되는 금-달러본위제가 심각한 위기에 봉착했음을 나타내는 것이다.

한편 IMF는 국제유동성 공급부족문제를 해결하기 위하여 금과 달러화 이외에 새로운 대외준비자산으로 1969년 SDR(Special Drawing Rights: 특별인출권)을 창출하였다. SDR은 이후 IMF 가맹국들의 금, 달러화 등과 함께 대외준비자산으로서 기능하게 되었다. 그러나 1971년에 이루어진 닉슨 대통령의 금태환정지를 불과 2년 정도 앞두고 사후 약방문으로 뒤늦게 창출된 SDR을 통해 브레튼우즈 체제를 구하기에는 역부족이었다.

---

23) 이는 각국의 중앙은행들이 금 1온스당 35달러의 금값을 유지하기 위한 의무적인 금매매를 포기했다는 것을 의미한다. 따라서 대외준비자산으로서 금의 위상이 크게 약화되었다.

■참고■

SDR의 역할과 SDR의 가치계산방법

SDR의 역할

SDR은 브레튼우즈 체제에서 가맹국들의 대외준비자산을 보완하기 위해 창출되었으며 IMF의 회계단위로서 기능한다. SDR은 통화가 아니며 IMF에 대한 청구권도 아니다. SDR은 단지 IMF 가맹국 통화 중 자유롭게 사용할 수 있는 통화(the freely usable currencies)에 대한 잠재적 청구권이다. SDR 보유국은 첫째, 가맹국간의 자발적인 교환, 둘째, IMF가 대외포지션이 양호한 국가로 하여금 대외포지션이 취약한 국가의 SDR을 사주도록 주선하는 경우 등 두 가지를 통해 자유롭게 사용할 수 있는 통화를 획득할 수 있다.

SDR은 IMF 가맹국의 쿼터에 따라 비례적으로 배분된다. SDR의 배분은 일반배분과 특별배분 등 두 가지 방식으로 이루어진다. 일반배분은 기존 준비자산을 보충하기 위한 글로벌 차원의 수요가 있을 때 이루어지며 현재까지 세 차례의 일반배분이 있었다. 첫째, 브레튼우즈 체제 붕괴 직전인 1970-1972년 사이의 93억 SDR, 둘째, 제2차 석유파동으로 인한 스태그플레이션(stagflation) 시기인 1979-1981년 사이 121억 SDR, 셋째, 2007/2008년 글로벌 금융위기 직후인 2009년 8월 28일 1,612억 SDR 등이다.

특별배분의 경우 1981년 이후 IMF에 가입한 국가들(IMF 가맹국의 약 1/5)이 SDR 배분을 받지 못한 것을 감안하여 특별배분안이 IMF 이사회(Board of Governors)에서 1997년 승인되었으나 IMF 가맹국 중 최대투표권(18%)을 가진 미국의 비협조로 글로벌 금융위기 이후인 2009년 9월 9일에야 비로소 실현되어 215억 SDR이 배분되었다.

현재까지 일반배분과 특별배분을 통해 IMF 가맹국에 배분된 SDR 총액은 2,041억 SDR(=3,210억 달러)에 달한다. 그러나 세계 각국 중앙은행이 대외준비자산으로 보유한 SDR의 비중은 오늘날에도 달러화, 유로화, 엔화, 파운드화 등에 비해 아주 미미한 편이다. 우리나라의 경우 2010년 4월 현재 한국은행의 대외준비자산 중 SDR의 비중은 1.3%에 불과하다.

SDR의 가치계산방법

SDR은 최초 창출 당시 1SDR=1달러=순금 0.888671그램의 가치로 창출되었다. 브레튼우즈 체제가 1973년 붕괴된 이후 SDR의 가치는 통화바스켓에 의해 결정되었다. 현재 통화바스켓은 미 달러화, 유로화, 영 파운드화, 일본 엔화 등으로 구성되어 있다. SDR의 가치는 네 통화의 가중치에 근거하여 결정된다. 통화바스켓의 구성통화와 그 가중치는 IMF 집행위원회가 매 5년마다 다시 검토하여 세계무역과 금융시스템에서 차지하는 상대적 중요성이 반영되도록 하고 있다. SDR의 가치는 구체적으로 다음 방식으로 결정된다.

1. 통화바스켓에 포함될 통화 결정: IMF 가맹국 통화 중 직전 5년 동안의 수출량(예: 2006-2010년 5년 동안 사용할 구성통화 선정은 2001-2005년 5년간 수출량)이 가장 많은 통화 중 IMF에 의해 자유롭게 사용할 수 있는 통화로 결정된 4개국 통화.

2. 가중치의 결정: 통화바스켓 구성통화로 선정된 통화의 수출액과 여타 IMF 가맹국들이 보유한 4개 통화로 표시된 준비자산 보유액 등을 근거로 IMF가 결정. 2005년 말에 결정된 2006-2010년 동안의 가중치는 달러화 44%, 유로화 34%, 엔화 11%, 파운드화 11% 등임.

3. 각 통화의 통화량 결정: 직전 3개월간의 평균환율(예: 2005년 12월 30일에 결정된 2006-2010년 사이의 각 통화의 통화량은 2005년 10월 3일부터 12월 30일까지의 평균환율 사용)을 사용하여 가중치에 따라 결정.

4. SDR의 가치결정: 매일 정오 런던 외환시장에 고시된 매도율과 매입률의 중간환율을 기준으로 각 통화의 통화량을 달러가치로 환산한 후 합계한 것.

예를 들어 2010년 5월 18일(화)의 SDR 가치는 다음 방식으로 결정된다.

통화	가중치	통화량	5월18일 환율	달러환산 가치
유로화	0.34	0.4100	1.24060	0.508646
엔 화	0.11	18.4000	92.8000	0.198276
파운드화	0.11	0.0903	1.44340	0130339
달러화	0.44	0.6320	1.000	0.632000
합 계				1.46926

주: 엔화 환율은 1달러당 엔화가치(엔/달러), 기타 통화 환율은 각 통화당 달러가치(예: 달러/파운드)를 나타냄.

따라서 2010년 5월 18일 현재 1SDR=1.46926 달러에 거래된다. 매일매일의 달러표시 SDR 가치는 IMF 웹사이트를 통해 알 수 있다. 다음 5년간(2011-2015년) 쓰일 통화바스켓 구성통화와 각 통화의 가중치는 2010년 말에 결정된다. 현재 중국의 수출량이 세계 최대이나 중국 위안화가 IMF에 의해 자유롭게 사용할 수 있는 통화로 분류되기 전에는 SDR 통화바스켓에 위안화가 포함되기 어려울 것으로 보인다.

출처: www.imf.org

13.3.4 브레튼우즈 체제의 붕괴원인

금-달러본위제인 브레튼우즈 체제에서 미국이 달러화에 대한 금태환을 보장하는 한 달러화는 대외준비자산의 위상을 유지함으로써 브레턴우즈 체제는 존속되었을 것이다. 그러나 1960년대에 들어서 미국경제의 지속적인 재정적자와 경상수지적자로 달러화의 유출이 가속화됨으로써 달러화의 신뢰성이 크게 추락하였다. 또한 미국의 재정지출확대와 달러의 공급증가로 인한 미국의 인플레이션을 외국도 수입하게 되어 세계경제가 1920년대 말 이후 금본위제하의 세계경제와는 반대로 인플레이션에 시달리게 되었다. 금본위제가 심각한 경기침체로 인한 디플레이션으로 종말을 고한 것과는 반대로 금-달러본위제는 미국의 방만한 경제운영으로 인한 인플레이션으로 종언을 고하게 되었다.

브레튼우즈 체제 붕괴원인을 금-달러본위제에 내재된 리더, 앵커, 룰의 시각에서 논의해 보면 다음과 같다.

리더의 규율위반

금-달러본위제의 요체는 리더(미국)와 주변국(미국을 제외한 IMF 가맹국)들의 묵시적 합의체이다. 미국은 금을 앵커로 고정된 준비통화인 달러화의 가치를 안정시키기 위해 인플레이션을 최소화하는 방향으로 거시경제정책을 운용해야 할 책임이 있다. 주변국들은 달러화를 앵커로 고정된 자국통화의 가치를 유지하기 위한 책임을 져야 한다. 이를 위해 주변국들은 독자적인 통화정책을 포기해야 하는데 이를 위해서는 주변국들이 리더인 미국이 달러가치를 안정시킬 수 있다는 믿음이 있어야 한다.

그런데 리더인 미국은 대외준비통화 발행국으로서 n번째 통화국이므로 금에 대한 평가유지책임 외에 고정시키고 유지해야 되는 환율이 없다. 따라서 리더는 통화정책을 독자적으로 운영할 수 있다. 그 결과 리더는 1960년대 이후 인플레이션을 최소화하는 안정적인 통화정책운영에 대한 믿음을 저버리고 물가안정을 수출하는 대신 인플레이션을 수출했고, 주변국은 리더의 인플레이션을 수입할 수밖에 없어 리더의 거시경제정책운영에 대한 믿음을 잃게 되었다.

룰과 현실의 괴리

브레튼우즈 체제에 내재된 특징 중의 하나는 환율의 조정을 가능케 함으로써 금본위제에서와는 다른 유연성을 부여한 것이다. 리더국으로부터 인플레이션이 수입되어도 자국의 명목환율을 조정할 수 있으면 실질환율에 변화가 없고 자국의 대외경쟁력에도 변화가 생기지 않는다. 그러나 현실적으로 자본이동의 자유화가 심화되는 과정에서 자국의 대외경쟁력을 위해 환율을 조정하는 것이 지난하였다.

앵커의 신뢰성

시청자가 어떤 채널의 뉴스를 시청할 것인지를 선택할 때 고려하는 중요한 요인은 앵커의 평판과 신뢰성이다. 금본위제하에서 각국의 통화는 금을 앵커로 가치가 고정되었고 금본위제에서 앵커의 신뢰성에 대한 문제는 없었다. 금본위제에서 앵커의 문제는 세계경제의 성장에 발맞추어 공급이 원활히 이루어질 수 없었다는 것이다.

금-달러본위제에서 앵커인 달러화는 리더국이 발행하는 통화였다. 이론적으로 공급이 무한정 이루어질 수 있는 달러화는 금이 가진 유동성의 공급부족문제를 야기하지 않는 대신 지나치게 많이 공급될 경우 신뢰성이 하락할 수밖에 없다. 대외준비통화의 신뢰성을 담보하기 위해서는 적정한 공급이 이루어져야 하는데 리더의 방만한 경제운용으로 지나치게 많은 공급이 이루어져 신뢰성이 하락하였고, 이는 달러에 대한 투매로 이어졌다. 리더의 방만한 달러공급은 국제수지불균형에 대한 조정부담을 주변국이 지고 리더는 질 필요가 없는 금-달러본위제의 내재적 한계로 가중되었다.

미국이 지속적인 국제수지적자를 낼 경우 달러화의 평가절하를 통해 이를 완화할 수 있지만 이는 지난한 일이다. 달러화에 대한 평가절하는 대외준비통화의 신뢰성을 떨어뜨려 국제통화제도에 엄청난 부담으로 작용한다. 달러화의 평가절하는 외국통화의 평가절상을 동시에 수반하게 되므로 상대방 국가들의 동의와 거시경제정책의 협조가 필요하다. 리더보다 취약한 경제력을 가진 주변국들이 자국통화의 평가절상이 초래하는 대외경쟁력 감소를 쉽게 용인하려 하지 않을 것이다. 결국 대외준비통화의 평가절하는 체제의 붕괴와 맞물려서 일어날 수밖에 없다.

13.3.5 브레튼우즈 체제의 붕괴과정

달러화의 금태환정지

미국의 국제수지적자가 누적되면서 금보유가 급속히 감소하고 달러화의 신뢰성이 떨어져서 달러화의 평가절하는 불가피하게 되었다.[24] 더욱이 국제외환시장에서는 달러화의 평가절하가 예상되어 약세통화인 달러화로부터 강세통화인 마르크화나 엔화로 대규모 투기성 단기자본의 이동이 가속화되었다. 미국은 1971년 8월 15일 달러화의 금태환정지를 발표함으로써 달러화를 기축통화로 하는 브레튼우즈 체제는 붕괴되기 시작하였다.

닉슨 선언으로 알려진 미국 닉슨(R. Nixon) 대통령의 긴급조치의 주요 내용은 다음과 같다.

① 미국은 달러화의 금태환을 정지한다.
② 미국은 국제수지적자를 해소하기 위하여 교역상대국들의 통화가 평가절상되지 않는 한, 모든 수입상품에 대해 10%의 수입과징금(import surcharge)을 부과한다.
③ 미국은 인플레이션 억제를 위해 임금-물가수준을 동결한다.

24) 1971년 4월 미국의 대외준비자산 보유고는 IMF 발족 이래 처음으로 서독보다 낮은 수준으로 감소되었다.

스미소니언 협정

닉슨 선언으로 야기된 국제외환시장의 혼란을 진정시키기 위하여 G10 경제각료들은 1971년 12월 미국 워싱턴의 스미소니언 박물관 (Smithsonian Institute)에 모였다. 국제환율제도 개편을 위한 스미소니언 협정(Smithsonian agreement)의 주요 내용은 다음과 같다.

① 미국 달러화는 모든 외국통화에 대하여 8% 평가절하하고 마르크화는 13%, 엔화는 17% 평가절하한다.

② 금의 공정가격은 1온스당 35달러에서 38달러로 인상한다(이 조항은 미국이 금을 인상된 가격으로 외국의 중앙은행에게 매각하는 데 동의하지 않음으로써 실효를 보지 못했다).

③ 미국은 10%의 수입과징금을 철폐한다.

④ 각국은 미달러화에 고정된 환율의 변동폭을 당초의 상하 1%에서 2.25%로 확대한다.

미국경제는 스미소니언 협정에도 불구하고 국제수지악화와 인플레이션의 악순환에 빠지게 되었다. 따라서 달러화 대신 마르크화와 엔화에 대한 수요가 증가하게 되었고 달러화의 가치는 계속 하락하였다. 달러화는 1973년 2월에 추가로 10% 평가절하되어 금 1온스 가격은 42.22달러로 인상되었다. 한편 유럽 각국의 중앙은행은 달러화가치의 하락을 방지하고 자국통화의 평가절상을 억제하기 위하여 36억에 달하는 달러화를 매입하였다. 그러나 달러화의 투매는 계속되어 외환시장이 폐쇄되기에 이르렀다.

결국 1973년 3월 브뤼셀 협정(Brussels agreements)에서 영국, 서독 등 유럽 여러 나라들이 달러화에 대한 자국통화가치가 신축적으로 변동되는 변동환율제도의 채택을 결의함에 따라 1944년 7월에 출범한 브레튼우즈 체제는 사실상 종언을 고했다. 이후 유럽 각국은 유럽통화제도(EMS: European Monetary System)를 창설하여 역내 환율안정을 꾀하게 된다(유럽통화제도는 다음 장을 참고할 것).

킹스턴 체제

브레튼우즈 체제의 회생을 위한 스미소니언 협정도 그 실효를 거두지 못하자 IMF와 주요 선진공업국의 대표들은 1976년 1월 자메이카(Jamaica)의 수도 킹스턴(Kingston)에서 자메이카 협약(Jamaica Accords)을 통해 1973년에 사실상 붕괴된 브레튼우즈 체제의 공식적인 붕괴를 선언하고 현행 국제통화제도의 근간이 되는 변동환율제도의 기본바탕을 마련하였다. 현행 변동환율제도를 탄생시킨 자메이카 협약의 주요 내용은 다음과 같다.

① 금은 완전 폐화한다. 또한 IMF 가맹국이 쿼터의 1/4을 금으로 납부하던 출자의무를 폐지하고 IMF가 보유하는 금의 1/3을 민간 금시장에 매각한다.
② 대외준비자산으로서의 SDR의 역할을 증대시키고 SDR본위제의 이행기반 조성을 위하여 SDR의 가치평가방법을 개선한다.
③ IMF는 IMF 협약 제4조를 개정하여 각국의 여건에 적합한 환율제도를 자유로이 채택하도록 허용한다. 다른 한편으로 IMF는 국제통화질서를 안정적으로 유지하기 위하여 각국의 자의적인 환율조작을 금지하는 등 환율제도운용상의 의무도 동시에 부과하여 의무의 이행 여부를 감시(surveillance)한다.

킹스턴 체제는 SDR의 역할을 강화하고 SDR본위로 국제통화제도가 이행되기 위한 기반을 마련하려 하였다. SDR본위제가 도입되기 위해서는 SDR이 교환성이 있는 국제통화로 거듭나 회계의 단위로서 대외준비자산으로 기능할 수 있어야 한다. 그러나 SDR은 정부간 거래에서만 제한적으로 사용되고 있고 각국 정부의 대외준비자산에서 SDR이 차지하는 비중이 미미하여 SDR 중심의 국제통화질서가 형성되기는 어려웠다.

13.4 국제통화제도의 미래

1970년대 초반 브레튼우즈 체제가 붕괴된 후 국제통화제도는 금-달러본위제에서 실질적으로 달러본위제(dollar standard)로 이행하였다. 달러본위제에서 세계 각국은 금-달러본위제에서와 같은 고정환율제도를 채택하는 대신 다양한 환율제도를 채택하고 있지만 각국은 어떤 형태로든 달러화를 앵커로 자국의 통화가치를 설정하고 있다. 따라서 브레튼우즈 체제에서와 마찬가지로 브레튼우즈 체제 붕괴 이후에도 달러화를 기축통화로 하는 국제통화제도가 유지되고 있다는 점에서 현행 국제통화제도를 브레튼우즈Ⅱ 체제로 바라보는 시각이 지배적이다.[25] 여기서는 주로 향후 국제통화제도의 개편문제를 현 체제의 앵커인 달러화의 위상변화와 관련하여 살펴본다.

13.4.1 최근 국제통화제도 개편논의의 배경

브레튼우즈Ⅱ 체제

브레튼우즈Ⅱ 체제(달러본위제)의 앵커는 달러화이고 리더는 미국이다. 달러본위제에서의 주요 플레이어로는 미국을 중심으로 중국을 비롯한 신흥시장국과 유로존이 있다. 중국을 비롯한 아시아 신흥시장국은 주로 달러화를 앵커로 한 다양한 페그제도를 활용하고 있다. 이하에서는 중국을 아시아의 대표국으로 설정하여 논의를 전개한다. 유로존의 경우 단일통화의 도입으로 역내에서는 고정환율제를 유지하고 있지만 대외적으로는 자유변동환율제를 선택하고 있다. 주요 플레이어의 특징은 표 13.2 와 같다.

브레튼우즈Ⅱ 체제의 문제점

리더의 특권남용과 달러화 신뢰성 하락

브레튼우즈Ⅱ 체제의 리더로서 미국은 대외준비통화 발행국으로서의 특권을 누려왔다. 리더의 특권은 리더가 대내외경제정책을 스스로 규율하여 재정과 국제수지 건전성, 물가안정, 달러가치안정 등에 대한 책무를 다할 때 용인되는 것이다. 스스로를 규율하지 않고 1960년대 말의 브레튼우즈 체제 붕괴시기처럼 방만한 거시경제 정책운영과 대규모 국제수지적자로 달러가치안정성에 대한 믿음을 저버리면 기축통

---

25) 현 국제금융체제를 브레튼우즈Ⅱ의 시각으로 조망하는 논문으로는 Michel Dooley, David Folkers-Landau, Peter Gaber, "The Revived Bretton Woods System: The Effects of Periphery Intervention and Reserve Management on Interest Rates & Exchange Rates in Center Countries," NBER Working Paper, No. 10626, July 2004; Nouriel Roubini and Brad Sester, "Will the Bretton Woods 2 Regime Unravel Soon? The Risk of a Hard Landing in 2005-2006," First Draft, February 2005 등이 있음.

표 13.2 브레튼우즈Ⅱ 체제

국가 또는 지역	특 징
아시아(중국)	−달러화를 앵커로 한 크롤링페그제도 −경상거래 자유화, 자본거래 통제 −대외준비자산을 거의 달러화 자산으로 보유 −독자적 통화정책 수행가능성 −생산 및 수출국 −경상수지 최대 흑자국
미 국	−자유변동환율제 −자본시장 개방 −독자적 통화정책 수행 −대외준비통화 발행국 −소비 및 수입국 −경상수지 최대 적자국
유럽(유로존)	−대내적: 고정환율제도 −대외적: 자유변동환율제도 −자본시장 개방 −개별국: 독자적 통화정책 수행불가 −유로존: 유럽중앙은행(ECB) 통해 독자적 통화정책 수행 −대외준비자산으로 소규모 달러화 자산 보유

화 발행국으로서의 특권도 상실하게 될 것이다.

달러본위제에서 최근 나타난 가장 큰 문제점은 브레튼우즈 체제에서 내재적인 문제로 지적되었던 리더와 주변국간의 국제수지불균형 조정의 비대칭성 문제로 인한 달러가치의 신뢰문제가 극명하게 드러났다는 것이다. 미국은 1980년대 이후 대부분 재정수지적자를 기록하였다. 그 결과 재정적자와 경상수지적자가 동시에 시현되는 쌍둥이 적자현상이 지속되고 있다. 미국의 재정수지적자는 2010년 GDP의 약 10% 정도에 달한다. 미국의 경상수지는 1983년 이후 적자를 지속하여 왔으며 2002년 이후에는 적자폭이 GDP의 4-6%로 큰 폭으로 확대되었다. 미국의 경제규모가 현재 약 14조 달러 정도이므로 4-6%의 경상수지적자는 약 5,600억 달러에서 8,400억 달러의 규모를 의미한다. 그 결과 미국의 순대외부채는 GDP의 약 1/4 정도로 세계 최대규모이다.

미국은 대외준비통화 발행국이기 때문에 대규모 경상수지적자로 인한 국제수지불균형에 대한 조정부담을 경상수지흑자국에 전가시킬 수 있는 특권이 있다. 미국의 경상수지적자 보전의 부담은 세계에서 가장 많은 경상수지흑자를 내는 아시아의 중국이 지게 되었다. 중국은 자국통화인 위안화의 가치를 달러화에 페그시키고 있다. 따라서 중국은 경상수지흑자로 인한 달러화의 과잉공급으로 유발되는 위안화의 가치절상을 막기 위해 외환시장에 개입하여 달러화를 매입해야 한다.

이 과정에서 중국의 달러화 준비자산과 위안화공급량이 증가한다. 중국 중앙은행인 인민은행(People's Bank of China)이 태화정책을 통해 태화시킬 수 있는 위안화공급량은 약 50% 정도로 알려져 있다. 따라서 태화외환시장개입정책을 쓰더라도 달러화 준비자산의 증가로 통화량은 증가한다. 통화량증가는 인플레이션을 유발하고 자산시장의 버블을 잉태하는 주범이다. 최근 중국경제의 가장 시급한 현안은 자산시장의 버블 문제이다. 중국경제의 자산시장 버블 문제는 2007/2008 글로벌 금융위기로 인한 경기침체에 대응하기 위해 재정지출을 확대해서 생긴 부분도 있지만 보다 근본적으로는 위안화가치 유지를 위한 외환시장개입에 있다. 현재 중국은 대부분의 달러화 준비자산을 미국국채로 보유하고 있다. 2000년대 들어 급속히 늘어난 대외준비자산으로 중국의 현재 외환보유고는 2조 2,000억 달러로 세계 총외환보유고의 절반을 차지한다.

만약 중국이 미국의 경상수지적자를 미국국채 매입을 통해 보전해 주지 않았다고 가정해 보자. 이 경우 미국은 달러를 발행하거나 국채발행을 통해 경상수지적자를 보전해야 한다. 달러발행을 늘리면 대외준비통화인 달러가치에 대한 신뢰성이 떨어진다. 국채발행을 늘리면 이자율이 상승하고 경기를 위축시킨다. 미국이 대규모 경상수지적자하에서도 저금리하에서 달러가치를 유지할 수 있었던 것은 중국이 달러화표시 자산형태로 대외준비자산을 보유함으로써 달러화가 다시 미국으로 환류(recycling)되었기 때문에 가능했다. 중국은 인플레이션 위험에도 불구하고 달러화 대외준비자산을 증가시킴으로써 위안화의 가치절상을 피하고 생산과 수출을 지속할 수 있었다. 미국은 중국의 존재로 저금리를 통해 과소비와 이에 필요한 수입을 지속할 수 있었다.

결국 현 달러본위제에서는 중국이 어떤 이유로 달러화 자산을 대규모로 매각하면 달러화의 가치가 폭락할 가능성이 내재되어 있다. 이 경우 중국도 달러화표시 자산의 가치급락으로 큰 손실을 볼 것이다. 따라서 중국이 갑작스럽게 대규모의 달러화 자산 매각을 시도하지는 않겠지만 달러화의 가치하락에 대비하기 위해 유로화 등으로 대외준비자산을 다변화하고자 할 것이다.[26)]

26) 1973년부터 2009년 5월 사이에 달러화의 가치는 주요국통화지수(Major Currency Index)에 대

앵커의 부재

금-달러본위제인 브레튼우즈 체제에서는 달러화의 가치안정을 위해 달러화의 가치를 금에 고정시켰다. 금이라는 앵커가 존재했음에도 미국의 자의적인 경제정책운영을 통한 달러화의 공급과잉을 막을 수가 없었고, 결과적으로 달러화에 대한 신뢰추락으로 브레튼우즈 체제가 붕괴되었다.

현행 달러본위제에서는 달러화의 가치를 고정시킬 앵커가 존재하지 않는다. 달러화의 가치를 유지할 수 있는 제도적 장치가 없으므로 미국은 달러화의 공급에 아무런 제약이 없다. 반면 현행 국제통화제도는 브레튼우즈 체제에서와 같이 모든 나라가 달러화에 자국의 통화가치를 고정시켜 놓을 의무가 없다. 따라서 브레튼우즈 체제에서는 달러화를 대외준비자산으로 의무적으로 보유해야 하지만 현 체제에서는 의무사항은 아니다. 달러화에 대한 신뢰가 하락하고 각국의 달러화에 대한 수요가 감소할수록 달러화가 대외준비통화로 기능하기 어려워질 것이다.

초강대국으로서 미국의 지위 약화

미국이 세계경제에서 차지하는 비중(PPP환율 기준)은 2000년 24%였으나 2009년 20%로 축소되었다. 반면 중국의 비중은 7%에서 12%로 확대되었다. 대부분의 경제예측기관들이 향후 10-20년 이내에 중국이 미국을 추월하여 세계 최대 경제대국이 될 것으로 전망하고 있다.

또한 미국발 글로벌 금융위기를 계기로 세계경제의 정책협의 및 조정기능이 G7에서 G20로 변경되어 상대적으로 중국 등 신흥시장국의 입지가 강화되고 미국의 글로벌 리더로서의 역할이 상대적으로 약화되었다.

13.4.2 최근의 국제통화제도 개편논의

달러화의 대외준비통화로서의 위상과 관련한 국제통화제도의 개편논의는 다음 세 가지로 요약된다.[27)]

해 30% 절하된 것으로 나타났다(Jeffrey Frankel, "What's In and Out in Global Money," *Finance and Development*, September 2009, pp. 13-16).

27) 국제통화질서 개편과 관련한 최근의 논의는 조석방·김동우, "중장기 국제통화질서의 변화전망," 업무참고자료 2010-1, 한국은행, 2010 참고.

달러화 중심 국제통화제도 유지

미국발 글로벌 금융위기로 달러화를 중심으로 한 국제통화제도에 대한 회의가 있지만 향후에도 현재와 같은 달러 중심의 국제통화제도가 지속될 것이라는 주장은 다음에 근거하고 있다.

첫째, 특정 통화가 기축통화가 되기 위한 요인으로는 경제규모, 통화의 신뢰성(confidence), 금융시장의 발달정도(liquidity), 통화와 연계된 거래 네트워크(transactional network) 및 네트워크 외부성(network externalities) 등이 있다.[28] 유로화가 가장 강력한 경쟁자이지만 현재로서는 이들 조건을 달러화만큼 모두 충족시킬 수 있는 국제통화가 없다. 따라서 달러화의 지위는 당분간 지속될 것이고 달러화 중심의 국제통화질서도 유지될 것이다.[29] 둘째, 경제적인 측면에서뿐만 아니라 군사적 측면에서도 초강대국으로서의 미국의 지위가 유지될 것이다. 셋째, 차이메리카(Chimerica)로 표현되는 미국과 중국의 상호의존관계를 고려하면 두 나라는 당분간 서로를 필요로 할 것이기 때문에 달러화의 위상이 당분간 유지될 것이다. 중국은 생산·수출국으로서, 미국은 소비·수입국으로서 글로벌 경제를 견인하고 있다. 양자의 이런 역할분담이 당분간 깨지기 어려울 것이다.

SDR 중심 국제통화제도 실현

SDR을 기축통화로 국제통화질서를 재편해야 한다는 주장은 중국에 의해 본격적으로 제기되었다.[30] SDR이 초국가적 준비통화로 쓰이기 위해서는 많은 선결과제가 해결되어야 한다. 따라서 당분간 SDR 중심의 국제통화체제가 탄생하기는 어려워 보

28) 기축통화(key currency)는 통화당국에 의해 준비통화(reserve), 외환시장개입통화, 환율의 기준통화(anchor) 등으로 널리 쓰이는 통화로 정의된다. 결국 기축통화는 세계 각국의 가치저장수단, 결제수단, 회계단위로 사용될 수 있어야 한다. 거래 네트워크와 관련하여 세계 교역규모에서 차지하는 미국의 비중은 1999년 22%에서 2009년 14%로 하락한 반면 중국은 5%에서 11%로 대폭 증가하였다. 중국의 무역규모 확대가 현 추세대로 지속되면 향후 10년 이내에 단일국가로서는 중국이 미국을 제치고 세계 최대의 교역대국이 될 것으로 전망된다. 네트워크 외부성은 다른 나라에서 많이 사용하는 통화를 그대로 따라서 사용하려는 성향을 말한다.

29) 하버드대의 제프리 프랭클은 경제규모면에서 유로지역은 미국과 거의 같고, 미국발 글로벌 금융위기로 미국식 금융시스템에 대한 신뢰성이 손상된 점, 달러화의 가치가 안정적으로 유지되지 못하는 점 등을 들어 달러화에 대한 가장 강력한 경쟁자는 유로화라고 주장한다(Jeffrey Frankel, "What's In and Out in Global Money," *Finance and Development*, September 2009, pp. 13-16).

30) 중국이 제기하는 SDR 중심 국제통화제도 개편논의는 중국 인민은행 총재인 Zhou Xiaochuan의 "Reform the International Monetary System," March 23, 2009를 참고할 것.

인다.

우선 SDR은 IMF 가맹국간 공적 거래에서만 사용되고 있어 결제수단으로서의 기능이 거의 없다. SDR이 IMF 회원국의 대외준비자산에서 차지하는 비중도 2009년 현재 0.4%에 불과하다. 또한 SDR이 기축통화로서 기능하면 미달러화의 지위상실로 대외불균형을 보전하기 어려워지는 미국이 반대할 가능성이 높다. 끝으로 SDR이 기축통화가 되면 IMF가 세계의 중앙은행 역할을 해야 한다. 따라서 통화정책에 대한 재량권을 상실하는 각국이 반대할 가능성이 있다.

복수준비통화제도 성립가능성

역사적으로 1920년대 중반 이후 과도기의 금환본위제에서 미국, 영국, 프랑스 등은 자국통화의 금태환을 보장하는 금본위제를 유지하면서 여타국들은 영국 파운드화, 프랑스 프랑화, 미달러화를 앵커로 한 복수준비통화제도를 활용한 경험이 있다.

현행 글로벌 경제에서 복수준비통화제도가 도입되면 세계는 달러화를 사용하는 미주지역, 유럽의 유로화 사용지역, 아시아의 위안화 혹은 아시아공동통화(ACU: Asian Currency Unit) 사용지역 등 세 축으로 재편될 가능성도 배제할 수 없다.

13.4.3 향후 전망

현 국제통화체제에서 리더는 미국이다. 제도의 개혁 혹은 개편이 실현되기 위해서는 리더의 선도적·희생적 역할이 중요한데 미국은 현 체제의 가장 큰 기득권자이다. 따라서 미국의 주도적 역할 없이 현 국제통화제도가 개편되기는 상당기간 어려울 것이다.

또한 기축통화로서 달러화의 지위는 미국의 금융시장 발달 정도, 달러화표시 안전자산에 대한 선호, 세계 정치경제 리더로서의 미국의 지위 등을 감안할 때 당분간 큰 변화가 없을 것이다. 특히 특정 통화가 기축통화로 자리매김하기까지는 오랜 시간이 걸린다. 과거 미국의 달러화가 1910년경 영국의 파운드화를 대신하여 기축통화의 지위를 얻는 데는 약 100년 가까운 시간이 필요했다. 따라서 향후 상당기간 미달러화가 기축통화로 기능하는 달러 중심의 국제통화제도가 지속될 것이다.

다만 글로벌 경제의 다극화 현상을 감안할 때 장기적으로는 달러화의 위상변화가 불가피할 전망이다. 향후 국제통화제도는 다음과 같이 점진적·단계적으로 개편될 것으로 전망된다.

1단계: 달러화 중심의 현 국제통화제도 유지와 지역통화의 위상강화

향후 상당기간 동안 미달러화 중심의 국제통화제도가 유지되면서 특정 지역을 대표하는 중심통화나 지역공동통화의 위상이 강화될 것이다. 유로화를 공동통화로 사용하는 유로존은 출범 당시 11개국이었으나 현재 16개국으로 참가국이 늘어났으며 향후 참가국이 더욱 늘어나면서 유로화의 위상도 강화될 가능성이 있다.

특히 글로벌 경제에서 차지하는 중국의 위상강화로 중국 위안화의 사용이 늘어나게 될 것이다. 중국 위안화가 화교 네트워크를 연결하는 지역통화를 벗어나 국제통화가 되기 위해서는 위안화의 교환성이 확보되어야 하고 이를 위해서는 자본자유화가 진전되어야 한다. 중국의 자본자유화의 진전은 금융 및 자본시장의 발달과 밀접하게 연계되어 있다. 중국의 현재 금융 및 자본시장의 인프라를 감안하면 중국의 자본시장 완전개방은 상당기간 소요될 것으로 판단된다.

2단계: 복수준비통화제도

글로벌 경제가 미국, 유럽, 중국 등으로 다극화되면 장기적으로 달러화, 유로화, 위안화 중심의 복수준비통화제도로 재편될 가능성이 있다. 이 경우 글로벌 경제는 달러화를 앵커로 하는 미주지역, 유로화를 앵커로 하는 유로존, 위안화 혹은 아시아 공동통화를 앵커로 하는 아시아지역 등으로 재편될 것이다. 그 결과 국제통화제도도 미주통화제도, 유럽통화제도, 아시아통화제도 등의 지역통화제도(regional monetary system)로 재편될 가능성도 배제할 수 없다.

미주통화제도는 미국을 리더, 달러화를 앵커로 하면서 미 연준이 미주 중앙은행의 역할을 담당할 것이다. 유럽통화제도는 유럽의 정치적 통합이 달성되면 더욱 공고화될 것이다. 유럽통화제도에서는 현행과 같이 유로화를 중심으로 독일이 중심적인 역할을 수행하고 유럽중앙은행이 각국 중앙은행의 역할을 수행한다.

문제는 아시아통화제도이다. 아시아통화제도가 창설되기 위해서는 앵커를 위안화로 할 것인지 아니면 아시아공동통화를 도입할 것인지, 또는 금과 같은 제3의 대안을 생각할 것인지 등을 논의해야 한다. 또한 아시아중앙은행과 아시아통화기금 같은 지역금융기구도 탄생되어야 한다. 이 과정에서 주도권을 잡기 위한 한·중·일 3국의 마찰과 대립이 심화되면 아시아통화제도의 탄생은 요원해질 것이다. 이 경우 달러화 중심의 미주통화제도가 아시아·태평양지역을 포괄하는 형태가 될 수도 있다. 아시아통화지역의 탄생 여부는 한·중·일 3국이 서로 불편했던 과거의 역사를 얼마나 협조적 관계로 승화시킬 수 있는지 그 여부에 달려 있다.

◇ 요약 및 복습 ◇

1. 국제통화제도는 ① 금본위제도(Gold Standard: 1870-1914), ② 양차 대전 사이의 과도기(1918-1939), ③ 브레튼우즈 체제(Bretton Woods System: 1946-1973), ④ 브레튼우즈Ⅱ 체제(1976-현재)의 순서로 변천하여 왔다.

2. 국제통화제도를 비교하면 다음과 같다.

구 분	금본위제도	브레튼우즈	브레튼우즈Ⅱ	향후 전망
리 더	영국	미국	미국	미국, 유럽, 중국?
대외 준비자산	금	금, 달러	달러	달러, 유로, 위안화?
특 징	-고정환율제 -금태환 보장 -물가-정화-플로 메커니즘	-금달러본위제 -조정가능 고정환율제 -IMF 창설	-달러본위제 -복수환율제도	-복수준비통화제도 -복수환율제도
장 점	-통화정책 규율 -물가안정 -대외불균형 자동 조정	-통화정책 규율 -고정환율 조정가능	-원활한 국제유동성 공급	-단일 리더의 과도한 특권남용 방지
단 점	-국제유동성 공급 제한 -대내균형 희생	-통화정책 비대칭성 -국제수지 조정 비대칭성 -트리핀 딜레마	-달러화에 대한 앵커 부재 -리더의 특권남용 제어장치 부재	-비효율성
붕괴 혹은 개편 이유	-리더의 경제력 쇠퇴 -앵커의 내재적 한계(금생산량 제한) -경기침체	-리더의 방만한 경제정책운용 -리더의 대외불균형 -앵커의 신뢰성 하락 -인플레이션	-리더의 방만한 경제정책운용 -리더의 대외불균형 심화 -앵커의 신뢰성 하락 -미국발 국제금융 위기 -경쟁통화의 부상	

3. 향후 국제통화제도 개편과 관련해서는 현행 달러화 중심 국제통화제도가 상

당기간 유지될 것이라는 전망, SDR 중심 국제통화질서가 실현되어야 한다는 주장, 복수준비통화제도 성립가능성 등이 대두되고 있다. 향후 국제통화제도는 상당기간 미달러화 중심의 국제통화제도가 유지되면서 지역중심통화나 지역공동통화의 위상이 강화될 것이다. 그 후 글로벌 경제가 미국, 유럽, 중국 등으로 다극화되면 장기적으로 달러화, 유로화, 위안화 혹은 제3의 앵커 중심의 복수통화본위제도로 점진적으로 재편될 가능성이 있다.

≪주요 용어 및 개념≫

- 국제통화제도
- 금본위(gold-standard)제도
- 금환본위(gold-reserve)제도
- 브레튼우즈(Bretton Woods) 체제
- 브레튼우즈Ⅱ 체제
- 스미소니언 협정(Smithonian Agreement)
- 복수준비통화제도
- 물가-정화-플로 메커니즘(price-specipie-flow mechanism)
- 금본위제의 게임의 법칙(rule of the game)
- 대외준비자산(international reserve assets)
- 기축통화(key currency)
- IMF 특별인출권(SDR)
- 교환성통화(convertible cuerrency)
- 트리핀 딜레마(Triffin's dilemma)

제 14 장

유럽통화통합과 유로존의 미래

■ 개 요 ■

유로화의 등장은 제2차 세계대전 이후 유지되어 온 미달러화 중심의 국제통화질서에 새로운 변수로 작용할 것으로 전망되었다. 특히 2007/2008년 미국발 금융위기로 달러화에 대한 신뢰가 하락하자 유로화가 달러화를 대체하여 세계준비통화로서 기능할 것이라는 전망이 대두되었다. 그러나 2010년 그리스 재정위기로 인한 유럽의 금융위기와 이에 대한 대처를 지켜보면서 유로존의 미래와 단일통화지역의 유용성에 대해 비판적인 시각이 고개를 들었다. 유럽의 미래는 경제통화통합과 정치통합을 병행할 수 있는지의 여부에 달려 있다. 이 장에서는 유럽통화제도가 유럽통화통합으로 발전된 과정을 살펴본다. 또한 최적통화지역이론의 시각에서 유럽통화통합을 분석한다. 끝으로 세계경제가 안고 있는 삼자택일의 딜레마 차원에서 유럽통화통합의 미래를 조망한다.

■ 중점학습사항 ■

- 유럽통화제도의 앵커 · 룰 · 리더는?
- 유럽은 왜 통화통합이 필요했나?
- 최적통화지역이란?
- 최적통화지역의 필요조건은?
- 단일통화지역 가입에 따른 편익은?
- 단일통화지역 가입에 따른 비용은?
- 단일통화지역 가입기준이 되는 최소 경제통합 정도는?
- 유로존과 같은 단일통화지역의 근본적인 한계는?
- 세계경제의 삼자택일의 딜레마란?

14.1 유럽통화제도

14.1.1 배 경

워너 보고서

브레튼우즈 체제의 붕괴가 임박한 1969년 12월 네덜란드 헤이그(Hague)에서 열린 유럽정상회의에서 유럽의 지도자들은 역내의 무역 및 투자활성화와 공동농업정책의 원활한 추진을 위해서는 독자적인 환율안정제도가 필요하다는 데 의견의 일치를 보았다.[1] 특히 1968년 결실을 본 역내통일가격하에 운영되는 공동농업시장의 경우 역내국가간 환율변동이 심할 경우 각국의 실질농산물 지지가격을 변화시켜 농업종사자들의 극심한 반발에 직면할 수 있었다. 따라서 공동농업정책(CAP) 추진에서 환율안정은 필수요건이었다.

헤이그 유럽정상회의에서 논의된 독자적인 환율안정제도 구축을 위해 당시 룩셈부르크 수상으로 재무장관을 겸임하고 있던 워너(Pierre Werner)를 의장으로 하는 위원회가 설치되었다. 그 결과 유럽공동체(EC) 회원국간 환율변동폭의 제한, 통화정책의 조정·통합, 무역장벽의 완화 등을 골자로 하는 워너 보고서(Werner Report)가 1970년 발표되었다. 통화통합에 관한 최초의 보고서인 워너 보고서의 제안대로 통화통합이 추진되지는 못하였으나 EC 회원국들은 워너 보고서를 기반으로 1972년 4월 회원국간의 환율변동폭을 제한하는 스네이크 제도(snake system)를 시행하게 되었다.

1) 1960년대 말까지는 통화통합에 대한 논의보다는 주로 경제통합과 관련한 논의가 이루어졌다. 예를 들어 1957년 체결한 로마 조약(Treaty of Rome)에 따라 유럽 6개국(독일, 프랑스, 이탈리아, 네덜란드, 벨기에, 룩셈부르크)은 공동시장 창출 및 역내통화간 환율안정을 위한 통화협조 등을 목표로 하는 유럽경제공동체(EEC: European Economic Community)가 1958년 발족되었다. EEC에는 1973년 영국, 덴마크, 아일랜드가, 1981년 그리스, 1986년 스페인, 포르투갈 등이 추가로 가입하였다. 1967년에는 1952년 창설된 유럽석탄철강공동체(ECSC)와 EEC를 통합한 유럽공동체(EC: European Community)가 출범하였다. 1968년에는 관세동맹 및 공동농업정책(CAP: Common Agricultural Policy)에 의한 농업공동시장이 창설되었다. 유럽통화통합과정에 대한 자세한 설명은 오순상, 「국제금융제도의 변천과 주요 이슈 및 전망」, 조사연구총서, 제2호, 한국은행, 2005, pp. 138-165 참고. 유럽연합에 대한 자세한 정보는 유럽연합의 공식사이트 www.europa.eu를 참고할 것.

스네이크 제도

스네이크 제도에서 EC 회원국들은 미달러화에 대한 환율변동폭은 기준환율을 중심으로 상하 2.25%를 유지하고 역내통화간 환율변동폭은 그 절반 수준인 상하 1.125%로 축소하였다. 또한 역내통화간 환율변동폭이 제한범위를 벗어날 경우 해당 통화의 중앙은행이 외한시장에 개입하도록 하고 필요한 재원은 회원국간 단기신용 공여나 유럽통화협력기금(EMCF: European Monetary Cooperation Fund)의 설립을 통해 조달하도록 하였다.

스네이크 제도는 제1차 석유파동에 따른 미달러화의 가치하락으로 달러화에 대한 투매가 계속되자 달러화매입 개입으로 인한 인플레이션 압력으로 1973년 3월 달러화에 대한 변동폭 제한을 철폐하고 역내통화간 변동폭만을 유지하게 되었다. 스네이크 제도는 제1차 석유파동에 따른 EC 회원국의 인플레이션 및 경상수지적자 악화, 정책협조를 위한 제도적 장치 미비 등으로 스네이크 제도를 이탈하는 회원국이 늘어나 1970년대 중반 그 기능이 중지되었다.

이후 1978년 제2차 석유파동으로 인한 경기침체, 실업, 인플레이션 등을 극복하기 위해서는 환율안정이 중요하다는 인식하에 프랑스와 독일의 주도로 새로운 유럽통화제도와 관련한 논의가 진전되었다. 그 결과 영국을 제외한 EC의 8개국(프랑스, 독일, 이탈리아, 벨기에, 덴마크, 아일랜드, 룩셈부르크, 네덜란드)을 중심으로 1979년 유럽통화제도(EMS: European Monetary System)가 출범하게 되었다.

14.1.2 유럽통화제도의 구조와 특징

국제통화제도에 대한 제13장의 논의에서 살펴보았듯이 국제통화제도가 기능하기 위해서는 명목기준지표가 될 앵커와 리더, 그리고 룰이 필요하다. 브레튼우즈 체제의 경우 금과 달러를 앵커로, 고정환율의 조정이 가능하며, 최종대부자이자 감독자로 IMF가 존재하는, 미국이 주도하는 국제통화제도였다.

지역통화제도인 유럽통화제도의 앵커는 유럽통화단위였다. 룰은 환율조정 메커니즘으로 설명된다. 최종대부자로 유럽통화협력기금(EMCF)이 존재한다. 리더는 제1차 세계대전 후의 살인적 초인플레이션에 대한 경험으로 물가안정을 가장 우선시했고 그 결과 가장 강한 통화인 마르크화를 가지게 된 독일이었다.

앵커: 유럽통화단위(ECU: European currency Unit)

유럽통화단위(ECU)는 브레튼우즈 체제에서의 특별인출권(SDR)과 같은 방식으로 가치가 결정된다.[2] SDR의 가치가 IMF 가맹국 통화로 구성된 통화바스켓을 이용하여 결정되듯이 ECU의 가치도 유럽통화제도 회원국의 통화로 구성되는 통화바스켓을 이용하여 결정되었다. 출범 당시 통화바스켓 구성통화의 가중치는 독일 마르크화 33.0%, 프랑스 프랑화 19.8%, 영국 파운드화 13.3% 등으로 이들 3개국 통화, 특히 마르크화가 ECU의 가치결정에 가장 중요한 역할을 하였다.

통화바스켓을 근거로 ECU의 미달러화에 대한 환율이 결정되면 ECU에 대한 각 회원국 통화의 환율은 각 통화의 미달러화에 대한 환율과 ECU의 미달러화에 대한 환율을 이용하여 계산된다.

ECU는 회원국간 환율결정의 앵커, 공적 거래의 결제수단, 회계단위 등으로 쓰였으며 궁극적으로는 EC의 단일통화로 발전시키는 것이 ECU 창출의 주목적이었다. 유럽통화제도에서 각 회원국은 자국이 보유한 금과 달러화 등 대외준비자산의 20%를 유럽통화협력기금에 예탁하고 예탁금에 상응하는 ECU를 취득하여 역내 중앙은행간 결제수단으로 사용하였다. 따라서 ECU는 역내 각국 중앙은행의 대외준비자산으로서도 기능하였다.

ECU는 도입 직후에는 역내 중앙은행 등 공적 기관만 보유할 수 있었으나 1985년부터 비회원국 중앙은행 및 국제통화기구들도 보유할 수 있게 되었다. 이후 민간으로도 이용이 확대되어 유로화의 전신으로 국제통화로서의 면모를 갖추어 나가게 되었다.

룰: 환율조정 메커니즘(ERM: Exchange Rate Mechanism)

유럽통화제도의 환율제도는 환율조정 메커니즘(ERM)으로 설명된다. ERM에서 역내 회원국들은 ECU에 대한 자국통화의 중심환율(central rate)을 설정하고 이를 기초로 결정된 각 통화간의 기준환율(bilateral central rate)이 상하 2.25% 범위 내에서 변동하도록 제한하였다. 다만 약세통화인 스페인의 페세타(peseta), 포르투갈의 에스

2) SDR의 가치결정방식 등에 대해서는 제13장의 SDR에 대한 설명을 참고할 것.

쿠도(escudo), 이탈리아의 리라(lira) 등에 대해서는 상하 6.0%까지 변동을 허용하는 신축성을 부여하였다. ERM에서도 스네이크 제도와 마찬가지로 역외통화에 대해서는 자유로운 변동을 허용하였다.

중심환율의 변경은 모든 참가국의 동의하에 가능하였다. 각국은 설정된 변동폭을 유지하기 위해서 외환시장에 개입할 의무가 있었다. ERM은 통화바스켓(basket)에 중심환율을 고정시키고, 환율변동을 제한하는 밴드(band)가 설정되어 있고, 중심환율을 조정(crawling)할 수 있다는 점 등에서 크롤링페그제라고 할 수 있다.

리더: 독일의 역할

스네이크 제도에서는 중심환율을 표시하는 유럽통화계산단위(EMUA: European Monetary Unit of Account)가 금이나 달러화와 동일한 가치(1EMUA=1US$=순금 0.888671g)를 가지도록 창출되었다. 그 결과 각국의 통화가치도 실제로는 달러화에 연동되어 달러화의 가치변동에 의해 크게 영향을 받았다.

반면 유럽통화제도(EMS)에서 중심환율의 책정기준인 ECU의 가치는 통화바스켓에 의해 결정된다. 통화바스켓에서 가장 중심적인 역할을 하는 통화는 독일 마르크화였다. 따라서 ERM 참가국들은 실질적으로 자국의 통화가치를 마르크화에 고정시키고 독일의 통화정책을 따르는 효과를 가지게 되었다.

독일의 중앙은행인 분데스방크(Bundesbank)는 당시 물가안정을 최우선 과제로 삼아 통화정책에 대한 신뢰성이 가장 높았다. 그 결과 ERM 참가국들은 마르크화에 대한 자국통화의 가치를 안정시킴으로써 자국의 물가안정과 통화가치안정에 대한 의지를 천명하는 효과를 가질 수 있었다. 따라서 각국은 외환시장개입통화와 대외준비통화로 달러화보다 마르크화를 주로 사용함으로써 EMS에서 마르크화는 실질적으로 기축통화로 기능하였다.

14.1.3 유럽통화제도의 위기

금본위제와 브레튼우즈 체제 등과 같은 국제통화제도의 붕괴시 나타난 공통적인 현상은 리더의 잘못된 경제정책운용이 위기의 도화선이 되었다는 것이다. 금본위제에서는 영국의 파운드화가치에 대한 집착이 각국의 긴축정책으로 연결되어 금본위제 붕괴의 단초가 되었다. 브레튼우즈 체제에서는 미국의 방만한 경제정책운용으로 달러화에 대한 신뢰가 무너짐으로써 체제의 붕괴로 연결되었다. 1992-1993년 중에 발생한 유럽통화제도의 위기도 리더인 독일의 고금리정책에 의해 촉발되었다.

1990년 7월 동·서독의 통화통합 이후 동독지역의 임금상승, 동독지역 소득증대를 위한 재정지출확대 등으로 인플레이션 압력이 높아지자 독일 중앙은행은 마르크화가치의 안정을 위해 긴축통화정책을 실시하였다. 그 결과 EMS 회원국들도 자국통화의 절하를 막기 위해 긴축정책을 실시하였다. 그러나 당시는 세계경제 불황으로 유럽의 고용사정이 악화되고 있었고 따라서 각국의 긴축정책이 완화될 것이라는 예상이 팽배했었다. 결국 고금리로 인한 실업증대를 감당하지 못하고 확대통화정책으로 선회한 국가의 통화를 목표로 삼아 투기적 공격(speculative attack)이 이루어져 영국 파운드화, 이탈리아 리라화 등에 대한 투매현상이 발생하였다. 투기적 공격을 견디지 못한 영국과 이탈리아는 1992년 9월 ERM 탈퇴를 선언하였다.

1993년 7월에는 프랑스 프랑화에 대한 투기적 공격이 발생하여 통화위기가 한층 고조되자 1993년 8월 ERM 환율변동폭을 상하 15%로 확대(독일 마르크화 및 네덜란드 길더화는 상하 2.25% 유지)하기로 하였다. 이후 환율불안은 진정 기미를 보였고 유럽은 통화통합을 위한 행보를 계속할 수 있었다.

14.2 유럽의 통화통합

14.2.1 통화통합의 과정

들로르 보고서

유럽정상들은 유럽의 경제통화통합을 실현시키기 위한 구체적인 방안 마련을 위해 EC 집행위원회(European Commission) 위원장인 들로르(Jacques Delors)를 의장으로 하는 특별위원회 구성에 동의하였다. 그 결과 1989년 4월 유럽경제통화동맹(EMU: Economic and Monetary Union)의 단계별 추진과제를 담은 들로르 보고서(Delors Report)가 완성되었다. 들로르 보고서는 EMU 실현을 위해 1999년 1월까지 다음 사항을 단계적으로 추진한다는 것을 골자로 하고 있다.

① 1단계: 모든 EU 회원국은 환율조정 메커니즘(ERM)에 가입하여 환율변동폭을 제한함으로써 역내의 무역과 투자를 활성화한다.

② 2단계: 유럽중앙은행제도(ESCB: European System of Central Bank)를 설립하여 EC 전체의 통화정책방향을 결정한다.

③ 3단계: 유럽단일통화 창출을 도모하고 유럽중앙은행이 역내통화정책을 수립·집행한다.

마스트리히트 조약

EC회원국들은 EMU에 관한 법적 근거를 마련하기 위해 1991년 12월 네덜란드의 마스트리히트에서 로마 조약(Treaty of Rome)을 대폭 수정하여 마스트리히트 조약(Maastricht Treaty)을 체결하였다.[3] 마스트리히트 조약은 통화동맹과 관련하여 들로르 보고서가 제시한 3단계 접근방식을 구체화하고 상위단계 이행을 위한 시한을 설정했다.

들로르 보고서의 1단계 조치 완료시한을 1993년 말로 정하고, 2단계는 1994년 1월부터 이행되도록 하였다. 들로르 보고서에서는 2단계에서 유럽중앙은행제도를 출범시키는 것으로 되어 있으나 마스트리히트 조약에서는 1994년 1월 프랑크푸르트에 유럽통화기구(EMI: European Monetary Institute)를 설립하여 단일통화 및 유럽중앙은행제도 도입을 위한 준비를 하도록 하고 유럽중앙은행 창설은 3단계에서 시행되도록 하였다.

마스트리히트 조약의 경제수렴기준

통화통합을 위한 3단계에 진입하기 위해서는 마스트리히트 조약에 따라 각국이 다음과 같은 경제수렴기준(macroeconomic convergence criteria)을 충족시키도록 했다.

① 물가안정: 인플레이션율은 과거 1년간 소비자물가상승률이 가장 낮은 3개국의 평균수준보다 1.5%포인트 이상 초과하지 말아야 한다.

② 환율: 참가국 환율은 EMR의 환율변동 허용폭(독일 마르크화와 네덜란드 길더

3) 마스트리히트 조약의 정식명칭은 유럽연합조약(Treaty on European Union)이지만 개최지의 이름을 따서 마스트리히트 조약이라고 부른다. 이 조약에 근거하여 EC를 EU로 명명하게 되었다.

화는 ±2.25%, 기타 통화는 ±15%) 이내에서 안정적으로 유지한다.

③ 재정적자: 재정적자는 예외적으로 일시적인 경우를 제외하고는 GDP의 3% 이내를 유지한다.

④ 정부부채: 정부부채는 GDP의 60% 이내를 유지한다.

⑤ 금리는 최근 1년간 소비자물가상승률이 가장 낮은 3개 회원국의 평균 명목 장기금리보다 2.0%포인트 이상 초과하지 않는다.

안정 및 성장협약(Stability and Growth Pact)

1996년 12월 아일랜드 더블린 EU 정상회의에서는 EMU 참가국들의 재정건전화를 위한 준수규범으로 안정 및 성장협약을 채택하였다.[4] 이에 따르면 ① 과도한 재정적자 금지, ② 특정 참가국의 재정적자를 보전하기 위한 다른 참가국 또는 EMU 차원의 지원 금지(no bail-out), ③ 참가국 정부의 재정적자 보전을 위한 유럽중앙은행 및 참가국 중앙은행의 신용공여 금지, ④ 각국의 재정상황에 대한 감독기능 강화, ⑤ 재정적자 과다보유국에 대한 규제제도를 도입하여 재정적자가 협약에서 정한 기준 이상으로 악화될 경우 EU 집행위원회는 재정적자의 일정비율을 무이자 예치케 하고 동 예치금을 벌칙금으로 몰수할 수 있는 등의 제재를 가할 수 있게 했다.

ERMⅡ의 도입

ERMⅡ는 통화통합이 실현된 후 유로존과 비유로존 통화간의 환율안정을 도모하고 유로존 미참가국의 유로존 참가를 원활히 할 수 있도록 유로화에 대한 비유로존 통화의 환율변동폭을 일정수준 이내로 제한하는 새로운 환율조정 메커니즘이다. 1999년 9월 유럽중앙은행 이사회는 유로화에 대한 비유로존 통화의 기준환율이 상하 15%(EMU 미가입국으로 ERMⅡ에 참여한 덴마크 크론화는 상하 2.5%)의 범위에서 변동할 수 있도록 하였다.

EMU 가입국과 EMU 미가입국간의 환율안정을 위한 제도인 ERMⅡ는 종전의 ERM과 달리 ECU 대신 유로화를 앵커로 기준환율이 설정되고, 유럽중앙은행이 기준환율을 조정할 수 있으며, EMU 미가입국들의 자율적인 결정으로 참여 여부가 결정된다. 현재 EMU 미가입국으로 ERMⅡ에 참여하고 있는 국가는 덴마크 이외에도

4) 한국은행 조사부, 「유럽통화통합의 영향과 대응과제」, 조사연구자료, 98-9, 1998. 5.

에스토니아, 리투아니아, 라트비아 등이 있다.

14.2.2 EMU와 유럽중앙은행제도

유로화 창출, ERMⅡ 도입, 유럽중앙은행 설립 등 핵심적인 제도적 장치가 마련됨으로써 1999년 1월 1일 EMU는 정식으로 출범하게 되었다. 경제수렴기준을 모두 충족시켜 1999년 1월 1일 출범한 EMU에 최초로 참가한 국가는 11개국(독일, 프랑스, 벨기에, 네덜란드, 룩셈부르크, 오스트리아, 핀란드, 아일랜드, 스페인, 포르투갈, 이탈리아)으로 확정되었다. 이후 2001년 그리스, 2007년 슬로베니아, 2008년 사이프러스, 몰타, 2009년 슬로바키아가 가입함으로써 현재 16개국으로 외연이 확대되었다. 스웨덴은 환율조건을 충족시키지 못했고 영국과 덴마크는 모든 수렴조건을 충족시켰으나 자국의 정치·경제사정을 들어 EMU에 불참하기로 결정하였다. 현재 EU 회원국은 27개국, EMU 참가국은 16개국이다(**그림 14.1** 참고). 2009년 12월 유럽의 미니 헌법인 리스본 조약의 발효로 EU는 미합중국(United States of America)에 필적하

그림 14.1 유로존(euro zone) 참가국

출처: europa.eu
주: 색부분은 유로존 참가국(오스트리아, 벨기에, 사이프러스, 핀란드, 프랑스, 독일, 그리스, 아일랜드, 이탈리아, 룩셈부르크, 몰타, 네덜란드, 포르투갈, 슬로베니아, 슬로베키아, 스페인 등 16개국); 회색은 기타 EU 국가임.

는 유럽합중국(United States of Europe)으로 부상할 것으로 기대되고 있다.

유럽중앙은행제도

EMU의 제도적 장치 중 핵심적인 요소는 유럽중앙은행제도이다. 유럽중앙은행제도(ESCB)는 유로화지역의 단일통화정책을 수립하는 기구로 독일 프랑크푸르트 소재의 유럽중앙은행(ECB)과 EU 회원국의 중앙은행으로 구성된다. 마스트리히트 조약에 따라 1999년 1월 1일부터 개별회원국 차원의 통화정책 수립·집행기능은 폐지되었다. ESCB는 마스트리히트 조약에 따라서 역내 물가안정을 최우선 과제로 하여 단일통화정책의 수립에 관한 전권을 위임받고 인플레이션 유발적인 어떤 정치적 영향력으로부터도 독립적인 위치를 유지한다. ESCB는 유럽의회(European Parliament)에 정기적으로 업무보고를 한다. 유럽의회는 ESCB의 법적 지위를 변경시키지 못하고 다만 EU 회원국의 동의에 의한 마스트리히트 조약의 개정으로 가능하다.

ESCB의 중추기관인 ECB는 유로화발행권을 가진다. ECB 산하에는 정책이사회, 집행위원회, 일반이사회 등 3개의 주요 의결기구가 설치되어 있다. ECB의 정책이사회(governing council)는 통화정책에 대한 최고의사결정기구이다. 6명의 ECB 임원(총재, 부총재, 이사 4인)과 EMU 회원국의 중앙은행 총재로 구성된다. ECB의 집행위원회(executive board)는 ECB의 총재, 부총재, 이사 4인 등 6명의 임원으로 구성된다. 집행위원회는 정책이사회의 결정사항을 집행하고 EMU 참가국의 중앙은행에 필요한 사항의 이행을 지시한다. 참가국의 중앙은행은 정책이사회의 결정과 집행위원회의 지시에 따라 통화정책을 수행하게 된다. 일반이사회(general council)는 ECB의 총재, 부총재와 EU 회원국의 중앙은행 총재로 구성된다. 일반이사회는 ECB에 대한 자문, 통계자료수집, ECB 연차보고서 준비 등을 담당한다.

14.2.3 EMU에 대한 평가

왜 단일통화를 도입했나

유럽연합이 유럽통화제도(EMS)를 단일통화를 사용하는 유럽통화통합(EMU)으로 발전시킬 수 있었던 것은 다음과 같은 경제적·정치적 요인이 복합적으로 작용한 결과이다.

첫째, 단일통화를 도입함으로써 EMS에서처럼 이종통화 사용에 따른 거래비용과 환율변동가능성을 제거함으로써 역내무역과 투자활성화를 통해 경제성장을 촉진할 수 있다.

둘째, EMS하에서는 각국의 통화정책이 실질적으로 독일 중앙은행의 통화정책에 의해 영향을 많이 받았다. 반면 유럽중앙은행제도하에서는 각국이 독일과 동등한 입장에서 통화정책을 조율할 수 있는 기회를 가질 수 있다.

셋째, 역내자본이동의 자유화로 인해 EMS에서처럼 조정가능한 고정환율하에서는 투기적 공격에 취약할 수밖에 없다. 단일통화를 도입하면 역내 참가국간 환율을 영원히 고정시키는 것이므로 투기적 공격으로 인한 통화위기와 그로 인한 경제적 손실을 막을 수 있다.

넷째, 단일통화 도입은 경제통합→통화통합→정치통합으로 나아가는 연결고리 역할을 한다. 또한 단일통화 도입을 통해 유럽의 단합을 과시할 수 있어 유럽의 정치적 안정을 도모하고 유럽합중국의 건설을 촉진시킬 수 있다.

단일통화지역의 문제점

EMU 출범으로 유럽의 경제통합의 정도가 깊어지고 통화위기로 인한 경제적 손실도 극소화되었다. 그러나 유로존과 같은 단일통화지역의 경우 다음과 같은 단점이 있다. 첫째, 단일통화 도입을 위해 각국이 독자적 통화정책을 수립·집행할 수 있는 권한을 포기했기 때문에 경기침체나 경제위기가 닥칠 경우 통화정책을 통한 대처를 포기해야 된다. 둘째, 자국의 통화가치를 전혀 조정할 수 없기 때문에 대내·외 불균형에 대해 환율조정을 통해 대처할 수 없다. 셋째, 정치적 통합이 이루어진 단일국가가 아니기 때문에 각국간의 이해관계가 상충될 경우 정치적 조정을 통해 문제를 풀기가 쉽지 않다. 단일통화지역이 안고 있는 한계를 최근 그리스의 경제위기를 통해 살펴보자.

사례연구

그리스(Greece)의 국가부채위기(sovereign debt crisis)와 단일통화지역

2010년 4월 발생한 그리스의 정부부채 누적으로 인한 디폴트(default: 채무불이행) 위기는 위에서 논의한 단일통화지역의 세 가지 문제점을 그대로 보여주었다. 그리스는 마스트리히트 수렴조건을 충족시키지 못해 1999년 EMU 출범 당시에는 유로존에 가입하지 못하였다. 이후 2001년 유로존에 어렵게 가입해 2000년대 중반까지만 해도 그리스는 호황을 구가하였다.

그리스는 글로벌 경제위기의 여파로 세수는 줄고 경기회복을 위한 정부지출은 늘어나 과도한 재정적자로 정부부채가 누적되어 디폴트 위기에 빠졌다. 그리스는 유로존의 일원이 되기에는 애당초 경제력이 빈약했다. 경제력이 취약한 나라가 달러보다 강세통화인 유로화를 자국통화로 사용하게 되었다는 것은 소득과 구매력의 상승을 의미한다. 그 결과 소비지출이 늘어나고 인플레이션으로 인해 실질이자율은 낮아져 투자는 늘어나고 저축률은 떨어졌다. 낮은 저축률과 높은 투자율, 그리고 경제력에 비해 과도한 연금지출 등의 사회복지정책으로 인한 재정적자는 필연적으로 경상수지적자를 동반한다. 유로화를 사용하는 대가로 외환위기는 피할 수 있었지만 재정위기의 골은 더욱 깊어졌다.

현재 그리스의 재정적자는 GDP의 13%, 정부부채는 120%, 경상수지적자는 10%에 달한다. 그리스는 재정지출을 줄이고 세금을 올리는 방안을 강구하고 있지만 이는 그리스의 경기를 더욱 침체시켜 재정수입을 감소시키고 재정적자를 더욱 악화시키는 악순환(debt death trap)에 빠질 수 있다.

유로존의 일원인 그리스는 확대통화정책을 펼치거나 인위적인 자국통화의 평가절하를 통해 경기침체를 벗어날 수 없다. 디폴트 위기에 처한 그리스가 구제금융을 요청했지만 유로존의 각국은 자국의 이해관계에 따라 서로 다른 반응을 보였다. 유로존의 리더인 독일은 EMU 차원의 구제금융지원이 아닌 협상을 통한 당사국간의 지원방식을 선호하였다. 반면 프랑스는 EMU 차원의 지원을 강조했다. 결국 그리스의 국가부채위기가 재정이 취약한 유로존의 다른 국가(PIIGS로 알려진 국가 중 그리스를 제외한 포르투갈, 이탈리아, 아일랜드, 스페인 등)로 전염되는 것을 막기 위해 독일이 어렵게 유럽 차원의 구제금융지원에 동의함으로써 그리스의 경제위기는 최악의 고비를 넘겼다.

그리스에 대한 금융지원뿐 아니라 유럽 차원의 경제위기를 막기 위한 조치로 EU 및 IMF가 사상 최대금액인 1조 달러에 달하는 7,500억 유로라는 막대한 구제금융을 조성하기로 하였다(International Herald Tribune, May 12, 2010). EU는 구제금융이 필요한 정부에 600억 유로를 대출해 주고, 필요한 경우 특수목적기구(special purpose vehicle)를 설립하여 4,400억 유로에 해당하는 자금을 조성하여 위기국의 부채를 매입하기로 했다. IMF는 필요한 경우 2,500억 유로를 제공하기로 약속했다. 한편 유럽중앙은행은 유럽 각국의 국채 및 회사채를 매입하거나, 단기자금을 저금리로 유럽금융기관에 빌려주기로 하였다.

그리스의 국가부채위기를 계기로 유로존은 EMU 출범을 위해 안정 및 성장협약을 통해 명문화했던 재정건전화에 대한 약속을 실제 어떻게 관철시킬 것인가를 고민하게 되었다. 또한 그리스 경제위기를 계기로 유로존의 미래와 단일통화지역의 유용성에 대해 회의적인 시각이 고개를 들게 되었다. 일부 극단적 회의론자는 그리스가 위기를 벗어날 수 있는 길은 유로존을 떠나는 것이며, 그리스를 필두로 재정취약국들의 유로존 이탈이 가속화되어 유로존이 장기적으로 지속되지 못하고 붕괴될 것이라는 전망을 제시하기도 했다. 머지않은 장래에 달러화를 대체하여 글로벌 기축통화로 거듭날 것으로 예상되었던 유로화가 현재의 위기를 어떻게 슬기롭게 대처하여 외연을 더욱 확장해 나가는지 지켜볼 일이다.

14.3 유로존과 최적통화지역이론

최적통화지역의 개념

최적통화지역에 대한 이론적 개념은 로버트 먼델에 의해 처음으로 정립되었다.[5)] 최적통화지역(optimum currency area)이란 단일통화를 사용하거나 환율을 고정시키기에 가장 적합한 크기의 지역이다.

5) 최적통화지역에 대한 최초의 이론적 논의는 Robert Mundell, "A Theory of Optimum Currency Area," *American Economic Review*, Vol. 51, 1961, pp. 717-725 참고.

노벨경제학상 수상자인 로버트 먼델이 1961년 최적통화지역이론(theory of optimum currency)에 대한 논문을 발표했을 당시는 브레튼우즈 체제하에서 고정환율제를 채택하고 있던 시기였다. 따라서 고정환율 대신 변동환율제도를 채택했을 때의 장단점에 대한 논의는 거의 이루어지지 않을 시기였다. 또한 주권국이 자국의 통화를 포기하고 다른 통화를 자국통화로 채택한다는 것은 생각하기 어려운 때였다. 따라서 먼델이 제기한, 어떤 조건일 때 특정 지역이 통화주권을 포기하면서 공동통화를 도입하는 것이 유리한가 하는 문제는 당시로서는 획기적인 것이었다.

먼델은 역내국가간 생산요소의 이동성이 충분히 높아서 역내국가간에 실업, 인플레이션 등 대내균형을 희생시키는 사회적 비용을 지불하지 않고 국제수지균형(대외균형)을 달성할 수 있는 단일통화지역을 최적통화지역으로 정의하였다.

최적통화지역에 대한 먼델의 아이디어를 이해하기 위해 먼델의 출생국인 캐나다의 예를 들어 보자. 캐나다는 동부와 서부의 두 지역으로 구성되고, 동부는 공산품 수출지역이고 서부는 농업, 광산물, 석유 등 1차 상품 수출지역이라고 하자. 두 지역은 최초에 국제수지균형을 이루고 있었고 인플레이션이 없는 완전고용상태에 있었다고 가정하자. 캐나다는 대내적으로는 단일통화(캐나다 달러) 사용을 통한 고정환율을 유지하고 다른 나라와는 변동환율을 유지하고 있다.

어떤 이유로 캐나다 수출에 대한 해외수요가 공산품에서 1차 상품 선호로 전환되었다고 하자. 그 결과 서부는 수출증가로 경상수지흑자와 경기호황에 따른 인플레이션 압력에 직면한 반면, 동부는 수출수요감소로 경상수지적자와 실업이 발생하였다고 하자.

이때 만약 지역간 생산요소의 이동이 자유롭게 이루어질 수 있다면 환율조정 없이도 동부의 실업자가 서부로 이동하고 경상수지흑자지역인 서부가 경상수지적자지역인 동부에 대한 투자를 늘림으로써 두 지역의 대내·외 균형이 빠르게 회복될 것이다. 결국 단일통화를 사용하고 있을 경우 지역간 비대칭적 충격(asymmetric shocks)의 흡수효과는 지역간 생산요소의 이동이 자유로울수록 커질 것이다. 이는 단일통화를 사용하기에 적합한 지역규모는 지역간 생산요소의 이동성과 긴밀히 연계되어 있음을 시사한다. 동부와 서부 두 지역간 생산요소의 이동이 자유롭게 이루어지지 못할 경우 두 지역을 단일통화지역으로 설정하지 않고 각각 다른 통화지역으로 분리하는 것이 국제수지균형을 달성하는 데 드는 사회적 비용(실업, 인플레이션 등)을 최소화하는 것이다.

최적통화지역이론은 크게 두 가지로 구분할 수 있다. 하나는 편익-비용분석모형으로 단일통화지역 가입에 따르는 (한계)편익과 (한계)비용을 분석하여 최적통화지역 참여 여부를 결정하는 것이다. 두 번째는 최적통화지역 형성에 필요한 요건들을 통해 최적통화지역 여부를 분석하는 것이다.

14.3.1 편익-비용분석모형

어떤 나라가 단일통화지역에 자국통화의 가치를 고정시키면 편익과 비용이 발생하게 된다. 예를 들어 북구의 소국 에스토니아가 유로존에 자국통화인 크룬(kroon)의 환율을 고정시킬지의 여부를 결정해야 한다고 가정하자. 에스토니아가 유로존에 자국통화의 환율을 고정시킬지 여부를 결정하기 위해서는 환율고정에 따른 (한계)편익과 (한계)비용을 비교하여 편익이 비용보다 클 때 가입을 결정할 것이다.[6)]

여기서는 에스토니아가 유로존에 환율을 고정시킴으로써 얻는 편익과 비용을 편익곡선과 비용곡선으로 설명한다.

단일통화지역 가입의 편익곡선: GG곡선

에스토니아가 유로존에 환율을 고정시키면 환율변동의 불확실성이 제거됨으로써 무역과 투자를 활성화시킬 수 있다. 또한 환율고정을 통해 환율변동의 불확실성으로 인한 환차손, 각국 통화간의 교환비용 등을 절약할 수 있는 이득을 얻는다. 이와 같은 환율고정에 따른 이득을 통화효율성 이득(monetary efficiency gain)이라고 한다.

환율이 고정될 경우의 통화효율성 이득은 미국의 56개 주(state)가 서로 다른 환율을 적용하고 있다고 가정해 보면 짐작할 수 있다. 미국의 56개 주가 각각 다른 환율을 사용하면 $n(n-1)/2=1{,}540$개의 환율이 존재한다. 따라서 환율이 고정되면 1,540개의 환율이 존재할 때 생길 수 있는 혼란과 다양한 거래비용을 절감하고 무역과 투자를 활성화시킬 수 있는 이점이 있다.

6) 이하의 비용-편익분석과 최적통화지역의 요건에 대한 논의는 Paul Krugman and Maurice Obsfeld, *International Economics: Theory and Policy*, NJ: Prentice Hall, 8th ed., 2009, pp. 574-590 참고.

그림 14.2 *GG*곡선: 경제통합의 정도와 가입국의 편익

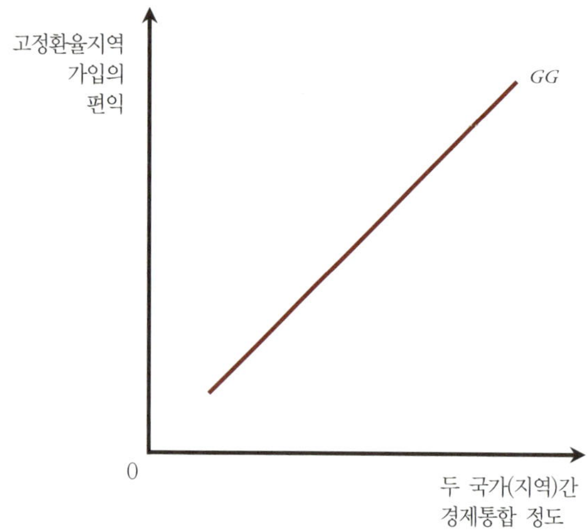

또한 에스토니아가 미국보다는 유로존과 교역량이 많고 생산요소의 이동도 미국보다는 유로존과 에스토니아간에 훨씬 자유롭게 이동할 수 있다고 하자. 이 경우 에스토니아는 자국통화를 달러화보다 유로존에 고정시키면 통화효율성 이득이 더욱 크게 증가할 것이다. 따라서 가입희망국(에스토니아)과 단일통화지역간의 경제통합의 정도가 높을수록 단일통화지역에 환율을 고정시키는 데 따르는 편익(통화효율성 이득)이 증가한다.

그림 14.2의 *GG*곡선은 에스토니아와 단일통화지역간의 경제통합의 정도와 에스토니아가 단일통화지역에 환율을 고정시킴으로써 얻는 편익과의 관계를 보여준다. 횡축은 두 지역간의 경제통합의 정도를 나타내고 종축은 에스토니아가 환율을 단일통화지역인 유로존에 고정시키는 경우의 편익을 나타낸다. 에스토니아와 유로존간의 경제통합의 정도가 높을수록 에스토니아가 단일통화지역에 환율을 고정함으로써 얻는 편익이 커지므로 *GG*곡선은 우상향한다.

단일통화지역 가입의 비용곡선: *LL*곡선

에스토니아가 유로존에 환율을 고정하면 에스토니아는 독자적으로 통화정책을 수립·집행할 수 없다. 따라서 독자적인 환율정책과 통화정책을 사용할 수 있는 정

책의 자율성이 상실된다. 또한 수출수요의 감소와 같이 생산물시장에 외부충격이 가해질 경우 국내경제에 미치는 부정적 효과는 변동환율제하에서보다 유로존에 자국환율을 고정하는 경우 더 크다. 이와 같은 단일통화지역에 환율을 고정함으로써 생기는 비용을 경제안정손실(economic stability loss)이라고 한다.

예를 들어 에스토니아가 자국의 통화가치를 유로화에 고정시킨 후 어떤 이유로 에스토니아의 수출수요가 감소하였다고 하자. 수출수요의 감소로 에스토니아의 생산이 줄고 실업이 늘면 국내통화가치가 절하압력을 받는다. 변동환율하에서는 자국통화가치의 절하를 통해 경기침체와 실업을 완화시킬 수 있다. 그러나 고정환율하에서는 에스토니아 중앙은행이 자국통화가치의 절하를 억제하기 위해 외환을 매각하고 자국통화를 매입해야 한다. 그 결과 수출수요감소로 인한 경기침체가 환율방어를 위한 통화량감소로 더욱 악화된다.

수출수요감소와 같은 외부충격이 에스토니아경제에 미치는 충격의 정도는 에스토니아와 유로존간의 경제통합의 정도에 달려 있다. 두 지역간 경제통합의 정도가 클수록 외부충격으로 인한 조정비용이 작아진다. 우선 에스토니아와 유로존의 교역량이 클수록 에스토니아의 경기침체와 이에 따른 물가하락으로 인한 수출재가격의 하락이 유로존의 수입수요를 크게 증가시켜 에스토니아의 빠른 경기회복을 도울 수 있다. 또한 두 지역간 자본과 노동의 이동이 자유로울수록 에스토니아의 경기침체시 노동과 자본이 에스토니아와 유로존간에 자유롭게 이동함으로써 에스토니아의 빠른 경기회복을 가져올 수 있다. 결국 유로존과 같은 고정환율지역에 가입할 경우 비대칭적 충격에 따른 비용(경제안정손실)은 지역간 경제통합의 정도가 클수록 작아진다.

그림 14.3의 *LL*곡선은 에스토니아와 유로존간의 경제통합의 정도와 에스토니아가 유로존에 환율을 고정함으로써 발생하는 비용과의 관계를 보여준다. 두 지역간 경제통합의 정도가 클수록 에스토니아가 유로존에 환율을 고정함으로써 발생되는 비용은 감소한다. 따라서 *LL*곡선은 우하향한다.

단일통화지역 가입 여부의 결정

그림 14.4는 *GG*곡선과 *LL*곡선을 결합시킨 것이다. 이를 통하여 에스토니아가 유로존에 환율을 고정시킬지 여부를 어떻게 결정할지 살펴볼 수 있다.

그림 14.3 **LL곡선: 경제통합의 정도와 가입국의 비용**

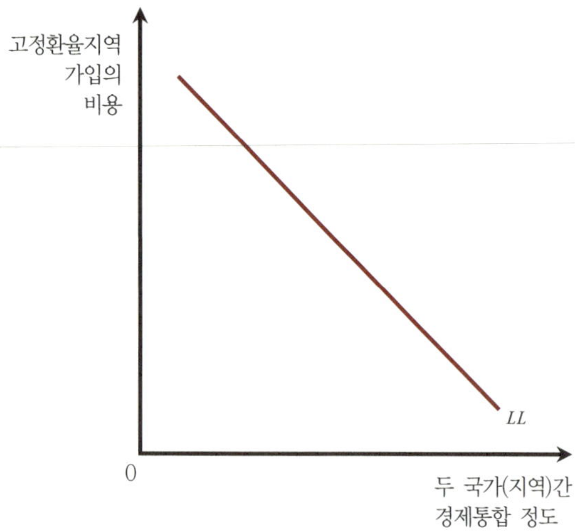

그림 14.4 **경제통합의 정도와 단일통화지역 가입 여부**

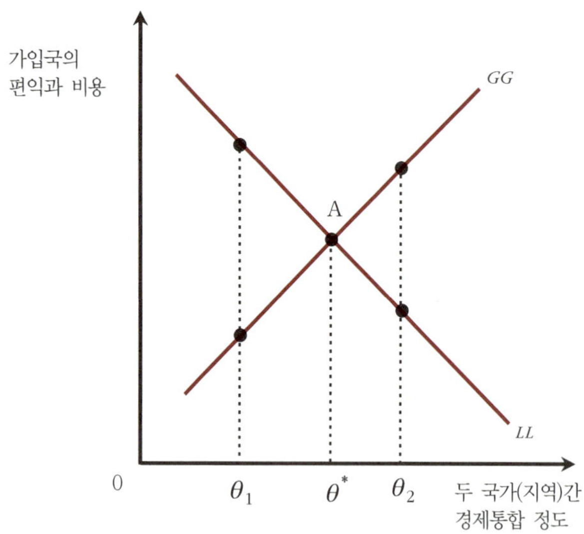

*GG*곡선과 *LL*곡선이 교차하는 점 *A*에서는 경제통합의 정도가 θ^*이고 에스토니아가 유로존에 환율을 고정하는 데 따르는 편익과 비용이 일치한다. 다시 말해 에스토니아와 유로존의 경제통합 정도가 최소한 θ^*이면 에스토니아는 유로존에 환율을 고정할 수 있다. 만약 경제통합의 정도가 θ_1으로 θ^*보다 낮으면 에스토니아가

유로존에 환율을 고정하는 데 따르는 비용이 편익을 초과하므로 유로존에 환율을 고정하지 말아야 한다. 경제통합의 정도가 θ_2여서 θ^*보다 크면 환율을 유로존에 고정시키는 데 따르는 편익이 비용을 초과한다. 따라서 에스토니아는 유로존에 환율을 고정시키는 것이 유리하다.

외부충격가능성 증가와 경제통합의 정도

그림 14.5를 통해 단일통화지역에 환율고정을 고려하고 있는 어떤 나라의 경제환경이 변할 경우 고정환율지역 가입에 필요한 경제통합의 정도가 어떤 영향을 받는지 살펴보자. 예를 들어 에스토니아의 수출수요에 대한 갑작스러운 변화가능성이 커졌다고 하자.

에스토니아가 유로존에 환율을 고정하면 생산물시장의 충격에 환율조정이나 통화정책을 통해 적절히 대응할 수 없게 된다. 따라서 수출수요에 대한 변동성이 커지면 에스토니아의 환율고정에 따르는 비용이 커진다. 그 결과 LL곡선이 LL_1에서 LL_2로 우측이동한다. 따라서 단일통화지역 가입 여부를 결정하는 기준이 되는 경제통합의 정도가 당초의 θ_1보다 커져 θ_2가 된다.

이는 생산물시장에 외부충격이 발생할 가능성이 커질수록 단일통화지역에 가입

그림 14.5 외부충격가능성 증가와 경제통합의 정도

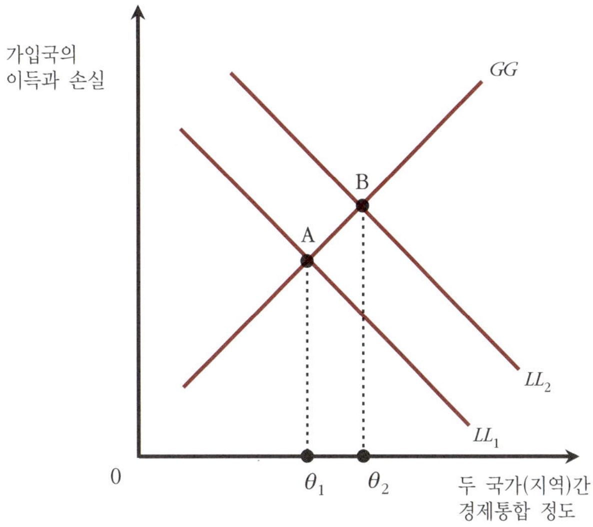

하기 위한 최소한의 경제통합수준이 더 높아진다는 것을 의미한다.

14.3.2 최적통화지역의 요건

최적통화지역의 요건으로는 생산물시장의 통합 정도(역내교역 비중), 생산요소시장의 통합 정도(역내생산요소의 이동성), 산업구조의 유사성(외부충격의 흡수능력), 역내자원이전의 용이성(재정연방주의) 등이 거론된다. 여기서는 최적통화지역의 요건에 비추어 볼 때 유럽연합이 최적통화지역인가에 대해 살펴본다.

EU 역내무역의 비중

EU의 역내교역량은 2009년 현재 무역총액의 65.2%에 달한다. 그런데 1999년의 경우 EU의 무역총액 대비 역내교역량의 비중은 67.7%였다. 이는 유로존이 출범한 1999년 이후 단일통화 도입에 따른 편익증가로 EU의 역내무역이 크게 증가했을 것이라는 기대와 달리 단일통화 도입이 역내무역규모를 크게 신장시켜 주지 못했음을 보여주고 있다.

EU의 역내교역 비중을 GDP에 대한 비중으로 측정하면 GDP의 약 10-20% 정도를 차지하고 있다. 따라서 EU 전체의 교역량에서 차지하는 역내교역량의 비중은 작지 않지만 총생산에서 차지하는 역내교역규모는 그리 크지 않은 편이다.

역내 노동력이동의 정도

유럽의 문화와 언어의 다양성에 기인하여 역내의 자유로운 노동력이동이 저해되고 있다. 예를 들어 EU의 공식 웹사이트인 유로파(europa.eu)의 초기화면에는 어떤 언어로 웹사이트를 볼지 선택하도록 하고 있는데 선택할 수 있는 언어가 무려 23개이다. 현재 EU 가입국이 27개국인 점을 감안하면 거의 모든 회원국이 자국의 언어를 사용하고 있다는 이야기이다. 이는 미국처럼 동일한 언어를 사용하는 지역에 비해 역내의 노동력이동을 제한하는 요소로 작용할 것이다.

또한 일부 EU 국가에서 실업수당을 받기 위해서는 거주지 확인이 필요하다. 이는 실질적인 노동력이동을 제한하는 결과가 되고 있다.

산업구조의 유사성: 외부충격의 흡수능력

외부충격의 흡수능력은 경제통합의 정도와 함께 지역간 산업구조의 유사성 정도에도 의존한다. EU의 경우 아직 역내국가들의 산업구조의 이질성이 상당한 것으로 나타나고 있다. 예를 들어 북유럽은 자본과 숙련된 기술인력이 풍부하여 기술·지식 집약적 첨단기술제품을 생산하는 데 비교우위가 있다. 반면 2010년 그리스의 경제위기로 경제적 취약성이 드러난 포르투갈, 그리스, 스페인, 남부이탈리아 등 남유럽은 비숙련 노동집약적 제품생산에 비교우위가 있다.

유럽이 장차 최적통화지역이 되기 위해서는 역내의 노동과 자본의 효율적 재분배를 통해 유럽 내 지역간 생산구조 격차가 해소되어야 하는 지난한 과제를 안고 있다.

재정연방주의: 역내자원이전의 용이성

EU 차원의 재정이전기능이 원활히 작동되면 비대칭적 충격에 따르는 일부지역의 경기침체를 완화시킬 수 있다. 그러나 그리스 경제위기시 EU가 보여준 행동을 관찰해 보면 회원국의 경제위기시 EU 차원의 재정재배분을 통한 신속한 대응은 이루어지기 어렵다는 것을 알 수 있다.

EU는 정치적 통합을 이룬 단일주권국가가 아니다. 따라서 경제위기 발생국가에 대해 독일과 같은 부국이 재정지원을 해야 할 아무런 의무가 없다. 단일주권국가인 미국의 경우 캘리포니아가 재정문제로 어려움을 겪는 경우 연방정부 차원의 재정지원을 하지 않을 수 없다.

최적통화지역으로서의 EU

EU의 역내무역 비중은 상당한 수준이나 1999년 이후 오히려 약간 감소한 것으로 나타나고 있어 생산물시장의 통합이 더 진전된 증거는 없다. 특히 역내자본이동의 제한은 거의 없으나 회원국 생산물시장의 충격을 완화시킬 수 있는 역내노동이동의 자유화는 큰 진전이 없는 실정이다. 지역간 노동이동성이 낮다는 것은 유로존 가입에 따르는 비용이 크다는 것을 의미한다. 유로존 가입에 따르는 비용이 큰 증거는 1990년대 후반 이후 역내실업률이 10-20% 수준에서 장기간 지속되고 있다는 사실에서 찾아볼 수 있다. 스페인의 경우 전체 실업률은 20%이지만 청년실업률은 40%에 달한다(Joseph Stiglitz, "Can the Euro be Saved?," 6 May, 2010 in www.project-syndicate.org). 높은 실업률하에서 역내노동시장의 유연성이 확보되지 못한다면 단일통화지역이 형성되어도 비대칭적 외부충격의 흡수·조정에 어려움을 겪게 될 것이다.

14.4 유로존의 미래

14.4.1 유로존의 위상과 미래

유로존의 위상

유로존의 인구는 현재 3억 3,000만 명으로 EU(약 5억 명)의 60% 이상을 차지하고, 미국(3억 400만 명)보다 많다. 2009년 유로존의 GDP는 13조 6,250억 달러로 전세계 GDP의 22.4%를 차지하고 있다. 현재 미국의 GDP는 14조 2,560억 달러로 유로존의 GDP와 거의 같은 규모이다. 전세계 무역총액에서 차지하는 EU의 비중은 17.8%인 반면, 미국은 14.5%, 중국은 11%를 차지한다.

유로존의 경제적 위상 제고로 국제채권시장에서 유로화표시 채권의 비중이 48%로 달러화표시 채권(36%)보다 더 많은 유로화표시 채권이 발행되고 있다. 또한 전세계 외환보유액 중 달러화의 비중은 1977년 80% 이상에서 현재 62%까지 하락한 반면 유로화의 비중은 1999년 유로존 출범 당시 18%에서 현재 27%로 증가하였다.[7)]

유로화의 등장은 제2차 세계대전 이후 유지되어 온 미달러화 중심의 국제통화질서에 새로운 변수로 작용할 것으로 전망되었다. 특히 2007/2008년 미국발 금융위기로 미국식 금융시스템의 취약성이 드러나고 결과적으로 달러화에 대한 신뢰가 하락하자 머지않아 유로화가 달러화를 대체하여 세계준비통화로서 기능할 것이라는 전망이 대두되었다.

2010년의 그리스 경제위기를 계기로 유로화의 환율이 대폭 하락하면서 유로화의 안정성이 저하되고 전염효과로 역내금융시스템의 불안정이 노정됨으로써 국제통

7) 조석방·김동우, 「중장기 국제통화질서 변화 전망」, 업무참고자료 2010-1, 한국은행, 2010.

화제도에서 차지하는 유로화의 위상도 저하되었다. 현재로서는 유로화가 미달러화를 대신하여 기축통화로 부상할 가능성은 유로존의 경제위기를 계기로 낮아졌다고 할 수 있다.

■ 참고 ■

유로화와 연계된 통화제도 및 국가

통 화 제 도	국 가
유로화를 자국통화로 사용	코소보, 몬테네그로, 바티칸, 모나코, 산마리노, 안도라
통화위원회제도	불가리아, 보스니아-헤르체고비나
ERM II	덴마크, 에스토니아, 라트비아, 리투아니아
고정환율제	서아프리카 경제통화동맹(WAEMU), 중앙아프리카 경제통화동맹(CAEMC)
페그 또는 관리변동환율제도	루마니아, 크로아티아, 마케도니아, 세르비아
통화바스켓 페그제 (유로화 비중)	세이셸(59%), 러시아(45%), 싱가포르, 아제르바이잔(30%), 리비아, 쿠웨이트, 시리아, 보츠와나, 알제리, 모로코, 튀니지, 피지, 사모아, 통가, 바누아투

주: WAEMU: 베냉, 코트디부아르, 말리, 니제르, 세네갈, 토고 등 8개국.
CAEMC: 카메룬, 남아공, 콩고, 가봉 등 6개국.
자료: 박진호, "유로화의 미래," 한국은행 해외경제정보, 제2010-19호, 2010.

유로존의 한계[8)]

2010년 그리스의 경제위기를 계기로 통화통합지역으로서 유로존의 한계가 부각되면서 일부에서는 EMU 체제가 더 이상 지탱하기 어려워 붕괴될 수도 있다는 비관론까지 등장하고 있다.

EMU 체제의 존속 여부에 대해 비관적인 견해는 유로존이 가지는 다음과 같은 근본적인 한계에 근거를 두고 있다. 첫째, 단일통화 채택으로 자국의 금리정책과 환율정책을 포기해야 되는 점, 둘째, 재정통합(fiscal union)의 부재로 단일국가처럼 경제위기시 적절한 재정적 대응을 할 수 없다는 점, 셋째, 성장과 안정협약을 통해 확인한 재정정책의 건전성을 담보할 수 없다는 점, 넷째, 역내경제의 상호의존성이 커 한 나라의 경제위기가 다른 나라로 옮겨지는 전염효과(contagion effect)에 취약하다는 점 등이다.

유로존은 그리스 경제위기를 계기로 근본적인 취약을 극복하고 하나의 유럽이라

8) 박진호, "유로화의 미래," 한국은행 해외경제정보, 제2010-19호, 2010.

는 원대한 이상을 실현시키기 위해 위기관리체제 마련, 재정규율의 엄격한 시행 및 재정통합 추진, 통합감독기구 설립 등을 논의하고 있다. 첫째, 위기관리체제 수립과 관련하여 유럽통화기금 설립, 공동유로채권 발행 등을 통해 경제위기에 처한 회원국을 지원하는 방안이 거론되고 있다. 둘째, 재정규율 위반국에 대한 관용적 태도를 방지하기 위해 별도의 제재기구를 설립하는 방안이 거론되고 있다. 재정통합과 관련해서는 유럽통합정부를 설립하여 재정위기에 처한 정부에 재정이전(fiscal transfer)이 가능하도록 하는 방안을 논의하고 있다. 셋째, 금융위기를 사전에 차단하기 위해 통합금융감독기구를 설립하여 역내 금융기관을 총괄적으로 감독하는 방안이 거론되고 있다.

이러한 제도적 보완책만으로는 유로존의 문제가 모두 해결될 수는 없으며 회원국간의 불균형이 시정되어야 유로존의 근본적 안정이 달성될 수 있을 것이다. 유로존은 건전한 국가와 부실한 국가의 혼재로 국가간 비동질성이 컸으나 더 넓은 유럽의 실현이라는 정치적 이상을 실현하기 위해 오히려 외연확장을 우선시하고 있다.[9] 예를 들어 상대적으로 저소득국인 그리스는 유로화의 도입으로 자국통화를 사용할 때보다 통화가치가 높아짐으로써 상대적으로 고임금, 고소득, 고소비를 실현할 수 있었고 그 결과 경상수지적자를 나타내고 있다. 반면 수출주도성장을 고수하고 있는 독일은 그리스와 같은 주변국의 수입수요증가로 경상수지흑자를 보이고 있다. 미국과 중국을 축으로 하는 글로벌 불균형현상이 유로존 내에서도 대두되고 있는 것이다.

이 같은 유로존 국가간의 근본적인 불균형이 개선되지 않으면 2010년 유로존 경제위기와 같은 경제위기가 재발할 수 있고 EMU 체제도 붕괴가능성이 있다는 견해가 설득력을 얻고 있다.

14.4.2 세계경제의 삼자택일의 딜레마와 유로존

유로존의 미래에 대해서는 그리스 경제위기가 주는 교훈을 통해 고찰해 볼 수 있다. 그리스의 경제위기가 준 가장 큰 교훈은 세계경제의 삼자택일의 딜레마(the

9) 에스토니아는 2011년 중 유로화를 도입할 예정이다. 현재 발트 3국(에스토니아, 라트비아, 리투아니아)과 폴란드, 헝가리 등도 유로존 가입을 위해 ERM II 에 가입하였거나 가입할 예정이다.

political trilemma of the world economy)를 극명하게 보여주었다는 것이다.[10] 경제적 글로벌화, 정치적 민주주의, 국민국가는 동시에 공존할 수 없고 이 중 두 가지만을 선택할 수 있다. 세계경제의 삼자택일의 딜레마는 국제통화질서의 변천을 통해 입증되고 있다.

금본위제하에서 1914년 제1차 세계대전이 발발하기 전까지 민주주의가 제한된 상황에서 경제의 글로벌화와 국민국가가 공존할 수 있었다. 당시 세계는 선거권의 제한, 노동계급의 비조직화로 경제 및 통화정책이 정치적 압력으로부터 자유로웠다. 따라서 무역과 자본자유화를 통한 글로벌화와 국민국가가 공존할 수 있었다.

1944년 출범한 브레튼우즈 체제하에서 선거권 보장, 노동계급의 조직화, 대중정치의 정착 등으로 경제의 대내적 목표가 우선시되었다. 따라서 민주국가로서 독립적인 통화재정정책을 운용할 수 있기 위해서는 자본이동을 제약할 수밖에 없었다. 따라서 브레튼우즈 체제는 민주주의와 주권국가에 대한 대가로 경제 글로벌화가 제한되었다.

세계경제 삼자택일의 딜레마 중 세 번째 경우는 경제 글로벌화와 민주주의를 선택하면서 국민국가의 지위를 포기하는 것이다. 자본이동의 자유로운 이동을 보장하면서 개별국의 통화정책집행력을 상실한 유로존이 이에 해당한다. 이 경우 개별국들의 정치적 통합을 통해 경제적 통합과 민주주의를 양립시킬 수 있다. 정치적 통합이 이루어져야 미국처럼 단일통화를 사용하면서도 대내적·정치적 요구에 적절한 경제정책으로 대응할 수 있다.

미국의 경우 연방정부가 개별 주(state)들로부터 충분한 정치적 통제력을 확보한 후 경제통합이 이루어졌다. 유럽의 경우 정치통합은 경제통합보다 훨씬 미진하다. 특히 영국의 경우 유로존에 참여하지 않고 유럽연합에 대한 권한위임도 최소화하고 있다. 정치적 통합이 이루어지지 않은 상황에서 그리스와 같이 경제위기가 닥친 경우 최종대부자인 유럽중앙은행의 도움을 자동적으로 기대할 수 없다. 유럽중앙은행은 그리스의 중앙은행이 아니다. 역내 부국의 도움도 기대하기 어렵다. 독일의 경우 빈국에 대한 퍼주기로 자신들의 세금부담만 늘어난다는 유권자들의 반발을 우려하여 그리스 지원에 소극적이었다. 경제위기로 실업자가 된 그리스 국민들은 유럽연

10) Dani Rodrick, "Greek Lessons for the World Economy," 12 May, 2010 in www.project-syndicate.org

합에서 실업수당을 받지 못한다. 실업자가 된 캘리포니아 주민들은 미국정부로부터 실업수당을 받는다. 독일과 프랑스정부가 그리스의 재정정책에 대해 간여하기 어렵다. 설사 그리스가 디폴트를 선언해도 독일이나 프랑스정부가 자국의 은행들로 하여금 그리스 자산을 압류하도록 강제할 수도 없다. 그리스가 유로존을 탈퇴해도 막을 수 없다.

그리스의 경제위기로 인한 유럽의 금융위기는 정치적 통합이 뒷받침될 때 민주주의하에서 경제통합이 제대로 기능할 수 있음을 여실히 보여주었다. 유럽이 경제적 통합에 따른 이득을 제대로 향유하기 위해서는 정치적 통합을 공고히 해야 한다. 정치적 통합을 병행할 수 없으면 차라리 경제적 통합을 완화해야 한다. 향후 유로존 나아가 유럽연합의 미래는 얼마나 강력한 정치적 통합을 이룰 수 있는지에 달려 있다.[11)]

◇ 요약 및 복습 ◇

1. 1970년대 초반 브레튼우즈 체제가 붕괴된 후 유럽은 독자적인 통화제도를 구축하기 위해 노력하였다. 유럽통화제도는 스네이크 제도→유럽통화제도→유럽통화통합형태로 발전하여 1999년 유로화가 탄생하고 2002년부터 유로화가 실제로 통용됨으로써 유로존이라는 거대 단일통화지역이 형성되는 역사적 경험을 하게 되었다.

2. 스네이크 제도, 유럽통화제도, 유럽통화동맹을 비교하면 다음과 같다.

구 분	스네이크 제도 (snake system)	유럽통화제도 (EMS)	유럽통화동맹 (EMU)
앵 커	EMUA(달러화와 등가)	ECU(통화바스켓)	Euro(ECU가 기반)
룰	대달러화 변동폭: 상하 2.25% 역내통화간 변동폭: 상하 1.125%	ERM: 역외통화: 자유변동 역내통화간: 상하 2.25% (일부 예외)	ERM Ⅱ: 역외통화: 자유변동 역내통화간: 상하 15%(일부 예외)
금융 기구	유럽통화협력기금 (EMCF)	EMCF	유럽중앙은행(ECB)
리 더	독일	독일	독일, 프랑스

11) 경제위기시 정치통합 없이 통화동맹이 기능하기 어려움을 강조하고 있는 논문으로는 Barry Eichengreen and Raul Razo-Garcia, "The international monetary system in the last and next 20 years," *Economic Policy*, July 2006, pp. 392-442 참고.

특 징	달러화에 대한 의존	-마르크화에 대한 의존 -독일 통화정책 신뢰성 중요	-통화정책 자주성 포기 -정치통합 부재로 위기 대처능력 제한

3. 브레튼우즈 체제에서는 미국의 방만한 경제정책운용으로 달러화에 대한 신뢰가 무너짐으로써 체제의 붕괴로 연결되었다. 유럽통화제도의 위기는 리더인 독일의 고금리정책에 의해 촉발되었다. 동·서독 통합 후의 재정지출확대로 인플레이션 압력이 생기자 독일이 고금리정책으로 대응했고, 독일의 고금리정책에 대응해 EMS 회원국들도 자국통화의 절하를 막기 위해 긴축정책을 실시하였다. 이후 고금리로 인한 경기후퇴로 경제정책기조가 확대정책으로 선회하자 1990년대 초 영국 파운드화, 이탈리아 리라화, 프랑스 프랑화에 대한 투기적 공격이 발생하여 통화위기로 이어졌다.

4. 들로르 보고서를 기초로 유럽통화통합(EMU)을 위한 단계적 실행방안이 수립되고 마스트리히트 조약을 통해 EMU의 법적 근거와 세부사항이 완성되었다. 마스트리히트 조약의 핵심적인 내용은 EMU에 가입할 수 있는 경제수렴조건을 마련하였다는 것이다. 경제수렴조건은 인플레이션, 환율, 금리, 재정 등 핵심 거시경제 변수들에 대한 충족조건을 제시하고 있다. 또한 안정 및 성장협약(Stability and Growth Pact)을 통해 다시 한번 재정건전화를 위한 준수사항을 천명하고 있다. 이를 통해 유럽통화통합 후의 핵심과제가 재정건전성 달성 여부에 달려 있음을 알 수 있다. 통화통합으로 각국의 통화정책집행권은 유럽중앙은행으로 단일화되는 반면 재정에 대한 통제는 여전히 각국이 할 수 있기 때문에 회원국들의 재정정책을 규율할 수 있는 장치를 마련하는 것이 관건이었다.

5. 유럽중앙은행제도(ESCB)는 유로화지역의 단일통화정책을 수립하는 기구로 독일 프랑크푸르트 소재의 유럽중앙은행(ECB)과 EU 회원국의 중앙은행으로 구성된다. ESCB의 중추기관인 ECB는 유로화발행권을 가지며 산하에 정책이사회, 집행위원회, 일반이사회 등 3개의 주요 의결기구가 설치되어 있다.

6. 유로존과 같은 단일통화지역의 경우 이종통화 사용에 따른 거래비용과 환율변동가능성을 제거함으로써 역내무역과 투자활성화를 기할 수 있고, 환율변동에 따른 투기적 공격가능성을 줄일 수 있는 등의 장점이 있다. 반면 각국이 독자적 통화정책이나 환율정책을 통해 경제위기에 대처할 수 없고, 특히 정치적 통합이 이루어진 단일국가가 아니기 때문에 경제위기시 각국간의 이해관계가 상충될 경우 단일주권국가처럼 대응할 수 없는 한계를 가진다.

7. 최적통화지역(optimum currency area)이란 단일통화를 도입하여 사용하기에 가장 적합한 크기의 지역이다. 최적통화지역이론은 크게 두 가지로 구분할 수 있다. 하나는 편익-비용분석모형으로 단일통화지역 가입에 따르는 (한계)편익과 (한계)비용을 분석하여 최적통화지역 참여 여부를 결정하는 것이다. 두 번째는 최적통화

지역 형성에 필요한 요건들을 통해 최적통화지역 여부를 분석하는 것이다.

8. 단일통화지역 가입으로 인한 편익은 가입희망국과 단일통화지역간의 경제통합의 정도가 클수록 커진다. 단일통화지역 가입으로 인한 비용은 가입희망국과 단일통화지역간의 경제통합의 정도가 클수록 작아진다. 최적통화지역의 요건으로는 생산물시장의 통합정도(역내교역 비중), 생산요소시장의 통합 정도(역내생산요소의 이동성), 외부충격의 흡수능력, 역내자원이전의 용이성(재정연방주의) 등이 있다.

9. 그리스의 경제위기로 인한 유럽의 금융위기는 정치적 통합이 뒷받침될 때 민주주의하에서 경제통합이 제대로 기능할 수 있음을 보여주었다. 향후 유로존 나아가 유럽연합의 미래는 얼마나 강력한 정치적 통합을 이룰 수 있는지에 달려 있다.

≪주요 용어 및 개념≫

- 워너 보고서(Wener Report)
- 스네이크 제도(Snake System)
- 유럽통화협력기금(EMCF)
- 유럽통화제도(EMS)
- 유럽통화단위(ECU)
- 환율조정 메커니즘(ERM)
- 들로르 보고서(Delors Report)
- 유럽경제통화동맹(EMU)
- 유럽중앙은행제도(ESCB)
- 마스트리히트 조약(Maastricht Treaty)
- 유럽통화기구(EMI)
- 경제수렴기준
- 안정 및 성장협약
- ERM II
- 최적통화지역(Optimum Currency Area)
- 통화효율성 이득
- 경제안정손실
- 최적통화지역의 요건
- 세계경제의 삼자택일의 딜레마

제 15 장

글로벌 금융위기와 금융개혁의 방향

■ 개 요 ■

2007/2008년 미국에서 시작되어 세계로 전염된 글로벌 금융위기(global financial crises)로 글로벌 경제는 1930년대의 대공황(the Great Depression) 이래 가장 심각한 경기침체를 경험하였다. 글로벌 금융위기는 기축통화(vehicle currency)를 발행하여 세계에 공급하는 미국을 그 진원지로 하고 있다는 점에서 기존의 금융위기와는 확연히 구분된다. 글로벌 금융위기는 또한 세계에서 가장 고도화된 금융시장을 갖춘 미국이 진원지라는 점에서 그 충격파가 더욱 컸다. 미국 금융위기의 핵심적인 원인은 증권화(securitization)이다. 그 근저에는 글로벌 불균형(global imbalances)이 자리하고 있다. 이 장에서는 글로벌 금융위기의 핵심인 증권화가 어떻게 미국의 금융위기를 초래한 장본인이 되었는지에 대해 금융부문의 대차대조표(balance sheet)를 통하여 설명한다. 그리고 미국의 금융기관들로 하여금 비금융부문에서의 자금조달을 가능케 한 요인으로 글로벌 불균형현상에 대해 살펴본다. 끝으로 글로벌 금융위기를 계기로 논의된 각종 금융개혁조치들에 대해 살펴본다.

■ 중점학습사항 ■

- 증권화를 통해 금융부문의 신용공급이 확대되는 경로는?
- 은행들이 신용디폴트스왑(CDS) 매입을 선호한 이유는?
- 금융부문의 증권화된 부채의 증가가 레버리지를 확장시키는 이유는?
- 미국 금융기관의 해외차입을 가능케 한 원인은?
- 중국 등 개도국의 과도한 저축의 원인은?
- 중국 등 개도국의 과도한 외환보유고의 원인은?
- 해외자금이 미국으로 유입된 원인은?
- 개도국의 외환보유고가 민간저축의 담보로 작용하는 이유는?
- 비핵심부채(non-core liabilities)에 대한 규제가 필요한 이유는?

15.1 글로벌 금융위기의 배경과 원인[1)]

기존 금융위기와의 차이점

2007/2008년의 글로벌 금융위기(global financial crisis)는 기존의 금융위기와는 위기의 발원지, 원인, 전염경로 등의 측면에서 확연히 다르다. 우선 2007/2008년 글로벌 금융위기는 위기의 발원지가 기축통화(vehicle currency)인 달러화의 발행국인 미국이었다. 기존의 금융위기는 유럽(영국), 중남미(멕시코), 아시아(태국, 필리핀, 한국 등), 러시아 등 미국 이외의 주변국에서 발원되었다.

둘째, 글로벌 금융위기는 위기의 주원인이 증권화(securitization)였다. 기존의 금융위기는 각국 통화에 대한 투기적 공격(speculative attack)이 위기의 주범이었다. 기존의 금융위기는 주로 충분한 달러화를 보유하지 못해서 각국이 통화위기(currency crises) 혹은 외환위기를 경험했다. 반면 글로벌 금융위기는 위기의 발원지가 달러화의 발행국인 미국이었기 때문에 달러화에 대한 투기적 공격은 이루어지지 않았다. 대신 미국발 글로벌 금융위기는 미국 금융기관들의 증권화를 통한 무분별한 신용공급(reckless supply of credit) 확대로 조성된 미국의 경제붐(boom)이 주택가격 하락으로 붕괴(bust)되면서 초래된 금융위기였다.

셋째, 기존의 금융위기가 주로 주변국에서 주변국으로 전염(contagion)된 반면 글로벌 금융위기는 중심국 미국에서 시작되어 전세계적으로 전염되었다. 아시아에 비해 글로벌 금융위기로부터 상대적으로 자유로워 보이던 유럽의 경우도 2010년에 들어와 재정확대에 따른 국가부채 급증으로 그리스를 시작으로 금융위기를 경험하게 되었다.

---

1) 이 장의 논의는 한국경제학회 주최로 2009년 7월 27일부터 31일까지 서울대학교에서 "The Global Financial Crisis of 2007-2009: Theoretical and Empirical Perspectives"라는 제목으로 이루어진 프린스턴대 신현송 교수의 강의를 들으면서 많은 도움을 받았다. 신현송 교수에게 새삼 감사드린다. 신 교수의 서울대 강의내용은 한국경제학회, "2007-2009 국제금융위기의 이론적 및 실증적 고찰," 『한국경제포럼』, 제2권, 제3호, 2009년 가을, pp. 87-145에 정리되어 있다. 미국 금융위기의 진행과정에 대한 자세한 설명은 최혁, 『2008 글로벌 금융위기』, K-books, 2009를 참고할 것.

글로벌 금융위기의 태동

1930년대의 대공황(The Great Depression)에 비견되는 글로벌 차원의 심각한 경제위기는 1970년대 초반 미국이 달러화의 금태환정지를 선언함으로써 잉태되었다고 할 수 있다. 미국 달러화의 금태환정지를 계기로 국제통화제도(International Monetary System)는 브레튼우즈 체제하의 고정환율체제가 붕괴되고 변동환율제도로 이행하게 되었다. 국제통화제도가 변동환율체제로 이행됨으로써 다음과 같은 두 가지 결과가 초래되었다.[2)]

우선 변동환율로 인해 기업들이 환리스크를 헤지(hedge)하기 위한 수단이 필요하게 되었고 이를 계기로 파생금융상품이 본격적으로 등장하게 되었다. 기업들의 환위험 관리에 대한 수요를 반영하여 1972년 시카고상품거래소(CME: Chicago Mercantile Exchange)에 국제통화시장(IMM: International Monetary Market)이 개설됨으로써 통화선물거래가 처음으로 시작되었다.[3)] 농산물을 필두로 한 일반상품에 대한 선물거래의 역사는 1세기가 넘지만 글로벌 금융위기의 단초를 제공한 복잡한 파생금융상품의 최초거래는 40년 전 시카고에서 통화선물거래를 필두로 시작된 것이다.

통화선물거래가 시작된 이후 옵션거래가 등장하였고, 다음으로 스왑거래가 등장하였다. 통화스왑(currency swap)을 필두로 금리스왑(interest rate swap)이 등장하였고 글로벌 금융위기로 그 실체가 일반인에게도 노출된 신용디폴트스왑(CDS: Credit Default Swap)이 2000년 이후 등장하였다.

CDS는 투자자로 하여금 금리변동에 따른 위험과 채무자의 채무불이행(default)에 따른 위험을 분리할 수 있도록 한 파생금융상품으로 채권보유 없이도 매입이 가능해 신용위험에 대한 투자수단이 되었다. 변동환율로 인한 기업들의 환리스크헤지(hedge) 수단으로 등장한 파생금융상품이 변화를 거듭하여 신용리스크에 대한 투자수단으로 진화하게 된 것이다. 파생금융상품은 당초 위험분산의 수단으로 인식되었다. 특히 CDS는 자본의 국가간 이동이 자유로운 글로벌 경제에서 레버리지(leverage)가 아주 높은 대출창출자(loan originators)의 리스크를 이전시킬 수 있는 수단으로 각광

2) *The Economist*, "A special report on the future of finance: greed and fear," January 24, 2009.

3) 파생금융상품의 종류, 진화과정 등에 대한 설명은 제1장의 부록을 참고할 것.

받았다.

CDS는 2004년경부터 거래가 본격화되어 발행액이 2004년 6조 달러 정도였으나 미국발 글로벌 금융위기가 본격화된 2007년 발행액이 58조 달러로 급증하면서 정점에 이르렀다. CDS는 주로 AIG와 같은 보험회사가 판매하고 은행, 헤지펀드 등이 매입하였다.

■ 참고 ■

왜 은행들은 CDS 매입을 선호하였나

은행들이 CDS 매입을 선호하게 된 것은 CDS 매입을 통해 자기자본비율을 높일 수 있었기 때문이다. 자기자본비율은 자산(A: assets)에 대한 자기자본(E: equity)의 비중을 나타낸다. 따라서 은행의 자기자본비율은 분모인 자산이 작아지거나 분자인 자기자본이 클수록 커진다. 은행의 자산은 위험가중평균자산으로 표현된다. 따라서 자산에 대한 위험가중치가 작을수록 자산규모도 작아진다.

그런데 은행이 CDS를 매입할 경우 CDS 매도기관의 위험가중치로 자산에 대한 위험가중치를 변경할 수 있다. 위험가중치는 현금, 미국채, OECD 국가 발행채권 등은 0%이다. OECD 회원국의 은행이 발행한 채권은 20%이다. 반면 개인에 대한 신용대출, 회사채, OECD 비회원국이 발행한 국채, 은행채 등은 위험가중치가 100%이다. 따라서 어떤 은행이 회사채를 자산으로 보유하고 있는 경우 OECD 회원국 은행이 발행한 CDS를 매입함으로써 위험가중치를 100%에서 20%로 낮출 수 있다.

출처: 최혁, 『2008 글로벌 금융위기』, K-books, 2009.

환율체제가 변동환율체제로 전환됨으로써 초래된 두 번째 현상은 브레튼우즈 체제에서 고정환율 유지의 방편으로 제한하였던 국가간 자본이동이 자유로워지게 된 것이다. 자본의 국가간 이동에 대한 통제가 풀리면서 보험회사, 연기금(pension fund)과 같은 기관투자자들에 의한 해외투자가 급증하면서 자본의 글로벌화가 급속히 진전되었다. 그 결과 미국의 투자은행들은 보다 많은 자본을 가진 해외의 기관투자자들과 경쟁하기 위해 주식시장을 통해 자본을 확충하거나 상업은행들과 협력을 모색하게 되었다.

상업은행과 투자은행의 업무영역을 분리하기 위해 대공황기인 1933년에 제정된 글래스-스티걸 법안(Glass-Steagall Act)이 1999년 폐지됨으로써 투자은행과 상업은행의 영역이 허물어지는 법적 토대가 마련되어 상업은행과 투자은행의 겸업이 허용되었다. 투자은행과 상업은행의 겸업화가 가능하게 되자 기업대출업무에서의 치열한 경쟁으로 몸살을 앓고 있던 상업은행들은 발 빠르게 자신들의 업무영역을 투자은행

업무로 확장하여 투자자들에게 신규발행증권을 판매하게 되었다. 결국 은행들이 증권화를 통해 신용공급을 확대할 수 있었던 것은 변동환율체제로의 이행에 따른 자본의 글로벌화와 이로 인한 상업은행과 투자은행의 겸업허용이 그 단초가 되었다.

글로벌 금융위기의 원인

글로벌 금융위기의 원인에 대해서는 인간의 탐욕과 두려움(greed and fear)으로부터 시작하여 미국 연준의 통화정책 실패, 금융기관의 무분별한 대출과 리스크관리 실패, 금융당국의 탈규제화(deregulation), 규제받지 않은 금융혁신, 신용기관의 도덕적 해이(moral hazard), 경상수지 흑자국과 적자국 사이의 글로벌 불균형(global imbalances), 증권화 등 다양한 요인이 거론된다. 2007/2008년에 발생한 글로벌 금융위기에서 핵심적 역할을 한 것은 증권화이다. 증권화의 근저에는 글로벌 불균형이 자리하고 있다. 이 장에서는 증권화와 글로벌 불균형을 중심으로 글로벌 금융위기의 원인을 살펴본다.

증권화

증권화(securitization)는 금융기관들이 각종 대출(예: 모기지 대출)을 패키지(package)로 묶어서 증권을 만든 후 외부투자자들에게 판매하는 것이다. 증권화도 고정환율체제가 붕괴된 1970년대 초반 이후 탄생된 작품이다. 글로벌 금융위기 이전에 증권화는 리스크의 분산수단으로서 금융당국에 의해 권장되었다.

증권화는 상업은행과 투자자 모두가 윈-윈할 수 있는 수단으로 인식되었다. 은행의 입장에서는 증권화를 통해 시장에서 차입이 가능해지게 되어 더 이상 기존의 예금상품 판매에 의존하지 않고 성장할 수 있는 새로운 성장 루트를 개척한 셈이 되었다. 투자자의 입장에서는 정부가 발행하는 증권(국채)보다 수익률이 높은 자산에 투자할 수 있는 길이 열려 다양한 투자자산이 확보되는 긍정적인 측면이 있었다. 투자자와 은행 모두에 이로운 전략이 된 증권화는 급속도로 성장하게 되었다.

증권화의 대표적인 사례는 자산담보부증권(ABS: asset-backed securities)이다. ABS는 주택구입용 대출(모기지, mortgage), 학자금용 대출, 자동차구입용 대출, 신용카드 대출 등을 기초자산으로 발행한 채권들이다. ABS의 대표적인 사례로는 모기지담보부증권(MBS: mortage-backed securities)이 있다. MBS는 모기지 중 주로 서브프라임 모기지를 담보로 조성된 증권이다.[4] ABS는 MBS 같은 단순한 형태에 그치지 않고 더욱 복잡해져 부채담보부채권(CDO: collateralized debt obligations)에 이르러 파국에 이르게 되었다. CDO는 복잡하고 고도화된 증권이다. CDO는 여러 ABS들과 다양한 종류의 채권들을 함께 묶어 하나의 풀(pool)을 만들고 이 풀을 투자자의 리스크에 대한 선호도에 따라 우선순위가 다른 트랜치(tranches)로 구분한 상품이다. CDO의 트랜치는 리스크가 낮은 것에서 높은 순으로 슈퍼 시니어(super-senior), 시니어(senior), 메짜닌(mezzanine), 이퀴티 트랜치(equity tranche) 등으로 구분된다. CDO 중 이퀴티에 대한 투자자들이 가장 높은 신용리스크에 노출되게 된다.

CDO는 독특한 형태로 기초자산들을 조합하여 창출되어 투자자들이 CDO의 기초자산에 대한 구체적 정보를 갖기가 어려웠다.[5] 하나의 CDO가 수백 개의 기초자산에서 소득이 창출되는 것이 일반적이었다. 외환, 이자율, 주가 등을 기초자산으로 한 파생금융상품의 경우 블랙-숄즈 모형과 같은 모형을 통해 리스크관리가 어느 정도 가능하였다. 그러나 CDO는 그 복잡성으로 인해 리스크관리가 원천적으로 어려운 상품이었다. CDO는 글로벌 금융위기의 과정에서 그 복잡한 실체가 드러나게 되었다.[6]

---

4) 모기지는 금융기관이 주택(혹은 부동산)구입을 목적으로 하는 차입자에게 주택을 담보로 대출해 주는 자금이다. 모기지는 차입자의 신용등급에 따라 프라임(prime), 알트 에이(Alt-A), 서브프라임(subprime) 모기지 등으로 구분된다. 이 가운데 글로벌 금융위기와 관련하여 문제가 된 것은 서브프라임 모기지이다. 서브프라임 모기지는 신용등급이 가장 낮은 차입자에게 이루어진 모기지이다. 서브프라임 모기지 차입자들은 주택가치의 100%에 가까운 모기지를 변동금리로 차입하여 차입금의 60% 이상을 현금화하여 지출에 충당하거나 여타 채무를 상환하는 데 사용한 것으로 조사되었다.

5) CDO의 신용위험에 대한 불확실성을 반영하여 CDO와 같은 채권에 대한 보증과 신용평가기관을 통한 CDO에 대한 신용등급평가가 필요하게 되었다. 채권의 이자나 원금을 받지 못할 때 채권보유자에게 대신 갚아주는 채권에 대한 보험사업을 전문으로 하는 업체를 모노라인(monoline)이라고 부른다. 모노라인 업체는 보통 하나의 사업분야에 특화했기 때문에 모노라인이라고 부른다. 모노라인 업체에는 Ginnie Mae처럼 정부가 지원하는 서민, 아메리카 인디언, 제대군인 등에 대한 모기지로부터 만들어진 채권을 보증하는 정부보증기관과 민간부문 채권보증기관인 AMBAC, MBIA 등이 있다. 신용평가사에는 잘 알려진 S&P/Moody's/Fitch Ratings 등이 있다.

6) 골드만삭스의 사기혐의에 대한 미국 증권거래위원회(SEC: Securities and Exchange Commission)의 소송내용에 따르면 골드만삭스는 ABACUS라는 CDO 상품을 만들어 판매하는 과정에서 투자자들을 속인 혐의를 받고 있다(한국은행, "골드만삭스의 사기혐의에 대한 소송내용과 향후 전망," 해외경제정보, 제2010-16호, 2010. 4).

ABACUS에는 애리조나, 캘리포니아, 플로리다 등의 모기지를 중심으로 한 90개의 MBS가 포함되어 있다. 골드만삭스는 당초 ABACUS라는 CDO의 이퀴티 트랜치(equity tranche)에 대한 투자자로 폴슨사(Paulson & Co.)를 발표하였으나 실제로는 이퀴티 트랜치는 판매하지 않고 골드만삭스가 매입한 것으로 나타났다.

골드만삭스가 발행한 ABACUS에 대한 주요 투자자는 IKB, ABN AMRO 등이었으며, SEC에 금융기관들은 경기가 호황을 유지하고 주택가격의 상승세가 지속될 것으로 예상하여 신용등급이 낮은 사람들에게까지 주택담보대출을 해주었다. 그러나 일단 주택가격이 하락세로 돌아서고 수많은 저신용 차입자들이 모기지를 상환하지 못하면서 모기지를 기반으로 한 MBS, CDO 등의 자산유동화증권을 만들어 판매한 금융기관과 이에 투자한 투자자 모두 손실을 입게 된 것이다. 이 과정에서 채무자의 채무불이행에 대한 신용보험상품(CDS)의 매입자(CDO 발행 금융기관), 판매자(AIG, monoline 등) 등도 모두 손실이 초래되었다. 미국은행들이 증권화를 통해 다양한 증권들을 전세계 투자자들에게 판매하였고 그 결과 미국의 신용위험이 전세계로 파급되게 된 것이다.

그렇다면 미국 금융기관들은 어떻게 신용등급이 낮은 차입자들에게도 대출을 해주었을까? 그리고 미국 금융기관들이 신용등급이 낮은 차입자들에게까지 대출을 해줄 수 있었던 투자자금은 어디에서 흘러왔을까?

첫 번째 질문에 대한 대답은 증권화이다. 두 번째 물음에 대한 대답은 글로벌 불균형이다. 이 장의 주장은 증권화를 통해 금융기관의 저신용 차입자에 대한 무분별한 대출이 가능해졌고, 이를 가능케 한 원천은 글로벌 불균형에 있다는 것이다. 다시 말해 **글로벌 금융위기←저신용 차입자에 대한 대출←증권화←글로벌 불균형**을 설명하는 것이 이 장의 목적이다.

15.2 글로벌 금융위기와 증권화[7)]

증권화와 관련하여 일반적으로 널리 알려진 두 가지 시각은 다음과 같다. 우선 2007/2008년의 금융위기가 발생하기 전에 회자된 증권화에 대한 오래된 시각(old per-

---

따르면 이들은 골드만삭스의 오도로 약 10억 달러에 달하는 손실을 입은 것으로 나타났다. ABN AMRO는 RBS에 의해 인수되었다. 한편 ACA 캐피털(capital)은 골드만삭스가 발행한 ABACUS의 슈퍼 시니어 트랜치(super-senior tranche)에서 발생하는 신용리스크에 따른 손실을 부담하는 대신 프리미엄을 받는 조건으로 골드만삭스에게 9억 달러에 달하는 CDS를 매도하였다.

7) 이하의 논의는 Hyun Song Shin, "Securitization, Subprime Mortgages and Global Imbalances," Text of public lecture hosted by the Hong Kong Institute for Monetary Research, 26th November 2008 및 Hyun Song Shin, "Securitization and Financial Stability," *The Economic Journal*, 119, March 2009, pp. 309-332 참고.

spective)은 신용리스크 분산(credit risk spread)이라는 증권화의 긍정적인 측면을 강조하는 것이었다. 글로벌 금융위기 혹은 신용위기 이후에 대두된 증권화에 대한 새로운 시각(new perspective)은 증권화가 지닌 부정적인 측면을 강조한 것이다.

증권화에 대해 새롭게 대두된 시각은 뜨거운 감자가설(the hot potato hypothesis)로 비유할 수 있다. 뜨거운 감자가설은 뜨거운 감자를 이 사람에서 저 사람으로 넘기다 보면 마지막 사람이 뜨거운 감자를 지니게 되는 것처럼 서브프라임 모기지와 같은 부실대출(bad loan)을 기초로 탄생한 증권을 점점 바보스러운 투자자에게로 계속 넘기다 보면 종국에는 가장 불운한 최종투자자가 뜨거운 감자를 가지게 되고 궁극적인 손실을 입게 된다는 것이다.

그런데 부실대출을 보다 바보스러운 투자자에게 판매하는 것과 부실자산에 기초한 부채를 발행하는 것은 구분되어야 한다. 어떤 금융기관이 부실대출이라는 뜨거운 감자를 판매한다는 것은 당해 금융기관의 대차대조표(balance sheet)에서 부실대출을 제거하는 것이다. 반면 부실대출을 기초로 부채를 발행하면 부실대출이라는 뜨거운 감자가 제거되는 것이 아니라 뜨거운 감자가 금융체제의 대차대조표에 그대로 남아 있게 된다.

예를 들어 어떤 금융기관이 증권화를 위한 특수목적매체(SPV: Special Purpose Vehicles)를 설립하여 부실자산에 기초한 증권을 발행할 경우, 뜨거운 감자가 특수목적매체의 장부에 남고 신용위기가 닥치면 결국 특수목적매체를 설립하여 운영한 금융기관의 부담으로 작용하게 된다. 이런 점에서 실질적으로는 특수목적매체를 지원한 대형금융기관이 종국에 뜨거운 감자를 가지는 최종투자자가 되는 셈이다. 투자체인(investment chain)에서 가장 바보(the greatest fool)는 바로 대형금융기관이 되는 셈이다.

금융기관의 경우 레버리지(=총자산 대비 총자본 비율)가 높기 때문에 금융기관이 입는 손실은 자본을 잠식할 정도로 막대한 규모가 될 수 있다.[8] 고도로 성숙된 미국의 금융기관들이 뜨거운 감자를 최종적으로 손에 쥔 채 가장 바보처럼 행동하게

8) 서브프라임 모기지로 인한 약 1조 4,000억 달러의 손실 중 약 절반 정도는 상업은행, 투자은행, 헤지펀드 등과 같은 미국의 레버리지 활용 금융기관(leveraged financial institutions)이 입은 손실로 추정되고 있다. 해외의 레버리지 활용 금융기관을 포함할 경우 서브프라임 모기지로 인한 총손실의 약 2/3는 미국과 해외의 레버리지 활용 금융기관이 입은 손실인 것으로 추정되고 있다. Hyun Song Shin, "Securitization and Financial Stability," *The Economic Journal*, 119, March 2009, p. 313.

된 것을 이해하기 위해서는 신용공급의 내생성(endogeneity)을 이해해야 한다.

신용공급의 내생성

금융기관들은 측정된 리스크의 변동에 반응하여 대차대조표를 적극적으로 관리한다. 신용공급은 금융기관들이 대차대조표를 관리하는 과정에서 이루어진다. 특히 신용공급은 대차대조표의 구성요소인 자본(equity), 레버리지(leverage), 자금원(funding source) 등에 의존한다. 레버리지는 총자본에 대한 총자산의 비율을 나타낸다.

자금원은 전체 금융부문이 최종차입자에게 공급할 수 있는 총신용(total credit)의 원천이 된다. 따라서 새로운 자금원이 생기면 대출증가로 이어질 수 있다. 개별 금융기관들의 타금융기관에 대한 채권과 채무를 상쇄시키고 나면 금융부문 전체의 최종차입자에 대한 대출자금은 금융부문의 자본으로 조달되거나 금융부문 이외의 채권자로부터 차입하여 조달하여야 한다.

이를 이해하기 위해 개별은행의 대차대조표를 살펴보면 다음과 같다(표 15.1). 여기서 은행은 레버리지를 활용하는 금융기관을 통칭한다. 따라서 은행시스템(banking system)은 상업은행, 투자은행, 헤지펀드 및 패니메이(Fannie Mae)와 프레디맥(Freddie Mac)과 같은 정부지원기업(GSE: Government Sponsored Enterprises) 등 레버리지를 활용하는 전체 금융부문을 나타낸다.

개별은행의 자산은 가계 및 기업, 타은행 등에 대한 대출로 이루어진다. 개별은행의 부채는 타은행에 대한 부채와 비은행부문에 대한 부채 및 자기자본으로 구성된다. 개별은행들의 대차대조표를 모두 합치면 개별은행들의 타은행에 대한 자산과 부채가 서로 상쇄되고 표 15.2 와 같은 전체 은행부문의 대차대조표를 얻을 수 있다.

전체 은행부문의 대차대조표를 통해 알 수 있듯이 전체 은행부문의 최종차입자에 대한 총대출은 전체 은행부문의 총자기자본으로 조달되거나 은행부문 이외의 자

표 15.1 개별은행의 대차대조표

자 산(assets)	부 채(liabilities)
가계 및 기업 대출 타은행 대출	비은행부문에 대한 부채(예금 등) 타은행에 대한 부채 자기자본(equity)

출처: 신현송, "금융위기: 원인, 전망, 처방," 서울대 금융경제연구원 강연회, 2008. 11. 28.

표 15.2 전체 은행부문의 대차대조표

자 산(assets)	부 채(liabilities)
총가계 및 기업 대출	총비은행부문에 대한 부채(예금 등) 총자기자본(equity)

출처: 표 15.1 참고.

금원으로부터 차입되어야 한다. 결국 총자기자본과 레버리지가 일정하면 최종차입자에 대한 전체 은행부문의 총신용공급은 은행부문 이외의 자금원으로부터 차입이 늘어날수록 늘어나게 된다. 다시 말해 전체 은행부문이 외부자금원으로부터의 차입 비중을 늘릴수록 전체 은행부문의 자산이 늘어나고 레버리지도 커지게 된다.

기존의 전통적인 은행시스템에서는 총예금액이 전체 은행시스템의 비은행부문에 대한 부채를 나타냈다. 그러나 증권화로 말미암아 은행시스템에 새로운 자금원이 생겨남으로써 총예금액과 함께 증권화된 부채가 전체 은행시스템의 비은행부문에 대한 부채를 나타내게 되었다. 다시 말해 증권화된 부채라는 새로운 공기가 주입됨으로써 총자기자본의 증가 없이도 전체 은행부문의 자산이 늘어나게 되었고 그 결과 레버리지가 높아지게 되었다. 이를 표로 나타내면 다음과 같다.

표 15.3 전체 은행부문의 레버리지(=자산/총자기자본) 증가

자산(assets)증가	부채(liabilities)증가
총가계 및 기업 대출: 증가	총비은행부문에 대한 부채: 증가 (예금+증권화된 부채) 총자기자본(equity): 불변

출처: 표 15.1 참고.

증권화로 인해 새롭게 등장한 은행부문 이외의 자금원은 MBS, CDO 등을 구입한 투자자들이다. 증권화된 채권을 구입하여 미국의 금융부문에 새로운 대출자금을 제공한 새로운 투자자에는 연기금, 보험회사, 뮤츄얼펀드(mutual fund), 해외 중앙은행으로 대표되는 해외투자자 등이 있다. 특히 해외 중앙은행들은 미국 주택구입용 모기지 대출의 가장 중요한 자금원이었다.

신용위기(Credit Risk)

경기가 호황이고 신용리스크가 낮아 금융시장의 상황이 좋을 경우 금융기관들은 레버리지를 높이고 대차대조표를 확장한다. 이를 가능케 하는 것이 증권화이다. 증권화로 금융부문 이외의 새로운 자금조달원이 생긴 금융부문은 비금융부문에 대한 증권화된 부채 비중을 높임으로써 자산을 부풀리고 레버리지를 확장시키게 된다. 금융부문은 자기자본을 감소시킴으로써 레버리지를 높일 수도 있지만 일반적으로 자기자본은 일정하게 유지하면서 총자산규모를 조정함으로써 레버리지를 조정하는 것으로 알려져 있다.

결국 증권화는 은행부문의 비은행부문에 대한 부채증가를 통해 은행부문의 자산을 확대시킴으로써 은행부문의 레버리지를 증가시키는 역할을 하게 된다. 증권화로 은행부문의 대차대조표가 확장되어 은행권의 대출가능액이 증가하면 새로운 차입자가 등장해야 한다. 신용도가 높은 차입자들이 모두 프라임 모기지 대출을 받고 나면 새로운 차입자를 위해 대출기준을 완화해야 한다. 은행들은 저신용 차입자를 위해 대출기준을 완화함으로써 저신용 차입자들에게도 서브프라임 모기지 대출이 가능하도록 하였다. 증권화가 새로운 자금원을 끌어올 수 있게 함으로써 상환능력을 제대로 갖추지 않은 저신용 차입자에 대한 서브프라임 모기지 대출이 가능하게 된 것이다.

금융부문의 증권화를 통한 새로운 대출자금 창출과 이로 인한 대출호황은 미국 주택가격의 하락으로 파국으로 치닫게 되었다. 주택가격 하락으로 경기가 반전되자 저신용 차입자들의 서브프라임 모기지 상환이 제대로 이루어지지 않게 되었고, 저신용자에 대한 부실대출(bad loan)이 대형금융기관이나 이들의 지원하에 있는 특수목적회사(SPV)의 대차대조표에 남게 되었다.

금융부문이 신용위기에 보다 유연하게 대처할 수 없었던 것은 자산과 부채 사이의 기간불일치(mismatch) 문제가 있었기 때문이다. 금융권의 자산인 대출은 주로 모기지 형태로 장기(통상 30년)로 이루어진다. 반면 금융권의 부채는 증권발행을 통한 비금융권으로부터의 단기차입이다. 신용위기가 닥치면 자산과 부채를 조정하여 대차대조표를 조정해야 하지만 금융권의 장기비유동(iliquid)자산과 단기유동(liquid)부채 사이의 불일치로 대차대조표의 조정이 쉽게 이루어질 수 없었다. 장기로 이루어진 대출의 규모는 단기로 조달된 비금융부문으로부터의 차입규모를 반영한다. 결국 비금융권에서 조달한 자금규모가 클수록 신용위기에 따른 금융권의 대응능력도 더 크게 제약을 받게 되었다. 영국 노던락(Northern Rock) 은행의 경우 자산의 대부분이 장기 주택모기지였다. 그 결과 신용위기가 닥쳐도 대차대조표를 조정하기가 어려웠고 결국 파산했다. 노던락의 레버리지는 2001년 말 30배였으나 미국발 신용위기가 터지기 직전인 2007년 6월 60배로 증가한 것으로 나타났다.[9]

신용위기로 연기금, 보험회사 등과 같은 최종투자자들도 손실을 입었지만 증권화를 통해 외부자금을 조달한 대형금융기관들의 손실이 더 큰 것으로 나타났다. 2007/2008년 신용위기의 심각성은 부실대출이라는 뜨거운 감자가 은행권에서 최종투자자의 손으로 모두 넘어가지 못하고 금융시스템의 대차대조표에 내재되어 있었다는 것이다.

실증사례

전체 금융부문의 최종차입자에 대한 총대출은 금융부문의 자기자본이나 비금융부문으로부터의 차입을 통해 조달되어야 한다. 여기서는 패니메이(Fannie Mae)와 프레디맥(Freddie Mac)과 같은 정부지원기업(GSE: Government Sponsored Enterprises)이 발행한 증권에 대한 투자자를 구분하여 미국 금융부문이 어떤 비금융부문 투자자로부터 자금을 조달하였는지 살펴본다.[10]

그림 15.1 은 정부지원기업(GSE)이 발행한 증권의 투자자를 나타내고 있다. 그림 15.2 는 GSE가 발행한 증권의 투자자별 비중을 나타낸 것이다. 그림에서 레버리지 활용 금융기관(leveraged financial institutions)은 상업은행, 골드만삭스와 같은 브로커딜러, 기타 증권화 매체를 포함한다. 비레버리지 금융기관(non-leveraged financial institutions)은 뮤츄얼펀드, 보험회사, 연기금 등을 포함한다. 비금융부문(non-financial sector)은 가계, 기업, 정부부문을 나타낸다. 해외부문(rest of the world)

---

9) Hyun Song Shin, "Securitization and Financial Stability," *The Economic Journal*, 119, March 2009, p. 330.

10) 연방모기지협회(Federal National Mortgages Association)로 1938년 설립된 패니메이는 은행, 모기지 전문회사 등에서 발행한 주택모기지를 매입하는 미국에서 가장 큰 모기지 전문 매입기관이다. 패니메이는 매입한 모기지를 MBS 형태로 증권화하여 투자자들에게 판매한다. 프레디맥은 연방주택대출모기지공사(Federal Home Loan Mortgages Corporation)로 1970년 설립되었다. 프레디맥은 미국에서 두 번째로 큰 모기지 전문 매입기관이다.

그림 15.1 GSE 발행 증권에 대한 투자자

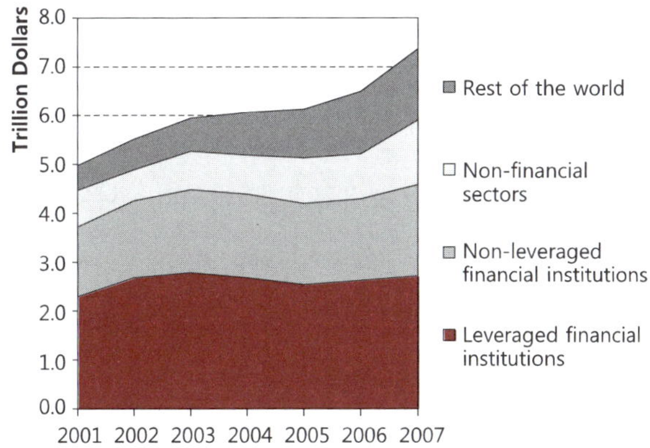

출처: Shin(2008)

그림 15.2 GSE 발행 증권의 투자자별 비중

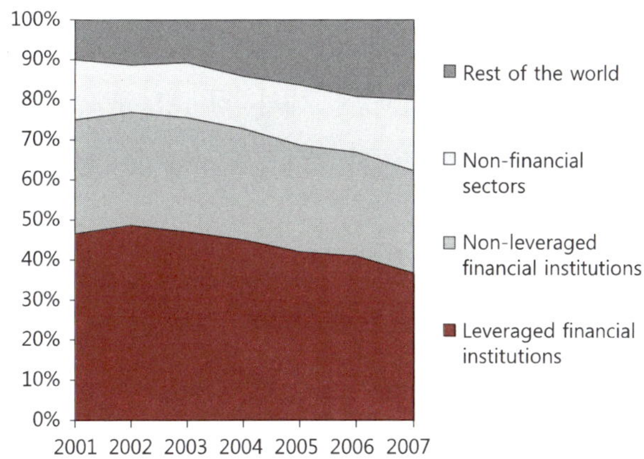

출처: Shin(2008)

은 해외 중앙은행 등 해외투자자를 나타낸다.

그림에서 볼 수 있듯이 2002년 미국의 레버리지 활용 금융기관들이 소유한 GSE 발행 증권은 전체의 48%였으나 2007년 말에는 37%로 감소한 것으로 나타나고 있다. 반면 GSE가 발행한 증권에 대한 비레버리지 부문의 투자는 증가한 것으로 나타나고 있다. 특히 해외 중앙은행이 대부분을 차지하는 해외부문의 투자는 2001년 말

5,040억 달러에서 2007년 말 1조 5,400억 달러로 3배 이상 증가한 것으로 나타나고 있다. 결국 해외 중앙은행으로 부터의 차입이 미국 주택 모기지 대출의 중요한 자금원이 된 것이다.

해외부문의 미국증권에 대한 투자규모

해외부문의 미국발행증권 보유규모를 미국의 부문별 차입자를 통해 살펴보면 그림 15.3 과 같다. 그림에는 정부 및 에이전시(agency), 상업은행, 기타 금융기관, 비금융기관 및 비정부기관, 자본시장 등을 통해 조달된 해외자금의 규모가 나타나 있다. 증권발행을 통한 미국의 해외차입규모는 2002년 2조 5,000억 달러에서 2007년 6조 5,000억 달러로 급증한 것으로 나타나고 있다. 증권발행을 통해 해외에서 자금을 가장 많이 조달한 부문은 정부 및 에이전시(agency)로, 미국 재무부발행 국채와 골드만삭스(Goldman Sachs), 메릴린치(Merillynch) 등과 같은 에이전시가 발행한 증권의 해외보유규모를 나타낸다.

그림에서 특히 주목할 것은 자본시장을 통한 해외자금조달이다. 자본시장을 통한 해외자금 조달규모에는 민간부문 모기지 업체들이 발행한 MBS가 포함되어 있다. 그림에 나타난 자본시장을 통한 해외자금 조달규모가 2003년 이후 급증한 것은 2003년경부터 급증한 민간 모기지 업체들의 중요성이 반영된 것이다.

그림 15.3 미국 부채증권의 해외보유액

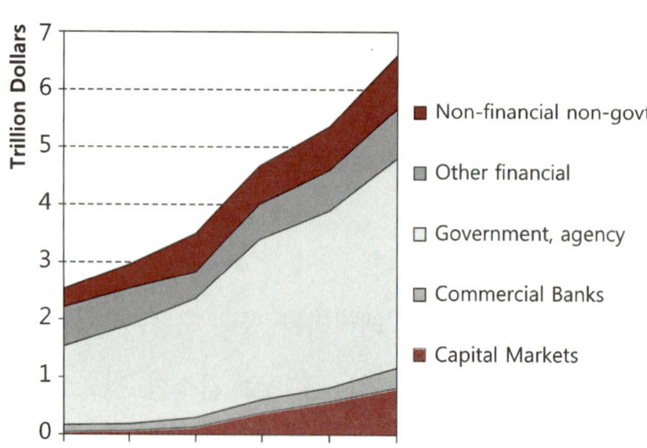

출처: Shin(2008)

그림 15.4 미국 부채증권의 해외보유액

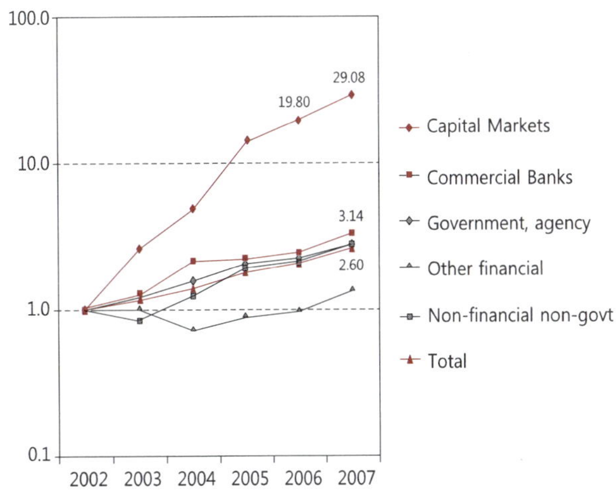

민간 모기지 업체들의 증권발행을 통한 해외자금조달이 얼마나 급속히 증가했는지 그림 15.4 를 통해 살펴보자.

그림 15.4 는 2002년 6월을 1로 하여 부문별 차입규모를 나타낸 것이다. 그림에 나타나 있듯이 미국 부채증권의 해외보유 총규모는 2002년부터 2007년 사이 2.6배 증가한 것으로 나타났다. 정부, 상업은행, 비금융부문 등이 해외에 판매한 증권의 규모도 증권의 총판매규모와 비슷한 속도로 증가되었다. 반면 민간 모기지 업체들의 해외자금 조달규모를 반영하는 자본시장을 통한 해외자금 조달규모는 2002년부터 2007년 사이 무려 30배 가까이 증가한 것으로 나타나고 있다.

15.3 글로벌 불균형과 글로벌 금융위기

미국의 금융기관들이 상환능력이 의심되는 저신용자에게까지 무분별하게 주택모기지 대출을 해줄 수 있게 된 데는 해외에서 조달된 자금이 중요한 역할을 하였다. 미국의 정부, 금융부문, 비금융부문 등 모든 부문의 해외자금차입이 급증할 수 있었던 원인은 무엇인가? 미국의 해외자금조달이 급증할 수 있었던 것은 글로벌 불

균형에 기인한다. 미국발 글로벌 금융위기의 근저에는 글로벌 불균형이 자리하고 있다.[11)]

글로벌 불균형의 의미와 규모

글로벌 불균형(global imbalances)은 미국의 지속적인 대규모 경상수지적자와 신흥시장국(emerging markets)을 포함하는 개도국, 특히 중국의 대규모 경상수지흑자 패턴을 지칭한다. 경상수지(current account balances)는 저축과 투자 사이의 관계로 다음과 같이 나타낼 수 있다.[12)]

경상수지적자＝국내총투자－총저축
＝순해외차입

따라서 국내총투자가 총저축보다 많은 나라는 경상수지적자를 나타내게 된다. 반면 총저축이 국내총투자보다 많은 나라는 경상수지흑자를 나타내게 된다. 경상수지적자국은 적자를 보전하기 위해 해외차입을 통해 경상수지흑자국의 저축을 빌려와야 한다. 경상수지흑자국은 해외투자를 통해 자국의 저축을 경상수지적자국에게 빌려줄 수 있다.

미국은 1992년 이후 매년 경상수지적자를 시현하고 있다. 미국의 경상수지적자는 1997년 이후 빠르게 증가하여 2006년 미국 GDP의 6%인 7,880억 달러로 최고점에 달하였다. 미국의 거듭된 경상수지적자로 미국의 해외차입규모는 2002년 2조 5,000억 달러에서 2007년 6조 5,000억 달러로 급증하게 되었다. 2007년 미국의 해외차입규모는 GDP의 40%를 상회하는 규모이다. 해외의 막대한 경상수지흑자로 2002년부터 2007년 사이 연평균 8,000억 달러의 해외자본이 미국으로 유입될 수 있었고, 그 결과 새로운 차입자가 필요해진 금융기관에 의해 저신용 등급자에게도 모기지 대출이 이루어진 것이다. 모기지 대출의 상당부분은 현금화되어 소비에 충당되거나 채무변제에 사용되었다.

미국의 경상수지적자는 투자증가에 기인한다기보다 소비증가로 인한 저축감소가 주된 원인이다. 미국의 저축률감소는 미국 정부의 대규모 재정적자와 민간의 높은

11) 이하의 논의는 *The Economist*, "Global economic imbalances," January 24, 2009 참고.
12) 경상수지와 저축, 투자 사이의 관계에 대한 자세한 설명은 제7장을 참고할 것.

소비수준에 기인한다. 일반적으로 재정적자는 국채발행을 통해 조달된다. 지속적인 대규모 재정적자를 보전하기 위해 대규모로 국채가 발행되면 금리가 높아지고 소비가 위축되어야 한다. 그런데 미국의 국채를 중국 등 경상수지흑자국들이 매입했기 때문에 미국의 국채가격이 유지되고 저금리가 유지될 수 있었다. 그 결과 미국의 주택가격이 상승세를 지속할 수 있었고 미국 소비자들은 저신용 등급자도 서브프라임 모기지 대출을 받아 상승하는 주택가격의 자산효과를 등에 업고 저축 대신 고소비를 유지할 수 있었다.

동전의 양면처럼 미국의 대규모 경상수지적자 이면에는 신흥시장국 등을 포함하는 개도국(developing countries)들의 경상수지흑자가 자리하고 있다. 개도국의 경상수지흑자는 2008년 9,000억 달러에 달했다. 개도국 경상수지흑자의 대부분은 중국과 석유수출국에서 비롯된 것이다. 특히 중국의 경상수지흑자는 2003년 2,200억 달러에서 2008년 6,500억 달러로 급증하였다.[13] **그림 15.5** 는 1996년 이후 미국과 개도국의 경상수지를 나타낸 것이다.

그림에서 알 수 있듯이 1996년에는 미국과 개도국의 경상수지적자규모가 비슷했으나 2000년 이후 미국의 경상수지적자와 개도국의 경상수지흑자규모가 급증한 것으로 나타나고 있다.

그림 15.5 미국과 개도국의 경상수지 추이(단위: 10억 달러)

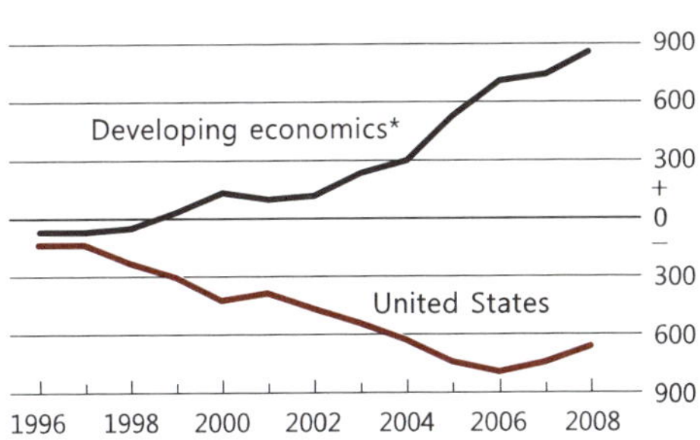

출처: Economist(2009)

13) 중국의 경상수지흑자규모는 중국과의 교역대상국 자료에 따른 것이다. 중국측 자료에 따르면 중국의 경상수지흑자는 2008년 3,000억 달러 정도이다. 이처럼 중국의 경상수지흑자규모에 대한 자료가 서로 다른 것은 중국측의 무역자료는 홍콩을 경유하여 제3국으로 수출되거나 수입된 무역규모는 제외하는 반면 중국의 교역대상국들은 홍콩을 경유한 중국과의 교역량을 모두 포함시키기 때문이다.

그림 15.6 **중국의 미국에 대한 경상수지흑자규모(단위: 10억 달러)**

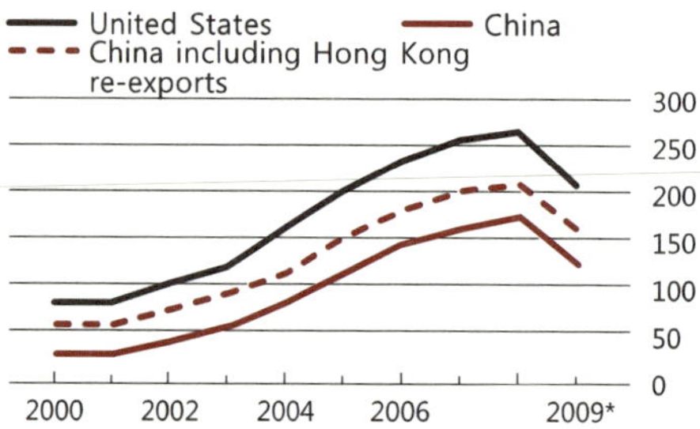

출처: Economist, January 24, 2009.

중국의 미국에 대한 경상수지흑자규모를 그림 15.6 을 통해 살펴보자. 그림에는 미국측과 중국측 통계에 따른 중국의 대미 경상수지흑자규모가 나타나 있다. 미국측 자료에 따르면 중국은 미국에 대해 2004년 이후 매년 2,000억 달러 이상의 흑자를 내고 있다. 경상수지흑자폭이 최고조에 달한 2008년에는 약 2,600억 달러의 대미 경상수지흑자를 기록하였다. 2008년 미국의 경상수지적자가 약 7,000억 달러임을 감안하면 미국 경상수지적자의 약 1/3은 중국에서 비롯된 것임을 알 수 있다.

해외자금의 미국유입 원인

지금까지의 논의를 요약하면 미국은 낮은 저축으로 인해 막대한 경상수지적자를 시현하였고 중국은 높은 저축으로 대규모 경상수지흑자를 시현하였다. 적자국인 미국으로 막대한 해외자금이 흘러들어오지 않았으면 붕괴(bust)의 전주곡인 저금리, 고주택가격, 저신용 등급자에 대한 서브프라임 대출, 고소비로 인한 경기호황(boom)으로 거품이 조성되지 않았을 것이고 그 결과 미국발 글로벌 금융위기도 일어나지 않았을 것이다.

그렇다면 미국으로 막대한 해외자본이 유입된 원인은 무엇인가? 중국을 비롯한 개도국의 자금이 대규모로 미국으로 유입된 원인에 대해서는 수요견인(demand-pull) 시각과 공급유인(supply push)시각이 있다.

수요견인 대 공급유인

수요견인시각은 자국 금융자산에 매력을 느끼지 못한 해외투자자들이 세계에서 가장 발달된 금융시스템을 갖춘 미국의 안전자산을 선호함으로써 미국으로 중국 등 개도국의 자금이 유입되었다는 것이다. 수요견인시각에 따르면 세계에서 가장 발달되고 유동성이 풍부한 금융시장이 존재하는 미국은 경상수지흑자국의 자연스러운 해외투자처이다.

수요견인시각과 관련하여 가장 널리 회자된 것은 현재 미국의 연준의장인 벤 버냉키(Ben Bernanke)의 시각이다.[14] 버냉키에 따르면 글로벌 저축과잉(global saving glut)으로 미국의 해변으로 해외저축이 밀려오기 때문에 미국은 수동적으로 낮은 저축률로 반응했다는 것이다. 미국은 해외자본을 유인한 적이 없지만 넘쳐나는 해외자본이 안전한 투자처를 찾아 미국으로 몰려왔다는 것이다. 수요견인시각에 따르면 안전한 미국자산에 보험을 들고 싶어하는 개도국의 수요 때문에 미국은 어쩔 수 없이 해외자본을 받아들인 비극적인 희생양이다.

공급유인시각은 미국이 증권화를 통해 해외자본이 유입될 수 있는 미끼를 마련했다는 것이다. 공급유인시각에 따르면 미국이 증권화를 통해 해외투자자들이 위험천만한 미국의 증권에 투자하도록 유인했다는 것이다. 다시 말해 미국이 저신용자에 대한 대출을 기반으로 창출한 CDO와 같은 실체를 파악하기 어려운 증권을 만들어 팔지 않았으면 해외투자자들이 사지도 않았을 것이라는 것이다. 이 시각에 따르면 중국이 높은 저축을 통해 경상수지흑자라는 로프를 던진 것은 사실이지만 그 로프에 매달린 것은 미국이라는 것이다.

달러화표시 자산의 수요에 영향을 미치는 요인에 대한 포브스(Kristin Forbes)의 분석결과에 따르면 해외투자자들이 미국자산을 선호하는 주 이유는 자국의 금융시장 발달 정도가 낮고 좋은 옵션이 없기 때문인 것으로 나타나고 있다.[15] 해외투자자들은 미국 금융시장의 규모, 유동성, 효율성, 투명성 등에 이끌려 달러화표시 자산에 투자한다는 것이다. 포브스의 분석결과는 개도국의 금융시장 발달 정도가 낮

---

14) Ben Bernanke, "The global saving glut and the U.S. current account deficit," presented at the Sandridge Lecture, Virginia Association of Economics, Richmond, Virginia, March 2005.

15) Kristine Forbes, "Why do foreigners invest in the United States?" Working Paper 13908, NBER, 2008.

고 진전이 느리기 때문에 결과적으로 글로벌 불균형이 지속될 수 있다는 설명에 무게를 더해 준다.

개도국의 높은 저축률의 동기

미국으로 유입될 수 있는 자금의 원천인 개도국 저축의 동기는 무엇인가? 왜 중국을 필두로 개도국들은 막대한 저축을 하는 것일까?

개도국들이 막대한 저축을 하는 이유는 경제위기시에 쉽게 유동화시킬 수 있는 가치저장수단을 획득하기 위해서인 것으로 분석되고 있다.[16] 금융시장이 미성숙된 개도국들은 경제성장에 상응하는 충분한 저축수단을 가지고 있지 못하다. 특히 개도국의 민간부문은 경제위기시 정부의 안전망이나 정부의 신용공급에만 의존하기가 어렵다. 따라서 개도국의 민간부문은 취약한 금융부문에 대한 보험으로 예비적 저축에 의지하지 않을 수 없다.

중국의 저축률이 세계에서 가장 높은 것은 취약한 금융발달로 투자상품에 대한 옵션이 많지 않은 이유도 있지만 정부의 안전망 부족에 따른 노후대비, 자녀교육, 의료비 충당 등을 위한 예비적 성격의 저축이 많기 때문이다. 중국의 과도한 저축에 대한 또 다른 시각은 중국정부의 환율정책으로 인해 중국의 저축이 과도하게 많아지게 되었다는 것이다. 중국정부의 환율정책에 따라 중국 중앙은행이 외환시장에 개입하여 달러화를 매입함으로써 위안(yuan)화의 가치가 저평가된 상태를 유지할 수 있고 그 결과 수출은 촉진되고 소비는 억제되어 총저축이 늘어나고 경상수지흑자가 증가한다는 것이다. 경상수지흑자로 유입되는 달러화는 중국정부의 위안화 저가치 유지정책에 따라 중앙은행을 통해 매입됨으로써 외환보유고 증가로 귀결된다. 늘어난 외환보유고는 미국 등의 해외투자에 활용된다.

개도국의 외환보유고는 개도국의 민간저축을 반영한 것이라고 할 수 있다. 중국 등 개도국은 자국통화가치를 낮게 유지하기 위해 외환시장에 대한 불태화개입(sterilized·intervention)을 통해 달러화를 매입하고 자국통화를 매각함과 동시에 국채를 발행하여 은행, 기업, 가계 등에 매각함으로써 자국통화증가로 인한 인플레이션 압력을 제거한다. 따라서 환율정책에 따른 외환시장개입으로 늘어나는 외환보유고는

16) R. Caballero, Fahri, E. and Pierre-Oliver Gourinachas, "Financial crash, commodity prices and global imbalances," Working Paper 14521, NBER, 2008.

그림 15.7 **중국의 미국국채 보유규모**

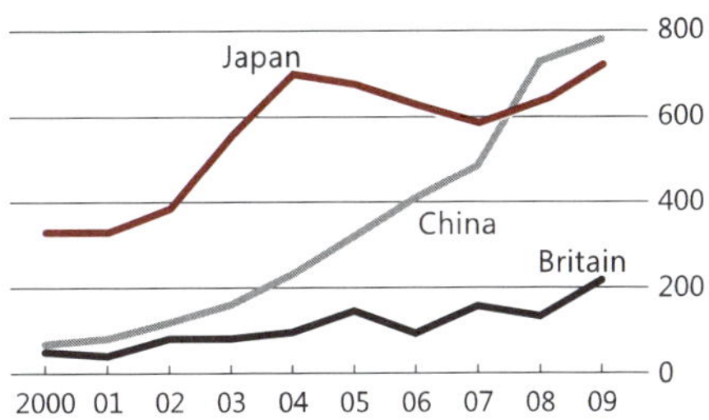

출처: Economist, January 24, 2009.

민간부문이 보유한 국채에 대한 일종의 담보물인 셈이다. 중국의 막대한 외환보유고는 민간보유 국채에 대한 담보이자 민간부문의 국채매입을 통한 저축을 반영하는 것이다. 실제 2000년대 이후 외환보유고가 급증한 중국의 경우 대부분의 저축증가는 기업저축형태이다.[17] 이는 외환보유고 증가에 따른 국채매각이 가계보다는 대부분 기업을 통해 이루어졌기 때문이다.

중국은 대규모 경상수지흑자를 기반으로 현재 약 2조 5,000억 달러의 외환보유고를 가지고 있다. 중국의 외환보유고는 개도국의 총외환보유고 약 4조 8,000억 달러의 절반에 이르는 막대한 규모이다. 그 결과 중국의 미국국채 보유가 2000년 이후 급증하여 2008년 일본을 제치고 미국에 대한 최대 채권국이 되었다(**그림 15.7** 참고). 2009년 현재 중국이 보유한 미국국채는 약 8,000억 달러에 이르고 있다.

개도국의 대규모 외환보유고 증가의 원인

개도국들의 외환보유고는 2002년 약 1조 달러에서 2008년 약 4조 8,000억 달러로 급증하였다. 개도국의 외환보유고가 급증한 것은 아시아 금융위기로 인한 학습효과 때문이다. 아시아 금융위기로 외환보유고의 중요성을 실감한 개도국들은 갑작

17) 중국의 GDP 대비 국민 총저축률(gross national saving)은 1992년 36.4%에서 2008년 53.2%로 증가하였다(Guonan Ma and Wang Yi, "China's high saving rate: myth and reality," BIS Working Papers, No. 312, June 2010). 반면 미국의 GDP 대비 국민 총저축률은 1990년 14.2%에서 2008년 12.1%로 감소하였다. 중국의 저축률은 현재 세계 최대이다. 1992년 중국의 총저축률 중 가계, 기업, 정부저축의 비중은 각각 20.3%, 11.7%, 4.4%였다. 2008년 중국의 총저축률 중 가계, 기업, 정부저축의 비중은 각각 23.4%, 18.8%, 11%인 것으로 나타나고 있다. 따라서 중국의 총저축률 증가의 가장 중요한 요인은 기업저축의 증가이다.

스런 자본유출에 대비한 보험으로 외환보유고를 확충하게 되었다.

개도국의 막대한 외환보유고에 대한 또 다른 시각은 개도국들이 취약한 금융시스템에 대한 안전판으로 막대한 외환을 보유하게 되었다는 것이다.[18] 환율을 관리하고 은행예금이 급성장하는 개도국의 경우 이중유출(double drain) 위험에 노출될 수 있다. 어떤 이유로 위기가 닥치면 평가절하에 대한 두려움으로 인해 은행예금에 대한 현금인출이 쇄도(cash run)하게 되고, 현금을 달러화로 바꾸는(dollar run) 이중유출이 이루어지기 때문에 외환보유고는 해외자금조달이 갑작스럽게 중단되는 위기상황에 대한 보험 구실을 한다는 것이다. 옵스펠드(Maurice Obsfeld)가 동료들과 함께한 연구결과에 따르면 불충분한 외환보유고를 가진 국가일수록 2007/2008년의 글로벌 금융위기로 외환위기에 크게 봉착한 것으로 나타났다. 따라서 금융위기를 통한 교훈을 통해 외환보유고의 중요성이 각인될수록 개도국의 외환보유고에 대한 집착이 커질 것이고 그 결과 글로벌 불균형현상도 치유되기 어려울 수 있다.

결론: 미국발 글로벌 금융위기의 원인

아직까지는 미국으로의 해외자금 유입에 대해 공급유인시각보다는 수요견인시각이 보다 설득력을 얻고 있다. 수요견인시각에 따르면 글로벌 금융위기를 초래한 미국의 금융위기는 다음과 같이 설명될 수 있다.

미국의 금융위기과정

- 달러표시 안전자산에 대한 해외수요 → **증권화**〔서브프라임 모기지 대출을 기반으로 한 그럴듯한 증권(CDO) 발행〕 → **신용공급 증가** → 주택가격 상승 → 고소비 → 경기호황
- 주택가격 하락 → 저신용 등급자의 서브프라임 모기지 대출 상환 불가 → 금융권의 대출 부실화 → 비금융권 차입자금 상환 불능 → 금융권 및 비금융권 붕괴 → 경기붕괴

미국의 경기호황이 주택가격의 하락으로 반전되어 서브프라임 모기지 대출에 대

18) Maurice Obsfeld, Taylor, A., and Jay Shambaugh, "Financial stability, the trilemma, and international reserves," Working Paper 14217, NBER, 2008.

한 상환이 어려워지면서 금융권의 대출이 악성화되었다. 금융권의 자산인 장기대출의 악성화로 단기유동부채인 비금융권 차입을 상환하지 못하게 된 금융권이 붕괴되고 그 결과 경기붕괴가 시작되었다. 금융권의 증권화로 레버리지가 지나치게 확대되어 자기자본으로 단기부채를 상환하기에는 이미 역부족이었다.

글로벌 금융위기의 가장 중요한 원인은 미국 금융기관들의 증권화를 통한 신용공급의 확대였다. 미국의 금융기관들이 자산유동화증권 발행을 통해 대출규모를 확대시킬 수 있었던 근원(root cause)은 글로벌 불균형으로 인해 해외자금조달이 가능했기 때문이다. 미국 하버드대의 정치경제학자인 제프리 프리든(Jeffry Frieden)에 따르면 해외자금으로 조달된 신용호황의 3/4은 금융위기로 귀착되었다.

15.4 글로벌 금융위기와 금융개혁의 방향

증권화는 글로벌 금융위기를 초래한 핵심적인 원인으로 지목되고 있다. 미국의 주택가격 하락으로 서브프라임 모기지 대출이 부실화되자 서브프라임 모기지 대출을 기초로 MBS, CDO 등과 같은 자산유동화증권을 통해 비금융부문에서 자금을 조달한 미국 금융부문으로 손실이 이전되었고, 미국 금융부문의 손실이 세계 각국으로 전염되면서 미국발 글로벌 금융위기가 초래되었다.

글로벌 금융위기 이전의 증권화는 신용위험의 분산수단으로서 긍정적인 측면이 부각되었으나 글로벌 금융위기를 계기로 자산유동화증권과 같은 복잡한 금융상품에 대한 규제강화의 필요성이 제기되고 있다.

여기서는 글로벌 금융위기를 계기로 전개되고 있는 금융개혁의 방향을 증권화와 관련된 규제강화방안, 금융감독 개혁방안 등을 중심으로 논의한다. 끝으로 우리나라에서 논의되고 있는 은행세 도입문제를 거시건전성 정책 차원에서 논의한다.

15.4.1 증권화에 대한 규제강화방안

증권화에 대한 규제강화방안으로는 증권화에 대한 공시강화, 자산유동화증권투자에 대한 자본요건강화방안, 자산유동화증권에 대한 신용평가체계 개선, 전세계 자

산유동화증권시장 자료에 대한 통합적 관리방안 등이 제기되고 있다.[19)]

증권화에 대한 공시강화

증권화에 대한 공시강화는 정보비대칭성(information asymmetry)에 따른 투자자의 위험을 방지하기 위해 강구된 조치이다. 증권화에 대한 공시강화는 기초자산에 대한 정보공시 및 증권화 구조의 공시를 강화하는 방향으로 추진되고 있다. 유동화증권의 공시강화방안에 따르면 증권화 참여금융기관의 역할과 책임을 명확히 하고 유동화자산의 과거 실적을 포함한 자료를 제공하며, 유동화증권의 특성을 반영한 정보, 자산의 변동가능성에 대한 정보, 유동화증권의 구조에 대한 자세한 설명, 유동화증권의 위험요소 등을 공시하도록 하고 있다.

미국의 금융규제개혁안에는 미국의 증권거래위원회(SEC)가 자산유동화증권의 발행과 상환과정에서 유동화증권의 시장위험, 신용위험 및 유동성위험과 관련된 자료청구를 강화하는 내용이 포함되어 있다.

자산유동화증권의 투자에 대한 자본요건 강화

자산유동화증권의 투자에 대한 자본요건 강화방안은 증권화와 관련된 금융기관의 위험부담능력을 강화하기 위해 논의되고 있다. 바젤위원회(Basel Committee for Bank Supervisory)에 따르면 금융위기 등에 대처할 수 있도록 CDO를 포함한 자산유동화증권에 대한 자본기준 확충방안과 은행과 증권사의 거래계정에 대한 추가적인 자본도입방안 등이 거론되고 있다. 또한 증권화 상품의 매각지연, 회수지연, 손실가능성 등에 대해 추가적인 위험자본을 보유토록 하는 방안도 거론되고 있다.

자산유동화증권에 대한 신용평가체계 개선

증권화와 관련된 신용평가체계와 관련해서는 유동화증권에 대한 신용평가를 다른 상품과 차별화하는 방안, 신용평가기관의 이해상충에 대한 공시, 평가절차에 대한 규제강화 등이 논의되고 있다.

---

19) 증권화에 대한 규제강화와 관련된 논의는 김필규, "금융위기 이후 자산유동화증권시장의 변화," 자본시장 Weekly, 2009-30호, 자본시장연구원, 2009 참고.

15.4.2 금융감독 개혁방안

글로벌 금융위기 이후 논의가 무성하였던 금융개혁 감독법안이 2010년 5월 20일 미 상원에서 가결됨으로써 그 실체가 드러나게 되었다. 미 상원에서 가결된 금융개혁 감독법안은 금융위기 및 경기침체의 재연을 방지할 목적으로 1930년대 대공황 이후 가장 광범위한 영역에 걸친 개혁조치를 포함하고 있다.[20)]

금융감독 개혁법안은 대형 금융회사 및 체계적인 감독이 미치지 못하는 금융회사들의 파산이 금융시스템 위험(financial system risk)을 유발하고 막대한 공적자금 투입을 초래했다는 점을 감안하여 이들에 대한 감독기능 및 업무규제 강화에 초점을 두고 있다. 그 주요 내용은 금융시스템 위험차단, 연준(FRB) 감독권한 강화, 금융감독당국에 대한 강제적 정리절차권한 부여, 파생금융상품 거래규제, 소비자보호대책 등과 관련된 것이다.

금융시스템 위험차단

금융회사의 대마불사(too-big-to-fail), 주택 등 자산시장의 거품형성으로 금융시스템의 체계적 위험이 발생하는 것을 미연에 방지하기 위해 금융안정감시위원회(FSOC: Financial Stability Oversight Council)를 통합감독기관으로 신설한다.

연준 감독권한 강화

연준이 대형금융회사에 대해 갖는 감독권한을 강화하여 대형금융회사가 안고 있는 시스템 위험과 실물경제에 미칠 수 있는 부정적 영향 등을 정확히 파악할 수 있도록 한다. 법안은 또한 연준이 재량권을 갖고 일정수준 이상의 위험을 보유하고 있다고 판단되는 금융기관에 대해 부채규모 제한, 추가적인 자본금 적립 등 여러가지 규제를 가할 수 있도록 하고 있다.

금융감독당국에 대한 강제적 정리절차권한 부여

연방감독당국이 위기발생시 공적자금 투입에 따른 납세자의 부담을 방지하기 위

---

20) 금융감독 개혁방안과 관련한 내용은 자본시장연구원, "미국 상원의 금융개혁 감독법안 가결 및 향후 쟁점사항," 주간 금융브리프, 제19권 제23호, 2010 참조.

해 파산에 직면한 금융기관을 강제적으로 공적관리로 전환하고 정리절차를 밟을 수 있도록 한다.

파생금융상품 거래규제

연방감독당국에게 파생금융상품시장에 대한 감독권한을 새롭게 부여하고 중앙청산소 등 제3자를 통한 거래체계를 강제하는 방식으로 거래의 투명성을 제고한다. 법안은 파생금융상품의 거래에 대한 규제와 관련하여 대형은행들이 영위하고 있는 파생상품업무를 별도의 외부사업 조직으로 분리하도록 요구할 수 있도록 하고 있다.

소비자보호대책

모기지 대출, 신용카드 발행 등과 관련된 불공정 관행이나 시장지배적 남용행위를 차단하기 위해 연준 산하에 소비자금융보호국(Consumer Financial Protection Bureau)을 신설한다. 당초 하원의 법안에서는 별도의 소비자금융보호청(Consumer Financial Protection Agency)을 설립하여 의사결정 및 규정집행의 독립성을 강화하는 방안을 마련했으나 상원법안은 연준 산하에 소비자금융보호국을 설치하는 형태로 가결되었다.

15.4.3 금융건전성 정책과 은행세 도입

최근 우리나라에서는 글로벌 금융위기의 발생과 확대과정에서 은행부문이 중요한 역할을 했던 점을 고려하여 금융건전성 정책의 측면에서 은행부문의 위험을 적절히 측정할 수 있는 지표의 개발과 은행세 도입을 통한 은행규제의 필요성이 제기되고 있다.[21] 먼저 금융시스템 위험의 확산가능성을 측정할 수 있는 지표로써 비핵심부채(non-core liabilities)에 대해 살펴보자.

비핵심부채의 규제 필요성

은행의 부채는 소유주체가 가계부문인지 여타 부문인지에 따라 핵심부채와 비핵

21) 이하의 논의는 신현송 · 신관호, “거시건전성 정책과 통화량,” 한국은행 주최 포럼 발표논문, 2010을 참고하였음.

심부채로 구분할 수 있다. 은행의 핵심부채는 가계부문의 예금이다. 은행의 비핵심부채는 주로 도매금융차입금, 외화차입금 등으로 구성된다. 비핵심부채는 한 나라 경제가 금융시스템 위험에 얼마나 취약한지에 대한 유용한 정보를 제공한다. 은행의 비핵심부채는 핵심부채에 비해 변동성이 큰 특징을 가지고 있으며 총부채에서 차지하는 비핵심부채의 비중은 경기변동과 상관관계가 높다.

미국의 경우 글로벌 금융위기 이전에 경제가 호황국면에 있을 때 총대출이 크게 증가하였고, 가계부문의 예금만으로는 자금수요를 충당하지 못해 비금융부문에서 자금을 조달함으로써 비핵심부채의 비중이 크게 증가하였다. 특히 미국 금융부문이 비금융부문으로부터 조달한 비핵심부채 중에는 해외차입금도 상당부분 포함되어 있었다. 또한 비핵심부채의 증가는 미국의 경우처럼 부채만기의 단기화를 동반함으로써 경기붕괴기에 금융시스템의 위험을 가중시킨다.

결국 비핵심부채의 비중이 높을수록 은행부문은 예기치 못한 충격에 더욱 크게 노출될 수 있다. 특히 은행부문의 비핵심부채에서 차지하는 해외차입(외채)의 비중이 과다할수록 디레버리지(deleverage) 과정에서 급격한 자본유출이 발생할 수 있어 금융위기의 가능성이 커진다. 따라서 금융시스템 위험을 미연에 방지하고 금융안정성을 확보하기 위해서는 은행부문의 비핵심부채, 특히 해외차입에 대한 규제가 필요하다.

금융건전성 정책과 은행세 도입

은행세를 도입하여 비핵심부채에 부과하면 외환위기가능성을 완화시킬 수 있는 장점이 있다. 기존의 은행세관련 논의는 재원마련 차원에서 논의되었으나 비핵심부채에 대한 은행세 도입을 통한 규제는 금융위기 발생가능성을 억제할 수 있으므로 금융건전성 정책 차원에서 필요하다.

우리나라의 경우 비핵심부채에 은행세를 부과할 경우 달러화 부채에 이자를 부과하는 것과 동일한 효과를 가져올 수 있다. 따라서 은행세 부과를 통해 급격한 자본유입을 방지하고 급격한 자본유출에 따른 외환위기의 가능성을 억제할 수 있다. 또한 경기호황기에 과다한 비핵심부채로 인한 금융시스템 리스크 가능성이 잉태되는 것을 억제할 수 있는 장점이 있다.

◇ 요약 및 복습 ◇

1. 증권화는 금융기관들이 각종 대출(예: 모기지 대출)을 패키지(package)로 묶어서 증권을 만든 후 외부투자자들에게 판매하는 것이다. 증권화의 대표적인 사례는 자산담보부증권(ABS: asset-backed securities)이다. ABS는 주택구입용 대출(모기지, mortgage), 학자금용 대출, 자동차구입용 대출, 신용카드 대출 등을 기초자산으로 발행한 증권들이다. ABS의 대표적인 사례로는 모기지담보부증권(MBS: mortage-backed securities)이 있다. MBS는 모기지 중 주로 서브프라임 모기지를 담보로 조성된 증권이다. ABS는 MBS 같은 단순한 형태에 그치지 않고 더욱 복잡해져 부채담보부채권(CDO: collateralized debt obligations)에 이르러 파국에 이르게 되었다. CDO는 복잡하고 고도화된 증권이다. CDO는 여러 ABS들과 다양한 종류의 채권들을 함께 묶어 하나의 풀(pool)을 만들고 이 풀을 투자자의 리스크에 대한 선호도에 따라 우선순위가 다른 트랜치(tranches)로 구분한 상품이다. CDO의 트랜치는 리스크가 낮은 것에서 높은 순으로 슈퍼 시니어(super-senior), 시니어(senior), 메짜닌(mezzanine), 이퀴티 트랜치(equity tranche) 등으로 구분된다.

2. 전체 은행부문의 최종차입자에 대한 총대출은 전체 은행부문의 총자기자본으로 조달되거나 은행부문 이외의 자금원으로부터 차입되어야 한다. 결국 총자기자본과 레버리지가 일정하면 최종차입자에 대한 전체 은행부문의 총신용공급은 은행부문 이외의 자금원으로부터 차입이 늘어날수록 늘어나게 된다. 다시 말해 전체 은행부문이 외부자금원으로부터의 차입 비중을 늘릴수록 전체 은행부문의 자산이 늘어나고 레버리지도 커지게 된다.

3. 증권화로 말미암아 은행시스템에 새로운 자금원이 생겨남으로써 총예금액과 함께 증권화된 부채가 전체 은행시스템의 비은행부문에 대한 부채를 나타내게 되었다. 증권화로 인해 새롭게 등장한 은행부문 이외의 자금원은 MBS, CDO 등을 구입한 투자자들이다. 증권화된 채권을 구입하여 미국의 금융부문에 새로운 대출자금을 제공한 새로운 투자자에는 연기금, 보험회사, 뮤추얼펀드(mutual fund), 해외중앙은행으로 대표되는 해외투자자 등이 있다. 특히 해외 중앙은행들은 미국 주택구입용 모기지 대출의 가장 중요한 자금원이었다.

4. 증권화는 은행부문의 비은행부문에 대한 부채증가를 통해 은행부문의 자산을 확대시킴으로써 은행부문의 레버리지를 증가시키는 역할을 하게 된다. 증권화로 은행부문의 대차대조표가 확장되어 은행권의 대출가능액이 증가하면 새로운 차입자가 등장해야 한다. 신용도가 높은 차입자들이 모두 프라임 모기지 대출을 받고 나면 새로운 차입자를 위해 대출기준을 완화해야 한다. 은행들은 저신용 차입자를 위해 대출기준을 완화함으로써 저신용 차입자들에게도 서브프라임 모기지 대출이 가능하도록 하였다. 증권화가 새로운 자금원을 끌어올 수 있게 함으로써 상환능력을 제대로 갖추지 않은 은행들의 저신용 차입자에 대한 서브프라임 모기지 대출이 가능하게 된 것이다.

5. 금융부문이 신용위기에 보다 유연하게 대처할 수 없었던 것은 자산과 부채 사이의 기간불일치(mismatch) 문제가 있었기 때문이다. 금융권의 자산인 대출은 주로 모기지 형태로 장기(통상 30년)로 이루어진다. 반면 금융권의 부채는 증권발행을 통한 비금융권으로부터의 단기차입이다. 신용위기가 닥치면 자산과 부채를 조정하여 대차대조표를 조정해야 하지만 금융권의 장기비유동(iliquid)자산과 단기유동(liquid)부채 사이의 불일치로 대차대조표의 조정이 쉽게 이루어질 수 없었다. 장기로 이루어진 대출의 규모는 단기로 조달된 비금융부문으로부터의 차입규모를 반영한다. 결국 비금융권에서 조달한 자금규모가 클수록 신용위기에 따른 금융권의 대응능력도 더 크게 제약을 받게 되었다.

6. 글로벌 불균형(global imbalances)은 미국의 지속적인 대규모 경상수지적자와 신흥시장국(emerging markets)을 포함하는 개도국, 특히 중국의 대규모 경상수지흑자 패턴을 지칭한다. 국내총투자가 총저축보다 많은 나라는 경상수지적자를 나타내게 된다. 반면 총저축이 국내총투자보다 많은 나라는 경상수지흑자를 나타내게 된다. 경상수지적자국은 적자를 보전하기 위해 해외차입을 통해 경상수지흑자국의 저축을 빌려와야 한다. 경상수지흑자국은 해외투자를 통해 자국의 저축을 경상수지적자국에게 빌려줄 수 있다.

7. 미국으로의 해외자본 유입에 대한 수요견인시각은 자국 금융자산에 매력을 느끼지 못한 해외투자자들이 세계에서 가장 발달된 금융시스템을 갖춘 미국의 안전자산을 선호함으로써 미국으로 중국 등 개도국의 자금이 유입되었다는 것이다. 수요견인시각에 따르면 세계에서 가장 발달되고 유동성이 풍부한 금융시장이 존재하는 미국은 경상수지흑자국의 자연스러운 해외투자처이다. 미국으로의 해외자본 유입에 대한 공급유인시각은 미국이 증권화를 통해 해외자본이 유입될 수 있는 미끼를 마련했다는 것이다. 공급유인시각에 따르면 미국이 증권화를 통해 해외투자자들이 위험천만한 미국의 증권에 투자하도록 유인했다는 것이다.

8. 개도국들이 막대한 저축을 하는 이유는 경제위기시에 쉽게 유동화시킬 수 있는 가치저장수단을 획득하기 위해서인 것으로 분석되고 있다. 금융시장이 미성숙된 개도국들은 경제성장에 상응하는 충분한 저축수단을 가지고 있지 못하다. 특히 개도국의 민간부문은 경제위기시 정부의 안전망이나 정부의 신용공급에만 의존하기가 어렵다. 따라서 개도국의 민간부문은 취약한 금융부문에 대한 보험으로 예비적 저축에 의지하지 않을 수 없다.

9. 개도국의 외환보유고는 개도국의 민간저축을 반영한 것이라고 할 수 있다. 중국 등 개도국은 자국통화가치를 낮게 유지하기 위해 외환시장에 대한 불태화개입(sterilized intervention)을 통해 달러화를 매입하고 자국통화를 매각함과 동시에 국채를 발행하여 은행, 기업, 가계 등에 매각함으로써 자국통화증가로 인한 인플레이션 압력을 제거한다. 따라서 환율정책에 따른 외환시장개입으로 늘어나는 외환보유

고는 민간부문이 보유한 국채에 대한 일종의 담보물인 셈이다. 중국의 막대한 외환보유고는 민간보유 국채에 대한 담보이자 민간부문의 국채매입을 통한 저축을 반영하는 것이다.

10. 개도국의 외환보유고가 급증한 것은 아시아 금융위기로 인한 학습효과 때문이다. 아시아 금융위기로 외환보유고의 중요성을 실감한 개도국들은 갑작스런 자본유출에 대비한 보험으로 외환보유고를 확충하게 되었다. 개도국의 막대한 외환보유고에 대한 또 다른 시각은 개도국의 취약한 금융시스템에 대한 안전판으로 막대한 외환을 보유하게 되었다는 것이다. 금융위기를 통한 교훈을 통해 외환보유고의 중요성이 각인될수록 개도국의 외환보유고에 대한 집착이 커질 것이고 그 결과 글로벌 불균형현상도 치유되기 어려울 수 있다.

11. 글로벌 금융위기의 가장 중요한 원인은 미국 금융기관의 증권화를 통한 신용공급의 확대였다. 미국의 금융기관들이 자산유동화증권 발행을 통해 대출규모를 확대시킬 수 있었던 근원(root cause)은 글로벌 불균형으로 인해 해외자금조달이 가능했기 때문이다. 미국 하버드대의 정치경제학자인 제프리 프리든(Jeffry Frieden)에 따르면 해외자금으로 조달된 신용호황의 3/4은 금융위기로 귀착되었다.

12. 글로벌 금융위기를 계기로 전개되고 있는 금융개혁의 방향은 증권화와 관련된 규제강화방안, 금융감독 개혁방안 등이다. 우리나라에서는 비핵심부채에 대한 은행세 도입문제가 금융건전성 정책 차원에서 논의되고 있다. 증권화에 대한 규제강화방안으로는 증권화에 대한 공시강화, 자산유동화 증권투자에 대한 자본요건 강화방안, 자산유동화증권에 대한 신용평가체계 개선, 전세계 자산유동화증권시장 자료에 대한 통합적 관리방안 등이 제기되고 있다. 미 상원에서 통과된 금융감독 개혁법안의 주요 내용은 금융시스템 위험차단, 연준 감독권한 강화, 금융감독당국에 대한 강제적 정리절차권한 부여, 파생금융상품 거래규제, 소비자보호대책 등과 관련된 것이다.

13. 우리나라에서 논의되고 있는 은행부문의 비핵심부채에 대한 은행세 도입방안은 달러화 부채에 이자를 부과하는 것과 동일한 효과를 가져올 수 있기 때문에, 급격한 자본유입을 방지하여 급속한 자본유출에 따른 외환위기의 가능성을 억제할 수 있다. 또한 경기호황기에 과다한 비핵심부채로 인한 금융시스템 리스크 가능성이 잉태되는 것을 억제할 수 있는 장점이 있다.

≪주요 용어 및 개념≫

- 증권화(securitization)
- 자산유동화증권
- 모기지(mortage)
- 서브프라임 모기지(subprime mortgage)
- 자산담보부증권(ABS)
- 모기지담보부증권(MBS)
- 부채담보부채권(CDO)
- 금융안정감시위원회(FSOC)
- 레버리지(leverage)
- 글로벌 불균형(global imbalances)
- 핵심부채(core liabilities)
- 비핵심부채(non-core liabilities)
- 은행세
- 정부지원기업(GSE)

한글 찾아보기

ㄱ

간접표시법(indirect quotation) 13
강세통화(strong currency) 15
개도국의 높은 저축률의 동기 388
개도국의 대규모 외환보유고 증가의 원인 389
개방경제와 단기균형 217
개별국 법적 통화가 없는(no separate legal tender) 제도 46
개별은행의 대차대조표 377
개입통화(intervention currency) 9
거래소(exchange)거래 8, 22, 40
경상계정(current account) 166
경상계정의 교환성(current account convertibility) 320
경상수지 12, 174, 188
경상수지적자국 175
경상수지흑자국 175
경상수지와 재정적자 178
경상수지와 저축 및 투자 176
경상수지와 해외자산 및 외채 177
경상이전수지 167
경제안정손실(economic stability loss) 357
경직가격(sticky price) 통화론적 접근 113
계단식(stepwise) 통화공급수준의 변화 141
계약일(transaction date) 22
고성능통화(high-powered money) 233
고정페그(fixed pegs)제도 48
고정환율과 확대재정정책의 효과 245
고정환율과 확대통화정책의 효과 243
고정환율제 도입의 전제조건 62
고정환율제도 56
고정환율제도의 단점 57
고정환율제도의 장점 56
고평가(overvalued) 124
공급유인(supply push)시각 386
공동농업정책(CAP: Common Agricultural Policy) 342
공적대외준비자산(official international reserves) 233
공적준비자산(official reserve assets) 180
관리변동(managed floating)환율제도 49
교역재(tradables) 128
교차환율(cross rate) 17
구매력평가(購買力平價)(PPP: Purchasing Power Parity) 120
구매력평가(PPP)이론 138
구매력평가이론의 검증 124
구매력평가이론의 한계 127
국가간 자본이동 정도와 *BP*곡선 257

국내부채 233
국내여신(DC: domestic credit) 179, 200
국내자산(domestic assets) 232
국내총생산(GDP) 174
국내총지출(domestic absorption) 175, 196
국내총지출 접근 195
국내흡수(domestic absorption) 175
국민소득계정 174
국민저축 178
국민총소득(GNI: gross national income) 174
국민총처분가능소득(GNDI: gross national disposable income) 174
국외부채 233
국외자산(foreign assets) 232
국제결제은행(BIS: Bank for International Settlements) 6, 19, 22, 40
국제금융센터 7
국제비교센터(The Center for International Comparisons) 129
국제수지 12, 166
국제수지(balance of international payments)표 164
국제수지균형 255
국제수지와 통화량 178
국제수지와 환율 180
국제수지위기(balance-of-payment crisis) 237
국제수지표의 작성방법 168
국제시장의 분할(international market segmentation) 195
국제정책협조(international economic policy coordination) 291
국제통화시장(IMM: International Monetary Market) 28, 34
국제통화제도의 개편논의 335
균형선물환율 85
균형이자율의 결정 100
균형환율 10
균형환율의 결정 74
균형환율의 변동 78
균형환율의 역할 11
그리스(Greece)의 국가부채위기(sovereign debt crisis) 352
근일(near date) 26
글로벌 금융위기(global financial crisis) 370
글로벌 금융위기의 원인 373
글로벌 금융위기의 태동 371
글로벌 불균형(global imbalances) 384
글로벌 저축과잉(global saving glut) 387
글로벌 통화(global currency) 8
금-달러본위제 318
금리스왑(interest rate swap) 35, 371
금본위제(Gold Standard System) 46, 308
금본위제 붕괴의 원인 314
금본위제도의 장단점 311
금본위제의 게임의 법칙(rule of the game) 310
금본위제의 룰 308
금융시스템 위험(financial system risk) 393
금융안정감시위원회(FSOC: Financial Stability Oversight Council) 393

금환본위제 314
기간불일치(mismatch) 379
기대수익률(expected rate of return) 71
기대수익률곡선 75
기준통화(base currency) 25
기초금융자산(underlying financial assets) 35
기축통화(vehicle currency) 9, 336
기타자본수지 167

ㄷ

단기환율의 오버슈팅(overshooting) 109
단일변동환율제도 54
단일통화지역 가입 여부의 결정 357
단일통화지역 가입의 비용곡선 356
단일통화지역 가입의 편익곡선 355
단일통화지역의 문제점 351
달러본위제(dollar standard system) 47, 331
달러화 중심 국제통화제도 336
달러화의 공급곡선 11
달러화의 수요곡선 11
달러화의 신뢰성 문제(confidence problem) 324
달성 불가능한 삼원체제(impossible trinity) 62, 268
당일물(value today) 22
대내균형조건 270
대외균형조건 271
대외준비자산(international reserve assets) 168, 180
대외준비통화(reserve currency) 9
더티플로팅(dirty floating) 49
돈부쉬의 오버슈팅모형 115
동경 국제금융선물거래소(TIFFE: Tokyo International Financial Futures Exchange) 35
동카리브 통화동맹(East Carrebean Currency Union) 47
들로르 보고서(Delors Report) 346
*DD*곡선 208
*DD*곡선의 이동 211
DD-AA 모형 208
뜨거운 감자가설(the hot potato hypothesis) 376

ㄹ

런던 국제금융선물거래소(LIFFE: London International Financial Futures Exchanges) 35
레버리지(leverage) 377
레버리지 활용 금융기관(leveraged financial institutions) 380
로마 조약(Treaty of Rome) 342
롱포지션(long position) 20
루브르 협정(Louvre Accord) 290
리스크프리미엄(exchange risk premium) 86, 89, 240

ㅁ

마샬-러너(Marshall-Lerner) 조건 188
마샬-러너 조건의 도출 190
마스트리히트 조약(Maastricht Treaty)

347
마스트리히트 조약의 경제수렴기준 347
만기일(maturity date) 29
매도율(offer price; ask price) 16
매도초과포지션(oversold position) 20
매입률(bid price) 16
매입초과포지션(overbought position) 20
먼델-플레밍 모형(the Mundell-Fleming Model) 252
먼델-플레밍 모형의 균형 258
먼델의 정책배합모형 270
메짜닌(mezzanine) 374
명목기대수익률 71
명목실효환율(NEER: nominal effective exchange rate) 19
명목이자율평가조건 156
명목환율(nominal exchange rate) 18, 147
모기지(mortgage) 374
모기지담보부증권(MBS: mortage-backed securities) 373
모노라인(monoline) 374
목표환율대(fixed pegs within horizontal bands)제도 48
무역장벽 128
무위험이자율평가조건(CIP: risk covered interest parity) 83
무임승차문제(free-rider problem) 298
물가-정화-플로 메커니즘(price-specie-flow mechanism) 47, 309
물가수준 측정방식 129
물가의 경직성(price rigidity) 103
물가의 신축성(price flexibility) 103
미국 증권거래위원회(SEC: Securities and Exchange Com- mission) 374
미국발 글로벌 금융위기의 원인 390
미국식 대 유럽식 옵션 30
미국식 옵션(American option) 30
미국식 표시법(American terms) 14, 28
미국의 GDP 대비 국민 총저축률 389
민간저축(S_p: private saving) 178

ㅂ

바그와티-크래비스-립시(Bhagwati-Kravis-Lipsey)가설 132
바젤위원회(Basel Committee for Bank Supervisory) 392
발라사-사무엘슨(Balassa-Samuelson) 가설 133, 154, 157
발라사-사무엘슨 모형 133
발라사-사무엘슨 효과의 실증분석 132
변동(floating)환율제도 50, 56
보수행렬(pay-off matrix) 292
복수준비통화제도 337
본원통화(B: reserve base) 179, 200, 233
부채담보부채권(CDO: collateralized debt obligations) 374
분데스방크(Bundesbank) 345
불완전경쟁시장구조 130
불완전한 전이(incomplete pass-through) 194
불태화(sterilization)외환시장개입 234

불태화개입(sterilization) 51
불태화정책(sterilization policy) 179
불편추정치(unbiased estimator) 85
브레튼우즈 체제(Bretton Woods System) 4, 318
브레튼우즈 체제의 붕괴과정 329
브레튼우즈 체제의 붕괴원인 327
브레튼우즈 체제의 특징 320
브레튼우즈 체제의 한계 321
브레튼우즈Ⅱ 체제 332
브레튼우즈Ⅱ 체제의 문제점 332
블랙-숄즈(Black-Sholes) 모형 34
비교역재(nontradables) 128
비대칭적 충격(asymmetric shocks) 354
비레버리지 금융기관(non-leveraged financial institutions) 380
비표준결제일(odd date 혹은 broken date) 23
*BP*곡선 255
비핵심부채(non-core liabilities) 394
빅맥(Big Mac) PPP의 장기추세 126
빅맥가격을 이용한 실증분석 127
빅맥지수(Big Mac index) 124

ㅅ

상대 PPP(relative PPP) 123, 142, 156
상품선물거래위원회(CFTC: Commodity Futures Trading Commission) 27, 34
상품수지 166
생산물시장과 자산시장의 동시균형 217
생산물시장의 균형 252
생산물시장의 균형조건 208
서브프라임 모기지 사태 33
서브프라임(subprime) 모기지 374
서비스수지 166
서아프리카 통화동맹(West Africa Economic and Monetary Union) 48
선도금리계약(FRA: Forward Rate Agreements) 37
선물(futures)거래 36
선물거래소(futures exchange) 27
선물환(forwards) 21
선물환거래(forwards transaction) 23, 36
선물환디스카운트(forward discount) 24, 84
선물환율(forwards exchange rate) 23, 28, 83
선물환포지션(forward position) 21
선물환프리미엄(forward premium) 24, 84
세계경제의 삼자택일의 딜레마(the political trilemma of the world economy) 364
소득수지 166
소비자금융보호국(Consumer Financial Protection Bureau) 394
숏포지션(short position) 20
수요견인(demand-pull)시각 386
수출 및 수입수요의 가격탄력성(환율탄력성) 190
순국내자산 179
순해외자산(NFA: net foreign assets) 179, 200

순해외저축(net foreign saving) 177
순해외투자(net foreign investment) 176
슈퍼 시니어(super-senior) tranche 374
스네이크 제도(snake system) 342
스무트-홀리 법안(Smoot-Hawley Act) 316
스미소니언 협정(Smithsonian Agreement) 330
스완 모형(Swan Model)과 대내 · 외 균형조건 275
스완 모형과 최적정책배합 277
스완의 종합균형모형 275
스왑거래(swap transaction) 36
스왑레이트(swap rate) 22
스왑률호가(swap rate quotation) 23
스왑포인트(swap point) 26
스퀘어포지션(square position) 20
스프레드(spread) 16
시니어(senior) tranche 374
시장별 가격설정(pricing to market) 130
시장평균환율제도 55
시카고상품거래소(CME: Chicago Mercantile Exchange) 28, 30, 34
시카고옵션거래소(CBOE: Chicago Board Options Exchange) 34
신용공급의 내생성 377
신용관련 파생상품 38
신용디폴트스왑(CDS: Credit Default Swap) 35, 38, 40, 371
신용위기(credit risk) 379
신호효과(signaling effect) 242
실물부문의 교란 221
실질기대수익률 71
실질실효환율(REER: real effective exchange rate) 19
실질이자율평가조건 156
실질절상(real appreciation) 148
실질절하(real depreciation) 148
실질화폐수요량 99
실질환율(real exchange rate) 18, 147, 154, 157, 188
싱가포르 국제통화거래소(SIMEX: Singapore International Monetary Exchanges) 35
쌍둥이 적자(twin deficits) 178, 289

ㅇ

아웃라이트호가(outright quotation) 23
*IB*곡선 270
*IS*곡선 252
안정 및 성장협약(Stability and Growth Pact) 348
알트 에이(Alt-A) 모기지 374
약세통화(weak currency) 15
엄중고정(hard fixed)환율제도 50
SDR 중심 국제통화제도 336
SDR의 가치계산방법 326
SDR의 역할 326
*AA*곡선 213
*AA*곡선의 이동 215
*LL*곡선 356
*LM*곡선 254
연방모기지협회(Federal National Mortgages Association) 380
연방주택대출모기지공사(Federal Home Loan Mortgages Corporation) 380

연준(FRB) 393
영구적 확대재정정책과 환율 및 총소득 225
영구적 확대통화정책의 단기효과 226
영구적 확대통화정책의 장기효과 228
오버슈팅 논문(overshooting paper) 112
오차 및 누락(net errors and omissions) 170, 172
오픈포지션(open position) 20
옵션거래(option transaction) 36
옵션매도자(option seller 또는 option writer) 29
옵션매입자(option buyer 혹은 option holder) 29
옵션프리미엄(option premium) 29
완전한 전이(complete pass-through) 194
외국통화표시법(rate in foreign currency) 13
외국환은행 5
외부충격가능성 증가와 경제통합의 정도 359
외채(foreign debt) 177
외환브로커(broker) 5
외환스왑(FX swaps) 21
외환스왑(FX swap)거래 26
외환시장(Fx market; foreign exchange market) 4
외환시장개입(official foreign exchange intervention) 180
외환시장에 대한 불태화개입(sterilized intervention) 388
외환시장의 균형 74
외환시장참가자(participants) 5
외환의 공급 10
외환의 수요 10
외환파생(foreign exchange related derivatives)거래수단 21
외환포지션(exchange position) 20
우리나라 국제수지표 172
우리나라의 국제수지 동향 171
우리나라의 환율제도 변천 54
우월전략(dominant strategy) 293
워너 보고서(Werner Report) 342
원/달러환율 10
원일(far date) 26
위험중립적(risk neutral) 91
위험회피적(risk averse) 89
유럽경제공동체(EEC: European Economic Community) 342
유럽경제통화동맹(EMU: Economic and Monetary Union) 346
유럽공동체(EC: European Community) 342
유럽식 옵션(European option) 30
유럽식 표시법(European terms) 14, 28
유럽연합(EU: European Union) 350, 360, 365
유럽중앙은행(ECB) 350
유럽중앙은행제도(ESCB: European System of Central Bank) 347, 350
유럽통화계산단위(EMUA: European Monetary Unit of Account) 345
유럽통화기구(EMI: European Monetary Institute) 347
유럽통화단위(ECU: European currency

Unit) 344
유럽통화제도(EMS: European Monetary System) 63, 330, 343
유럽통화제도의 구조와 특징 343
유럽통화제도의 위기 345
유럽통화협력기금(EMCF: European Monetary Cooperation Fund) 343
유로존(euro zone) 46, 62
유로존의 위상 362
유로존의 한계 363
유위험이자율평가조건(UIP: risk uncovered interest parity) 83
은행세(bank tax) 395
2국모형(two country model) 282
2국모형과 확대재정정책의 효과 284
2국모형과 확대통화정책의 효과 285
*EB*곡선 271
24시간 시장 8
ECB의 정책이사회(governing council) 350
ECB의 집행위원회(executive board) 350
EMU에 대한 평가 350
이자율관련 파생상품 37
이자율선물(interest rate futures) 37
이자율선물옵션(options on interest rate futures) 37
이자율스왑(interest rate swap) 36, 37
이자율옵션(interest rate options) 37
이자율평가(平價)조건(interest parity condition) 74
이중유출(double drain) 390
이퀴티 트랜치(equity tranche) 374
익익일물(value spot) 22
익일물(value tomorrow) 22
인국궁핍화정책(beggar-thy-neighbor policy) 248, 316
인국궁핍화효과(beggar-thy-neighbor effects) 288
인민은행(People's Bank of China) 334
인플레이션 타기팅(inflation targeting) 61
일물일가(一物一價)의 법칙(law of one price) 120
일반고객 5
일시적 재정정책 변화와 환율 및 총소득 218
일시적 통화정책 변화와 환율 및 총소득 219
1인당 소득과 물가수준 133

ㅈ

자국통화표시법(rate in home currency) 13
자메이카 협약(Jamaica Accords) 331
자본(equity) 377
자본계정(capital account) 167
자본계정의 교환성(capital account convertibility) 320
자본도피(capital flight) 237
자본수지 12
자본이동의 정도와 재정정책의 효과 259
자본이동의 정도와 통화정책의 효과 262
자산담보부증권(ABS: asset-backed securities) 373

자산시장의 균형 104
자산시장의 균형조건 213
자산의 불완전대체성 88, 239
자산의 완전대체성 238
자산접근법(asset approach) 70
자유변동환율제도(independently floating exchange rate system) 50
장기명목환율의 결정요인 151
장기실질환율의 결정요인 149
장내거래(exchange trading) 33, 38
장외(OTC: over-the counter)거래, 8, 22, 33, 38, 39
장외시장 8
저평가(undervalued) 124
전염효과(contagion effect) 363
전이도(the degree of pass through) 194
전체 은행부문의 대차대조표 378
전통적 외환거래수단(traditional foreign exchange instruments) 21
절대 PPP (absolute PPP) 122
절상(appreciation) 15
절하(depreciation) 15
정부저축(S_g: government saving) 178
정부지원기업(GSE: Government Sponsored Enterprises) 377
제3국 문제(the third country problem) 298
J-커브 효과(J-curve effect) 192
J-커브의 원인 193
조정가능 고정환율제도(pegged but adjustable exchange rate system) 318
조정가능 고정환율제와 국제수지조정 323
조직화된 거래소(organized exchange) 34
종합포지션(overall position) 21
죄수의 딜레마(Prisoner's dilemma) 292
주가지수선물 38
주가지수선물옵션 38
주식 및 주가지수옵션 38
주식관련 파생상품 37
준비자산증감 168
준비통화본위(reserve currency standard) 314
중간단계(intermediate)환율제도 50
중국 위안(yuan)화 17, 124
중국 위안화의 저평가 정도 127
중국의 GDP 대비 국민 총저축률(gross national saving) 389
중국의 총저축률 증가의 가장 중요한 요인 389
중국정부의 환율정책 388
중앙아프리카 통화동맹(Central Africa Economic and Monetary Union) 48
중앙은행 6
중앙은행의 대차대조표 232
중앙은행의 불태화외환시장개입의 효과 238, 239
증권거래위원회(SEC) 392
증권선물위원회 27
증권화(securitization) 375
증권화에 대한 규제강화방안 391
*GG*곡선 355
지출변동정책(expenditure-changing policy) 275
지출전환정책(expenditure-switching

policy) 275
직접표시법(direct quotation) 13

ㅊ

차액결제 선물환(NDF: Non-Deliverable Forward) 25
채무의 달러화(liability dollarization) 63
청산소(clearing house) 28
총저축 178
최적정책배합과 대내 · 외 균형의 달성 273
최적통화지역(optimum currency area) 353
최적통화지역의 요건 360
최적통화지역이론(theory of opti- mum currency) 354

ㅋ

코너가설(coner hypothesis) 53
콜옵션(call options) 29
크롤링밴드(crawling pegs with bands) 제도 49
크롤링페그(crawling pegs)제도 48
클린플로팅(clean floating) 49
킹스턴 체제(Kingston system) 331

ㅌ

태화개입(nonsterilization) 50
태화(non-sterilization)외환시장개입 234
태화정책(non-sterilization policy) 179
통화공급량 99
통화공급수준의 변화 151
통화공급수준의 일회적이고 영구적인 변화(one-time and permanent change in the level of money supply) 109
통화공급의 영구적 증가와 거시경제변수의 조정 114
통화공급증가율의 변화 151
통화공급증가율의 변화와 이자율 및 환율의 조정 145
통화량 타기팅(monetary targeting) 61
통화량 · 이자율 · 환율의 관계 104
통화량의 변화와 환율 104
통화론적 모형 157
통화론적 접근(monetary approach to the balance of payments) 199
통화론적 접근의 기본방정식 139
통화론적 접근의 정책시사점 202
통화론적 접근의 환율결정식 158
통화바스켓 페그제도 54
통화선물(currency futures) 22, 37
통화선물거래 27, 31
통화선물옵션(options on currency futures) 37
통화스왑(currency swap) 22, 35, 37, 371
통화스왑(currency swap)거래 31
통화스왑협정 33
통화승수효과(money multiplier effect) 233
통화옵션(currency option) 22, 37
통화옵션(currency option)거래 29, 30, 31

통화옵션가격 30
통화위원회(currency board)제도 46, 268
통화효율성 이득(monetary efficiency gain) 355
투자수지 167
튤립옵션(tulip option)거래 34
트랜치(tranches) 374
트리핀 딜레마(Triffin's dilemma) 324
특별인출권(SDR: Special Drawing Rights) 325
특수목적매체(SPV: Special Purpose Vehicles) 376

ㅍ

파생금융상품의 장외거래규모 40
파생상품(derivatives) 34
패니메이(Fannie Mae) 380
평가절상(revaluation) 15
평가절하(devaluation) 15, 246
평가절하와 경상수지 198
평가절하의 효과 246
포인트호가(point quotation) 23
포트폴리오 밸런스모형(portfolio balance model) 88, 92
표시통화(terms currency 혹은 counter currency) 25
표준화된 결제일(even date 혹은 straight date) 23
풋옵션(put options) 29
프라임(prime) 모기지 374
프레디맥(Freddie Mac) 380
플라자 협정(Plaza Accord) 290
피셔효과(Fisher effect) 142, 154, 159
PPP이론의 실증분석 127
필라델피아증권거래소(PHLX: Philadelphia Stock Exchange) 30

ㅎ

한국선물거래소(KRX: Korea Exchange) 29, 30, 35
한국은행 계정(accounts of the Bank of Korea) 232
한국은행의 대차대조표 178
해외자금의 미국유입 원인 386
핵심부채(core liabilities) 395
행사가격(exercise price 혹은 strike price) 29
현금(외환)포지션(cash position) 21
현물환(spot) 21
현물환거래(spot transaction) 22
현물환율(spot rate) 22
현물환포지션(spot position) 21
화폐개혁(currency reform) 108
화폐부문의 교란 222
화폐수요(aggregate money demand) 98
화폐시장의 균형 254
화폐시장의 균형조건 100
화폐시장의 불균형과 국제수지의 조정 201
화폐의 장기중립성(long-run neutrality of money) 109, 227
확대재정정책과 경상수지 197
확장된 통화론적 접근법(augmented monetary approach) 147, 150, 154
환리스크(exchange risk) 20, 21

환율 타기팅(exchange rate targeting) 61
환율(exchange rate) 10
환율결정 10
환율결정에 대한 통화론적 접근법(the monetary approach) 138
환율의 오버슈팅현상 228
환율의 표시방법 13
환율제도와 경제성과 60
환율조정 메커니즘(ERM: Exchange Rate Mechanism) 53, 344
환율체계 분류(de facto classification of exchange rate regimes) 46
회귀적 예상(regressive expectation) 112

영문 찾아보기

A

ABS: asset-backed securities 373
absolute PPP 122
accounts of the Bank of Korea 232
aggregate money demand 98
Alt-A mortgage 374
American option 30
American terms 14
appreciation 15
asset approach 70
asymmetric shocks 354
augmented monetary approach 147

B

B: reserve base 179, 200
balance of international payments 164
balance-of-payment crisis 237
Balassa-Samuelson hypothesis 133, 154, 157
bank tax 395
base currency 25
Basel Committee for Bank Supervisory 392
beggar-thy-neighbor effects 288
beggar-thy-neighbor policy 248, 316
Bhagwati-Kravis-Lipsey hypothesis 132
bid price 16
Big Mac index 124
Black-Sholes model 34
BIS: Bank for International Settlements 6, 22
Bretton Woods System 4
Bretton Woods II System 332
Bundesbank 345

C

call options 29
CAP: Common Agricultural Policy 342
capital account 167
capital account convertibility 320
capital flight 237
cash position 21
CBOE: Chicago Board Options Exchange 34
CDO: collateralized debt obligations 374
CDS: Credit Default Swap 35, 38, 40, 371
Center for International Compari- sons 129
Central Africa Economic and Monetary Union 48
CFTC: Commodity Futures Trading

Commission 34
CIP: risk covered interest parity 83
clean floating 49
clearing house 28
CME: Chicago Mercantile Exchange 28, 30, 34
Commodity Futures Trading Commission 27
complete pass-through 194
coner hypothesis 53
confidence problem 324
Consumer Financial Protection Bureau 394
contagion effect 363
core liabilities 395
counter currency 25
covered interest rate parity 24
crawling pegs 48
crawling pegs with bands 49
credit risk 379
cross rate 17
currency 36
currency board 46, 268
currency futures 22, 37
currency option 22, 29, 37
currency reform 108
currency swap 22, 31, 35, 37, 371
current account 166
current account convertibility 320

D

DC: domestic credit 179, 200
de facto classification of exchange rate regimes 46
degree of pass through 194
Delors Report 346
demand-pull perspective 386
depreciation 15
derivatives 34
devaluation 15, 246
direct quotation 13
dirty floating 49
dollar standard system 47, 331
domestic absorption 175, 196
domestic assets 232
dominant strategy 293
double drain 390

E

East Carrebean Currency Union 47
EC: European Community 342
ECB 350
economic stability loss 357
ECU: European currency Unit 344
EEC: European Economic Community 342
EMCF: European Monetary Cooperation Fund 343
EMI: European Monetary Institute 347
EMS: European Monetary System 63, 330, 343
EMU: Economic and Monetary Union 346
EMUA: European Monetary Unit of Account 345

equity 377
equity tranche 374
ERM: Exchange Rate Mechanism 53, 344
ERM II 348
ESCB: European System of Central Bank 347
euro zone 46, 62
European option 30
European terms 14
European Union(EU) 347, 349
even date 23
exchange position 20
exchange rate 10
exchange rate targeting 61
exchange risk 20, 21
exchange risk premium 86
exchange trading 33
executive board 350
exercise price 29
expected rate of return 71
expenditure-changing policy 275
expenditure-switching policy 275

F

Fannie Mae 380
far date 26
Federal Home Loan Mortgages Corporation 380
Federal National Mortgages Association 380
financial system risk 393
Fisher effect 142
fixed pegs 48
fixed pegs within horizontal bands 48
floating exchange rate system 50
foreign assets 232
foreign debt 177
foreign exchange related derivatives 21
forwards 21, 36
forward discount 24, 84
forward position 21
forward premium 24, 84
forward rate 23
forwards exchange rate 28
forwards transaction 23
FRA: Forward Rate Agreements 37
FRB 393
Freddie Mac 380
free-rider problem 298
FSOC: Financial Stability Oversight Council 393
futures 36
futures exchange 27
Fx market: foreign exchange market 4
FX swaps 21, 26

G

GDP 174
global currency 8
global financial crisis 370
global imbalances 384
global saving glut 387

GNDI: gross national disposable income 174
GNI: gross national income 174
Gold Standard System 46
governing council 350
government saving 178
gross national saving 389
GSE: Government Sponsored Enterprises 377

H

hard fixed exchange rate system 50
high-powered money 233
hot potato hypothesis 376

I

IMM: International Monetary Market 28, 34
impossible trinity 62, 268
incomplete pass-through 194
independently floating exchange rate system 50
indirect quotation 13
inflation targeting 61
interest parity condition 74
interest rate futures 37
interest rate options 37
interest rate swap 35, 36, 371
intermediate exchange rate system 50
international economic policy coordination 291
international market segmentation 195
international reserve assets 168
intervention currency 9

J

Jamaica Accords 331
J-curve effect 192

K

KRX: Korea Exchange 29, 30, 35
Kingston System 395

L

law of one price 120
leverage 377
leveraged financial institutions 380
liability dollarization 63
LIFFE: London International Financial Futures Exchanges 35
long position 20
long-run neutrality of money 109
Louvre Accord 290

M

Maastricht Treaty 347
managed floating exchange rate system 49
Marshall-Lerner condition 188

maturity date 29
MBS: mortage-backed securities 373
mezzanine 374
mismatch 379
monetary approach 138
monetary approach to the balance of payments 199
monetary efficiency gain 355
monetary targeting 61
money multiplier effect 233
monoline 374
Mundell-Fleming Model 252

N

NDF: Non-Deliverable Forward 25
near date 26
NEER: nominal effective exchange rate 19
net errors and omissions 170
net foreign investment 176
net foreign saving 177
NFA: net foreign assets 200
no separate legal tender 46
nominal exchange rate 18, 147
nonsterilization 50
nontradables 128
non-core liabilities 394
non-leveraged financial institutions 380
non-sterilization 234
non-sterilization policy 179

O

offer price; ask price 16
official foreign exchange intervention 180
official international reserves 233
official reserve assets 180
one-time and permanent change in the level of money supply 109
open position 20
optimum currency area 353
option buyer 29
option holder 29
option premium 29
option seller 29
option writer 29
options on currency futures 37
options on interest rate futures 37
organized exchange 34
OTC: over-the counter 8, 22, 33
outright quotation 23
overall position 21
overbought position 20
overshooting 109
overshooting paper 112
oversold position 20
overvalued 124

P

participants 5
pay-off matrix 292
pegged but adjustable exchange rate system 318

People's Bank of China 334
PHLX: Philadelphia Stock Exchange 30
Plaza Accord 290
point quotation 23
political trilemma of the world economy 365
portfolio balance model 88
PPP: Purchasing Power Parity 120, 138
price flexibility 103
price rigidity 103
price-specie-flow mechanism 309
pricing to market 130
prime mortgage 374
prisoner's dilemma 292
private saving 178
put options 29

R

rate in foreign currency 13
rate in home currency 13
real appreciation 148
real depreciation 148
real exchange rate 18, 147
REER: real effective exchange rate 19
regressive expectation 112
relative PPP 123
reserve base 233
reserve currency 9
reserve currency standard 314
revaluation 15
risk averse 89
risk neutral 91
rule of the game 310

S

SDR(Special Drawing Rights) 325
SEC: Securities and Exchange Commission 374, 392
senior tranche 374
settlement date 22
S_g: government saving 178
S_p: private saving 178
short position 20
signaling effect 242
SIMEX: Singapore International Monetary Exchanges 35
Smithsonian agreement 330
Smoot-Hawley Act 316
snake system 342
spot position 21
spot rate 22
spot transaction 22
spread 16
SPV: Special Purpose Vehicles 376
square position 20
Stability and Growth Pact 348
sterilization 51, 234
sterilization policy 179
sterilized intervention 388
sticky price 113
straight date 23
strike price 29
strong currency 15

subprime 374
super-senior tranche 374
supply push perspective 386
swap rate 22
swap rate quotation 23

T

terms currency 25
theory of optimum currency 354
third country problem 298
TIFFE: Tokyo International Financial Futures Exchange 35
tradables 128
traditional foreign exchange instruments 21
tranches 374
transaction date 22
Treaty of Rome 342
Triffin's dilemma 324
tulip option 34
twin deficits 178, 289
two country model 282

U

UIP: risk uncovered interest parity 83
unbiased estimator 85
underlying financial assets 35
undervalued 124

V

value date 22
value spot 22
value today 22
value tomorrow 22
vehicle currency 9

W

weak currency 15
Werner Report 342
West Africa Economic and Monetary Union 48

Y

yuan 17, 124

저자소개

이종철(李宗哲, jonglee@cau.ac.kr) 교수는 중앙대학교 경제학과 및 동대학원 경제학과를 졸업(경제학사 및 석사)하고 뉴욕주립대(Albany)에서 경제학 박사학위를 취득하였다. 현재 중앙대학교 사회과학대 경제학부 교수로 재직중이며 국제금융론, 국제무역론, 중국경제론 등을 강의하고 있다. 주요 관심분야는 글로벌 불균형현상, 중국 위안화 환율문제, 중국의 금융구조와 개혁방향 등이다.

미 듀크대 아태연구소(Asian Pacific Studies Institute), 하버드대 페어뱅크센터(Fairbank Center for China Studies), 중국 칭화대(清华大) 경제학연구소 등에서 객원학자로 연구하였다. 행정고시(국제경제학) 출제위원과 면접위원을 역임하였으며 2010년 Marquis Who's Who in the World에 등재되었다.

현재 중앙대(안성캠퍼스) 교무처장, 동북아경제학회 이사, 한국경제학회 감사, 기획재정부 경제정책자문위원 등으로 활동중이다.

차철호(車鐵豪) 교수는 중앙대학교 상학과 및 동대학원을 졸업(경제학사 및 석사)하고 미국 카톨릭대(Catholic University of America)에서 경제학 석사 및 경제학 박사학위를 취득하였다.

하버드대학교 경제학과 객원연구교수로 연구하였으며 세계은행(World Bank) 교육국 연구위원, 중앙대학교 사회과학대학 학장, 중앙도서관장, 연구지원처장, 행정·외무고시(국제경제학) 출제위원 등을 역임하였다.

현재 중앙대학교 사회과학대학 경제학부 명예교수이며 중앙대 경제학부 재직 시 국제무역론과 국제금융론을 강의하였다.

글로벌 금융론

2010년 8월 20일 초판인쇄
2010년 8월 30일 초판발행

공저자 이 종 철·차 철 호
발행인 안 종 만
발행처 (株) 博 英 社
서울특별시 종로구 평동 13-31번지
전화 (733) 6771 FAX (736) 4818
등록 1959. 3. 11. 제300-1959-1호(倫)

www.pakyoungsa.co.kr e-mail: pys@pakyoungsa.co.kr

정 가 27,000원 ISBN 978-89-6454-081-7